快与慢

一只蜜蜂
一只蜘蛛

蜜蜂代表了古人的一种品位，蜂巢稳定有序，是有理数的象征：确定和优雅。

蜘蛛象征了现代人的一种理性，蜘蛛网呈几何图形，是无理数的代表：不确定和不斯文。

蜜蜂筑巢，无论采集什么，都滋养了自己，但丝毫无损花朵的芳香、美丽和活力。

蜘蛛吐丝，无论形状怎样，都是织造粘网，为了猎杀他者……

"轻与重"文丛的 2.0 版

主　编　点　点

编委会成员（按姓氏笔画排序）

伍维曦　杨　振　杨嘉彦　吴雅凌　陈　早
孟　明　袁筱一　高建红　黄　荭　黄　蓓

在始自亚里士多德直至今日的哲学中，

人们看到的仅仅是范畴之客体－逻辑的处理方式，

然而，

还有一种对于活生生的生活和精神之最本己范畴的全新追问方式。

——冯·海尔曼

华东师范大学出版社六点分社　策划

快与慢
点点 主编

论海德格尔

[德] 冯·海尔曼　[意] 弗朗西斯科·阿费利 著

严登庸 车浩驰 译

Friedrich-Wilhelm von Herrmann

Francesco Alfieri

Martin Heidegger

Die Wahrheit über die Schwarzen Hefte

华东师范大学出版社

－上海－

缘　起

倪为国

1

继"轻与重"文丛，我们推出了 2.0 版的"快与慢"书系。

如果说，"轻与重"偏好"essai"的文体，尝试构筑一个"常识"的水库；书系 Logo 借用"蝴蝶和螃蟹"来标识，旨在传递一种悠远的隐喻，一种古典的情怀；"快与慢"书系则崇尚"logos"的言说，就像打一口"问题"的深井，更关注古今之变带来的古今之争、古今之辨；故，书系 Logo 假托"蜜蜂和蜘蛛"来暗合"快与慢"，隐喻古与今。如是说——

蜜蜂代表了古人的一种品位，蜂巢稳定有序，是有理数的象征：确定和优雅。

蜘蛛象征了现代人的一种理性，蜘蛛网

呈几何图形,是无理数的代表:不确定和不斯文。

蜜蜂筑巢,无论采集什么,都滋养了自己,但丝毫无损花朵的色彩、芳香和美丽。

蜘蛛吐丝,无论形状怎样,都是织造粘网,为了猎杀他者……

2

快与慢,是人赋予时间的一种意义。

时间只有用数学(字)来表现,才被赋予了存在的意义。人们正是借助时间的数学计量揭示万事万物背后的真或理,且以此诠释生命的意义、人生的价值。

慢者,才会"静"。静,表示古人沉思的生活,有节制,向往一种通透的高贵生活;快者,意味"动",旨在传达现代人行动的生活,有欲望,追求一种自由的快乐生活。今日之快,意味着把时间作为填充题;今日之慢,则是把时间变为思考题。所以,快,并不代表进步,慢,也不表明落后。

当下,"快与慢"已然成为衡量今天这个时代所谓"进步"的一种常识;搜索,就成了一种新的习惯,新的生活方式——我们几乎每天都会重复做这件事情:搜索,再搜索……

搜索,不是阅读。搜索的本质,就是放弃思考,寻找答案。

一部人类的思想史,自然是提问者的历史,而不是众说纷纭的答案历史;今日提问者少,给答案人甚多,搜索答案的人则更多。

慢慢地,静静地阅读,也许是抵御或放弃"搜索",重新学会思考的开始……

3

阅读,是一种自我教化的方式。

阅读意义的呈现,不是读书本身,而是取决于我们读什么样的书。倘若我们的阅读,仅仅为了获取知识,那就犹如乞丐渴望获得金钱或食物一般,因为知识的多少,与善恶无关,与德性无关,与高贵无关。今天高谈"读什么",犹如在节食减肥的人面前讨论饥饿一样,又显得过于奢求。

书单,不是菜谱。

读书,自然不仅仅是为了谋食,谋职,谋官,更重要的是谋道。

本书系的旨趣,一句话:且慢勿快。慢,意味着我们拒绝任何形式对知识汲取的极简或图说,避免我们的阅读碎片化；慢，意味着我们关注问题，而不是选择答案；慢，意味着我们要回到古典，重新出发，凭靠古传经典，摆脱中与西的纠葛，远离左与右的缠斗，跳出激进与保守的对峙，去除进步与落后的观念。

从这个意义上说，我们遴选或开出的书单，不迎合大众的口味，也不顾及大众的兴趣。因为读书人的斯文"预设了某些言辞及举止的修养，要求我们的自然激情得以管束，具备有所执守且宽宏大量的平民所激赏的一种情操"（C. S. 路易斯语）。因为所谓"文明"（civilized）的内核是斯文（civil）。

4

真正的阅读，也许就是向一个伟人，一部伟大作品致敬。

> 生活与伟大作品之间/存在古老的敌意
> （里尔克诗）。

这种敌意，源自那个"启蒙"，而今世俗权力和奢华物质已经败坏了这个词，或者说，启蒙运动成就了这种敌意。"知识越多越反动"恰似这种古老敌意的显白脚注。在智能化信息化时代的今日，这种古老的敌意正日趋浓烈，甚至扑面而来，而能感受、理解且正视这种敌意带来的张力和紧张的，永远是少数人。编辑的天职也许就在于发现、成就这些"少数人"。

快，是绝大多数人的自由作为；慢，则是少数人的自觉理想。

著书，是个慢活，有十年磨一剑之说；读书，理当也是个细活，有十年如一日之喻。

是为序。

目　录

第二章（弗朗西斯科·阿费利）
对"黑皮书"的不带有私人意见的历史-批判性分析

第三章（弗朗西斯科·阿费利）
弗里德里希-威尔海姆·冯·海尔曼未公开的信件

后记 对"存在历史上的"或是"形而上学上的"反犹主义的考察

"黑皮书"中的"犹太问题"——在"形而上学批评"的光照下（莱昂纳多·墨西拿）

前　言

在 2013 年年初时，我得知"黑皮书"中的某些文字涉及犹太人、犹太教或世界犹太教。当时，我立即清楚地意识到，这些笔记本的出版会引起巨大的国际性争论。于是，在 2013 年春季，我就请求弗里德里希-威尔海姆·冯·海尔曼博士、教授先生——他是我祖父最后一段时期的私人助手，并由我的祖父指定为自己"全集的主编"——根据他对于马丁·海德格尔思想的深入理解，写出自己对全部"黑皮书"以及尤其是已经公诸于世的涉犹文字的观点。我作出这一请求的背景是，我的祖父未曾及时允许冯·海尔曼教授阅读"黑皮书"的手稿，而且还明确地要求他不要参与"黑皮书"纳入全集后的编撰和出版。这是因为，对于深深根植在基督新教信仰中的冯·海尔曼教授来说，阅读这些笔记本会是一个沉重的负担。

在关于"黑皮书"的出版物中，迅速传播着一些十分顺手的说法,例如"存在历史上的反犹主义"或是"形而上学上的反犹主义"。对此,紧随而来的首个问题就是:海德格尔的思想到底包不包含某种反犹主义?对此,冯·海尔曼教授在这部著作中作出了解释学上的澄清。作为冯·海尔曼教授的合作者,来自拉特兰大学的弗朗西斯科·阿费利教授对全集第94、95、96和97卷在文字上进行了全面的分析。同时,在莱昂纳多·墨西拿[Leonardo Messinese]教授和记者克劳迪娅·瓜达娜[Claudia Gualdana]所著文章的支持下,冯·海尔曼教授和阿费利教授取得了令人赞叹的成就:他们使得对于"黑皮书"的重新审视成为可能。马丁·海德格尔的两个儿子——约尔克和赫尔曼,对于某些人抛出的对他们父亲"反犹"的指责,只能是摇头。他们在最为切近海德格尔的近旁一起经历了自己父亲和犹太人的密切友谊。

我祖父在纳粹时期公众场合的出现并不足以说明他是反犹主义者。几乎没有人注意到,马丁·海德格尔赋予已出版的"黑皮书"的标题乃是"深思"与"评注",并富有深意地将笔记本的出版安排在全集的最后,理由是:如果不了解那些讲课稿和那些在全集框架中先已出版的存在历史性的论著,那么,人们就无法理解"黑皮书"中的思想。

　　"论海德格尔"这样的书名似乎给人以一种过于自信的感觉，然而，谁又敢声称自己比冯·海尔曼教授更为透彻地了解海德格尔的思想呢？不过，我的祖父终究不在乎是否宣示了某种学说、创立了某种哲学系统或者甚至于收罗了多少随从，相反，他的思想努力毋宁说是为了唤起一种本质性的追问。

　　希望这部著作中的文字能够创造出引发这种追问的条件。

阿诺夫·海德格尔

德文版前言

在此出版的《论海德格尔》一书是意文原版 *Martin Heidegger. La verità sui Quaderni neri* 的德译本,意文版在 2016 年 5 月出版于布雷西亚的摩尔切利安娜出版社,第二版也已面世。

2016 年 5 月 12 日,应布雷西亚大学法比奥·拉格校长阁下的邀请,在校长的全权代表、法学系教授詹保罗·阿佐尼教授的主持下,我们在帕维亚大学的马格纳大礼堂公开介绍了这本著作的情况。为此,法学系和哲学系的教授和各 250 位学生接受邀请参会。在此,除了本书的两位作者以外,一些杰出的来自意大利的大学的海德格尔专家也作了讲演。在相关文章中,着眼于"黑皮书"之内容的真相——这也是我们这本书的副标题——各位专家驳斥了那种对之加以蓄意歪曲和利用的行径,因为这种利用从一开始就阻塞了读者通向"黑皮书"之真实内容的途径。这次新书推介会——它也由 YouTube 发布在网络上——获得了巨大成功,这同样也要归功于阿佐尼教授的突出表现:他一再从法哲学的角度顺道提及了一些不限于本书主题的论著。这些文章告诉我们,在一个流行"政治正确"[political correctness]的时代,对意识形态上的指控加以驳斥是极为必要的。

此外,应恩里科·德·柯沃勒校长、主教的邀请,在 2017 年 1 月 25 日,我们还在罗马拉特兰大学的第六保罗礼堂举办了一场名为"回到马丁·海德格尔思想的起源:活生生的存在问题"(Ritorno alle fonti di Martin Heidegger. Vie della Seinsfrage)的特别会议,它通过 YouTube 公布于国内国际的网络电视频道上。在总共 13 篇严格的科学性报告中——它们代表了受邀与会的欧洲海德格尔专家的最高水平——涉及了海德格尔思考存在问题的两条道路的哲学源泉,从而让人们看到了那种对其源泉加以意识形态-政治性指控的荒谬性。校长先生的贺词开启了这次会议:他强调指出,共同的"对真相的追寻"是每一所大学,也是这次会议的目标。德·柯沃勒校长阁下的贺词结束于如下重要言辞:"在对话的道路上,我们很快发现,要想把自我中心主义的封闭和随之而来的误解从道路中清除出去，就必须勇于作为自由的人来思考，摆脱一切先入为主的观念，这些观念现今属于一种人们不假思索地加以附和——而非追问事情的真相——的普遍共识。如若一起深入思考，我们就不难达到那个唯一的可能的全新开端。"本书的作者同样希望，读者能以这样的精神来阅读呈现于此的德文版。

法国布雷斯特大学的帕斯卡尔·大卫教授不仅译出了本书的法文版——出版于著名的巴黎伽利玛出版社——而且为德文版的迅速完成作出了贡献。对此，我们在此表示由衷的感谢。

尤其需要感谢的还有韩国首尔大学的荣休教授车仁淑(In-Suk Cha)博士。作为联合国教科文组织在首尔的哲学教席持有者，他为我们这本书的德文及法文版提供了慷慨的资助。在 20 世纪60 年代，车教授曾作为欧根·芬克的现象学博士生在弗莱堡的阿尔伯特-路德维希大学完成了他的论文《埃德蒙特·胡塞尔现象学中的对象概念》，并在 1966/1967 年冬季学期参加了马丁·海德格尔与欧根·芬克共同主持的赫拉克利特研讨班。车教授将他的资助理解为自己对弗莱堡研习现象学的那些岁月的谢意：这段经历使得这座城市和大学成了他的第二精神家园。作为首尔大学的教授,车先生曾将他最好的学生们遣送到弗莱堡来我的身边,以使他们能够在我的指导下完成博士阶段的现象学研习任务。如今,这几位学生都在他们的祖国拥有了自己的教席。

最后,我们还要对我们在柏林的出版者弗洛里安·西蒙博士表达深深的谢意。面对我们的初次质询,西蒙先生毫不犹豫地作出了将德文版纳入敦克与洪堡出版社出版计划的友好表态。在1832至1845年间,这个具有悠久传统的出版社曾让黑格尔的首套全集公诸于世,这套全集带有一个庄严的标题:"不朽者之友协会完全版"。同样需要感谢的是,自从1987年以来,敦克与洪堡出版社一直在出版国际性的英法德三语年鉴《海德格尔研究》,至今已达33卷之多。敦克与洪堡出版社的苏珊娜·维尔纳女士为我们这本书的排印出版作出了极佳的贡献,我们在此对她表示衷心的感谢。对于君特·诺伊曼博士先生和克劳斯·纽格鲍尔博士先生协助进行的精心细致的校对工作,我们同样要致以诚挚的谢意。

弗里德里希-威尔海姆·冯·海尔曼

弗莱堡,2017年2月

致　谢

　　我们衷心感谢赫尔曼·海德格尔博士先生以及(马丁·海德格尔遗物管理人)阿诺夫·海德格尔律师先生对我们在本书中所做工作的支持。阿诺夫·海德格尔先生还提供了我们书中分析的"黑皮书"手稿原迹的影印,并准许其随本书一起印刷出版。同时,我们感谢维罗妮卡·冯·海尔曼博士女士的宝贵建议。此外,她还费心为我们分担了严格对照相关文本的日常工作,从而减轻了我们在写作过程中遇到的困难。她的协助和支持使得我们能够集中精力致力于我们的工作而不致分神。

　　此外,我们感谢莱昂纳多·墨西拿教授先生同意参与本书的写作。他撰写的论文表明了丰富的专业知识和认真的独立研究,从而促使我们对已有的结果重新反思,尽管采取的是不同的道路。我们同样要感谢记者克劳迪娅·瓜达娜的工作;

从一开始,她就追随本书的写作,并且分担了团队工作的一部分:她的认真执着和乐于助人对我们来说是榜样。

感谢美茵河畔法兰克福维克托·克劳斯特曼出版社的阿纳斯塔西娅·乌尔班女士与内卡河畔马尔巴赫德意志文学档案馆的乌尔里希·冯·布洛先生。

读者面前这本书的完成还需要感谢莫尔切利安娜出版社——主管恩里科·米内利教授以及出版负责人伊拉里沃·贝尔托莱提博士——对我们的信任。我们和莫尔切利安娜出版社实现了良好的团队协作,这方面尤其需要感谢的是基尔沃尼·梅内斯特里纳博士,他被委托编排所有相关的未公开信件以及本书的制作:他的任务不是那么的容易,因为我们经常重新修订我们的工作,以致不得不添加许多必要的更改。我们希望在感谢梅内斯特里拉博士的同时一并向出版社所有支持和协助我们这项规划的同仁致以诚挚的谢意!

我们还要感谢罗莎·玛利亚·马拉费奥提博士和席亚拉·帕斯科瓦林博士的支持。此外,我们尤其需要感谢的是所有致力于将这本书翻译为其他语言的专家,他们包括:尤维娜·萨维昂·费奥和克里沃·弗朗西斯卡·特里卡里科(葡萄牙语),帕斯卡·大卫(法语和德语),保罗·桑杜(罗马尼亚语),以及乔治·梅特卡夫(英语)。

最后,我们还要感谢所有以这样或那样的方式陪伴我们一起走过一段道路的人,他们包括:弗朗西斯科·费迪耶,米夏埃尔·马克·麦格拉思,约翰·格隆丁,耶利米·哈克特,(理性与启蒙出版社的)奥特尼尔·维勒斯和拉鲁卡·拉扎诺维奇·维勒斯,詹保罗·阿佐尼,佛朗哥·贝托萨(来自空间内部环境协会),西尔瓦诺·贝尔托萨,阿尔贝托·G. 比乌索,毛里齐奥·博尔吉(参见 Libro Bianco. Heidegger e il nazismo sulla Stampa italiana[白皮书:意大利新闻出版界眼里的海德格尔与民族社会主义], http://eudia. org/libro-bi-anco),弗朗西斯卡·布伦乔,皮特兰吉洛·布塔弗沃科,汤米·卡佩里尼,帕奥拉·柯里安多,费德里科·德拉·萨拉,伊瑟芬·费尔,洛尔达纳·弗洛尔,迪特·弗尔斯特,路易吉·伊亚诺,吉乌蒂塔·洛伊欧拉,玛丽雷纳·洛穆奇奥,吉乌赛普·马洛恩纳,马西米利亚诺·马尔左拉,尤根尼欧·马策莱拉,卢琪亚·米尼斯特里纳,莫瑞·米勒斯,艾利纳·珀雷提,君特·珀尔特纳,汉斯-约尔克·莱克,马努拉·里德,海尔穆·维特,阿黛尔吉萨·维拉尼和帕特·奥古斯丁·乌歇尔-胡登费尔德。

　　我们尤其要衷心感谢维也纳马丁·海德格尔协会和同样坐落在维也纳的奥地利此在分析协会。

弗里德里希-威尔海姆·冯·海尔曼

弗朗西斯科·阿费利

导　言

　　一个极权主义国家意味着什么,对于这点,人们在那边[意大利]尚未完全忘却,而一个像海德格尔这样的思想家无论如何都一直是一种不同寻常的现象,这对那边的人们来说也是十分清楚的。

　　[……]像海德格尔这样的人,终究不会在意是否能得到蠢材们或者所谓大众群体的喝彩。

　　——伽达默尔 1988 年 1 月 27 日写给冯·海尔曼的书信

　　如此伪善的一代——他们在法国和在我们这里一样简直是受人吹捧的——怎么能够经受住有朝一日将向他们到来的各种压力十足的状况呢?

　　——伽达默尔 1988 年 4 月 11 日写给冯·海尔曼的书信①

---

①　参见下文(本书第三章)对汉斯-格奥尔格·伽达默尔相关书信的全文转录。

呈现在我们面前的这部著作以"海德格尔"为题,副标题则是"'黑皮书'的真相"。其中,"真相"或"真理"一词不是仅仅指某个陈述的正确性,它更不如说意味着"无-蔽"和"无-遮"这一海德格尔留给我们的遗产。这本书的用意在于——它所关心的是——让人依其真理理解海德格尔也曾称其为"黑皮书"或"笔记本"的那一组手稿集。

自其在全集中出版之后——甚至在其出版之前——当其为公众所知之后,"黑皮书"的周围一直环绕着重重蔽障和面纱。在其出版前不久,这些手稿就在国内和国际的舞台上遭到其编者的误解,并随之受到大众媒介,尤其是新闻出版界的误解。它们作为海德格尔的被想象出来的"反犹主义"的证据而颜面扫地。人们还没来得及对"黑皮书"的头几卷加以考察和精准详细的研究,公众就已经轻信了一种据说是确凿无疑的观点:所有这些手稿中包含的无非是反犹主义的论点。从一开始,就有一种解释性的"绝罚"加诸这些尽管在当时尚未出版的手稿的内容上,它禁绝、阻断和歪曲一切其他可能的阅读这些手稿的方式。那些为这种阻断性和歪曲性的解读推波助澜的人随即以其操作手法清楚地表明,他们一直在谋划着如何利用和榨取这些手稿来达到其纯粹的主观目的。他们不是对"黑皮书"的丰富内容及其在海德格尔遗留手稿中的位置加以深刻的分析,而是给这 34 册笔记打上一个贬低的而且令人印象深刻的词目的烙印,以便在国内和国外公众中激起兴趣和吸引眼球,并且引发轰动。一夜之间,海德格尔的笔记本在世界范围内引发了争议,其中,争议的焦点在于所谓的"存在历史上的反犹主义"及其意大利变种,即所谓的"形而上学上的反犹主义"。由此人们被引导到一场充满诡计的辩论当中,而最初介入其中的是非专业人士:这些并不"搞哲学"的人宣称要澄清事情的真相,结果却形成了一个由各种密集的误解编织起来的大网,其"理论"基础即是认为"黑皮书"中确实存在着"无可辩驳的"反犹主义。按照此类人士的论调,必须重写 20 世纪哲学史的一整个篇章。随着公共媒介对这种观点的强化——以及诸多日报的大篇幅报道——上述处理"黑皮书"的"方法"变得日益自明,其作用在于,让这种"随便的"的解读方式获得广泛的认同。

海德格尔事件恰恰并没有在恰当的背景下得到处理,相反,它倒成了别有用心的非法占用的牺牲品。事实上,每个人都获许在报刊上发表自己的见解,仿佛这样一来,他就"参与塑造"了以"公共意识"为基础的历史。这种公共意识不仅确认

"黑皮书"是反犹的,而且还设想,海德格尔在纳粹时期的反犹大潮中扮演了一种战略性的角色,因为他策划了一种与民族社会主义具有密切亲缘性的思想体系,乃至最终变成了它的主谋。

现在,变得完全显而易见的是,这种混淆是非之所以会发生,乃是因为阅读和阐释"黑皮书"的首先是一些"非专业人士",他们臆想了一场争论,实则却造成了一种困难的局面,这种困局使那些迄今为止已经放弃了的争论参与者们清楚地看到,在这样一种不友好的氛围中,压根就不可能介入到论争之中,而且,纵然有所参与,那也注定是徒劳的。事实上,此种榨取利用"黑皮书"的手法永远与缜密的哲学研究无关。

将读者眼前这本书付诸完成,并不是一件容易的事情。我们好不容易决定进行这部论著的写作,就意识到了不少的困难。我们感到有义务向读者讲明这点。首先,值得一提的是下述情况:当我们在 2015 年 1 月致力于对全集第 94 至 96 卷进行系统性研究时,经常遭到新闻界的骚扰;根据报刊出版物来说很明确的是,所谓的海德格尔的反犹主义,是所有通向"黑皮书"的门径的唯一钥匙,无论这种反犹主义是"存在历史上的"也好,是"形而上学的"也罢。可问题的症结并不在于,这种新闻界所推动的看法得到了如此程度的贯彻，以至于它成了完全有效的公共精神财富；在我们看来，更为严重的问题在于，这种解读模式已经从根本上危害了海德格尔的思想本身。于是，任何一种关于"海德格尔事件"的公共性谈论——"对话的捍卫者"总喜欢乞灵于这样的谈论——都变成了单纯的幻象，其目的仅仅在于鼓动专业人员："你们应该对此发出自己的声音！"但实际上却是为了维系一种计划好了的、吸引媒体大肆报道的榨取性利用。此外，我们突然意识到的困难也必须追溯到下述实情：那个抛出"存在历史上的反犹主义"的人，其目的是想让人们心中产生这样的疑虑——海德格尔自 1936 年以来的思想道路及其全部哲学著作都打上了某种反犹主义的烙印。随之而被唤起的不仅是对海德格尔本人的严重怀疑，而且也间接针对着每位多年以来不遗余力地去理解海德格尔的思想道路的思想者。这一"存在历史上的反犹主义"投下的阴影使得海德格尔的形象变得幽暗起来：这位思想家必须为之负责的是，他建立起了一个适用于民族社会主义的政治思维模式的思想体系。同时，对"存在历史上的反犹主义"的讨论也有证实此等论点的目的：存在历史性的思想自在自为地——根深蒂固地——就是一种反犹主义的思想。随着这种毫无依据的断言而流传开来的是一种对海德格尔思想的古怪误解,而让海德格尔的境况变得更为糟糕的则是,所谓的"存在历史上的反犹主义"被某些学究加以非难,以致被宣布为哲学的一个新的"研究领域"。至于那位"黑皮书"的编者,他不仅没有看到所有这些都是愚蠢的武断——海德格尔的笔记本中涉及犹太人的段落既非存在历史性思想之本质性的组成部分,亦非其系统性的思想方式——而且,他还反其道而行之,宣称海德格尔的存在历史性思想"在体系上"就是反犹的。在美国一所大学的会议上,他更是抛出了海德格尔文本中"秘传"和"非秘传"因素两相对立的命题,并且在这方面是走得如此之远,以至于认为人们只要透过海德格尔文本"非秘传"的表层,就可以发现其"秘传性"的内核,而这无非就是"反犹主义"这类东西。遗憾的是,在有机会参加这次会议的美国教授中,竟没有一个人要求宣讲这一"新发现"的那位编者从相关的存在历史性思想的文本中举出哪怕只是一个例子,以证明所谓海德格尔"秘传"的"反犹主义"。其实这种情形正是这类老掉牙的武断言论的典型特征:论者从未举出过可以在文本中精准定位的具体例证。

与"存在历史上的反犹主义"相似,有人也在
意大利将对海德格尔的指责推向前台,也即对所
谓"形而上学上的反犹主义"的指控:反犹主义可
以追溯到德国哲学本身,尤其是从康德到尼采的
一系列思想家,他们的反犹立场在海德格尔的思
想中达到了顶点。然而,海德格尔撰写于1936至
1944年之间的七部伟大的存在历史性论著——
始自《哲学论稿(从本有而来)》,终于《开端之路
径》——恰恰表明,无论是《存在与时间》中的基础
存在论思想,还是脱胎于其中的存在历史性思想,
就其各自的内在结构和布局而言,都没有包含丝
毫像反犹太教或反犹主义这样的立场。在海德格
尔全集尚未出版的目录范围内——其内容已为我
们所知,因为弗里德里希-威尔海姆·冯·海尔曼
是全集的主编——我们亦未找到一处和犹太问题
有关的文字。

认为德国哲学涉嫌"形而上学上的反犹主义"
的观点以某些零星散落在这些哲学家文本中的反
对犹太教的词句为支撑。不过,在这些哲学家各
自伟大的系统性论著中,我们从未感觉到丝毫"反
犹主义"的蛛丝马迹。如此地强调那些出自其个
人宗教信仰的表述而将康德、费希特、谢林和黑格
尔的哲学污损为"形而上学上的反犹主义",这绝

不是真正意义上的哲学运思,而只是一种无法准确把握上述沉思性哲学的意识形态化偏见。真正意义上的哲学完全不向我们展示一种世界观,而是向我们展现了一种自成一体的概念结构,这种自成一体的特性本质上就不会允许像反犹主义这样的东西渗透其中,无论这是何种反犹主义。这一点对解释学-现象学的存在历史性思想来说同样也是有效的,它就其本己特性而言就不可能杂合自各种来路不明的混乱思想。

就德国出现的带有歪曲"黑皮书"性质的解读模式而言,我们可以得出的结论是,上述持污损德国哲学态度的人此时获得了更为"激进"的特征:在作为形而上学批判者的海德格尔身上,他们想要看到的是这样一个思想家,他在犹太人之中看到了同样有待克服的,并且从根本上须被驳倒的形而上学的化身,于是就无理地将某种形而上学的本质归于犹太人,而此种本质足可将犹太人纳入这位思想家全力拒斥的形而上学。对其鼓吹者而言,无论是"存在历史上的反犹主义",还是"形而上学上的反犹主义",都是确凿无疑的、不需要任何更多证据的真知灼见。和这种信誓旦旦的自我确信相反,我们想要做到的是回到海德格尔的思想和文本本身,并且随后我们就清楚地看到,上述两种认为海德格尔"反犹"的观点都无法在海德格尔的文本中得到验证。

我们这部论著完全以文本上的清晰例证为支撑,因此,对读者来说,它并没有使"黑皮书"变得"平实易懂"。我们也毫不避讳海德格尔文本的困难之处。无论如何,对"黑皮书"都不可以采用那种渴望获得轰动效应的解读模式。我们无意于"说服"某位读者,也无意于在某人处寻获"共识",因为这并不是海德格尔在开辟思想道路时选取的方向——正因如此,我们就更不可能采取这样的途径。任何"赞同性的逻辑"对我们来说都是陌生的。同样,对像海德格尔这样的哲学家及其工作进行价值评估在我们看来也是完全不相宜的。含沙射影的诋毁——这种针对海德格尔的遗物管理者和海德格尔晚期合作者的攻击近年来一直没能避免,并在对其加以扩散的报刊中找到了自己的空间,其中,到处都充斥着卑劣下作和毫无根据的妄判,正如我们在某些"论著"中也可以读到的那样。对于这类挑衅,我们恰恰不可能也不愿意作出任何回应,尤其是在这样的一个时代,其中,某些"文化人"的圈子就靠着这类挑唆性的言论来满足其读者的胃口,而这点又提示我们,某些人倡导的那种"随便的"解读模式缺乏必要的哲学深度,因此是不能令人信服的。我们看到,大家所期待的真正意义上的对话,其道路已被想要提倡这种解读模式的人堵塞。这时,变得清楚的是,这些人想要维持自己的解读和立场,就只有躲在自己的封闭空间中。一旦发生真正的讨论,他们费尽全力用纸糊起来的"建构"就会瞬间坍塌。自然,人们定然不想遭受这样的危险,特别是在其一心想凭借自身孤立封闭的基本信念存活下去之时。相反,在我们的论著中,读者可以找到通达"黑皮书"之多方位特性的途径。在这里,读者可以把握到的是这样一种可能性,即领会海德格尔对民族社会主义的实际参与,并且理解他何以避免对当时的政权采取公开的反对立场。由此,读者会清楚地看到,海德格尔对"运动"的错觉在其开始处就可归咎于第二个错觉,也即这样一个错觉,根据它,一种"德国大学的自我主张"才可能存在。问题一个接着一个,而且,我们甚至还可以再提出更多的、必须嵌入其各自语境中的问题,它们向我们复原出了海德格尔几乎不为人所知的特定一面。不过,正因如此,他的这一面常常沦为不确切的解读的牺牲品,而之所以出现此种情况,正是因为这类解读缺乏对文本本身的关照。

　　基于我们逐步得出的结论,尤其是全集第97

卷在 2015 年出版之后,我们在对"黑皮书"的研究中还必须加强对"自我消灭"这一概念的探讨。在这个问题上,我们必须照顾到的事实是,在此期间,对这一术语之多种多样的说明已经对公众意见造成了重大影响,并且已经导致了灾难性的、往往还是想当然的读解模式。

此外,在第 96 卷即已出现的"自我消灭"概念如今已经成为一个有待解开的结,在这方面,读者需要弄清楚的是,除非能够时时与《哲学论稿》相联系,否则,海德格尔在"黑皮书"中的用语就会变得难以理解。海德格尔在"黑皮书"中汲取的乃是存在历史性思想的语言和概念方式,因此,人们必须在存在历史性思想的提问方式中找到自己的路径,并且通过自己的努力逐步熟悉《论稿》的基本概念,否则,想要理解"黑皮书"的特定语言就会一直无从下手。通过这种可靠的途径,在某些方面,例如海德格尔对民族社会主义的批判,人们就可以确凿地把握其通过细微影射而得到表达的方式,而且也可以确切地理解某些根据当下的语境而含义多变的措辞。这样,我们就可以觉察到,海德格尔使用的某些概念,其意蕴不断发生着微妙的变化,有时甚至产生了相反的语义;这种语义的反转反映了海德格尔的运思和用语方式;某些用词总是指向自身以外的他者,从而获得了超越某个当下字面意义的完整意义。海德格尔在使用语言方面的灵活性往往会误导对其不甚熟悉的读者,并使得理解更加困难:我们始终必须随时回溯到某部著作,才能理解"黑皮书"中某些表述暗含的特定意义。

于是,回到某些引发"媒体之热议"的表态就显得十分重要,因为只有这样才能判定,其始作俑者——更别提其倡导者——要费多大的劲才能将这种对"黑皮书"极尽榨取利用之阴谋的解读方式维持下去。"黑皮书"总共只有十四处文字涉及"犹太人"或"世界犹太教"。这些分布在全集第95、96 和 97 卷中的文字加起来也无法填满三页A4 打印纸,相反,这三卷"黑皮书"的文字总共有1245 页之多。海德格尔用于指涉"犹太人"和"世界犹太教"的全部关键性的用词,就其实质而言,都来自其刻画最为新近的新时代的概念,而且总是可以回溯到这种对新时代的批判。这就清楚地表明,海德格尔对新时代之犹太(教)的刻画并不局限于犹太人本身,而是适用于全部活在新时代精神中的人群或族群。就此而言,赫尔曼·海德格尔恰如其分地将这些涉及犹太人或世界犹太教的段落文字称为"边"注。在这些段落中,海德格

尔论及犹太问题的方式完全从属于其对于新时代
的以存在历史为背景的讨论。因此,将"黑皮书"
中涉及相关问题的文字归于"反犹主义"名下,或
者径直声称某种"存在历史上的反犹主义"——如
果还不是"形而上学上的反犹主义"这种更为拙劣
的捏造——此类做法只能造成思想上的混乱。

　　上面提到的三卷"黑皮书"出现了涉及犹太问
题的文字,但是,这既不能证明所谓的"存在历史
上的反犹主义",也不能证明海德格尔采取了任何
一种意义上的反犹主义立场。应当再次强调的
是,相关段落的批判性腔调首先基于海德格尔对
新时代的存在历史性批判。海德格尔的存在历史
性思想或本有之思与意识形态-政治性的思想无
关。就其概念来源而言,这种思想完全是一种沉
思-现象学的思想。如果有人想以某种标新立异
的方式对这种思想加以把捉,那么,这正好暴露
出,此人并无能力从沉思的角度指明存在历史性
思想的由来——它如何来自《存在与时间》中的解
释学-现象学思想(基础存在论)的转变——而且
也没有能力追随这种思想而走上其开辟出来的
道路。

　　自从其最初的起源(1916 年)以来,海德格尔
的思想就和生物主义-种族主义的思想没有丝毫

共同之处。在这几十年间,海德格尔的探索领域始终未曾改变,其追寻的问题始终是:活生生的生活本身存在于何处? 他最初将之阐释为实际的生活,其后又将之阐明为在与作为存在之真理的展开状态的超越性关联中的实际的此在,而且将其阐明为在与居有着它(此在)的存在之真理的被居有关系中的此在。

海德格尔的存在历史性深思来自《存在与时间》中的此在分析。基于这种存在历史性的思想,海德格尔在 30 和 40 年代对民族社会主义进行了激烈的批判,并将之定性为"野蛮不化的原则"。同时,海德格尔还不遗余力地对希特勒及其"疯狂"加以反对。例如,他在全集第 97 卷中写道:"希特勒以其不负责任的非本质在全欧洲肆虐着",并提到"希特勒带有犯罪性质的疯狂"。海德格尔还断定,"在 1933 年左右,某些'知识分子'还没有立时认清希特勒的犯罪本质"。就犹太人而言,海德格尔在 1928 年 2 月 9 日致其夫人艾弗里德的信中写道:"毫无疑问,犹太人是最棒的。"在此,海德格尔指的是他在马堡大学时教授过的犹太学生。

上述"黑皮书"中的段落和文字,包含了数量可观的对于民族社会主义的深入透彻的批判。这些反对纳粹的批判是尖锐和激烈的,却完全被那些指控海德格尔"反犹"的鹦鹉学舌者——以及提出此类论点的文本解读者本身——所忽视,而他们的观点在最近一段时间统治和操纵着公众意见。这些人在反对海德格尔的道路上越走越远,甚至企图让自己代替海德格尔发声,从而犯下了任意歪曲"黑皮书"的错误。在此过程中,他们总是蓄意无视"黑皮书"中批判纳粹的文字,或者对相关文字秘而不宣,以确保其压榨和利用"黑皮书"的谋划。

针对海德格尔与"黑皮书"而蓄意挑起的、别有用心的争论呈现出来的是一幅光怪陆离的景象。这类有失体面的无端指控不仅在媒体范围内无耻地攻击海德格尔,而且也出现在少数大学教授出版的著述中。大学教授本该充满为真理服务的责任心,然而,这些人却以其"折腾"而仅仅表明了,他们的体面和学术道德完全丧失了。

现在以及未来,马丁·海德格尔始终都是一位伟大的思想家。对于这样的思想家而言,只能以真正哲学的——而不可能以政治-意识形态化的——方式进行争辩,正如我们会以纯粹的实事求是的态度与过去的思想家们进行讨论一样。

前面的这些考量是想告诫读者,作为知识分

子,应当提醒自己让得出的结论得到批判的过滤。只有这样,才能以一种负责任的态度回到海德格尔的思想和文本中,而非端出某些"随随便便"的解读,其实质却是对犹太人民的无理利用。这种做法令人感到难受,而且损害了犹太人民的尊严:希特勒令人发指的疯狂已令他们深受其害。现在,我们声明自己将和犹太人民的立场保持一致,而决不牺牲他们的利益,也即和那些榨取其痛苦经历而服务于自身利益的行径划清界限。

在此,我们认为有必要再次提醒读者的是,借助"黑皮书"中的"深思"与"暗示",海德格尔无情地和严厉地谴责了希特勒疯狂的肆虐及其恐怖统治。这就证明了,海德格尔离民族社会主义有多远。可是,令人难受的是,某些人蓄意隐瞒了"黑皮书"中——尤其是全集第 97 卷中——批判纳粹的相关文字,同时,某些"知识分子"更是利用报刊和各种专栏以歪曲事实的解读模式"定性"了海德格尔的哲学,却又未能证明其"理论"的正确性:这种有组织的、对"黑皮书"的榨取性利用是不可能持续下去的,它注定会在不久的将来销声匿迹。

在我们这部著作中,莱昂纳多·墨西拿所做的工作证明了上述榨取性利用的贫乏。借助他的工作,人们清楚地看到,像"存在历史上的反犹主义"——及其变体"形而上学上的反犹主义"——
这样的题材是毫无依据的。但是,各种各样捍卫
此种论题的人全然不顾其行事方式的荒谬,一再
抛出这样的说法:海德格尔的这些手稿中确实无
疑地存在着反犹主义。而另一方面,记者克劳迪
娅·瓜达纳的文稿①则清清楚楚地表明,所谓的
"海德格尔事件"在各种报纸一浪接着一浪的含混
其词中扩散开来,由此产生的是一整系列各式各
样的推测和想象,在这种推波助澜的过程中,作为
思想家的海德格尔及其表述的真实内容早已从公
众眼中消失了。

　　同样证明有其必要的一点是,将弗里德里希-
威尔海姆·冯·海尔曼与海德格尔和伽达默尔之
间的——尚未公开的——有关信件附入我们的论
著中。从这些信件中可以看到的是,对某位思想
家的榨取性利用并不是一夜之间才出现的。在
1987 年面对智利人维克托·法里亚斯［Victor
Farías］所引导的对海德格尔的攻击时,伽达默尔
本人就属于这种榨取性利用的共同见证者群体。
包含在这些通信中的思考掷地有声地告诫我们,
在这方面误入歧途会造成多大的危害:采取错误

———————
①　根据本书作者的指示,这篇附录无需翻译。——译注

的解读方式,只能使人们离海德格尔的真实意图及其思想的确切含义越来越远。

如果有人总想对过去的思想家取而代之,其结果就只能是重复那种可悲的历史;就所谓的"海德格尔事件"而言,这种做法会使我们最终成为法里亚斯所引发的争吵的"愚痴的复读机"——顶多是就这个题材开发出不同版本的说辞。

这些空洞的说辞误以为自己的喧嚣盖住了真正专研精神的宁静,但在我们看来,这只是他们徒劳的挣扎。相反,我们的工作倒有可能对那些不放弃本质性追问的人有所助益:我们在这部论著中向读者和学术团体呈献我们的研究结论,是希望他们能够借此唤起真实不虚的追问。

在对这部著作进行校对时,我们感到有必要向海德格尔家族通报我们的研究结果。于是,在2016年1月4日,我们在弗莱堡和阿诺夫·海德格尔律师的会面中向他呈递了我们的工作内容,并告诉他,有人以一种非常轻慢的态度榨取性地利用了"黑皮书",而这些人压根不了解——甚至没有注意到——海德格尔的存在历史性思想。要想把握"黑皮书"中许多表述的含义,又不带有对它们的内容(这些内容具有其各自的内在关联)的解释学暴力,就只剩下一条路可走:回到海德格尔本身。在我们看来，唯有如此，才能给还在流传的——但却是无效和无根的——榨取性利用画上句号。

因此我们完完全全是在逆着潮流而上。我们已然由于对这位哲学家的追忆而被看作是过分热心的守护者。尽管如此，仅仅保持沉默终究是不负责任的，正如海德格尔自己在他那个时代记录下来的那样。我们希望读者明白，在我们所追踪的那条思想道路上，除了海德格尔以外再没有其他人以其深思开辟着本己的道路。时至今日，"黑皮书"对很多人而言依然意味着未知的命运。在这湍急的波涛中，我们能否成功地确定"黑皮书"的命运？对此，我们不必太过操心。

2016 年 1 月 27 日，纪念之日

弗里德里希-威尔海姆·冯·海尔曼
弗朗西斯科·阿费利

第一章　对"黑皮书"的必要澄清

——从有计划的、基于随意猜测的榨取性利用说开去

1. 对马丁·海德格尔的"黑皮书"或 "笔记本"的先行评述

"黑皮书"这一称谓是仅就其封皮而言的。在撰写于 1937 至 1938 年的"道路回顾"中，海德格尔将这部分文稿称为"笔记本"。在此，"笔记本"并不在严格意义上构成一个"独特的种类"，而是恰恰意味着自 1931 年以来伴随其存在历史性思想的"哲学笔记"。被海德格尔录入其笔记本中的包括：

1. 时而获得的思想片段或运思步骤，它们不属于同时期的讲课稿、演讲稿或论著-手稿，因此被纳入并保存在笔记本中。在海德格尔的床头柜上摆满了纸笔，以便在某个不眠之夜迅速记下突然产生的哲学思想，并且在次日小心仔细地将其录入笔记本中。我现在在第 1 点中指出并加以简

短描述的情形,是诸册笔记本主要的用途。

2. 海德格尔也将这样一些思想录入笔记本中,它们属于其个人观点、看法或信念。这些思想之所以是"个人的",是因为它们有别于第 1 点中所说的思想片段或少量的运思步骤。海德格尔涉及民族社会主义或犹太人-世界犹太教的表态就属于这类个人或私下的意见。在这些地方,他也将他的"计算性思想"的概念——这个概念最初纯粹是存在历史性的——用于凸显某些非本真的犹太特性。由此,就造成了一种灾难性的"混淆",它给人以这样一种印象:存在历史性思想本身就和"反犹主义"有某种亲缘性。从这种误解出发,某些人对海德格尔的全部后期思想表示怀疑并加以摒弃。就这方面的问题而言,我请求读者随同弗朗西斯科·阿费利的深入研究加以反思。在他的研究中,弗朗西斯科·阿费利能够断定,上述"怀疑"并没有任何文本依据作为支撑。相反,唯一证明可行的解释学道路乃是回到海德格尔的文稿本身,如此,任何"幼稚的解读"都将不值一驳。——这里,"幼稚的"一词说的是,这些人将海德格尔的一些评注以外在肤浅的方式胡乱拼凑在一起,从而不可避免地得出了毫无根据的、完全不合理的结论。

海德格尔对现时代的诊断[Moderne-Diagnose]是在存在历史性思想的基本轮廓中作出的，而这种思想本身具有严格的、系统性的结构。我所说的纯粹的海德格尔思想，即是这样一种思想-概念的结构，正如《哲学论稿》①以及紧接其后的几部作品呈现出来的那样。这种结构严密的思想，必须严格区分于我前面称之为海德格尔的私下观点和信念的东西，其中就含有海德格尔在20世纪30年代私下持有的政治观。所有这些海德格尔私下持有的意见都与其本有历史性之思的思想结构没有任何实事-系统性的联系。由此，本有历史性之思的一个概念如"计算性思想"与犹太人有关，但是，纯粹的存在历史性概念却不是"反犹主义"的。存在历史性思想的来源是基础存在论思想。就这种形式的源头而言，我们完全可以对它进行思想上的精准刻画，正如我在公开出版的著述中一再表明的那样。只要出现于"笔记本"中的海德格尔对现代-诊断的评论，也就是说"计算性思想"，没有提及"犹太人"，那么它就属于纯粹的海德格尔之思。唯当它们与"犹太人"产生关联

---

① 参见 M. Heidegger, *Beiträge zur Philosophie* (Vom Ereignis), in: *Gesamtausgabe*, Bd. 65, hrsg. v. F.-W. von Herrmann, Klostermann, Frankfurt a. M. 1989。

时,它们才是政治的-私人性的。

在上文中,我在纯粹的海德格尔思想与其私下的个人性表态之间划定了一个界限。但是,对我而言,这一界限并不存在于"黑皮书"与海德格尔的其他文本之间,而是贯穿于笔记本自身之中。其理由在于,海德格尔的笔记本既含有第 1 点中指出的东西和属于存在历史性思想本身的东西,也含有我在第 2 点中提到的个人的私下观念。而且,即使单纯从数量上看,这类私人性质的观点也只占笔记本中所录内容的极少分量。

总之,"黑皮书"中所有可以列在第 2 点下面的内容对我来说都是完全可以舍弃的!

2. 对"黑皮书"的混乱读解的根源

在 2014 年,人们持续讨论的问题是,马丁·海德格尔的思想与民族社会主义的宣传煽动是否具有某种联系。不过,这种混淆是非的"讨论"在彼得·特拉夫尼就"黑皮书"抛出其所谓"证据"时才达到顶峰。这位笔记本的编者想要证明海德格尔与民族社会主义确实具有纠葛。基于其专门挑出的文本,特拉夫尼认为不仅可以证明海德格尔的思想含有某种对于民族社会主义的特定共鸣,而且可以将其思想本身看作一种反犹主义的发动者。更恰当地说,在特拉夫尼看来,海德格尔的思想之所以"反对"犹太人,乃是因为犹太人阻塞了通往存在之历史的归途。于是,海德格尔对于犹太人的"驳斥"就是一种"存在历史上的反犹主义"。为了达到科学性的要求,这样的一种解读当然需要一种从海德格尔文本出发的诠释学-哲学的工作。不然的话,就会有产生出严重偏离这位哲学家观点的解读的危险。进一步的动机是,要以系统的方式对海德格尔的手稿进行深入的研究,并由此给读者们提供一种关于思想道路的建议。这种思想道路只能是以海德格尔实际上遗留给我们的东西为出发点,在此,处于疑问之中的"与犹太人相关的文字"始终被嵌入各自的历史语境之中。因而,我们首先应该对海德格尔的沉思实行一种深入的研究探讨:为了开启一项科学性的工作,所有这些组成部分都是必不可少的。这项科学性的工作与那种政治上的榨取性利用以及特拉夫尼的"幼稚"见解毫无关系可言。在面对"黑皮书"中的思想时选取真正意义上的解释学的思想道路乃是绝对必要的,即使是对本书的两位作者来说,为了实习这一思路也付出了巨大的努力。这几乎是一项勉为其难的工作,因为我们必须一再不断地向海德格尔思想的源泉回溯,尤其是在特拉夫尼特有的解读模式充满明显漏洞之时。对此,我们很清楚自己置身其中的乃是对海德格尔思想的政治性"榨取和利用"。事实上,我们的目标就是通过对相关问题的阐释让人们看到特拉夫尼蓄意隐瞒的那些文字构成了理解海德格尔思想的重要背景。就此而言,我们必须加强自己的研究,因为海德格尔对相关问题的透彻论述迫使我们在对其文本的阐释中跟踪一种解释学上的思想进程,只要我们回到源头,并在研究中贯彻现象学的 Epoché[悬搁]。所以,我们的意图是向读者提供有助于理解海德格尔的学术材料,而不是以"保守主义"的态度"捍卫"或"崇拜"海德格尔及其思想。后面这种做法或安排并不适于为恰当的争鸣创造条件,而只会给现今的研究添设障碍:这种研究一旦停止对结果的追问,就会不知不觉地变成极权主义和榨取利用性思想这样的反面。

现在,我想向读者介绍一下那位"黑皮书"编者的个人历史,因为这会有利于读者透过其个人历史,获取某些要素,以便帮助我们更好地理解上述对"黑皮书"之"判决"的由来。我在彼得·

特拉夫尼博士毕业(1995)不久之后就认识了他，那时他出版了其博士论文《海德格尔的世界现象学》①。因为他是著名的同行克劳斯·黑尔德的学生，我对他起初产生了某种信任。此后，也是在克劳斯·黑尔德的请求下，我试着帮助彼得·特拉夫尼，例如，在他 2000 年通过名为《三位一体的时间：对黑格尔和谢林三位一体研究》②的教职论文 6 年后，我写了一份鉴定，使他能被任命为编外讲师。

　　然而，彼得·特拉夫尼在对几段文本的解读中所犯的带有私人色彩的解释学错误，导致了对"黑皮书"的致命误解。最初，我对这种错误感到惊讶。其后，我认识到——在我和阿费利合作的过程中——特拉夫尼引发了一系列肆无忌惮的、以榨取和利用"黑皮书"为特征的读解：这种解读仅仅是为了寻求共识，以便建立起某种缺失海德格尔文本根基的谋制性思想构架。这时，我决定打破沉默。当我发现他绝望地寻求更多"同仁"的认同时，我才完全明白了其真实用意。无疑，特拉夫尼的行为是不负责任的，因为他一直未能证明

---

① Alber-Verlag, Freiburg/München 1997.

② Königshausen & Neumann Verlag, Würzburg 2002.

其抛出的论点。在深深的震惊之后，我断然决定
负起责任，以便帮助读者从是非混淆的乱局中解
放出来。为此，我们就必须回转到海德格尔的文
本，对其思想源头进行系统性的研究。对特拉夫
尼，我在震惊之后充满了失望，因为很长时间以
来，我都相信特拉夫尼是有能力批判性地编撰"黑
皮书"的正确人选。我曾帮助过特拉夫尼，因为他
到今天 51 岁还没有获得有偿的教席，同时却还要
养家糊口。为此，我向海德格尔遗稿管理人，也即
赫尔曼·海德格尔博士及其子阿诺夫·海德格尔
律师建议——当然是在他们违背海德格尔和我的
意愿提前安排了"黑皮书"的出版时间之后——由
特拉夫尼担任全部九卷防水的"黑皮书"的编者，
以便减轻他的财务困境。基于他在 2012 年以前
参与编撰的海德格尔全集和他自己的出版物，我
一度认为，作为一个"海德格尔追随者"，特拉夫尼
的品性是完全可以信赖的。

　　在至今已有 40 年的海德格尔全集出版史上，
还从未有人采取过像特拉夫尼这种做法。这是因
为，马丁·海德格尔一直不允许其全集某卷的编
者撰写相应的引导性文字——也即由编者在其编
撰的某卷面世时出版一部有权对其直接加以解读
的书籍。特拉夫尼跨越了这个界限，并写出了一

本书,用以歪曲和丑化马丁·海德格尔后期的整
个思想道路,也即长达46年之久存在历史性思想
的道路。克洛斯特曼出版社同意出版这本完全非
哲学的书——《海德格尔与犹太世界阴谋的神
话》①,其意图是:公开与海德格尔在这三卷"黑皮
书"中关于犹太人和世界犹太教的表述保持距离。
对于海德格尔一时之间作出的某些表述,我同样
不敢苟同,但却决不以否定这位伟大思想家的重
要著作为代价:在那些存在历史性的主要作品中,
我从未找到过类似的表述。无疑,它们绝不是构
成存在历史性思想内在结构的基石。在这个问题
上,犯错的并不只是一个特拉夫尼,因为不少教授
都企图从海德格尔的某些政治性笔记出发把握其
存在历史之思。对此,我想引述一封信件中的部
分文字。这封信是阿费利2015年8月在巴西写
给我的,信中包含了他从自己的解释学工作中得
出的一些结论:

　　　　基本问题恰恰在于,您长期以来围绕海
　　　德格尔全集的各种手稿展开工作,假如特拉
　　　夫尼听从了您的建议,他就可能避免陷入误

---

① Klostermann, Frankfurt a. M. 2015(2).

读海德格尔的泥潭了。特拉夫尼犯下的这个
错误表明,他并没有能力按照科学的标准完
成交给他的编撰任务。更为糟糕的是——对
于这点,我所作的解释学工作将提出自己的
证明——特拉夫尼忽略了一整套的历史性-
解释学原理,因此就产生了一种危险,即他能
够操控海德格尔的全部思想以及每一种可能
的解读方式。我可以先行作出的断言是,就
海德格尔对于"民族社会主义伪哲学"的批判
和远离来看,他的一些被特拉夫尼认为是触
及犹太人的文字的痛斥性的言辞,根本就和
犹太人毫无关联。特拉夫尼以其榨取性利用
的读解方式获得的"成果"不仅毫无根据,而
且有谤及犹太团体之嫌。理由在于,此人利
用了犹太人在民族社会主义政治那里遭受的
不公正的、非人类的痛苦。令人难受的是,竟
有人——无论他具有何种宗教信仰——蓄意
利用犹太人民遭受的苦难,并且是通过一种
这样的解读来利用,这种解读从海德格尔文
本的角度看,是很不诚实和令人愤慨的。对
负责任的知识分子来说,只有打破沉默才能
让海德格尔哲学思想的历史重现光明,从而
确保犹太人民的痛苦不再遭到榨取和利用。

我们向前走了一步,以使人们从混乱的局面中找寻到出路。造成这种紊乱的是我们反复提到的"极富个人色彩的榨取性利用这一谋制方式"。它从某个个体的妄想中产生出来,并妄图在所谓的"共识"中求得生存。如此这般行事的人,他必定会堕入一种虚妄的文化,其特征在于放弃纯粹的思想,以便屈从于"合乎时宜"的哲学"时尚"。然而,"海德格尔"这个主题需要深入的、系统性的分析研究。而且,在某种意义上,仿佛海德格尔自己早已预见到某些放弃真正哲学的人会干些什么:他们以攫取和占有为目的,仅仅让靠不住和非历史的私人观念统治一切。

未经我的帮助,赫尔曼·海德格尔博士就辨识出并划去了特拉夫尼那本书中完全站不住脚的字句。即使如此,他和他的儿子也还是认为这本书中保留下来的内容同样是错误的和不得体的。在我的权限范围内——也即海德格尔全集的主编,作为海德格尔遗稿管理人的主要合作者——我曾经推荐彼得·特拉夫尼成为"黑皮书"的编者。然而,现在我对此人的行径感到极为惊骇:他妄称"阐释"却毫不够格的那本"书"其实是对海德格尔思想的危险误导,这本"书"的腔调及其本人在国内外舞台上的粉墨登场更是令人目瞪口呆。必须承认的是,我对此人品性的正直的判断完全错了。在之前的一份信件中,我已通知此人,将立即中断自己和他的一切联系。当阿费利了解到相关情况时,他在 2015 年 5 月 17 日给我的回信中担保,一定会帮助我完成眼前这部论著的撰写工作:

> 遗憾的是,不再可能有任何真正意义上的争辩了——在特拉夫尼将此种对于"黑皮书"的分歧交托给意大利的日报界之后——只要争论的处所无可救药地远离了严格意义上科学工作的课桌。[……]只要这种真实争论的前提没有被遵守,我们就不再能够想象基于严格意义上科学工作的争论;也不会再有对"黑皮书"的任何意义上的思考了——或者只是偶尔会有。事实上,相关讨论关心的仅仅是彼得·特拉夫尼及其私人解读的虚假的"知名度",海德格尔的思想本身反倒成了一种政治性讨论的"配菜"。对于这样一种解读,海德格尔本人在全集第 95 卷中便已加以批驳:"'哲学'靠摆满'餐

桌'的报刊和标语口号给自己喂食。"他断然驳回了这类问题,而我们同样应该否弃此类做法,否则,就有用所谓的《海德格尔与犹太世界阴谋的神话》这类虚妄神话为自己喂食的危险。[……]应该对"黑皮书"进行系统性的研究,因为尚无人将此种规划付诸实施。特拉夫尼无力完成的事情,只能由我们加以落实。我想,没有比我们有幸一起选取的这条道路更为合适的了。

特拉夫尼在其背离海德格尔之后最新出版的"书"令我感到厌恶。从我的角度看,这些出版物令人吃惊地明显缺乏对概念的敏锐洞察力和哲学上的判断力。其中,我们看到的不是解释学上的真实努力,不是严肃的概念工作,而是一种杂文随笔,其追求的不是哲学精神,而是外在的影响力。彼得·特拉夫尼所写的这本关于头四卷笔记本的"伴读"是一本彻头彻尾非哲学的"书"。具有锐利判断力的哲学工作者一定能够清楚地认识到这点,这也是他们和那些判断能力低下的学术贩子之区别所在。

非常清楚的一点是,彼得·特拉夫尼利用了他对"黑皮书"的编辑出版。此人在其至今为止的哲学路途上未能凭借自己的出版物获得持久的学术成就,同时也未能获得任何有偿的教职席位,这就导致他公然决定走一条对立的路线,也即利用笔记本公开地在国际上诬指海德格尔"反犹",进而声称其所谓的"反犹主义"即是海德格尔整个存在历史性思想的秘密背景。然而,真正以此得到证明的却是,此人没有理解我们时代最伟大思想家之一的重要思想——这种思想主要呈现在《哲学论稿(从本有而来)》①中——而且不顾一切地冒险去否定它。彼得·特拉夫尼不顾一切地孤注一掷,却仅仅是为了最终获得一个有偿的教职。

彼得·特拉夫尼早先尚且出版过可被看作认真撰写的书籍,而现在则为了个人职业生涯的升迁蓄意利用了"犹太问题"。

在 2015 年 3 月于巴黎国家图书馆召开的有关"黑皮书"的重要大会上,哲学教授阿兰·芬克尔克劳特[Alain Finkelkraut]作了如下发言:"此种'爱犹主义'令我胆寒,此类反海德格尔主义令我惊愕不已。"这就以再清楚不过的方式公开揭露了特拉夫尼对笔记本中所谓"犹太问题"的榨取性

① M. Heidegger, *Beiträge zur Philosophie*, S. 163.

利用。

　　诚然，"黑皮书"中存在 14 处连我也对其保持距离的"涉犹"文字，但同时，我们也清楚地看到，尽管海德格尔采用了某些存在历史性思想的概念论及了犹太问题，笔记本中的相关论述却绝不是其存在历史性思想的基调的精神背景。若将笔记本中带有政治色彩的表述当作读解马丁·海德格尔的存在历史性作品的基础，那一定会是个极大的错误。因为，在相关的作品中，我们都从未找到过这样带有政治色彩的陈述。相反，海德格尔对于民族社会主义真正立场的疏远却可以在其文本中得到证明——正如从全集第 97 卷①对希特勒的激烈批判我们所看到的那样。当我和阿费利一起决定对这些文本进行阐释时，我们想到的不是挑出可以"洗白"海德格尔罪责的文句，而是想让海德格尔的言说得到远离偏见和误判的确切理解。在这种逐步展开的对其思想道路的研究中，我们新近看到的是一个反天主教徒的形象，这也

---

① M. Heidegger, *Anmerkungen I—V（Schwarze Hefte 1942—1948*），in: *Gesamtausgabe*, Bd. 97, Abt. 4: Hinweise und Aufzeichnungen, hrsg. v. P. Trawny, Klostermann, Frankfurt a. M. 2015；对于相关问题的深入分析，可以参见阿费利在接下来的第二章中所作的解释学研究。

是我们的共同研究获得的一个意料之外的结论。
如果有读者得出和我们相同的结论，那么，他同样
将看到，某些人为栽赃在海德格尔身上的结论是
多么明显地偏离了事实真相。正如海德格尔以其
著作引导着读者的步骤，他也为我们指明了思想
的道路。

3. 海德格尔的"笔记本"或"黑皮书" 在其著作整体中的位置

在海德格尔全集第 66 卷《沉思》的附录"道路
回顾"中载有一篇以"附上希望与意愿（关于对所
作尝试的保存）"（GA66，S. 419—428）[①]为标题的
文章。"所作尝试"指的是直至 1937/1938 年以前
未公开的那些手稿。在"一、所完成的东西"[②]中
共有七种手稿：

　　1. 讲课稿，2. 演讲稿，3. 对练习课的记
　　录，4. 作品的准备工作，5. 深思与暗示，见笔

[①]　Martin Heidegger, *Besinnung. Gesamtausgabe* Band 66.
　　Hrsg. v. F.-W. v. Herrmann. V. Klostermann Frankfurt
　　am Main 1997.
[②]　同上，S. 419。

记本 II—IV—V,6. 荷尔德林课程的讲稿以及为"恩培多克勒"所作的准备工作①,7. 从本有而来(哲学论稿):对此参见第 4 条。

在紧接其后的"关于各种手稿的具体情况"中,海德格尔对列举出来的七种手稿作了非常重要的说明。

对我们来说,这儿尤为重要的是对"5. 深思与暗示"加以说明的那部分陈述,以及与此相关的对"4. 著作之准备工作"以及对"7. 从本有而来(哲学论稿)"进行的说明。对于"5. 深思与暗示",海德格尔写道:

在这些笔记本中——首先是笔记本 II—IV—V——记录下来的东西部分地给出了发问之基调,并且指出了思想尝试的最大视域。看似始于某个时刻,每个笔记本含藏着的却是为那个唯一问题而不懈努力的动力。②

---

① Martin Heidegger, *Zu Hölderlins Empedokles Bruchstücken*,参见 GA75:Zu Hölderin-Griechenlandreisen。——译注

② Martin Heidegger, *Besinnung. Gesamtausgabe* Band 66. Hrsg. v. F.-W. v. Herrmann. V. Klostermann Frankfurt am Main 1997, S. 426.

《关于对所作尝试的保存》一文撰写于 1938
年,在手稿《哲学论稿(从本有而来)》[①]完成之后,
因此,在所有"笔记本"中,该文仅仅列出了《深思》
的第 II—V 册。这些文本现在公开于全集第 94
卷[②]。第 I 册付之阙如,也从未被海德格尔提及。
很可能是海德格尔自己将其剔除了。因此,这里
存在的也仅仅是猜测;这册笔记也许载有为计划
中的修改《存在与时间》(1931 年第 3 版)而作的
记录。这次修改基于 1930 年夏季学期的弗莱堡
课程"论人类自由的本质"。在这门课程中,"存在
与时间"之中的实事上的关联被追根溯源于"存在
与自由"之中的实事上关联。

《深思》第 II 册所作笔记开始于 1931 年 10
月,而这正是存在历史性思想启程的时刻。所谓
的"黑皮书"(也即笔记本)从属于存在历史性思想
的漫长道路。存在历史之思行进于其上的道路从
1930/1931 年一直延伸至 70 年代前半段,而作于
1931 至 1941 年的《深思》(现作为全集第 94—96

---

① Martin Heidegger, *Beiträge zur Philosophie* (*Vom Er-eignis*). *Gesamtausgabe* Bd. 65. Hrsg. v. F.-W. v. Herrmann. V. Klostermann Frankfurt am Main 1989.

② Martin Heidegger, *Überlegungen II-VI* (*Schwarze Hefte* 1931—1938). *Gesamtausgabe* Band 94. Hrsg. v. P. Trawny. V. Klostermann Frankfurt am Main 2014.

卷出版)则伴随着这条道路。首要而言,存在历史性思想展开于"作品之准备工作"以及从《哲学论稿(从本有而来)》(1936—1938)直至《本有》(1941/1942)的伟大论著。

在对"5. 深思与暗示"进行的说明中,需要注意以下三点:一、发问之基调;二、对于各种思想尝试之最大视域的指示;三、为那个唯一的问题而不懈努力的动力。"发问之基调"乃是惊恐、持重与畏怯,它们分别为存在历史之思定调。"各种思想尝试之最大视域"在"4. 著作之前作"①中得到指明:"存在者与存在之间的区分,此-在—真理,时-空,诸情态[Modalitäten],情调,语言,以及趋近问题本质之方法。"存在历史之思在思想上进行尝试的"唯一问题"是"关乎存有之真理的问题"②,它保持在上述"视域"中。"作品之准备工作"则被称为"跳板"[Anläufe],因为它们更为源始地坚持了《存在与时间》的整个提问方式,并促使其进入所述视域中。诸"深思"同样逗留于这些视域中,只要它们和"作品之前作"一样也是为关乎存有之真

---

① Martin Heidegger, *Besinnung. Gesamtausgabe* Band 66. Hrsg. v. F.-W. v. Herrmann. V. Klostermann Frankfurt am Main 1997, S. 424 及以下几页。

② 同上, S. 424。

理的唯一问题服务的。

有关《哲学论稿(从本有而来)》的重要音信同样也是在第四部分"作品之前作"得以道出的:"从1932年春季开始,那一规划的基本特性就确定下来了。该规划在'从本有而来'的开抛中得以初步成形。"①紧随《哲学论稿》其后的那些作品,《沉思》(1938/1939)、《形而上学之克服》(1938/1939)②、《存有之历史》(1938/1940)③、《论开端》(1941)④、《本有》(1941/1942)⑤以及《开端之路径》(1944)⑥,都是最初在1932年春季定下的存在历史之思的结构规划的一再更新的形态。

上述七部存在历史性作品为思想的结构勾勒出有待实行的各条线路,就此为存在历史性思想

---

① 同上,S. 424。

② M. Heidegger, *Metaphysik und Nihilismus*, in: *Gesamtausgabe*, Bd. 67, hrsg. v. H. -J. Friedrich, Klostermann, Frankfurt a. M. 1999, S. 2—174.

③ M. Heidegger, *Die Geschichte des Seyns*, in: *Gesamtausgabe*, Bd. 69, hrsg. v. P. Trawny, 1998.

④ M. Heidegger, *Über den Anfang*, in: *Gesamtausgabe*, Bd. 70, hrsg. v. P. -L. Coriando, 2005.

⑤ M. Heidegger, *Das Ereignis*, in: *Gesamtausgabe*, Bd. 71, hrsg. v. F. -W. von Herrmann, 2009.

⑥ M. Heidegger, *Die Stege des Anfangs (1944)*, in: *Gesamtausgabe*, Bd. 72, hrsg. v. F. -W. von Herrmann (in Vorbereitung).

开辟了决定性的**主要道路**,而《深思》则**伴随并扩充**着这条**主要道路**。它们被**安排**在开辟道路的伟大作品的**旁边**与**后面**。就此而言,与七部存在历史性作品相比,它们并无优先地位,更不可被置于其上。所以,只有从这些伟大的存在历史性论著出发,我们才能通达并理解"黑皮书"上的那些或长或短的笔记。仅仅依据这一事实,"黑皮书"才按照海德格尔的意愿构成全集的最后篇章,而且也应当在全集其他各卷出版之后面世。

笔记本《深思》对当时发生的事件再三进行存在历史性的-批判性的说明。除此之外,这些笔记本中的部分内容还是对先前所作思考的补充,因为海德格尔在此对先前表达出来的各种思想重新表态,并且有时也加以批判性的反思。第 94 卷中编号为 201、202 和 204 的三处笔记就是涉及先前所作思考的一个例子。在此,海德格尔重新捡起并进一步加以思考的主题是"动物与人类",从而涉及 1929/1930 年冬季学期课程《形而上学的基本概念:世界-有限性-孤独性》(GA29/30)[1]中的一个考察:对动物的世界贫乏与人类的世界生成

---

[1]　M. Heidegger, *Die Grundbegriffe der Metaphysik. Welt—Endlichkeit—Einsamkeit*, in: *Gesamtausgabe*, Bd. 29/30, hrsg. v. F.-W. von Herrmann, 1992.

加以比较。

　　所有这些不时产生的思想,由于并不属于某部正在完成的手稿①,而且也未加入可以被冠以这样那样的概念名称的文集,于是就(从 1931 年开始)被纳入那些笔记本中。在笔记本形成的漫长岁月里,海德格尔的床头柜上总是摆放着卡片与铅笔,以便在夜晚中的某个不眠之刻随即记下时或想到的东西,并在第二天准确细致地将其录入某册黑色笔记。

　　接下来我们需要考察的是对待"黑皮书"的不当方式与唯一正当的方式。

　　《深思》共有三卷。在其中两卷(第 95 卷与第 96 卷②)文中,读者会碰到十三处——它们或者只有一句话,或者由两句话、四句话乃至总共五句话构成——与"国际性的犹太教[Judentum]"或"世界犹太教"有关的地方。在这些文字或短落中,海德格尔从存在历史性-批判性的角度出发对犹太

---

① 即 F. -W. v. Herrmann 所说的七部伟大存在历史性著作(GA65\66\67\69\70\71\72)。——译注

② Martin Heidegger, *Überlegungen VII—XI* (*Schwarze Hefte 1938 / 39*). *Gesamtausgabe* Band 95. Hrsg. v. P. Trawny. V. Klostermann Frankfurt am Main 2014; derselbe, *Überlegungen XII—XV* (*Schwarze Hefte 1939—1941*). *Gesamtausgabe* Band 96. Hrsg. v. P. Trawny. V. Klostermann Frankfurt am Main 2014.

教表明了态度。所有这些文中的段落,总共加起来才勉强有填满两页半标准 A4 纸的篇幅,而三卷《深思》却有 1250 页之多。但是,"黑皮书"的编者却把这些段落当作了贬损海德格尔思想的理由。这位编者绝不只是误读了这十三处文字,他更从这些被其误读的文字出发将整个存在历史之思贬损为"反犹主义"的。他由此也就将存在历史之思本身贬损为"反犹主义"的了。他在这儿依照一位参加 2014 年 9 月在亚特兰大埃默里大学举行的会议的美国教授的记录,就认为海德格尔对犹太主义[Judaismus]的反对是"系统性的"。表明海德格尔对"国际性犹太教"批判态度的词语或概念包括:无根性、无历史性、对存在者的单纯计算、庞然大物、非世界性、空洞的智性与计算能力、存在问题的耽搁、存在者之谋制、肆无忌惮、全体存在者离脱存在之根基。

如果有人确实读完并透彻把握了存在历史性作品(即存在历史性思想的主要文本),他随即就会看到,上面列举出来的那些词语或概念都是存在历史性的概念。而且,海德格尔用这些概念来刻画最为新近的新时代精神或当代精神,只要他在原则上是基于数学化的自然科学与现代技术来理解相关概念的。这却等于说,这些概念并非本身就是"反犹主义"的,也即并非仅仅针对犹太精神,而是与一般性的当代精神有关。这也就意味着,当海德格尔用上述概念表示"国际性的犹太教"时,他已将"犹太教"纳入新时代的当代精神中。海德格尔明确提到并批判性地探讨"世界犹太教",必须被理解为对当时处于支配地位的时代精神的反思,何况海德格尔所突出的国际性犹太教的特征本来也是要表明一般而言的新时代之当代精神的特征。存在历史性的思想方式及其本己的概念特性在本质上不是反犹的,也不是出自某种反犹的基本立场,而是源于那一现象学精神:它在其特有的历史性中经验、开显并且把握现象。属于丑闻的并不是所谓的《深思》中的十三处文字,而唯独是那种歪曲、毁谤这些文字的处理方式——这种对待相关文字的方式是极端背离事实真相的。编者的那本"书"——这绝不是一本哲学书,就像瑞士洛桑的因斯伯格·叙斯勒[Ingeborg Schüßler]女士中肯地指出的那样——并不是一本对相关文本作出认真的与真实的阐释的书。它所提出的论题,也即马丁·海德格尔的思想包含系统性的反犹主义这点,并不是一个值得认真讨论的阐释《深思》的视域,而只是一个没有给出论据的单纯断言。

　　作为海德格尔全集在哲学上负责的主编,就

像马丁·海德格尔书面指定的那样，以及他生命最后四年的亲密助手，我之前仅推荐过"黑皮书"现在的编者担任文本上的编撰工作，而从未推荐他担当海德格尔遗著的文本阐释重任。

假若编者要有一本书陪伴《深思》之出版，那这本书的构思与撰写就必须以与上述那本"书"完全不同的方式进行。而且，如果要借这本有可能真正引导我们对《深思》之正确理解的书表明出版方对那十三处批判性文字的澄清，那么，这一澄清就得在对相关文字表态时阐发出《深思》的哲学维度，从而也一并阐发出零星分布于其中的那些对犹太教现状加以批判的文字的哲学维度。——正如我们所做的那样。充分考虑《深思》的哲学维度，是对待最初三卷"黑皮书"的唯一正当的方式。相反，《深思》的编者却对"黑皮书"的哲学维度全然不顾，并随之对三卷《深思》的哲学维度全然不顾，而去追求一种纯粹是意识形态-政治上的视角。从这种意识形态-政治上的视角出发，这位编者全然无视《深思》的哲学内容以及《深思》与存在历史之思的其他各种手稿相比所处的位置。这么一来，他就在他那本全然不是哲学的书的读者以及他对该书观点的口头表述的听众那儿造成一种错误的假象，仿佛在"黑皮书"中记录下来的思想全是反犹的"货色"。因此,他处理"黑皮书"也即海德格尔笔记本的方式是彻头彻尾的歪曲,并且也是极端背离事实真相的。

在《哲学论稿》中,有一段文字足以完全证实我们在本文第二部分所作的阐述。马丁·海德格尔在此写道:

> 如果人们说,实验性的科学研究是北欧-日耳曼式的,而理性的科学研究与之相反是外来的,那真是胡说八道! 因为这么一来,我们就不得不把牛顿和莱布尼兹也算作"犹太人"了。但恰恰是在数学上对自然的开抛才形成了测量性的"实验"得以可能并且成为必然的前提。①

在此,海德格尔以其辛辣的嘲讽与批判反对纳粹主义对自然科学加以"科学"理解的一条"定理",即将实验性的科学研究定性为"北欧-日耳曼式的",而将理性的科学研究定性为"外来的",并因此而应当被称为是"犹太的"。纳粹主义把实验性的科学研究归到北欧-日耳曼式的精神一边,而将理性的科学研究归到犹太精神一边,这在海德

_____

① *Beiträge zur Philosophie*, S. 163.

格尔看来是"胡说八道"。原因在于,对海德格尔来说,自然科学中的实验性研究本身就需要通过数学性的自然开抛设置理性上的根据。这种建基性的开抛在本质上是由牛顿和莱布尼兹促成的。如果把实验性的科学研究划归日耳曼特性,而将理性的科学研究划为犹太人的,就必须把伟大的理性主义者牛顿和莱布尼兹也算作"犹太人",但非常明显的是,这两位思想家并不是犹太人。在上面的引文中,海德格尔将"犹太人"一词置于引号中,是因为他在这儿谈到的"犹太人"具有纳粹主义的措辞和用法所赋予的意义。这段引自《哲学论稿》的文字清楚地证明,海德格尔并未像纳粹主义的"定理"所要求的那样将理性的科学研究与思考方式仅仅把握为一种犹太精神,也就是说,海德格尔并未将理性的东西本身固定在某个民族精神[Volksgeist]上。这段引文例证了本文表明的真相:海德格尔无论在实证科学还是在哲学上都未以反犹方式进行思考。

我们在前文中已经指明了三卷《深思》的哲学维度,并对出现于《深思》中那十三处简短文字的概念所本具的特性进行了分析。由此可知,这些段落和文字并非思想性-系统性的"基石",也就是说,它们不是那些能够形成存在历史之思的基本结构的思想步骤。要理解这一论断的精神实质，就得清晰地了解到，一种哲学思想的内在系统或内在结构特性意味着什么。换句话说，必须自己去学会系统性地思考，并能够在系统性的思想与只是顺带出现——按黑格尔的话说，"顺便提及"[①]——的思想之间作出区分。对于这点，海德格尔自己不仅在《哲学论稿》中加以强调，而且首先是在与《哲学论稿》作于同一时期的第一个谢林讲座课程中："任何哲学都是系统性的［systematisch］，但并非任何哲学都是一种体系［System］。"[②]任何哲学，自然也包括存在历史性的思想，本身都是系统性的，也即具有某种结构。海德格尔用来表达存在历史性思想系统特性的"结构"［Gefüge］一词指示出发问的内在嵌合［Fügung］与秩序。在以"深思"为标题的三册"黑皮书"中得到编序的笔记取决于为关乎存有之真理的唯一问题所作的不懈努力，而存有之真理则在发问与所问的缜密结构中得以展开。只有看到、凸显并牢

---

① 参见 Hegel, *Phänomenologie des Geistes*, Felix Meiner Verlag 1952, S. 80. Übers。

② Martin Heidegger, *Schelling：Vom Wesen der menschlichen Freiheit*（1809）. *Freiburger Vorlesung Sommersemester 1936. Gesamtausgabe* Band 42. Hrsg. v. Ingrid Schüßler. V. Klostermann Frankfurt am Main 1988.

牢把握住这点,才能以唯一正当的方式对待这些笔记。在此,关键是要区分下述两种思想方式:一种是包含内在结构的系统性思想,另一种则是顺带形成的思想,而后者并不能被归入思想的系统性结构。在这一意义上,人们总在关心的出自全集第 95、96 卷的十三处文字充其量是顺带形成的思想。即使去掉这些思想,关乎存有之真理的问题的发问结构也未被触及分毫。仅仅是在此意义上,我们才强调:这十三处段落和文字"在哲学上是无关紧要的",正如我的匈牙利同事、来自布达佩斯的伊什特万·费赫尔[István Fehér]教授一上来就以其锐利的判断能力表明的那样。

在其知名的犹太学生——例如汉娜·阿伦特、汉斯·约纳斯与卡尔·洛维特——那儿,马丁·海德格尔发现的并非只是理性的思考。在他们身上,他同样也看到了进行创造性思考的深厚禀赋,而且直至其生命终点都对之高度评价。汉斯·约纳斯在为庆祝海德格尔八十岁生日而编撰的文集中所发的那篇文章①更是使得马丁·海德

---

① Hans Jonas, *Wandlungen und Bestand. Vom Grunde der Verstehbarkeit des Geschichtlichen*, in: *Durchblicke. Martin Heidegger zum 80. Geburtstag*, Vittorio Klostermann Frankfurt am Main 1970, S. 1—26.

格尔感到由衷的高兴。

4. "黑皮书"中涉及犹太人的文字在哲学-系统性上是无关紧要的

作为全集的主编和马丁·海德格尔生命最后岁月的亲密助手，我有必要在此以概述的方式对上文中辩驳的对待"黑皮书"——或者说海德格尔的工作笔记——的不当方式加以纠正。

如前所述，我仅仅曾将"黑皮书"目前的编者作为相关文本的编撰者——而非文本阐释者——加以推荐。这位编者在国际上抛出的"阐释尝试"毫无内在真理性可言，因而令我深感失望。为了马丁·海德格尔之思想的真理，我不得不与这种歪曲性的解读模式严格保持距离。

海德格尔的存在历史性的本有之思是其梳理存在问题的第二条道路。对于这条发端于 1930至 1931 年的思想道路而言，"黑皮书"只是伴随性的著述。就其伴随着本有之思而言，"黑皮书"中的思想也具有纯粹的哲学性质，不过，我们依然应当将其安排在存在历史性思想的伟大作品的旁边与后面。由于这个原因，尽管"黑皮书"中记下的思想有着不断变化、充满新意的哲学内容，我们对其中思想的领悟只能从同期撰写的存在历史性作品出发。

　　从海德格尔思想的哲学-系统特性来看,在34册笔记本中只占极少分量——而且也未及广泛语境——的与犹太性有关的段落和文字是完全无关紧要的,并因此也是多余的。首先,它们并不构成存在历史之思的思想-系统性基石。可以证明这点的是,与"黑皮书"同期所作的讲课稿、演讲稿及论著文稿都不曾含有任何反犹主义的词句。

　　对海德格尔来说,犹太性及其古老伟大的历史并不属于存在之历史的范畴,后者包含的仅是从古希腊到黑格尔与尼采的西方思想,以及新时代-当前的科学与现代技术。从海德格尔思想的角度看,现代科学与技术都以"计算性的思想"为特征,因而是对人性的一种巨大威胁。

　　那位编者依据"黑皮书"中的极少数涉犹词句炮制出了"存在历史上的反犹主义"一词。在我们看来,这个概念是不明不白和混淆是非的,它只能将人们导向对"黑皮书"的致命误解:存在历史性思想本身即是一种反犹主义的思想。

　　海德格尔也并不是曾有一段时间这样思考过,也就是说像编者所说的那样,像在涉犹字句那里一样思考。但当这位编者以模棱两可的方式指控海德格尔曾"像这样"思考时,读者及听闻者会以为海德格尔确曾一度作过反犹主义的思考。可事实是,这种疑虑是毫无意义的,因为存在历史性思想的内在结构和建制,与反犹立场绝对没有任何关系。足以证明存在历史性思想绝无反犹之嫌的是海德格尔著于1936至1944年的七部伟大的存在历史性作品,它们始自《哲学论稿》,并以《开端之路径》为终篇。

5. 为何马丁·海德格尔的存在历史性思想不可能具有反犹主义性质

要以正当的方式对待笔记本中涉及犹太人的文字和段落,最为重要的是看到以下这点:就这些成问题字句的精神特质而言,在存在历史性的本有之思的奠基性文本,也即七部伟大的存在历史性论著中,我们未曾找到任何与之相似的踪迹。在这些存在历史性论著中,没有一个概念表明自己和反犹主义这类东西有关。我曾经逐字逐句地读过这些论著——不仅仅是读而已,而是从其根源和基础出发随同海德格尔的思想一道理解每句文字中包含的思考。在此,思想的源泉和基础即是存有之真理的本质发生[Wesungsgeschehen]。海德格尔对存有之真理的本现的洞见始终来自其对思之事情的历史性的经验:在基础存在论的思想道路上,海德格尔的现象学曾将这一思想的事情展示为以超越性-境域性方式得到开启的存在的展开性(真理)。随着基础存在论到存在历史性道路的内在转变而产生的是全部存在历史性的基本概念,正如它们在《哲学论稿(从本有而来)》中首次被引入——并在后续几部论著中得到修改和补充的那样。众所周知,黑格尔曾从感觉确定性开始思考了绝对精神的历史性,而海德格尔则思考了存有之真理的历史性:它发端于存有之真理的回音,并到达存有之真理之建基,乃至于本有中的将来者与最后之神。

　　所有这些思想活动并持留于一种与日常中的反犹主义各个变种完全不同的沉思层面上。仅这一点就足以说明,任何一种反犹层面的思想都不可能渗入存在历史性的沉思层面。由此变得极为清楚的是,反犹性的东西和存在历史性层面的沉思绝对没有任何关系可言。

　　要达到此等见地,并不需要对马丁·海德格尔手稿的广博研究或反复阅读,而仅仅需要一种良好培养的哲学上的界划和判断能力。然而,这两种能力彼得·特拉夫尼都没有,于是,他便在其饱含脆弱的概念和经不起推敲的判断的胡扯中乱谈所谓海德格尔思想中的"反犹主义"。

由此可见,在笔记本中的成问题的字句和海德格尔的存在历史之思间并不存在任何的内在联系。

如果对种族主义倾向的反犹主义和宗教信仰驱动的反犹太教主义进行合理的区分,那么,我们就可以看到,笔记本中的有关段落和文字既不属于前者也不属于后者。但是,它们究竟何所属呢?在我们看来,它们仅仅属于海德格尔私下的政治观念,尽管他也曾以存在历史性的"计算性思想"的概念包装了它们。不过,这种后发的概念性包装并未使得存在历史性的源泉和基础本身变为"反犹主义的东西"。在海德格尔谈到犹太人在金融和经济方面的计算性思想时,这些语句并不构成具有系统性内在结构的本有之思的基石。——这就意味着,这正是特拉夫尼及其追随者犯下的巨大错误。

在第三帝国之中构成一道政治景观的反犹主义[Antisemitismus],最终是出自 19 世纪由宗教信仰加以推动的反犹太教主义[Antijudaismus]。

我们的结论是:必须极为严格地划分[krinein]笔记本中涉及犹太人的字句与纯粹的本有历史性之思。出自其本己的特性，纯粹哲学性质的本有历史性之思与任何一种反犹主义都毫无亲和性可言。

任何一个读者，只要他在事实上从其最深的根源出发随行思考了海德格尔已经出版的手稿，就一定会得出和我们所作界划一样的结论。

我一直长期致力于对马丁·海德格尔手稿的深入研究。在此期间，我从未在马丁·海德格尔的思想中发现丝毫反犹主义或民族社会主义的痕迹。因此我不需要再度为了寻找这种蛛丝马迹而将这些讲座手稿翻阅一遍。

假若马丁·海德格尔协会（至 2015 年）的基本态度是，有必要首先进行审查和讨论，以便确认海德格尔所谓的"反犹主义"对其思想并未造成影响，那我可能就不得不从这个协会及其监理会中退出：其理由却不是对作为思想家的马丁·海德格尔有所异议，而是对相关人士针对马丁·海德格尔思想的动摇立场表示抗议。无疑，海德格尔协会的成员以及维也纳此在分析协会的杰出代表，对于马丁·海德格尔的思想一贯持有鲜明的哲学立场。那么，对协会而言，重要的不是海德格尔私下的个人特征，而仅仅是这位思想家的思想。

对我而言,我想说的已经通过前面的阐述得到清晰的表达,因此在哲学上已经没有必要再次加以澄清了。

我对这个问题的断然姿态并不意味着对马丁·海德格尔的"洗白",而仅仅是为了让其哲学思想从歪曲中得以解放。

6. 马丁·海德格尔思想道路的重大意义

6.1 海德格尔对于一种"活生生的生活之哲学"的思之经验

在其作为讲师讲授完 1915\1916 年冬季学期的第一门课程之后,海德格尔在 1916 年 3 月 5 日致其未婚妻艾弗里德·佩特里[Elfride Petri]的一封重要信件中写道:

> 我知道,如今可以有一种关于活生生的生活的哲学:借助这种哲学,我可以在此生死关头向理性主义宣战,同时又不致堕入非科学性的致命惩罚中。我需要这种哲学,而且,我也一定会完成这种哲学思考——而今我必定要面临的问题是:怎样创造一种作为活生生的真理的哲学,以及一种能高贵和有力地

塑造人格的哲学。①

令年轻的哲学家深自庆幸的发现乃是——降临于他而开辟和指明了道路的——对于梳理出一种活生生的生活哲学之可能性的洞见。对于这种作为活生生的真理的哲学的洞见即是:不同于对生活的理论性认识,还有一种前理论或先于理论的生活——在采取理论性的认识立场之前,我们一向已经活在其中,同时,一切理论性的认识活动都起自这种生活。哲学的原初使命即是对这种前理论的活生生的生活进行阐释,而以此原初方式得到阐明的生活将表明自己就是活生生的生活之活生生的真理。

在此,年轻的海德格尔首次将活生生的生活纳入眼帘。随后,这一思想的事情被他在 1919 至 1923 年所授的讲师课程中补充性地把握为实际性的生活或实际性的此在。随着马丁·海德格尔从 1916 至 1918 年的早期通信——尤其是 1916 年 3 月 5 日那封极为重要的信件——的出版,我们在这方面获得的新认识是:对海德格尔最为本

① M. Heidegger, »*Mein liebes Seelchen*! «. *Briefe Martin Heideggers an seine Frau Elfride 1915—1970*, hrsg. v. G. Heidegger, Deutsche Verlags-Anstalt 2005, S. 36 f.

己的哲学提问方式来说最为基础的经验,也即那一源始经验,在 1916 年头四个月即已产生。这一海德格尔哲学的基本经验首先通过他在战后直至 1923 年的讲师课程得到阐发,然后又在 1923 至 1928 年的马堡讲课中得到阐明,并在其第一部主要作品《存在与时间》(1927)中得到系统的梳理。

6.2 海德格尔在 1919 至 1923 年期间的讲师授课 ——作为实际生活之解释学现象学的道路的雏形

初创的关于活生生的生活的哲学同时也是海德格尔新发展出的宗教哲学的思想与发问轨道。他也将这种基于实际生命的宗教哲学称为"真实的宗教哲学"。对海德格尔来说,他所追寻的"真实的宗教哲学"理当从关于活生生的生活的哲学的基本构架中赢获它的真实性。于是,他在一战之后的两个讲师授课中发起了对这种新得到奠基的宗教哲学的阐述:在 1920\1921 年冬季学期奠基性的宗教现象学课程《宗教现象学导论》中,海德格尔沿着解释学-现象学的道路透彻阐发了三封圣保罗的书信,从而令新约中的源始基督教义作为实际生命经验意义上的源始基督教生活经验得到阐明。在同样具有宗教哲学指向的 1921 年夏季学期讲师授课《奥古斯丁与新柏拉图主义》

中,海德格尔阐明了由奥古斯丁的上帝苦寻引导的对于 anima[灵魂]和 vita[活力]的自我阐释(见奥古斯丁《忏悔录》第 X 卷)。在此,海德格尔认为《忏悔录》这本书在很大程度上是由活生生的生活之实际的生活经验而来得到规定的。不仅在其关于圣保罗的授课中,而且在其对于奥古斯丁的讲解中,海德格尔对基督教生存的阐述都摆脱了古希腊哲学的束缚,也即不再回溯到亚里士多德主义、新柏拉图主义或斯多噶主义的概念模式,而是仅仅从活生生的实际生活出发。上述两个重要的讲师授课发生在 20 世纪 20 年代初期,但是,从中得以展开的卓绝思想发现却在前面提到的——海德格尔在 1916 年写给其未婚妻的——书信中就有了其决定性的起源。

海德格尔最为本己的追问在 1916 年收获颇丰。于此期间,海德格尔在另一封写给其未婚妻的书信中传达了另一个同样重要并影响深远的思想见地。在这封日期为 1916 年 6 月 13 日的书信中,海德格尔写道:

我实行了一项重大的筹划。其中,后者令我认识到,自己已经发觉了范畴学说中的一个基本问题。解决这个问题的办法从问题自身而来,而对研究探索来说,提出问题总是决定性的。

这里所谓的"重大筹划",也即对范畴学说基本问题的发现,是海德格尔的又一个指引着道路的洞见:在始自亚里士多德直至今日的哲学中,人们看到的仅仅是范畴之客体-逻辑的处理方式,然而,还有一种对于活生生的生活和精神之最本己范畴的全新追问方式。这类关于活生生的生活的范畴是一种完全不同于客体性逻辑的范畴,它们是今后哲学有待展现的对象。这一发现和洞见以决定性的方式先行把握到的即是 1919/1920 年一战后讲师授课所说的"内容意义""关联意义"和"实行意义"。这三个范畴是活生生的实际生活特有的概念方式,在后来的《存在与时间》中,它们最终作为在生存中领悟着存在的此在之生存论性质得以呈现出来。

在他为其最后一个弗莱堡讲师讲课稿"存在论(实际性的解释学)"所写的前言中,海德格尔指出:

> 探寻中陪伴我的人是年轻时代的路德和典范人物亚里士多德,后者为前者所憎恶。

同时,克尔凯郭尔数次促动了我前进的步伐,而胡塞尔则赐给了我眼睛。①

　　在最后半句话中,海德格尔引证了他首次从胡塞尔的《逻辑研究》中学会的现象学的观照。只有内心深处的慧眼才能从心中以哲学的方式观照到作为现象的思之事情。这点,海德格尔认为必须归功于胡塞尔的现象学。不过,胡塞尔自己的现象学——作为方法论上的行动方式——具有反思性的现象学之特征:依照此种现象学,全部范围的感性经验是人对世界之意识的起点。在投入到讲师-授课的过程中,海德格尔逐步将胡塞尔的反思性现象学转变为解释学的现象学。这种现象学之所以被称为解释学的,乃是因为它如其所显现的那样阐明了"在-世界-中-生活[Leben-in-der-Welt]"这一现象,而且此种阐释立足于所阐释现象的实行意义,而未对其作任何反思性的干涉。这便是海德格尔称之为"前-理论的生活"的东西,而胡塞尔将其纳入眼帘的"素朴感性经验"其实已被理论性的反思所损害。尽管如此,海德格尔还

① M. Heidegger, *Ontologie. Hermeneutik der Faktizität*, in: *Gesamtausgabe*, Bd. 63, hrsg. v. K. Bröcker-Olt-manns, Klostermann, Frankfurt a. M. 1988, S. 5.

是从胡塞尔式的现象学那里学会了现象学的
"看",当然,从现在开始,这种观照将是比反思性
现象学更为优先的解释学现象学的"方法"了。

海德格尔讲师时期的授课一共保留下了十
个。在这些授课中,海德格尔按照不同的方向梳
理出了关于实际生活的解释学现象学。这些授课
中的每一个都是最为本己的哲学运思的一个重大
步骤,它们令实际的也即鲜活的人之生活在其实
际性中得到阐明。同时,尽管胡塞尔本人在其关
于意识生活的现象学中并未前突至此种实际生活
的领域,但他却以其对于——观照意识现象
的——现象学的"看"的实践为实际生活得到现象
学的观照和阐释创造了条件。

6.3 1923/1924 至 1928 年的马堡讲座之为通向第一部主要作品《存在与时间》的道路

在 1923 年秋季从弗莱堡大学转至马堡大学
之后,海德格尔在马堡讲座中继续了其弗莱堡课
程所开辟的道路。对实际性的生活的解释学-现
象学阐明如今成为解释学现象学对领悟着存在
的此在之生存论-存在论的分析。引导着此在分
析的是追问存在一般之意义的遍及一切存在者
领域的存在问题。在此,"存在一般"包含两个方

面:实际性的人之此在的存在建构以及领悟着存在的人之此在生存于其中的其他各领域存在者的存在建构。就实际此在而言,海德格尔任讲师时的最后一门课程便已将作为实际性解释学的存在论作为主题。就整体存在、一般性存在及其存在意义的问题而言,早期海德格尔则有过这样的预见性洞察:范畴问题包括实际此在之范畴和实际此在属于并与之打交道的存在者之范畴两个方面。由此可见,马堡讲座与沿着此路线出现的《存在与时间》确是对弗莱堡授课中提问方式的继续。

《存在与时间》第一编分为三篇:1.准备性的此在基本分析,2.此在与时间性,3.时间与存在。

这三篇构成基础存在论的全部内容。在此,基础存在论以其奠基作用先行于每一种区域存在论。

在第一篇中,领悟着存在的此在之"范畴"被分析和显露为诸生存论性质,它们有别于狭义的范畴——人之此在对其有所作为的存在者的范畴。

在第二篇中,生存论性质的存在意义以解释学-现象学的方式被显明为此在的生存论的时间性。

第三篇"时间与存在"从此在的时间性出发，追问此在本质上与之有关的非此在式存在者的存在意义。在此，得到追问的即是存在者之诸范畴的存在意义，它被观照和把握为有别于此在时间性的时态性（时间）。此在的时间性在超越中得到实行，而时间则是境域（Horizont）的时态性，此境域也即此在由之而来——在对其时间性的实行中——领悟着作为存在者之存在意义的时间的视野（Gesichtkreis）。此在之生存的超越论的时间性与此在对其有所作为的存在者之存在的境域时态性（时间）在其共属中构成对《存在与时间》的引导性问题——对于存在者整体之存在一般的追问——的回答。

诚然，在《存在与时间》于 1927 年面世之际，其第三篇并未一起出版。不过，在 1927 夏季学期的马堡讲座中，海德格尔"新草拟了《存在与时间》的第三篇"，它作为全集第 24 卷于 1975 年出版。在 1928 年最后一次马堡讲座中，海德格尔也给出了第三篇"时间与存在"中的本质性思想步骤。讲授于 1927 年的马堡讲座《现象学的基本问题》，也即对基础存在论之解释学现象学，必须被读解为对《存在与时间》第三篇"时间与存在"的后续起草。

6.4　对存在本身之历史性的经验与
存在历史性思想的道路

这种思之经验,即思想对存在本身从其自身而来即是历史性的经验,在马丁·海德格尔的思想道路上是又一次意义重大的基本经验。对存在本身的历史性——而非仅仅在其生存可能性中的此在之历史性——的经验开启于 1930 年。表明这种全新经验的首批文本中的一个即是著名的1930 年讲演《论真理的本质》。从 1930 年开始,共计有 29 次弗莱堡讲座处于新开启的存在历史之思的轨道上。

存在历史之思的奠基作是《哲学论稿(从本有而来)》(1936—1937,1938)。在对其思想道路的回顾中,海德格尔告诉我们,始自 1932 年春季,这一思想规划的基本步骤便已确定下来,并在《哲学论稿(从本有而来)》这一手稿中初次得以成形。《论稿》是至 1944 年为止共计七部存在历史性论著中的第一部。始自《哲学论稿(从本有而来)》的存在历史之思——其最初的缘起可以追溯到1930 年——开辟了存在问题新的第二条,也是另外一条道路。和第一条道路《存在与时间》不同,本有之思的道路不是始于对此在之存在领悟的生存论-存在论分析,而是始自存在整体之历史性。在《存在与时间》的道路上,存在整体作为以超越性-境域性的方式得到开启的开放性或澄明——也即在澄明意义上的真理——而得到澄明。诚然,这种存在之真理多多少少也是源始的,但却不是从其自身而来就是历史性的。现在,同样是这种作为存在之澄明的真理,它在存在历史之思中就其解蔽-遮蔽的历史性作用而得到经验。在此,存在历史之思同样具有解释学-现象学的特征。存在之真理的历史性在其消隐与回转之间的作用中显明自身。海德格尔将存在之真理的回转把握为本有的本有过程,与此相对,消隐则意味着本有之出离本己的过程。新时代的历史——新时代的自然科学和现代技术及其日益遍布全球的统治——被海德格尔思为存在之真理日益增强的消隐的历史。"计算性的思想"本质上属于这种存在历史上的消隐,而它决定性地规定了直至我们所处之当前的新时代。从存在的极度消隐到存在之真理的敞开着的回转的逐步展开,这一过程在《哲学论稿》中经历了六个阶段,最终汇聚于神性维度与诸神的重新涌现。在此,存在之真理的过程可以被看作是一种存在之真理的现象学。对海德格尔而言展现存在之真理的现象学,对黑格尔而言即是精神的现象学。对两位思想家作一番比较，将会是一件极为迷人的事情。

存在历史之思根基处的核心问题之一是对存在与语言之关联——从而也是对语言之本质——的追问。存在历史性的存在问题的思想与诗歌乃是人在与存在的关联中关涉语言之本质的两种突出方式。对海德格尔来说，在存在历史之思的追问轨道上离思想最近的诗人乃是弗里德里希·荷尔德林。因此，海德格尔也追问了荷尔德林的诗歌与存在历史之思的切近以及近邻关系。荷尔德林后期创作的悲歌与赞歌，从海德格尔的角度看，乃是对存在之疏明与敞开的诗意的经验。属于此处的也包括 30 和 40 年代的那三个伟大的荷尔德林讲座。在 50 年代——这也是笔者求学于弗莱堡大学的时期——海德格尔对诗与思之本质近邻关系的追问占据了一个重要的位置。海德格尔在这方面的思想努力汇编为对《荷尔德林诗之阐释》的扩充以及《通往语言之途》一书。

存在历史之思起自基础存在论中的存在思想的内在转变。要想投入并贯彻存在历史之思，唯一要做的仅仅是经验到存在之真理的本己历史性。自 1930 年以来，此种经验愈益大量地展开于弗莱堡讲座中，并尤为突出地体现在七部伟大的存在历史性论著中。只有这七部著作才能让我们清楚地看到,存在历史之思的系统性结构包含哪些思想步骤。在这里并不存在所谓"外传"和"密传"思想的区别,尽管后者被"黑皮书"或"笔记本"的编者荒谬地标识为反犹主义的东西。诚然,海德格尔也曾亲口提到过"黑皮书",但这只是一个表明其外在装帧的称谓,在其对于相关手稿的概览中,他将之称为编排成册的"笔记本",以便更为确切地表明这些册子的思想内容。这些笔记本具有特定的用途:它们不是为了记录有待继续展开的稿子,而是为了记下微小的思想步骤,它们在同时期手稿的范围外时或产生,例如在某个不眠之夜。在大多数情况下,这些录入笔记本的思想乃是对存在历史之思的补充,尽管它们也可能与更为早先的文本有关。那些不具有这种补充性特征,而是用存在历史之思的语言对政治性的和其他的时事加以表态的记录,因此就不属于存在历史之思的思想步骤的组成部分。它们仅仅并且始终都是对存在历史性作品的照搬照抄。存在历史之思七部伟大作品中的每一部都是本有之思系统性结构的一次通透成形。如果有人无法在系统性的思想步骤与顺带产生的思想措辞之间加以区分,那么,这恐怕只能归因于其明显匮乏的哲学判断力。

马丁·海德格尔的存在之思——无论是基础存在论还是存在历史之思——占据着一个可与传统伟大思想家比肩的重要位置。对海德格尔自己而言,其思想曾一度以亚里士多德为出发点。但是,胡塞尔的超越论现象学——以及与之联系最为紧密的新时代传统:笛卡尔、康德与费希特——同样是卓越的哲学基本立场。

在奥托·珀格勒[Otto Pöggeler]和我之间上一次的通信中,他谈到哲学的多重情调——这是一个我确信无疑的格言。

每一位真正伟大的思想家的哲学基本立场都是永待展开的思之事情的一段有限的思想之旅。

参考书目

Hegel, G. W. F. (1952). *Phänomenologie des Geistes*. Hamburg: Felix Meiner.

Heidegger, M. (1944). *Die Stege des Anfangs* (1944), in *Gesamtausgabe*, Bd. 72, hrsg. v. F. -W. von Herrmann. Frankfurt am Main: Vittorio Klostermann (In preparation).

Heidegger, M. (1975). *Die Grundprobleme der Phänomenologie*, in *Gesamtausgabe*, Bd. 24, hrsg. v. F. -W. von Herrmann. Frankfurt am Main: Vittorio Klostermann. English edition: Heidegger, M. (1982). *The Basic Problems of Phenomenology* (trans. Hofstadter A.). Bloomington: Indiana University Press.

Heidegger, M. (1982). *Vom Wesen der menschlichen Freiheit. Einleitung in die Philosophie*, in *Gesamtausgabe*, Bd. 31, hrsg. v. H. Tietjen. Frankfurt am Main: Vittorio Klostermann. English edition: Heidegger, M. (2002). *The Essence of Human Freedom: An Introduction to Philosophy* (trans. Sadler T.). London: Bloomsbury/Continuum.

Heidegger, M. (1988). *Schelling. Vom Wesen der menschlichen Freiheit* (1809), in *Gesamtausgabe*, Bd. 42, hrsg. v. I. Schüßler. Frankfurt am Main: Vittorio Klostermann. English edition: Heidegger, M. (1985). *Schelling's Treatise on the Essence of Human Freedom* (trans. Stambaugh J.). Athens: Ohio University Press.

Heidegger, M. (1988/a). *Ontologie. Hermeneutik der Faktizität*, in *Gesamtausgabe*, Bd. 63, hrsg. v. K. Bröcker-Oltmanns. Frankfurt am Main: Vittorio Klostermann. English edition: Heidegger, M. (1999). *Ontology: The Hermeneutics of Facticity* (trans. van Buren J.). Bloomington: Indiana University Press.

Heidegger, M. (1989). *Beiträge zur Philosophie (Vom Ereignis)*, in *Gesamtausgabe*, Bd. 65, hrsg. v. F. -W. von Herrmann. Frankfurt am Main: Vittorio Klostermann. English edition: Heidegger, M. (1999). *Contributions to Philosophy: (From Enowning)* (trans. : Emad P. and Maly K.). Bloomington: Indiana University Press.

Heidegger, M. (1992). *Die Grundbegriffe der Metaphysik. Welt—Endlichkeit—Einsamkeit*, in *Gesamtausgabe*, Bd. 29/30, hrsg. v. F. -W. von Herrmann. Frankfurt am Main: Vittorio Klostermann. English edition: Heidegger, M. (1995). *The Fundamental Concepts of Metaphysics. World, Finitude, Solitude* (trans. McNeill W. and Walker N.).

Bloomington: Indiana UP.

Heidegger, M. (1997). *Besinnung*, in *Gesamtausgabe*, Bd. 66, Abt. 3: *Unveröffentlichte Abhandlungen. Vorträge—Gedachtes*, hrsg. v. F.-W. von Herrmann. Frankfurt am Main: Vittorio Klostermann. English edition: Heidegger, M. (2006). *Mindfulness* (trans.: Emad P. and Kalary Th.). London: Bloomsbury/Continuum.

Heidegger, M. (1998). *Die Geschichte des Seyns*, in *Gesamtausgabe*, Bd. 69, hrsg. v. P. Trawny. Frankfurt am Main: Vittorio Klostermann.

Heidegger, M. (1999). *Metaphysik und Nihilismus*, in *Gesamtausgabe*, Bd. 67, Abt. 3: *Unveröffentliche Abhandlungen*, hrsg. v. H.-J. Friedrich. Frankfurt am Main: Vittorio Klostermann.

Heidegger, M. (2005). *Über den Anfang*, in *Gesamtausgabe*, Bd. 70, hrsg. v. P.-L. Coriando. Frankfurt am Main: Vittorio Klostermann.

Heidegger, M. (2005/a). *«Mein liebes Seelchen!». Briefe Martin Heideggers an seine Frau Elfride* 1915—1970, hrsg. v. G. Heidegger. München: Deutsche Verlags-Anstalt. English edition: Heidegger, M. (2008). *Martin Heidegger. Letters to His Wife*. 1915—1970 (trans. Glasgow R. D. V.). Cambridge, UK: Polity Press.

Heidegger, M. (2009). *Das Ereignis*, in *Gesamtausgabe*, Bd. 71, hrsg. v. F.-W. von Herrmann. Frankfurt am Main: Vittorio Klostermann. English edition: Heidegger, M. (2013). *The Event* (trans. Rojcewicz R.). Bloomington: Indiana University Press.

Heidegger, M. (2014). *Überlegungen ii—vi* (*Schwarze Hefte* 1931—1938), in *Gesamtausgabe*, Bd. 94, Abt. 4: *Hinweise und Aufzeichnungen*, hrsg. v. P. Trawny. Frankfurt am

Main: Vittorio Klostermann. English edition: Heidegger, M. (2016). *Ponderings II—VI* (*Black Notebooks* 1931—1938) (trans. Rojcewicz R.). Bloomington: Indiana University Press.

Heidegger, M. (2014/a). *Überlegungen vii—xi* (*Schwarze Hefte* 1938/39), in *Gesamtausgabe*, Bd. 95, Abt. 4: *Hinweise und Aufzeichnungen*, hrsg. v. P. Trawny. Frankfurt am Main: Vittorio Klostermann. English edition: Heidegger, M. (2017). *Ponderings VII—XI* (*Black Notebooks* 1938—1939) (trans. Rojcewicz R.). Bloomington: Indiana University Press.

Heidegger, M. (2015). *Anmerkungen i—v* (*Schwarze Hefte* 1942—1948), in *Gesamtausgabe*, Bd. 97, Abt. 4: *Hinweise und Aufzeichnungen*, hrsg. v. P. Trawny. Frankfurt am Main: Vittorio Klostermann.

Jonas, H. (1970). *Wandlungen und Bestand. Vom Grunde der Verstehbarkeit des Geschichtlichen*. In Klostermann V. (ed.), *Durchblicke. Martin Heidegger zum 80. Geburtstag*. Frankfurt am Main: Vittorio Klostermann.

Trawny, P. (1997). *Martin Heideggers Phänomenologie der Welt*. Freiburg and München: Alber-Verlag.

Trawny, P. (2002). *Die Zeit der Dreieinigkeit*, *Untersuchungen zur Trinität bei Hegel und Schelling*. Würzberg: Könighausen und Neumann.

Trawny, P. (2015³). *Heidegger und der Mythos der jüdischen Weltverschörung*. Frankfurt am Main: Klostermann. English edition: Trawny, P. (2015). *Heidegger and the Myth of a Jewish World Conspiracy* (trans. Mitchell A. J.). Chicago: University Press.

第二章　对"黑皮书"的不带有私人意见的历史-批判性分析

1. 前言:"给少许罕见之人"的开场白

如果有人——指望像"哲学家"那样——把"黑皮书"一把握在手中并飞速地加以浏览,那么,此人就可能一头栽进一种危险的企图中。事实上,以此种幼稚的方式读解"黑皮书"的人很快就会碰得头破血流:如此行事之人必将证明自己根本无力追踪海德格尔的思想进程。尽管如此,基于其自以为是且轻浮的私人见解,有一些人还是臆想着自己坐在"作者"的位置上,以致迷失在了某种"林中路"中。对于这样的危险,海德格尔本人早已有所觉察。如我们所知,这位哲学家就曾表达过如下意愿:"黑皮书"应当在其全集的所有其他著作都面世之后再付诸出版。这个细节是不允许被忽视的,因为唯有凭借对其文本的熟识才能对笔记本作出确切的阐释,并在其措辞简洁的内容中自由地通行。在"黑皮书"中,海德格尔记录其思想的笔法只是为了让这些思想在时间的流逝中不致忘失。这种简洁的文风是我们在考察全集第 94 与 95 卷中的"深思"时必须注意到的——这些文本看起来只是由突发和无关的评注构成,它们并未得到精心雕琢或扩充,只是在匆忙中被记下,而且很多时候是以日常口语——而非高雅整齐的科学的语言——的形式。记录在这些笔记本中的并不是得到精心加工和展开的文字,因此不应该被视为某种思想的基石。有助于认识到这点的是,例如,某些段落中出现的"{ }"括号,它体现了海德格尔的特有笔法和简洁文风。熟悉这种写法对于读者来说很有帮助,这样读者就能在这些简练的评论中找到门径。不过,更为重要的是,我们必须看到这些评注之主题的丰富多彩,而其中得到系统性展开的只是一小部分。(对于这部分内容,我们也可以在全集的其他著作中找到相应的踪迹。)然而,绝大多数评论都没有在其他著作中提到,更没有得到进一步的阐述。这些笔记本中匆忙写下的评论与系统性的思考毫无关系,这怎么可能呢? 也许,我们应当认识到,笔记本中某些稍稍得到开抛的评注——它们在全集中未留更多踪迹——往往需要参照海德格尔其他流动中的概念得到阐释:很多这些概念都首次出现在《存在与时间》(1927)中,然后在《哲学论稿(从本有而来)》中有所改进,最后在《论人道主义的书信》(1946)或《对技术的追问》(1953)这类著作中再次得到阐明。

我们提出的这种考察"黑皮书"中评注的方法可能使其难度增加,但却并未让阐明某些概念的可能性消失。相反,在我看来,将相关概念嵌入海德格尔的语言用法中乃是唯一避免误解的途径。否则,我们就可能偏离海德格尔的辛勤劳作为我们开辟的道路。确切地理解"黑皮书"中的思想也是真正知识分子的责任与使命:不是不顾一切地匆忙转向其他道路,而是亲身决定要在这些评注的困难中逗留,以便——越过近年来被很多人视为"不言自明"的东西——达到对"黑皮书"的真正理解。无疑,着手对笔记本进行研究并不是一个容易完成的任务,尤其是在某些"专业人士"宣布了很多"自明"结论的情况下。无论如何,笔者对这些据说是"可靠"的"认识"——它们宣称已经终结了讨论——是无法满意的:因为在我看来,在那种不断唤起追问的思想道路上,任何一种宣称获得了彻底的结论的口号都是极度可疑的。走近笔记本的过程中,我非常清楚地意识到,自己愿意去经验海德格尔写下的东西。无论多么费力,我都努力不让笔记本上略显仓促的笔法分散自己的注意力,因为真正的理解只能在返回开端时达到。因此,我对笔记本的阐释并未给其中的 vexata quaestio[广泛追问]画上句号,而是让它们在我思想道路的终点继续向前延伸。我的意图首先是,着眼于其各自语境突显出海德格尔概念术语之多层复杂的含义。其次,我所走过的那段道路,之所以被吐露给读者,乃是为了让他们经验到回到海德格尔的必要,以便能够为自己开辟出新的研究道路。在此过程中,需要经受概念和追问的复杂性,而非在某个层面向看似"自明"的东西妥协,尽管这些东西其实在很大程度上是不值一驳的。对于那些在过去这些年提出自己对海德格尔的"阐释"的研究者——以及他们对海德格尔的遗稿和海德格尔学生们作出的努力的种种全然不同的评判——我们不是要就其具体观点加以反驳,而是认为有必要对他们断言的可靠性加以检验,而且这种检验正是以海德格尔留下的笔记为依据。即使某些研究者达到了所谓"无可辩驳的自明性",对其完全不加质疑仍然是不恰当的。借助于对笔记本进行的文本阐释的结论,我们可以作出本己的决定:某些所谓"不言自明"的断言是否基于真正意义上的解释学呢？在此，首先需要指出的是，在我们的工作的一开始就表明了如下这点是必要的：必须通过返回海德格尔来实行一次视角的剧烈转向与反转，以便在"黑皮书"的阐释中远离私人的意见。读者一定会注意到，我们在此开启了全新的视野，这同时也是海德格尔本人所指引的方向。至此，我指出了在研究过程中可能得出的一些结论，但达到这些结论的道路需要读者自己去走，因为我发现唯有回到海德格尔的文本本身，才可能真正抵挡住现在的流行观点而回到本己立足点。

我们这次阐释"黑皮书"的尝试忠实于海德格尔自己的风格：逆流而上或说逆转潮流。它最初的步骤是从笔记本本身出发，同时回到作者自己的意愿，并在其著作的帮助下历经其思想道路。在下面几节中，每一卷"黑皮书"都有一连串段落被选出，并以黑体突出了其中的关键概念，以便其后加以阐释。其中，只有少数段落也给出了与之相应的原初手稿摹本。由此就会显示出，海德格尔是如何重新看待"范畴"的存在论概念的，这些"范畴"的存在论概念使得海德格尔与一些具体-现实历史性事情的存在论方面发生了关联。正是关于这些具体-现实的历史性事件，海德格尔作出了私人性的反应。为了回到海德格尔并且把握笔记本的复杂性,由那个转向——即对此在和内在于存在历史之思的存在者领域的重新思考——所标志的解释学过渡,是唯一具有决定性的东西。鉴于所处理的主题的重要性,我仅把当前的这篇文章看作是一个尝试,它将永远服从于严格的批判。

2. 深思 II—VI("黑皮书"1931—1938)①

2.1 海德格尔面对民族社会主义的坚定姿态

我们现在要进一步考察海德格尔遗留下来的文本,以便理解他介入民族社会主义的事实,这发生在海德格尔担任弗莱堡大学校长的时期。为此,我选出了全集第 94 卷中所有与"民族社会主义"这个统一的主题有关的文字以及其他相关的从属部分,在这里,海德格尔记录了他在 1931—1938 年对相关问题作出的深思。只有从这些文字本身出发,才能理解他对民族社会主义的介入

---

① M. Heidegger, Überlegungen II—IV (Schwarze Hefte 1931—1938), hrsg. von P. Trawny, Gesamtausgabe, Bd. 94, IV. Abteilung: *Hinweise und Aufzeichnungen*, Klostermann, Frankfurt a. M. 2014.

及可能的责任。为了向读者提供一个可能的参照系，我在行文中留下了某些痕迹，也即用黑体字突显出了"黑皮书"的某些字句。这样，我们就可以在一种活生生的历史情境中理解相关词句的特定用法。在此，海德格尔不少表达的含义随着其所属的历史境况而发生了改变。在我们正式解读这些文本之前，首先需要的是作一个概念上的概观。在这部分结束时，这种概观将会证明自身是有用的：我们提议以此方式开始对文本的解读，以便逐步深化对相关主题的把握。

　　作为对存有的追问的**存在问题**是海德格尔之深思的背景。这种背景不仅是深思的目标，而且也是一个足以唤醒深思之开端的、合适的归途。我们必须以此为基础对"此在"这一概念进行重新理解。同时，人们也可能陷入误入歧途的危险，如果他们不能够回到存在历史这一源泉的话。"另辟蹊径"在此恰恰意味着径直失掉作为追问的开端的源始的和本真的意义。就存在问题而言，海德格尔从一开始就警告我们远离任何一种"科学性的哲学""游戏"（《暗示 X 深思（Ⅱ）与评注》，§211）。相反，存在问题倒是与"重新开端"有关。海德格尔经常在这里提示我们此在的创造性转变：在此，"有创造性者"不可与"谋制"混为一谈

（《深思与暗示 III》，§68 和 §79）；一个"历史性-精神性的世界"只有与一种"更高的和卓绝的真知"一起才能建立起来。由此而来的是"精神性的此在危机"以及同样迫切的追问："我们何时会进入此在的巨大危机之中？［……］我们何时才能严肃对待此在之有待追问的特性？"［……］（§88）

上段给出的是一个基本的背景。我们现在要讨论的是海德格尔在《深思 II—IV》使用的相关术语以及那些关键概念有所变化的多重含义。

民族社会主义在《深思与暗示 III》中换了一个表述：明确地强调"标语和口号"的"民族社会主义运动"（§46）。就"标语"而言，海德格尔也允许自己使用了一次标语：当提到民族社会主义的"哲学家"阿尔弗雷德·巴穆勒［Alfred Bäumler (Baeumler)］时，他将这个人称为"一位用民族社会主义给自己加温的新康德主义者"。在全集第 95 卷中，海德格尔也在论及民族社会主义时回溯了他在此作出的这个规定。接着，海德格尔提到"职业性机构"及其"总体计算需求"（§68）。同样是在第 68 小节中，海德格尔就大学的未来写道："在此，民族社会主义仿佛成了一种被迅速涂抹在一切事物上的油漆"；"民族社会主义首先不是作为一种'理论'而形成的，而是始自一种行动"

（§69）；海德格尔并不想"'在理论上'为民族社会主义进行论证，以便使它拥有此种臆想的持久力和支撑力"（§70）。

从第72小节开始，海德格尔明显换了一种口吻，也即引入了所谓的"精神性的民族社会主义"，尽管这种"精神性的民族社会主义也不是那种'更好的'甚至'本真的'民族社会主义"。"但也许这种精神性的民族社会主义"是"必要的"。这种调子一直延续到第73小节。

在其他一些文本中，海德格尔改变了阐述的角度："民族社会主义被降格为一种'窍门'"，于是，人们无意中发现那个提到过的"好处，即人们还可以就此将自己标榜为民族社会主义者，并由新闻界推荐给大众"（§78）。这里第一次出现了与民族社会主义有关的"意识形态"这一术语。随后不久，民族社会主义就以一种"粗俗的民族社会主义"的角色在悄悄起作用了，而且是以一种富有争议的形式，也即扮演"文化制造者"角色的"新闻撰稿人"。海德格尔还批评了大学生们的社会主义骚乱，在他看来，"如今的学生并不会是民族社会主义者"（§83）。

按照海德格尔的说法，民族社会主义遭受了和基督教一样的命运：很多人都"遁入欺骗式的、变得空洞的基督教中,或者高喊一种在精神上成问题的,并且就其来源而言可疑的民族社会主义'世界观'"(§88)。我们现在还只是将海德格尔的文字复述出来,而他在此关于基督教作了什么样的理解,依然是成问题的。

对"学生团体"和"教师团体"的谈论被追溯到民族社会主义,在此他们依然披着一种相当成问题的民族社会主义外衣,以一种无理无据的自信扮演了法庭的角色。这就整个地掩盖了他们完全缺乏向前的塑形能力这个事实,并使得他们以最佳方式"组织"起一种无可救药的平庸状态(第96小节第5点)。

第101小节将我们引入海德格尔对其临近尾声的校长任职的总结:"单纯用民族社会主义的手法及其附属人员实施反动统治,这在表面上看来是对统治地位的宣示[die Behauptung einer Machtstellung],但真实情况又该是怎样的呢?毕竟,整个构架本身就是软弱无力的[ohnmächtig]。"

接着就是对民族社会主义的反复的提及,它与民族社会主义的口号——"你们要多读读民族社会主义的出版物"——和耶稣会信徒的"最为现代的文学手段"相对照。

与第72小节——也即引入所谓的"精神性的

民族社会主义"——相比的一个突然发生的变调在第 183 小节中出现,那里记载着:"在民族社会主义中,人们迷失了'精神'。"这就再一次表明,"德意志天主教"和"民族社会主义"相等,只不过后者更具"别出心裁"的"新意",以致成了一种"半吊子的拙劣之物"(§184)。

海德格尔自问"何以民族社会主义绝不可能成为一种哲学原则"(§198),并首次将这种"主义"规定为一种"野蛮不化的原则",因为其"本质性的东西"是以"通常思想"和"精确科学"为根据的(§206)。后来在全集第 95 和 97 卷中,海德格尔也一再将民族社会主义视为野蛮不化的原则。

海德格尔的这种调子在《深思 V》中变得越发尖锐:"一种'民族社会主义的'哲学既不是'哲学',也不会服务于'民族社会主义'——而只是以自以为是的讨嫌方式跟在民族社会主义后面"(§61)。在《深思 VI》中,海德格尔指出,这种所谓的"民族社会主义哲学"是"多余的"和"不可能的",它甚至"比一种'天主教哲学'更不可能和更为多余"(§154)。

文中唯一一次涉及**希特勒**的地方出现在《深思与暗示 III》:"由此而来,他们自然会受制于对希特勒《我的奋斗》的无脑援引,于是,一种特有的关于历史和人性的教条就进入了大众头脑;这种教条可以恰如其分地称之为伦理学上的唯物主义",借此,人们"搞出了一种彻头彻尾的'意识形态'"和一种"阴暗不堪的生物主义"(§81)。对海德格尔来说,他这类深思的语境即是针对"粗俗民族社会主义"的。

这第一部分文本还包括了海德格尔对**斗争**[Kampf]一词之思考的进一步深化。这种深化发生于海德格尔介入 1933 年的大学体系之际,它使得斗争变成了"精神性的斗争"(§68 第 9 点),或者说是一种准备:"从狭小的范围中走出来,在寂静里为生成中的到来者做好准备"(§68 第 11 点)。然后,海德格尔又将这一概念用于对民族社会主义的思考(§79),在那里海德格尔告诉了我们他之前是在何种意义上理解斗争的,以此方式,他现在将斗争定义为"先行把握着的斗争":"也即受苦和危难,也就是说,真正意义上的知识!"(§81)接着,海德格尔又变换了对斗争的说法,即"克服":"克服天主教,也即克服那种真正转变为精神-政治性中心的天主教"(§184)。

我们在上文中论及这些不同主题,都是为了向读者表明这部分文本之中心对象的各种多样的表现形式。接下来,我们将选录出一些相关文本,

它们可以让读者直接去熟悉海德格尔的笔记,并
对这些文本作出可能的阐释。

暗示 X 深思(II)与提示 §211 [123], S.87—88:

终结——向着存在的本质[Wesen]之衰朽
[Verwesung](参见 S. 105f.)

存在被遗忘了——这恰是因为存在总是顺
带地被认识和使用。存在在混杂无根的概念中
被滥用,在所有可以(轻易)树立起来的"辩证性
的"概念关系的含混中被当作随便哪个体系和
"科学性哲学"[wissenschaftlicher Philosophien]
的游乐场——这类认识之致命的虚假优点就在
于,它们往往是正确的,但却一点也不真。不过,
这种非**哲学**[Unphilosophie]只是存在之衰朽的
后果。经由这样的衰朽过程,此在被抛离了其原
初的轨道,而被贬降于各种昏沉的静默中——其
间一切伟大都被消耗殆尽,且缺失一切尺度和方
向——碎裂无形、无有民族的内在法则可
言——。而在这种衰朽爆发之处,它的权限(精
神和躯体)的本真的纪律和规训才一直持留为一
个附属之物,这个附属之物的实现将沾染上最恶
劣的敷衍风气。

暗示 X 深思(II)与提示§218 [129—130], S. 92：

既不是向着"整个"国家[Staat]的直接性，也不是唤醒**民众**[Volkes]和更新**民族**[Nation]，尤其不是拯救作为民众和国家之补充的**"文化"**[Kultur]，而且终究不是遁入**基督教信仰**[christlichen Glauben]——或是某种**基督教文化**[christlichen Kultur]的可怕企图——中。所有这一切都不可能也不允许成为原初的和终极的决定性因素。毋宁说，这种大大地滋生于隐蔽之物的本质赋权之作品的不可避免性必须在**少数个体**[wenigen Einzelnen]中得到经验与葆真。对作品之获取的可能性的可靠庇护必须以不受拘束的方式得到确保。这恰恰是因为，在这里问题不在于完成一种奠基，而是要将存在者整体带向一种伟大此在的空间与轨道。(S. 131)

否则，一切都将是偶然而漫无边际的强求，或是毫无尺度和等级的微小舒适，即使群众被唤醒而生长为**民众**[Volk]和**民族**[Nation]的统一体。我们要让我们的历史从存在的沉默本质出发而成为一种此在本质上的宽广与深邃之劝慰的斗争。否则，我们就只会错失我们的终结，而达到一种可笑而渺小的终结。

深思与暗示 Ⅲ §46 [18], S. 121:

脱离那类其他人要远比我会搞的活计,这并不意味着成为原初**运动**的旁观者。若干年后,我们的**民众**[Volk]会不会饿死在不断的**标语**和空洞的口号之旁?抑或,我们必将创造一种真正的、精神性的高贵吗?——这种高贵足够强大,以便从一个伟大的将来那里重构德国人民的传统。

时至今日,将来之精神的构型总被误认,而人们也在**民族社会主义运动**的范围内误认那些开端——唯有这些开端才能迫使这一运动真正成长为一种对力量、道路和作品的转变。这一切难道不是必然的结果吗?

深思与暗示 Ⅲ §68 [31—38], S. 130—133:

如今(1933 年 12 月),何种安排和追求规定着大学(参见 S. 68):

1. 德国大学生团体;

2. (被看作是有文化的)德国大学教师团体;

3. 纳粹冲锋队的高校办公厅。

从决策和行为上讲,这些组织的运作不是从现实中的高校之历史性的生活出发,而是从外部出发,合乎理事会的要求。它们在高校中只与各类干部一起工作,而这些干部被要求顺从领导。

人们对高校的各种本己使命——也即根据地区、历史、教师全体或者学生群体的不同情况而定的使命——的洞察不会是自由的,也就是说,本真意义上的政治决定根本无法得到实行。人们缺失思考现实状况的能力,并且首先是缺失任何一种确可称得上是高瞻远瞩的愿力。

瞬间"行动"的浪费和缚手缚脚是不可避免的——尤其当实际受到盼望的是某些事情"发生"时。

4. 民族社会主义的医生联盟;

5. 民族社会主义的法学家联盟;

6. 民族社会主义的教师联盟。

这些职业性的组织在确保对高校施以重大影响。它们也决定了师资的选拔,以及教材的规划和分发,还有实施考试的方式。他们为高校现实性的工作和评估设定标尺。在这些方面,人们也不是从当下的必然性、各自的境况以及发展阶段和面临的困难出发而作出决定,而是基于职业要求的总体**计算**[rechnenden]需求。

官员们在行政上接管了高校。与上述安排的所有追求、建议和要求相似,他们要求并调控着。为了确保政府的控制,高校才有了"校长机制"。这种机制应担保政府各部门对高校实施"领导"。高校校长只是那些组织的"中转站",他拥有的顶多是这样一种成问题的使命,也即为被引进高校的一切东西负责任。**校长本人是不是民族社会主义者,在这方面并没有多大区别。事实上,如果校长不是民族社会主义者,上面那些组织的运作只会更加轻快敏捷,因为先前一切都小心翼翼,一旦彻底没有了恐惧,所有的事情就都被赞同并且付诸实行了。**

8. 高校本身不可能再开启出一种真正意义上的"自我主张"了;现存的高校根本理解不了这种要求;它已经在不可避免的同化和翻新中堕落为对遗留下来的忙乱的单纯维持。高校再也返回不到一种对源始知识之必然性的经验中去了,更不可能从中建构其使命。高校也全然不知其自我主张必然不会意味着一种渺小之物,因为这种自我主张是与伟大精神-历史性传统在原则上的争辩,正如它在历经基督教世界、作为共产主义的社会主义和现代解释性科学后现在依然保持为现实那样。

9. 对上述这点,第 1 至 7 条中提到的那些安排和职务设置全无顾及;因此它们恰好满足于流行的**科学工作**[Wissenschaftsbetrieb],要是科学工作能许给它们某种政治教养作为其必要的共同成就的话。不仅如此:不只存在着对现存科学的本质特征的容忍,一种对一切精神的憎恶甚至也充满周遭并且被养护着,而人们以前将这种"精神"曲解为了智性主义。对一切精神性斗争的反感被视为人格的强大以及对"贴近生活"的敏感。但这却是基于一种充满了逆反情绪的市侩主义。如果它们不是无意间把整个运动逼入了一种精神上的昏聩无力,它们甚至也许就是不重要的。但是,这种精神上的昏聩却把缺少为即将到来的**精神性斗争**[geistigen Kampf]打造锋利和强大武器的能力谎称为是为了不为琐碎知识和空洞理论所累。

10. 从短短一年时间的一所高校的命运的狭窄视角来看,这样的总体情况似乎只是一种很快就能消失的过渡状态,但是,我们也可以将其看作一种未被注意的且悄无声息的、迅速吞噬着一切的开端——一种在对德意志青年实施最为紧迫的教育中的极大疏忽的开端:民众性、历史性的和建设性的知识-教育,对于知识来说不再意味着:肆无忌惮地坐拥各种认识,而是一种存在,也即那种领会着的、在概念中得到把握的增长,它面对着我们民众的伟大因而沉重的未来。

11. 我们在这种情况下该怎么办?

a) 直面严酷的现实一起向前努力,也即不被某些所谓"领导岗位"的表面形式所羁绊,从而发挥真正的——依赖于萌发和成熟的——作用。这也就意味着:从人群中走出来,在**斗争**[Kampf]中重塑他们并且引领自己,而且也从狭小的范围中走出来,在寂静里为生成中的到来者做好准备。

b) 尽可能促成少数简单可靠的、在流动中保持着的安排及其创立,以便首先确保在其安排下塑造出**新的开端**,锻造出真正的力量,并借此通过长期的逐步努力设立最高的精神尺度,并在思想的立场中熟悉这类尺度,将其付诸言辞与作品。

c) 按照上述两种行动方式,就必须否定作为现成在手之物的大学,并同时肯定一种培育全新知识的使命。

〔因而认识到,无论是对现存之物的反应,还是那些仅仅转变着现存之物的新组织,都是对大学的不可阻挡的瓦解和最终的败坏。〕只要看不到这一点,为"知识教育"所作的一切工作就不可能拥有得以自由生长的**土壤**[Boden]。——历史性-精神性的世界和力量是不可能用掉头不看或以**约定**加以锁困的方式来战胜的。

如今的"政治教育"——这种表述可以说是一种同义反复——的基本缺陷并不在于人们做得太少,而且只是以一种踌躇不决的方式在做,而是在于人们想要把太多地而且太仓促地行事当作"新的东西"来加以追求。在此,**民族社会主义**仿佛成了一种被迅速涂抹在一切事物上的油漆。

我们何时才能把握住某些属于纯粹本质的东西以及它在宗族世代中的从容不迫地展开呢?

我们每每步履蹒跚于过时——它只是看似具有前瞻性——且不当的目标设定中。〔承认有各种不同的任务,并就其必然性和等级性加以把握,同时仍然牢牢把握那本己使命的唯一。这样也可以忠实于创造性的、非日常的源始保障。勿将其与谋制〔Machenschaften〕混为一谈,没有"阶级",只有层级。没有"分段",只有优越性。〕

深思与暗示 III §69 [39—40], S. 133—134:

人们热衷于说,**民族社会主义**首先不是作为一种"理论"而生长起来的,而是始自行动。这话也对,不过随之而来的是,"理论"是多余的,乃至认为,除了多余的理论之外,就只是以不好的理论和"哲学"装点自己。人们没有看到的是,在此,"理论"根据对它的需要具有双重含义。人们也没有看到,他们正是在阐发其本己的行为时犯下了"理论的"错误。因为,要不是很多斗争性的言谈本身就是"理论",人们和我们民族的成员将如何通过教育改造他们的观念,例如,那些关于工人和经济、社会、国家——**民众共同体**-尊严-历史的观念？

理论既有可能只是漫无边际的"想想"，也有可能是先行性的知识要求。前者和后者不能混为一谈。相应地，我们对实践向来也可以作不同的理解：真正的投入不是单纯"实践"，而瞎转悠和乱折腾自然也不是真正实践意义上的投入。没有一种正确的理论作指导，在实践上可能造成巨大的危害，因为"实践"这时只是纯粹的"瞎忙"（即按坏的方式被理解的组织）而已。

但现在还没完——当然也不能说，这种状况只是纳粹党在民众中的暂时蔓延——恰恰相反，正当其时的就是在所谓"理论"方面的投入，因为诸基本情调即植根于此，而且，我们必须从这些基本情调出发创造一个历史性的世界。

运动及其工作的象征性力量越是源始且强烈，知识就越是必要。但这里所说的"知识"不是指由命题组合起来的合逻辑性和计算，而是世界之优越性的基本情调之强力①。

---

① 在此，我们可以容易地确认，海德格尔是用口语——而非高高在上的行话——来表述其整串思想的。原文中出现的分号、等号和破折号以及没有动词的句子就是明证。在其他很多段落中，也多少出现了这样的情况。

深思与暗示 II§70 [40—41], S. 134—135:

我们不想"在理论上"为**民族社会主义**进行论证,更不可能以此方式令其拥有臆想的支撑力和持久性。

我们倒是想为这个运动及其恢复力先行构建出世界构形和开展的可能性,关于这我们也知道,这些开抛本身可能被伪装为"理念"①而对现实不起作用。可是当它们被抛入运动之力量并且发源于这种力量的场所,而且是在其中所余留的问题态度和语言时,它们也许就可以对现实起作用了。

开抛之定调性的和塑形性的力量是决定性的因素,而这是不允许计算的。{情调与形象——我们必须和民众之锁闭的成形之愿望做斗争。}②

深思与暗示 III §71 [41], S. 135:

毫不奇怪的是,现在到处都是高歌猛进的市侩庸人、装腔作势的**半吊文化**[Halbkultur]以及小资情调的**伪装教养**[Scheinbildung]——人们压根认识不到并因此也不愿面对德意志社会主义的

---

① 即上文中"先行构建"出的"可能性"。——译注
② 这个单数的动词不应该被归因于"情调和形象";这里当假设另有主语(比如"Man")。

内在要求,尤其是那些他们喊得最响的品格。最
廉价的陈词滥调成了"和民众紧密联系"的思想!
但这样的状况是绕不过去的。平平庸庸的状态必
然存在——人们绝不可以有对其加以改善的愿
望;这已经足够受到惩戒了。这种平庸对自己的
粗鄙一无所知,并且按照其法则来说也不可能
自知。

深思与暗示 III §72 [42], S. 135:

　　精神性的民族社会主义不是"理论性的东
西";但它也不是什么"更好的"甚或"本真的"民族
社会主义;不过这种民族社会主义也许和那些不
同组织和社会等级上的民族社会主义一样是必要
的。这儿我们要说的是,与"体力劳动者"相比,
"脑力劳动者"和精神性民族社会主义的距离同样
遥远。{因此要经受住精神性的要求,}即使这种
愿望常常被不屑地当作后补的东西加以嘲笑,并
被典型的马克思主义思维模式当作单纯的"随大
流"而置若周闻。

深思与暗示 III §73 [42], S. 136:

　　要消除运动之资产阶级化的威胁,就必须在
本质上摧毁资产阶级精神以及为其所支配的"精

神"(文化),而这也是**精神性民族社会主义**的使命。

深思与暗示 III §78 [50—51], S. 140—141:

民族社会主义被降格为一种"窍门"[Dreh],人们可将其当作一种新的"航标"来搜集往昔的科学及其材料,并加以全新的包装,然后在市场上抛售。这样一来,除了使成功变得便捷,人们还可以就此将自己标榜为民族社会主义者,并由新闻界推荐给大众。{所有这些都让运动停滞不前,}① 也即掩盖在精神性的虚假繁荣中。

这种僵化麻木的现状统治着一切,也即束缚了一切先行向前的动力和情调,同时陷入了一种敉平一切的迟钝中。这比以前更为糟糕。往好处说,人们也只是能给自己建立一个知识情境,从这个情境出发人们能够预估到,**民族社会主义真的一直存在着**,而且已经准备好了。由此,人们才完全免于为要我们去承担一个全新的、永不停息的精神性使命的基本情调所触动。

---

① 这里所采用的句子结构不是特别好。倒不如用一个被动的形式:"由于所有这些,运动就被带入停滞之中。"

深思与暗示 III §79 [51—52], S. 141:

决定性的一点始终在于,精神性-历史性的伸展开来与基本情调是否足够源始与清晰,从而可以促成对**此在**的创造性改造,而实现这点的前提是,**民族社会主义**能够保持在**斗争性**的也即必须自我贯彻的境况中,而非仅仅用数量上的"增长"和"扩展"实现自我肯定。

敌人何在?他们是如何被塑造出来的?攻击的方向是什么?以何种武器实施攻击?

所有这些都只是对暂时赢得的扩张的留恋吗?{请留意①至今为止的"斗争"的夸张语调,仿佛这已经是终结。}

单纯肯定自己的人会堕于空洞的自大中,同时缺乏真正的判断能力,而且,他有朝一日还会享用那些据称已被其推翻的东西。

深思与暗示 III §80 [52], S. 142:

我们现在已经进入**民族社会主义**迅速"**意识形态化**"的时代{如今这点来得越发容易}。这种情况的危险在于,一方面,在潜移默化中,很多人

---

① "留意":这里可以认为,海德格尔在向读者——或者也可能是他自己——讲话。

遭到了误导,另一方面,某些人则明显拒绝了这一切{而这又造成了对精神性东西的同时的拒斥}①。所有这些都②以资产阶级自由主义的形式表现出来。

深思与暗示 III §81 [52—56]:

如今有一种"**粗俗的民族社会主义**"[*Vulgärnationalsozialismus*],在我看来,那些时髦的**撰稿人**和文化人就处于这样的世界中,并以这种标签的要求为自己确定立场。由此而来,他们自然会受制于对**希特勒《我的奋斗》**③的无脑援引,于是,一种特有的关于历史和人性的教条就进入了大众头脑。这种教条可以恰如其分地称之为伦理的唯物主义,也即要求将感官享受和纵欲当作此在之生命的最高准则。{这种看法是完全错误的。}④我们将其标识为"伦理的唯物主义",意在和马克思主义及其关于历史的经济的唯物主义

---

① 更为正确的句子结构应该是:"这同时又造成了对精神性东西的拒斥。"

② "doch"是一个典型的口语缀词。

③ Adolf Hitler: *Mein Kampf*. Bd. 1—*eine Abrechnung*; Bd. 2—*Die nationalsozialistische Bewegung*. Fr. Eher Nachfolge: München 1925 u. 1927 [GA, Hrsg.].

④ "beileibe nicht"(决不)在这里也属于口语。

概念相区别。因此，可以说，这种唯物主义是一种"特质"，它和粗暴狭隘完全不是一码事，但却作为A和O而起作用，就如一个被其他东西所环绕的事物那样被确定下来。"特质"在此指的恰恰①是资产阶级式的庸人特性或者对其工作和专业知识的全情投入，它指的也可以是对一切谋制方式的娴熟，由此被掩盖起来的则是能力的贫乏以及严肃且成熟之思考能力的不足。简而言之：特质不是像石头或汽车那样现成摆在面前，它也不是在短期的培训场所形成的，而是展开于对历史的葆真[Bewährung]中——这种历史由特质以这样那样的方式一并塑造出来，但又绝非仅限于此。无论如何，特质的力量都不是现成的，而是——如果这种特质竟能成形——在世[In-der-Welt-sein]的一种方式，也即是一种以知识、精神或自然性的力量与存在者相互分置[Auseinandersetzung]的能力。

伦理的唯物主义——诚然，它比经济性的唯物主义要高明些，如果人们将伦理置于经济之上的话——首先必须得到论证，且它不能被"特质"所决定。因此，这种伦理的唯物主义还远不可能

---

① "ja"（恰恰）在这里也是作为缀词而出现。

免于经济的唯物主义侵袭,但这首先不是因为,经济的唯物主义把自己看作具有承载作用的决定性基础,而其他一切先就被错误地当作"上层建筑"。

和这种典型的资产阶级式的对特质的吹嘘——有朝一日,它恐怕会因自己的软弱无能而失败——有关的是一种阴暗的生物主义[trüber Biologismus],后者为前者创造出了合适的"意识形态"。

人们散布着一种荒谬的见解:精神性-历史性的世界("文化")是像植物一样从"**民众**"中生长出来的,只要大家消除障碍即可——例如,持续不断地贬低资产阶级知识界,并痛斥科学的无能。

可这样又能达到什么呢? 以此方式从"知识界"中拯救出来的"民众"在其阴暗的欲望中堕落为最无聊的庸人,并咄咄逼人于对资产阶级特权及其声望的亦步亦趋。人们捡起可供支配的现成的统治性物件,以便让自己也成为"统治者"。人们畏惧于进行真正的斗争,因为斗争前突至**不确定之处**,并且深知,唯有通过**少数人**和**个体**的努力才可以从受苦和锁闭中开启出伟大的东西。此时,我们还完全没有顾及这样的问题:如今,真正意义上的民众的源始性在多大程度上还可以用下述方式达到:去除知识分子、突出偏狭的民俗性以及诸如此类。结果,剩下的总是资产阶级的小团体或者无产阶级大众——他们只能在历史的进程中,而非通过选举和表决得到改造。尽管这些群体不再裂变为更小的阶层,也不再由政党组织起来,作为历史性的行为和民众性的力量,他们依然在此。慢慢克服他们的力量一是青年,再就是我们此在的精神性-历史性基本情调和激情,最后还有劳动方式和所有物的本质性转变。

没有精神,仅仅靠乞灵于"特质",就能把这一切创造出来吗?或者,不用促成本质性的决定,也不用知识性的培养,就可以让这一切从民众中"自发地"生长出来吗?光靠排除限制,是绝对无法产生任何东西的——更不用说某种伟大的东西了。这只能靠先行性的斗争,也即受苦和危难,也就是说,真正意义上的**知识**!

深思与暗示 III §83 [60—62], S. 146—147:

〔学生团体"社会主义的"装腔作势[Das *sozialistische Getue* der Studentenschaften]——蠢到极点的罗曼蒂克:和"工人们"坐成一堆并且狂饮;在工厂中瞎晃悠,也即所谓的"参观"。这时,人们其实知道,在这里压根是找不到什么持续性的生活和工作方式的。所有这些都很愚蠢,就像农民在耕种或收获的季节跑到大学城参加学生聚会一样。人们想由此证明"**民众的团结**"[Volksverbundenheit]，结果却是让本该收获的庄稼落入魔鬼手中，或是让一些女人劳累至死。这难道就是所谓的社会主义吗?!}① 如果学生们真能花哪怕一点点心思在知识教育上就好了! 事实上，他们并未为真正的共同性科学作准备，也并未以关于民众的知识来增强自身的职业能力，并由此出发为民众服务，从而一并建构出其**历史性-精神性的世界**。唯有如此，我们才能在庸人们致命的颓废面前保住好的风气，以唤起和滋养真实的需求——通过容易起作用的典范。当然，这需要长期的培养，而且只能起自一种崇高优越的知识。

恰恰是作为"学生"，现在的学生才不是民族**社会主义者**，而是地地道道的市侩庸人，因为在知识教育过程中，这些学生以对"知识财产"的肤浅和拙劣的据为己有来拯救自己。他们可以从某处弄到这样的"知识"，而无需对其采取那种兴许可

① 很明显，就像下面一样，这一整段的文字都是在一种不安和激愤的情绪中写下的。证明这点的是：没有完全写完的句子、语气词以及口语中的措辞("blod"[蠢的]、"hocken"[蹲坐]、"saufen"[酗酒、狂饮]、"zum Teufel gehen"[落入魔鬼手中]、"sich zu Tode schinden"[劳累致死])。

以被称作是真正的社会主义的态度,也即让自己
为责任所驱动,并通过真正意义上的镇定自若而
确信自己具有随时采取行动的能力。

　　这种"社会主义的"装腔作势只是其逃避本真
使命、掩盖自身无能的幌子。

深思与暗示 III §88 [64—65], S. 148—149:

　　我们正在经历世界性的经济危机和失业,同
时,我们早已陷入政权之历史性危机(凡尔赛条
约)的桎梏。慢慢地,我们感觉到了这一连串的危
机,但依然对精神性的此在危机毫无察觉。就**精
神性的此在危机**而言,我们依然缺乏经验和热情,
也即不够强大,这才是最大的危机。因为,人们现
在依然忙于以快捷的方式躲避这种危机的爆发,
或是自欺欺人地遁入已经变得空洞的**基督教**中,
或是高呼一种在精神上成问题而在来源上可疑的
民族社会主义"世界观"。这样,即使是发生活动
[Geschehen]也被削减了,并无法朝着其精神上促
发生存之转变的力量而使发生活动得到释放。于
是,一切都贬值为一种劣质的对"自由主义科学"
这类东西的责骂,仿佛在我们自己的历史上仅仅
存在过这种庸人眼中的东西。

　　〈我们何时会进入**此在**的伟大危机中?

我们又该如何让那种迫使我们进入伟大危机的伟大力量形成？

我们何时才会认真对待此在之值得追问的特性以及那种伟大的、在冒险面前才会出现的畏惧[Angst]？何时会击碎那种喧嚣却又贫乏——把自己伪装为一种"特质"——的狭隘心胸？何时会创造出德意志劳动者与其自身及民众之德意志传统的碰撞？}①

深思与暗示 III §96 [70—71], S. 152—153:

如今,在大学里,学生团体和"教师团体"搞的是以前由讨厌的正教授们料理的那套东西:关于职业和职位的信函往来。其区别仅仅在于:

1. 现在更多的人从事质询和反问的工作。

2. 因此,评估人员的任意性及其资格复核的不可证实性日益增长。

3. 就经验而言,现在的评估人员远远不如以往的有经验。

4. 因为没有总揽全局的能力,他们在对高校整体作出反应这点上也不如以往。

---

① 一个接着一个的问题,它们并不构成一种具有鲜明结构的思想方式,而是飞逝而过的、需要继续梳理的思想。

5. 由于缺乏真正的自信,他们常以成问题的**民族社会主义**为幌子扮演仲裁者的角色,从而进一步掩盖了他们完全**无塑形能力**的事实,并且以再好不过的方式"组织"起一种无可救药的平庸状态。

深思与暗示 III §101 [74—76], S. 154—155:

行将结束的校长任职年度的本质性经验:

无论从哪个角度看,**大学无可挽回地走向终结**,因为它无力作出一种真正的**自我主张**[Selbstbehauptung]。后者残留为没有任何余音的、逐渐消失的最后的要求。

一直维持到现在的不安和骚动逐渐从高校的结构设置中消失了——尤其是在体制改变之后。给自己装扮上一副"全新"的面孔,是无法胜任即将到来的使命的。"古老"的东西也变得困乏无力,无法找寻到回到源泉的道路;人们不敢再度直面往昔科学工作问题多多的事实,并且束缚于自己的专业领域和成就,而无法让一种自由的对结果的意愿生长出来。毫无结果的良好愿望是没有价值的。

单纯用**民族社会主义的手法**[nationalsozialistischen Machtmitteln]及其附属人员实施反动统

治,这在表面上看来是对统治地位的宣示,但真实情况又该是怎样的呢? 毕竟,整个**构架本身**就是**软弱无力**的,而且也不会再有新生力量加入,甚至难以仅仅保存原有教学力量的可塑性。

我介入其中的时间节点太早了,或者更确切地说,这种介入**根本就是多余的**,因为"元首"合乎时宜的统治恐怕未将内在转变和自我培育当作目标,而是尽一切可能让人们看到更多的机构设置翻新,或者以令人难忘的方式改造已有的东西。但是,在这么做时,保留下来的完全是陈旧不堪的东西。所有这一切都会缓缓地步入消亡,"观众"则必须忍受自己陷入其中的百无聊赖。其间,德意志高校的全新建基所需的**此在之力量**却可能悄悄地聚集起来。

这种力量以何方式在何时到来——这是我们所不知道的。唯一确定的是:我们必须为到来着的东西作出自己的一份准备。我们不可以把自己的精力浪费在对往昔之物的维护上,也不可以让自己对到来者的隐秘窥视被歪曲。在真正的愿力——以及能力——付诸实施之处,我们也决不会呆站在一边,而是一定会始终站在隐秘的精神性德国的**秘密前沿**[unsichtbaren Front]。

深思与暗示 III §169 [114], S. 180:

　　⟨这一切是多么的"反动"！耶稣会人员的稳当工作是多么的深谋远虑①！这些人用最为现代的文学手段搞出一种"文学"。和"**你们要读读民族社会主义的出版物**"这样的呼吁一样，这种"文学"在不久的将来只会显得极其可笑，只要人们未曾作出"灵魂深处闹革命"的决断，而是将其歪曲为"政治"。⟩②

深思与暗示 III §183 [121—122], S. 185:

　　人们采取的某些轻-率立场：

　　1. 人们感觉在**民族社会主义**中迷失了"精神"，并且害怕和抱怨其可能的**毁灭**[Zerstörung]。确实这样，但是这里人们理解的究竟是何种精神呢？无非是糊里糊涂地乞灵于某种——仅在其时代有效的——往昔之物。这种糊里糊涂的迷失和软弱无力的乞求看上去是高人一等的，其实却不可能创造出任何东西。在此，人们以轻-率的态度对待正在发生的东西"据说""应该"得到的东西。在这种轻忽中，人们也就总是能够找到支撑和食

---

①　这一条笔记的逻辑结构可能要按照句子结构进行重构。

②　这条笔记的开头也可以理解为一种呼告："这一切是多么的'反动'！耶稣会人员的稳当工作是多么的深谋远虑！"

粮,以便持续地从事这类活动。

2. 人们为单纯的往昔之物辩护,并使之和正在发生着的东西相适应。人们从事于巧妙的、看起来像是一种建构的斡旋,但还谈不上冒险。关键是没有认真对待真实的转变。人们执着于某些压根不是自己创造出来的,而只是单纯接受下来的东西,并且压根没有能力具备那种可以创造出到来者的愿力。

和这种轻-率并行不悖的是那种鲁-莽。起决定作用的不是真正有待承受的危机,而是对离经叛道行为的道德上的恼愤,以及对体制内行为的狭隘圆滑的过分满足。

不过,在所有这些外在性的悖逆和渺小——以及无法逆转的大众本质——中,仍有一种转变在发生。然而,这种转变只能被当作必要的,而不是充分的,否则,我们就会日益局限于对"成果"的盲目计算。

深思与暗示 III § 184 [122—123], S. 185:

目前,**德国的天主教**开始了对德意志观念论——克尔凯郭尔和尼采——的控制,并以其特有的方式占有了其传统的强有力工具。通过对传统的接管,天主教为自己预先创造出一种新的、精神性的"位置",同时,**民族社会主义**面临的危险却是:因为单纯强调**新异之物**[des Anderen und Neuen]而切断和伟大传统的联系,以致迷失于**半吊子的拙劣之物**中[Unbeholfenen und Halben]。

根据和教皇签订的条约,人们拒绝对天主教会发动斗争,这时,人们看不到临近中——作为有某种自知之明的"世俗"权力——的天主教。在我看来,**天主教很容易和其他权力结构结成联盟**。

和教会作斗争是毫无意义的,因为并没有一种类似的权力能够反其道而行之。但是,以一种源始的斗争克服那种真正转变为精神-政治中心的**天主教**——连同其整个得到强化的、僵固的内在"组织"结构则是完全必要的。只不过,这种斗争首先要求我们找到一种与之相应的出发点,并且形成对当前形势的清晰认识。

深思与暗示 III §190 [125], S. 188:

人们认为,**民族社会主义**不是通过思想,而是通过行动产生的。纵使如此,我们就应该轻视和怀疑思想的作用的吗?抑或恰恰相反,正因如此我们才必须将思想提升到一种非同寻常的伟大和确信中?

深思与暗示 III § 198 [129]，S. 190：

〉在何种意义上，**民族社会主义**绝不可能成为一种哲学原则，而是必须始终置于作为原则的哲学之下。

又在何种意义上，**民族社会主义**可能占据某些由哲学恰当规定的位置，从而和我们一起促成一种新的、对于存有①的基本立场！〉

但实现这点的必要前提是，民族社会主义认识到自身的界限，也即把握到自己唯有在足以开放和准备一种源始的真理时才是真实的。

传真：*Überlegungen und Winke iii*，
§ 206，S. 136 [GA 94，S. 194]

---

① 　无论是在这儿，还是在《论稿》中，"存在"[Sein]和"存有"[Seyn]的使用都不是系统性的。在某些时候，"存在"这种写法指向的也不是传统的存在概念，而是作为本有的存在。

深思与暗示 III § 206 [136]，S. 194：

　　民族社会主义是一种野蛮的原则［*barbar-isches Prinzip*］。对它来说，野蛮性是本质性的，也是其可能的**伟大性**所在。危险不在其本身，而在于它会被淡化为一种真、善、美的说教。（在夜校，情况就是这样的。）危险也在于那些想搞搞"**民族社会主义哲学**"的人，他们无非是将**通常思想**和**精确科学**的"逻辑"重新加以设定，却从未看到，现在必然陷入危机而亟待重新奠基的正是"逻辑"本身。

传真：*Überlegungen und Winke iii* ，
§ 207, S. 137 [GA 94, S. 194]

深思与暗示 III §207 [137]，S. 194：

｛最近曾有人问我，谁是巴穆勒？我回答道，这是一位聪明伶俐的"哲学"教授：头足倒置的克拉格斯[Klages]。此外，他还是位用**民族社会主义**给自己翻新的新康德主义者。｝这次，我也破格使用了**流行标语**来阐明自己的观点，因为这里并没有一种真正意义上的哲学，——而只是以随意性的"姿态"所做的游戏——这也是"不容置疑"的，正如任何一种"二元论"一样；按照这个原则，一切东西都变得易于得到规定：如果不是这样的，便一定是那样的。人们满足于这样的"论证"，其职业生涯也由此得以搞定。

深思 V §61 [53—54]，S. 348：

哲学的"不合时宜"不是来自其时代的某种缺憾和不足，而是来自其本质。哲学越是真诚地以其对未来的愿求赢获时间中的方向和形态，其本质性的"不合时宜"就越是无法避免。因为，在本质上始终先于存在者之一切设置、救渡或复归——也即一切直接的创造和功用而发源的乃是存有之真理的原思。因此，**哲学**也绝不能从"**政治**"的角度得到或肯定或否定的**评估**，如果它还是哲学的话。一种"**民族社会主义的哲学**"既不是

"哲学",也不会服务于"民族社会主义",而只是以自以为是的讨嫌方式跟在民族社会主义后面。（光是从这点就足以证明其在哲学上的无能了。）

如果人们说,一种哲学是或者不是"民族社会主义的",这就和下面这种说法一样:一个三角形是有勇气的,或者没有勇气——也即胆怯的。

深思 VI §154［135］, S.509:

如今,如果有人声称哲学是多余和不可能的,那么,和那些搞"民族社会主义哲学"的人相比,他依然具有某种可以称得上是坦诚的优点。像"民族社会主义哲学"这样的东西,比"天主教哲学"还要不可能,而且也远远地更为多余。

我们在前面几页按时间顺序列出的全集第94卷中的相关文本都涵盖在"民族社会主义"这一专题中。现在,我们有必要展示一下海德格尔的思想道路整体,以便把握其《深思》中的思想进程,并借助其他的说明性文字来确定,海德格尔的思想是否发生了某种进化抑或退化。

就其本己的结构而言,海德格尔思想的决定性支架乃是对存在的追问。这一反复出现的主题不仅可以取自现有的专题,而且贯穿了其笔记本的所有深思。而且,正是这个问题,也即对存在的追问,决不可由"科学性的哲学"加以接管。在海德格尔看来,这种"哲学"其实是彻头彻尾的伪哲学。无论是规避到"基督教信仰"中,还是"某种基督教文化的可怕企图",都不是可行的解决方案,因为两者都没有能力"成为原初的和终极的决定性因素"(§211 和 §218)。

与这些阐释相适应的是当时的大学体系所处的尴尬境地。正是在这种环境中,海德格尔试图促成一种全新知识构型的生成,以便为大学重新奠基,并使之不依赖于任何一种"从外面过来"的组织方式。这也是海德格尔 1933 年 5 月 27 日所作校长就职演说——也即《德国大学的自我主张》①——的背景,借此契机,他对民族社会主义"运动"的深思逐渐得以成熟。这里,处于首要地位的始终是海德格尔对"文化"的把握:文化不能是"无根"的东西,而必须成为一种基石,否则,"此在就被抛离了轨道"(§211)。海德格尔尖锐批判了正在浮出水面的"科学性哲学",因为这种

---

① M. Heidegger, *Die Selbstbehauptung der deutschen Universität*, in: *Reden und andere Zeugnisse eines Lebensweges*, *Gesamtausgabe*, Bd. 16, hrsg. H. Heidegger, Klostermann, Frankfurt a. M. 2000, §51, S. 107—117.

"哲学"行使的完全是一种功利的角色,滋生其存在的是"随便哪个体系的游戏",但这些系统"致命的虚假优点在于,它们往往是正确的,但却一点也不真"(§211)。如果人们为这种伪哲学文化所误导,那么隐藏着的危险会是,这种文化在通过流行政治渗入大众之后被逐步引入大学体制。这种反差在较长的第 68 小节(深思与暗示 III)中变得更为明显,而对这个单元的理解复又必须借助于第 211 小节。在第 211 小节中,海德格尔断定,在伪哲学爆发之处,"真正的纪律和规训"就只是"附属之物"了,因为大学得以奠基的必要前提丢失了。

首次出现的"根基"一词即是为了表明能够"有助于""新的知识教育"的大学状况。对海德格尔来说,根基总是和某种伫立联系在一起,后者给予某种支撑,并因此指向实事本身的可靠性。赋予支撑的根基关乎"实事本身",而且只能由此加以理解。因此,"根基"是一个现象学的概念:在思想中回到根基,意味着回到现象。海德格尔在《存在与时间》中将现象学的座右铭表述为:"回到实事本身!"这个方法论原则的含义与胡塞尔在《逻辑研究》导论中对它的初次表述完全相同。

在着手考察第 68 小节的内容之前,我们想首先回顾一下海德格尔的评注:科学性的伪哲学不可能胜任"唤醒大众"和民众或者"革新民族"这样的任务(《暗示 X 深思(II)与评注》,§218)。

在这些前提的基础上,我们现在可以进入第 68 小节中和 1933 年 12 月有关的核心内容,并由此考察海德格尔的规划是否可行,也即将大学当作可以让全新文化植根其上的合适土壤和根基。

第 68 小节大体上由两个海德格尔在第 46 小节中记下的问题构成,它们的答案在下文中即可找到。这两个问题是:a)"我们的民众"是否会在"若干年后饿死在不断的标语和空洞的口号之旁","或者我们是否会创造出一种真正的、精神性的高贵"? b)"在民族社会主义运动的范围内",人们是否必定"会误认那些开端"?

在我们处理海德格尔的问题之前,首先必须通读紧接其后的那部分内容——其轮廓有待更为精确的把捉——而文本本身则取自著于 1938 至 1939 年的全集第 95 卷(深思 XI,§53):"纯粹就'形而上学'(也即存有历史性)的思想而言,我曾在 1930—1934 年间将民族社会主义当作某种向又一开端过渡的可能性,并曾赋予其这方面的意义。当时,我错认和低估了这一'运动'。"对于海德格尔所犯下的这次"估计错误",我们准备在后文专门论及第95卷的专题中考察。当然,基于这部分内容,海德格尔在《深思和暗示 III》(§46)中的问题可以引发新的追问。

让我们继续我们的思想进程:在第68小节中,海德格尔不仅描述了民族社会主义运动,而且也分析了"职业性的组织"和"联盟",它们在大学范围内几乎起着一种主导性的作用,而且,尽管它们来自校园外面的势力,却已经确保了"对高校施以重大影响"。海德格尔早已认识到了这点,而且也早早就远离了这类势力。他将它们称为"外面"的协会,这却不是因为这些势力存在于大学体制之外,而是因为它们不适于"沉思",也缺乏"沉思的能力"。这样一来,它们只能行使那些功利的角色,仅仅从"总体计算需求"而来一起设定"高校现实性的工作和评估标尺",并将高校限制于"科学工作"中①。由此,海德格尔非常严肃地将这一切归罪于那些把高校狭隘化为单纯

_____

① 这篇海德格尔在 1929 年 7 月 24 日作于弗莱堡大学的任职演讲,原则上可以基于他在相似情境下做的另一篇演讲;参见 Martin Heidegger, *Was ist Metaphysik?*, Klostermann, Frankfurt a. M. 2007(16), S. 27 [Gesamtausgabe, Bd. 9, S. 104]:"这种已经堕落的学科多样性在今天仅仅通过大学和系所的技术性组织——以及就学科而设立的实践目标——被聚拢在一起。相反,科学在其本质基础中的扎根已然消失。"

外在组织的人,也即让高校附属于某些不再有能力让"创造性"的精神文化扎根的组织。这种无能源于其凑巧"合乎时宜"的"约定",这就又让"对此在之创造性改造的促成"变得不可能了(§79)。其后(§96),海德格尔以绝非偶然的方式指出,"在"民族社会主义的"幌子"下,全"无塑形能力"的事实遭到掩盖,而这方面本该"向前"。就此而言,将一切都限定为数量和功能性部件的做法要归罪于民族社会主义的联盟,这些协会将一切都化约为各种"举措"。海德格尔关于行动[Handeln]的思想远离了将行动当作造成某种作用之功能的看法——要对此加以阐明,几乎需要一篇专门的论文,而它将以《论"人道主义"的书信》为其论述的起点。

在协调方面的含混和"内外"不清激怒了海德格尔,他觉得自己在校长任职期间扮演的角色仅仅是一个各机构之间的"中转站"。我们必须考虑到这种不安,以便恰切地理解他在 1933 年所作的公开演说。也许正是在对这种"中转站"会一直存在下去的不安中,海德格尔才会写下这样的文字:"校长本人是不是民族社会主义者,在这方面并没有多大区别。"(§68)理由是,外在势力对高校的影响大于校长本人的作用,而校长却应当"在精神上"承担"引领

作用"①。这里"精神"一词的含义是海德格尔在向
《自我主张》追溯时看在眼里的东西:"与伟大精神-
历史性传统在原则上的争辩。"(§68)按照第 46 小
节的说法,这种争辩可以产生一种"精神上的高贵,
这种高贵足够强大,以便从一个伟大的将来那里重
构德国人民的传统"。由此逐渐呈现出来的是,海德
格尔本人以何种方式慢慢地远离了大学现有的物质

---

① M. Heidegger, *Die Selbstbehauptung der deutschen
Universität*, S. 107. 在精神上对大学起引领作用,对海
德格尔来说差不多意味着重新寻获一种"源始的知识",
它绝对不可与某种"功能性-工具性"的认识混为一谈。
通过中间这部分 1933 年的公开讲话,我们可以在此把
握海德格尔所谓"精神"的含义——这和科学的本质以
及作为大学精神引领者的校长之使命有关:"'精神'既
不是空洞的敏锐,也不是毫无约束的诙谐游戏,同样不
是知性分解没完没了的折腾,更不可能是所谓的世界理
性;相反,精神倒是源始地定了调的、有所知的对于存在
之本质的决绝。"(S. 112)在该讲话中,我们也可以看到
后来发生的事情的一些预兆:这些事情让海德格尔陷入
变成民族社会主义运动之'棋子'的窘境,因为他企图将
某种对纳粹来说别有用心的塑性理念赋予高效。在这
方面,我们可以参考下面这段论述:"所有的科学都是哲
学,无论它们是否愿意或知道这一点。一切科学都植根
于哲学的那一[古希腊]开端。"(S. 109)"这样的追问打
碎了科学分门别类的自我束缚,将它们从漫无边际和目
标的粉碎领域的角落中召回。"(S. 111)"知识不是为职
业服务的,[……]对我们来说,并没有一种对于本质和
自在价值的职业性认识。"(S. 114)"一切引领都必须将
本己的力量让与追随者。不过,任何一种追随本身都是
有阻力的。"(S. 116)

和精神土壤,因为他从中无法找到他本想扎根其中的空间。由于清楚这种境况无法让自己承担在精神上引领大学的任务,海德格尔的不快就变得更为明显。在很多方面,其校长职位都更多地具有一种"中转站"的特征,而无法起到对教育加以全新赋型的精神性引领作用。确实,在这种情况下,还能做些什么呢?在海德格尔看来,自己决不可"被某些所谓'领导岗位'的表面形式所羁绊",而是应该"在斗争中引领自己"(§68,11a),并且"尽可能"坚守"少数简单可靠的……安排",因为它们"首先确保在其安排下塑造出**新的开端**"(§68,11b)。

但是,我们对海德格尔论及的"斗争"一词该作何种理解呢?在海德格尔的文本中,"斗争""战争"或"争执"这类概念的含义仅仅显明于赫拉克利特残篇 53 中的 $\pi\acute{o}\lambda\epsilon\mu o\varsigma$[争斗]一词:"战争(斗争)是万物之父,是万物之王。它指明:这些是诸神,另一些是人类,其中,这部分是奴隶,另一部分是自由人。"①

---

① 在《哲学论稿(从本有而来)》(*Gesamtausgabe*, Bd. 65, hrsg. v. F. -W. von Herrmann, Klostermann, Frankfurt a. M. 1989, S. 265)中,海德格尔也曾提及赫拉克利特的 $\pi\acute{o}\lambda\epsilon\mu o\varsigma$ 箴言:在此,就对于这个箴言的探讨,海德格尔让我们参考 1933—1934 年夏季学期讲座《论真理的本质》;现出版于《存在与真理》(Gesamtausgabe, Bd. 36/37, hrsg. v. H. Tietjen, Klostermann, Frankfurt a. M. 2001, S. 81—264)。

此处,*πόλεμος*是从存在者的对立中将其产生出来的存在之原则。对海德格尔来说,被理解为斗争的*πόλεμος*植根于存在之真理中,是解蔽和隐蔽之相互游戏中的存在本身的斗争:在此,解蔽和隐蔽在本质上都属于存在之真理。因此变得非常清楚的是,海德格尔在其著作中从未向某种政治性的意识形态用词追溯,而是始终关注于前苏格拉底时期的思想家,也即阿那克西曼德、赫拉克利特和巴门尼德。在这方面,例如"命运"一词——它是海德格尔存在历史之思的奠基性词语之一——就可以直接回溯到巴门尼德的 Moira 概念。如果有人仅仅关注于要满足各种即时性的需求,并追逐那种倏忽急逝的可利用性,那么,他就绝不可能把握住海德格尔所谓"精神性斗争"的必要性,甚至反感于这类说法。在第 68 小节中,我们可以在两段文字中找到"精神性的斗争"一词,而在接下来的文字中则会看到,这种以"先行性"为其特征的斗争只能靠"受苦和危难",也即海德格尔所谓的"知识"得到引导。

随着对第 69 小节的阅读,我们逐步接近了海德格尔对民族社会主义所作深思的核心地带,以及那个富有争议的问题:民族社会主义是否以一种"理论"为基础——无论这种理论是"抽象孤立的思想"还是"对知识的推动"——抑或,令民族社会主义得以兴起的乃是一种"行动"。理论之为对知识的推动,这不是民族社会主义者考虑的目标,这点可以从以下事实看到:"这些开抛被伪装成理念""而对现实不起作用"(§70)。对海德格尔来说,"开抛"要想具有持久性,就必须拥有"所余留的问题态度和语言",并且让自身嵌入历史的运动中,而不是仅仅将自己登记到一种偶然的、眼前直接可以看到的现实中。民族社会主义认识不到这类挑战,因此很快就被海德格尔打上了终止符:"我们不想'在理论上'为**民族社会主义**进行论证,更不可能以此方式令其拥有臆想的支撑力和持久性。"

随着对"精神性的民族社会主义"的引入,海德格尔开始用一种新的语调阐述自己对相关问题的观点。我们可以在三处文字中找到这个用语(两处出现在第 72 小节,另一处则在第 73 小节)。在海德格尔看来,这种"精神性的民族社会主义"既"不是某种理论性的东西","也不是'更好的'甚或'更本真的'民族社会主义"。或许,我们可以由此理解,海德格尔为什么声称,这种精神性的民族社会主义"和那些不同组织和社会等级上的民族社会主义一样是必要的"。通过在第 72 和 73 小节中记下的文字,我们知道了海德格尔所谓"精神性的民族社会主义"的含义:这是一种他曾经思考过的——或者更恰当地说,由他理想化了的——民族社会主义,其可能的作用在于阻滞文化的资产阶级化。正是由于这个原因,海德格尔认为,所谓的精神性的民族社会主义和"和那些不同组织和社会等级上的民族社会主义""同样必要"。不过,海德格尔在第 68 小节中尖锐批判了这些组织,因为它们总想对大学体制加以干涉。这就促使海德格尔再次对精神性民族社会主义的必要性加以阐明。——其后,海德格尔就再也没有在"黑皮书"中论及这个问题。但和这个问题有关的则是海德格尔对所谓"平庸状态"的批判,这是"装腔作势的"*半吊文化*以及小资情调的*伪装教养*引起的,所证明的不过是"作为廉价的陈词滥调的联系民众的思想"(§71)。这时,海德格尔提到的仅仅是一种专为小资阶层所有的"伪装教养",他依然相信的是,运动本身是不可能被资产阶级化的,因为,"资产阶级阶层的精神及其所控制的'精神'(文化)会被精神性的民族社会主义所摧毁"(§73)。

　　这种只持续了很短时间的乐观主义很快就被打断了——在第 78 小节中,海德格尔确信,这方面已经没有回头路可走。这种论调一直持续到前面列举的全部相关文本最后,在此,海德格尔记录下了他认为的民族社会主义的"降格"所造成的影响。他写道,民族社会主义被降格为一种"窍门,人们可以将其当作一种新的'航标'来搜集往昔的科学及其材料"并对其意义加以歪曲。这里着重强调的是与谋制相适应的对于文化的利用①。——而且人们以为这样就可以将对世界的全新解释抛售到市场上了。这么做的另外一个好处是,人们可以由此得到"新闻界"的推荐,从而让那些"精神性的虚假繁荣"的观念对民众施加影响。这也是民族社会主义的主要特征:它越来越强烈地造成一种知识状况,"从中人们可以先行推算出,民族社会主义确实总是在此并得到准备"。对海德格尔而言确凿无疑的是,民族社会主义没有能力"接纳一种全新的、空前的精神性使命"。民族社会主义是缺失根基的,从中产生的是一种或许会在"自我贯彻的必要"中得到克服的贫乏——但是,重要的仅仅是,"民族社会主义能够始终处于斗争中"——同时,海德格尔补充道:"请

---

① Instrumentalisierung,是本书的一个关键概念,更多的时候译为"榨取和利用"。——译注

留意至今为止的斗争的夸张语调"（§79）；这种"斗争"和海德格尔在第81小节中提到的"经由知识"的斗争没有多少关联可言。

但是，民族社会主义首先是一种"意识形态"（§80）。民族社会主义向"意识形态"的"降格"很容易发生，因为这种降格是从它固有的文化特质中产生出来的，也即对各种观念的功能性使用，而非令其系泊于此在之精神性的创造性开抛。因而，海德格尔暗示这样的观念其实是对"精神的否定"。"降格"越是严重，民众就越会遭受到这类观念的影响：它们不是以显明其内容为标的，而是仅仅通过编织一层——起自各种机巧的谋制方式的——密集的网络来获得同意。在紧接着的第81小节中，海德格尔审查了造成粗俗的民族社会主义的原因，并由此促发了自己对民族社会主义思考的深化，这些深思一直延伸到《深思》第154小节中，此外，还触及有关大学方面的问题。

尽管粗俗民族社会主义是"报纸撰稿人"这样的"文化生产者"造成的后果，它在总体上却和民族社会主义的降格有关（§78）。这种降格的一个表现就是，很多民族社会主义者通过"新闻出版界"把他们的观念抛售到市场上，并臆想可以这样向民众施加压力。希特勒的《我的奋斗》就是在这样的大环境中登场的。通过援引《我的奋斗》，撰稿人为自己设定了一个确凿的目标："将一种特定的关于历史和人类的教条"——它可以被称为"伦理性的唯物主义"——扩散"到民众中"。不过，我们必须注意到海德格尔在第81小节中简明扼要的思路，因为，在这里，所谓的"伦理的唯物主义"是想表达出一种特质，它是一切事物所围绕的中心，却也可以有另外的一些含义："所有谋制方式中的娴熟"，由此"被掩盖的则是能力的贫乏以及严肃且成熟的思考能力的不足"。这里所谓的娴熟特征不是某种"现成的东西"，而且——海德格尔继续补充道——"也绝未免于被经济的唯物主义所侵蚀"。似乎感到对民族社会主义的此种批判依然不够彻底，海德格尔进一步明确远离了有关的民族社会主义宣传，并向我们阐明了在第80小节中只是部分得到勾勒的"意识形态"一词的含义："和这种典型的资产阶级特质的货色——有朝一日，它恐怕会因自己的软弱无能而失败——有关的是一种阴暗的生物主义，后者为前者创造出了合适的'意识形态'。"为此，海德格尔认为，深思是不可缺少的一剂良药。不过，他感到更加需要思考的是，认为世界"像植物一样生长出来"的错误观点为何能不断扩散。因此，"人们"畏惧"可能会导致不确定性的斗争"(81)。

我们需要翔实地复述海德格尔的深思,因为在这种深思中付诸语言的是我们不应该错过的意蕴整体:"人们畏惧于进行真正的斗争,因为斗争前突至不确定之处,并且深知,唯有通过少数人和个体的努力才可以从受苦和闭锁开启出伟大的东西。"在第94卷的全部文字中,这是唯一一处出现"不确定"一词的地方,而这一概念在《深思 VI》中才再次出现。在此,海德格尔指的其实是始终"不确定"的存有,只要人们并未下定决心——而且是借助知识——去迎接那一"先行铺展开的斗争"。"可供支配的现成统治性因素",也即"精神-历史性的世界"并未得到占统治地位的民族社会主义的认可,而是仅仅得到了狭隘和肤浅的理解,并随着这种非本真的理解而"占据统治地位"。占统治地位的公共性理解方式即是海德格尔在《存在与时间》(§27)中称之为"常人的此在式存在方式"的东西:作为个体,我不是活在由我自己所开启和塑造的对精神-历史性世界之理解的基础上,而是靠通用的公共性的——因而没有得到源始开启的——理解而生活。我和其他(人)共享这种平均的泛泛理解,或者更准确地说,不是和他人,而是所有人,简而言之,"常人"。海德格尔用"常人"来标识被敉平了的对精神-历史性世界的理解,这是一种可由人人以相同方式共享的理解。

在"常人"这种存在方式中,人们回避斗争,也即回避在存在中尚不确定的"隐蔽着的",并因此是"有待经受"的因素的开展着的开抛。而那些承担斗争——也即对存在之开抛的开展——的人始终是"极少数"的"个体",例如独特的思者和诗人。这"极少数"的"个体"的存在开抛知道,唯有存在中"隐蔽着的"和"有待经受"的因素才可以由开抛加以开展或开启,这就包括那种伟大的、源始的对精神-历史性世界的理解。

对那些没有亲身领纳决定[Entscheidung]的人而言,存在自然总是某种"不确定"的东西。对于这点,海德格尔是很清楚的,例如,他有时会提到那些"少数""个体"——也即那些适合追问和思考存在之高贵的人。相关内容在《暗示 X、深思(II)与评注》第 218 小节中即可找到,这里涉及的是"在少数个体那里的大大地滋生于隐蔽之物的本质赋权之作品的不可避免性"。民族社会主义要为之负责的是,它将"民众"从本真的轨道上诱离,这使得他们无法看到"不确定"的东西。在海德格尔看来,这种"不确定"的东西只会向着那些不再畏惧思考和追问的人呈现出来。要克服对追问和思考的恐惧,这对多数人来说也许是个巨大的障碍,但要达到"'民众'的源始性"就必须克服这个障碍。不过,何种道路能够再次通达这种源始性呢?海德格尔认为,这个问题会在另一个问题中找到答案:"没有精神,仅仅靠乞灵于'特质',就能把这一切创造出来吗?"回答这个问题等于远离民族社会主义,正如从我们对第81小节所作的评价和总结中可以看到的那样。

海德格尔在第83小节继续对合乎时宜的文化概念加以深思。这样一种文化会对民众施加相当的影响,他们本身则——正如我们已经看到的那样——来自粗俗的民族社会主义。但是,现在加入流行行列的则是"学生团体社会主义的装腔作势"的"蠢到极点的罗曼蒂克"。海德格尔此处所作评论稍显粗暴,我们猜测他是在爆发的怒火和内心的不安中写下这些文字的。不过,与之有关的是他的如下断言,也即:人们的这些表现只是"反映"了所谓的"与民众相联系",可是,这个意义上的"联系"却和"精神-历史性世界"之经由知识的真正"诞生"毫无相同之处。

在第83小节中,海德格尔再次做出了——其意义有待澄清的——如下论断:"恰恰是作为'学生',现在的学生才不是民族社会主义者。"在早些时候,海德格尔则表现出了对这类现象的鄙视:"小资情调的伪装教养"(§71),"资产阶级精神"(§73),"资产阶级－自由主义的表现形式"(§80),"具有小资特征的大众"(§81)。由此之故,我们也许可以认为,前述海德格尔之论断的理由在于,在他看来,相关学生只是地地道道的小资分子,而不是"民族社会主义者",因为民族社会主义不同于这类混杂的东西。也许,我们可以在此作出这样的猜想:在海德格尔看来,民族社会主义蕴含着未来的希望,它有可能使自己超拔于前述装腔作势的"社会主义"货色之上。在第83小节末尾处与之相应的评价则是:"这种装腔作势的'社会主义'只是其逃避本真使命、掩盖自身无能的幌子。"由此,读者也许会轻易地得出结论,海德格尔是在警告民族社会主义避免这样的降格,然而,如果我们继续阅读《深思》中的文字,就会排除这种疑虑。

在第88小节中,海德格尔再次急切地督促要重视"精神性的此在危机",在他看来,这才是"那种最为重大的危机"。诚然,这些深思的背景是1919年的《凡尔赛条约》("和约")及失业造成的"精神-历史性危机"——而且,海德格尔对当时的经济性危机也很是明了——然而,人们依然没有觉察到"最大的"最为严重的危机,因为就"这种危机的伟大性而言",人们"还不够格"。所以,人们才会"躲避这种危机的爆发",并且"自欺欺人地遁入已经变得空洞的基督教中",同时乞灵于"一种在精神上成问题而在来源上则可疑的民族社会主义'世界观'"。按照这种世界观的思维模式,"基督教"——我们随即就会看到,海德格尔在此指责的是何种类型的基督教——变得与民族社会主义相适应,并成了"市侩庸人眼中的东西"。对"现在的学生作为学生不是民族社会主义者"的论断,应该在随后更进一步的深思的光照中得到理解:彼时的学生不是民族社会主义者,是因为民族社会主义植根于市侩的庸人特性,而学生们却是彻头彻尾的小资分子。揭示民族社会主义的根源,也就意味着能够把握到,海德格尔何以提及一种"在精神上成问题而在来源上则可疑的民族社会主义'世界观'"。问题的实质在于,民族社会主义是"无根"的,而其危机之深重即见证于此。学生们不可能成为民族社会主义者,而且其"装腔作势"正是那种胆敢掩盖自身的无根与贫乏之徒的典型反应。

在第 88 小节中,字里行间都透露着一种"在精神上成问题而在来源上则可疑的民族社会主义

'世界观'"的紧张气氛,它存在于海德格尔对"精神性此在危机"的论断的起点和后来的问题之间:"我们何时进入此在的伟大危机之中?""我们何时会击碎那种喧嚣却又贫乏——把自己伪装为一种'特质'——的狭隘心胸?"含涉在海德格尔的精神性开抛中的危机和所谓的"特质"正相反对:事实上,海德格尔对"特质"这一概念的使用乃是着眼于"现存科学"(§68,第9点),"这种对一切精神性斗争的反感"其实只能算是真正意义上的"特质的缺失"(§68,第9点),因而,眼里没有重大危机的"特质"反映的其实只是市侩庸人的特质(§71),也即"相当资产阶级的货色"(§1),其"特质"在于,不靠"精神"就能搞定人们提出的要求,并且常常乞灵于自身的"特质"(§81)。

"精神性的此在危机"这一情调在海德格尔那里变得越发明显,正如他意识到自己原先对高校的意见提出得过早了,并注意到,自己的校长任职经历必定会走向终结,因为校长这一职位只是掩盖了如下事实:"学生团体""教师团体"和"机关工作人员"任意地"以成问题的民族社会主义为幌子扮演仲裁者的角色,从而进一步掩盖了他们全无塑形能力的事实,并且以再好不过的方式'组织'起一种无可救药的平庸状态"(§96)。完全无法塑造现实这点其实已经宣告了海德格尔校长职务的死刑，而且同样也宣告了"大学无可挽回地在走向终结"，因为它"无力作出一种真正的'自我主张'"。对海德格尔来说，这里已经没有回头路可走，"终结"变得越来越衰弱，这是§68、§83和§96所描绘的场景。

第101小节中的文字描绘了海德格尔作为校长参与大学活动的尾声。尽管大学本身的"自我主张"和海德格尔在这方面的参与都走向了"终结"，海德格尔却有意以退为进，以便为一个全新的开端作准备。

海德格尔从他参加的所有官方活动退出，因为各类"翻新"即将上演。我们其实已经熟悉了这类"新的"东西，因为海德格尔在第68小节中——着眼于大学的状况——写道，"如今的'政治教育'的基本缺陷"在于"人们想要把太多地而且太仓促地行事当作'新的东西'来加以追求"；在第78小节中，海德格尔就民族社会主义的降格表达了对相应情况的责难：人们可以把降格后的民族社会主义当作一种新颖的"航标"来搜集"往昔的科学及其材料，并加以全新的包装"，以便对民众施加某种影响力。同样是在这个小节中，海德格尔清楚地看到，民族社会主义是没有能力承担一个全新的"精神性使命"的,因此,他一再强调民族社会主义的一个十分典型的特征:"单纯强调新异之物。"(§184)然而,在这种"新的"东西和海德格尔就大学谈到的"全新开端"(§68,11b)之间横贯着一条巨大的鸿沟。即使看似新异的东西获得了某种根基,但只要它无法"胜任"需要实现的使命,海德格尔就会十分清楚地看到,他自己担任校长职位这件事是"太早"了,而且"简直"是"多余"的。几乎没有人念及一种"内在的转变",因为"民族社会主义的手法及其附属人员实施的统治"仅仅"表面上看起来是对统治地位的宣示",但"整个构架本身就是软弱无力的"。在这样一个简明扼要的语句中,海德格尔已经不再将真正意义的"大学"作为主题来处理,而是引入了和"科学运作"相联系的"架构"概念。在这样一种"架构"中,海德格尔作为大学校长的职能其实是多余的,因为他从来都不认同把大学当作"企业"来"运作"的想法。

海德格尔的"隐退"和"呆站在一边旁观"不是一码事:"在真正的愿力——以及能力——付诸实施之处,我们也决不会呆站在一边,而是一定会始终站在隐秘的精神性德国的秘密前沿。"值得注意的是,像"隐秘的精神性德国的秘密前沿"这样的措辞只在第 101 小节中出现过,而在其他任何地方——无论是在全集第 94 卷还是在第 95、96 和 97 卷中——都无法找到这样的文字。这样的语句是这方面的一个 hapax legomenon[唯一的例证],也许它告诉读者的是那一共同的("我们会一直")开抛:在不明事理的人看来似乎是袖手旁观,但对"大多数人"而言却是始终站在隐秘的前沿,这里,唯有"极少数人"能够承担知识之精神性的斗争。

我们现在想先行讨论海德格尔在第 97 卷《评注 III》[57—58](1946—1947 年)中写下的一个评注。当然,在这里就将第 97 卷付诸探讨可能早了一点——按照我们的计划,将稍迟一些再详细探究这卷中的有关内容——不过,我们此时即引述第 97 卷中的文字,是基于这些文字会为我们提供一个不可或缺的关键图式,它将显明至此为止展现出来的思想进程。读者只需要将下文暂时记在脑海中即可,因为这样可以帮助他理解此处引证的海德格尔的相关决定——如果读者对下面这个决定怀有疑虑的话:海德格尔决定从他的校长职位引退,而不是决定负起责任。这里的关键在于,由于当时(作为民族社会主义者的)同事们玩弄手段进行阻扰,海德格尔根本

无法履行自己的职责:

> 也许总有一天人们会弄清楚,在 1933 年
> 的校长就职演说中,我进行了一种尝试,也即
> 在思想的消亡中先行思考科学之完成的过
> 程,并再次将知识作为本质性的知识归于思
> 想,而非交给希特勒。为什么纳粹党在其占
> 据的全部教职阵营都让人痛批这个演说?这
> 恐怕绝不是因为这个演说——像全世界的公
> 共媒体伪称的那样——把大学出卖给了民族
> 社会主义者。(GA97,S. 258)

不过,对于这个问题,让我们姑且先回到《深
思和暗示 III》(§169)。在这个小节中,海德格尔
没有对大学体制再次写下他的深思,而是在民族
社会主义的背景下补充了一些新的要点,其中包
括"耶稣会人员的稳当工作"——他们端出来的是
某种叙事和"文学",还有"你们要读读民族社会主
义的出版物"这样的"呼吁"。在海德格尔看来,两
者都是"以政治方式"歪曲了"精神"。

我们只有与全集第 95 卷中的一处深思
(§47)相联系,才能理解海德格尔在上文中进行
的思考。在第 95 卷中,这个小节的背景是对政治

性的天主教义及其政策的批判。在此,海德格尔
写下了这样的文字:"'天主教'在'耶稣会'中才首
次获得了其本真的形式。"耶稣会成了"组织"之决
定性地位和"宣传煽动之统治地位"的西方特色的
样板。正是由于这个原因,海德格尔才把耶稣会
士的"叙事"和纳粹富有煽动性的"呼吁"放在了同
一个层面。这里隐含着的乃是海德格尔对如下情
况的确信:耶稣会已经在塑造作为第 184 小节主
题之一的"天主教"(《深思与暗示 III》);另一方
面,对于"煽动性宣传"这个主题,海德格尔在对粗
俗的民族社会主义——这和作为"文化制造者"的
"报纸撰写人"有关——的深思中也作了激烈的争
论。对于所有这些问题,海德格尔都进行了激烈
的批判;在《评注 I》[28]中,对"新闻业"的批判调
子达到了一个新的高峰,随着而来的是在《评注
II》[70—75]中出现的对"世界新闻业"和"新时代
的新闻业"的更为激烈的批判。海德格尔在对"宣
传煽动"的拒斥中反映出来的总是这样的意识,
即:从现在开始,真正的思想遭到否定,或是被剥
夺了"精神"。海德格尔的这种连贯的思想进展对
我们理解第 183 小节(《深思与暗示 III》)会有所
帮助:"人们感觉在民族社会主义中迷失了'精
神',并且害怕和抱怨其可能的毁灭。"

在其"轻忽"和"轻-率"中,民族社会主义变得有点近似于"德国的天主教"(§184)。这里值得注意的是,海德格尔并没有批判一般而言的天主教,而是仅仅针对那种特定的、转变成"精神-政治性的东西"并"世俗化了"的天主教。在海德格尔看来,这样的一种天主教"容易和其他权力结构结成联盟",其中就包括民族社会主义这样占统治地位的权力结构:双方的共性是对权力的饥渴。

现在,在经过上面这些粗略的浏览之后,我们可以通过对第198小节的评析更为近切地把握海德格尔转寄在民族社会主义上的情感。在我们论及第72和73小节时其实已经提示了这一点,也即海德格尔反复思量了"精神性的民族社会主义"。在第198小节的深思中,海德格尔断言,民族社会主义,即使"绝不可能成为一种哲学原则",也"可能和我们一起促成一种全新的、对于存有的基本立场","但这点的必要前提是,民族社会主义认识到自身的界限,也即把握到自己唯有在足以开放和准备一种源始的真理时才是真实的"。

在稍后的地方,我们将借助于《深思与暗示III》中的文字进一步审查这些评注。在后面一个小节中,海德格尔写道:"民族社会主义是一种野蛮的原则。对它来说,野蛮性是本质性的,也是其可能的伟大性所在。"

　　首先需要注意的是,海德格尔在这里将民族社会主义刻画为"野蛮的原则",而像这样的措辞在他的其他文本中从未见过。因此,我们有必要在"黑皮书"的语境中阐释"野蛮"概念,同时也兼顾其他出现过这一概念的文本。在全集第 95 卷中,海德格尔两次使用了"野蛮"一词:"在'思想'的野蛮不化的危险面前最好的一种防卫——这一危险现在当然已经日益变得微弱——……"(《深思 VIII》§51);"思想的严厉不是要抱怨据称糟糕的时代和野蛮不化的威胁"(《深思 XI》§29)。在第 97 卷中,"野蛮"概念也出现过两次:"民族社会主义的野蛮"(《评注 I》[151]);"'新世界'之野蛮"(《评注 V》[137])。总而言之,"野蛮"概念在"黑皮书"中一共出现过五次,当然,我们在此把《评注 I》[151]中论及的"粗野化"也一并作为"野蛮"的同义词来处理了。稍后,就第 94 卷(§206)以外出现这一概念的文字而言,读者不仅会看到与之相通的思考线索,也可以在相应的地方找到详尽阐明"野蛮"的文字。让我们逐步向前推进吧!

　　"野蛮"一词出现于其中的五段文字,其各自的语境分别是:民族社会主义,《深思与暗示 III》

（§206）；"新时代的谋制性存在方式"，《深思 XI》
（§29）；民族社会主义，《评注 I》[151]；西方以及
对"新世界"的批判，《评注 V》[137]。

在前两段文字也即《深思与暗示 III》（§206）
和《深思 VIII》（§51）中，"危险"一词一再出现。
很容易和这个概念联系在一起的是民族社会主义
及其哲学，而"通常思想和精确科学的'逻辑'"追
随的即是这种"哲学"。"危险"一词也易于使我们
想到海德格尔早已远离的"民族社会主义思想货
色"，正如他在对汉斯・海耶斯[Hans Heyse]的
民族社会主义哲学所作的辩驳和激烈批判一样。
（此人生卒年份分别是 1891 和 1976 年，他在 1933
年成为纳粹党成员。）汉斯・海耶斯的"生存哲
学"①是从对《存在与时间》的种种误解和败坏中
产生的。对此，海德格尔进行了激烈的批驳，以致
将此人的搞法称为"水货"（"掺了水的汤"），并认
为他自己的哲学和此人的"生存哲学"毫无关系。

在第三段引文也即《深思 XI》（§29）中，海德
格尔纳入眼帘的是"谋制的实施者和立法人"所作
的欺诓和诡计。对新时代的批判同样也落在了谋

---

① Existenzphilosophie 通常译为"存在主义（哲学）"。——
译注

制之实行者的头上：在这个时代，"存在者之存在者性的无条件支配构成了对'存在'的优势地位"，同时，"伪哲学"只是"一种懦弱的喧嚣"。西方进入了存在遗忘的时代，但作为其支柱的"思想的严肃"依然有所保留，它并不在于"抱怨据称糟糕的时代和野蛮不化的威胁"，而在于追问之"决心"。

第四段文字《评注 I》[151]提供了"罪业"或者"集体罪业"这一主题的主导线索。现在关键在于对这些问题进行决定性的评析，以便使得对相关内容的先行把握——以及暗含的解释学钥匙——能够引导我们走得更远。最后，第五段引文《评注 V》[137]中的内容始终处于对西方和新时代之批判的语境中。

不可忽视的是，上面阐述的五段引文的共同线索是对"伪哲学"的批判，而这往往也与民族社会主义和文化"代理人"有关——同时与思想的缺失有关，它在某种意义上将民族社会主义与新时代联结起来：双方都将文化视为附属于其实用目标的行为方式，其最终服务对象乃是技术之实用性的谋制。将这一切都纳入眼帘，可以看到存在已经堕入遗忘之中。同时，这些考察可以帮助我们从其语境出发理解海德格尔的这一断言：民族社会主义是"一种野蛮的原则"。在上面引述的五段文字及其各自语境的基础上,我们可以认为,海德格尔采用"野蛮的原则"这一措辞,是为了表明人们完全丧失了真正意义上的原则,而对于知识的全新培育却离不开这些原则。现在,我们还得梳理出紧接着的那句话的含义。根据《深思与暗示 III》(§26)的论断,"民族社会主义是一种野蛮的原则",而且,"对它来说,野蛮性是本质性的,也是其可能的伟大性所在"。

如果执着于这句话的字面含义,那么,人们就一定会认为我们选择的思想进程直至此处都是错误的。不过,"伟大性"一词也许作为形式指示的概念才会起到指引道路的作用。事实上,这一措词的含义在海德格尔的用法中很多时候都是多义的。例如,在《深思 VII》(§56)中,它被赋予一种正面的意义:"(意指朝向伟大的)隐没。"在《论稿》(§2、§11、§44、§116、§250 和 §271)中,情况也是如此:"隐没"总是带有一种积极的含义。与之相反的是,在《深思 VIII》(§53)中,"伟大"一词沾染了一种负面的色彩:"如今,世界观获得了一种独特的伟大性",这发生在人们——基于"'民族-社会主义'伪哲学"——将存在粗野地把握和化约为可计算性的时代。《深思 XI》(§29)集中于对新时代之完成的尖锐批判:这个时代为谋制所掌控,其本质显明为存在之本己的"非本质";相应地,谋制的实施者则"不得不""确保自身的'伟大'"。由此,我们清楚地看到,"伟大"一词在这里获得了一种消极的含义,正如在《论稿》第 2 小节①中。

我们猜测,在弗莱堡讲课稿《形而上学导论》(1935 年夏季学期)中,海德格尔所指认的民族社会主义"运动"的"伟大性"也必须在解释学上重新加以考察,也即基于海德格尔在其用语中赋予"伟大"一词的多重含义。这种意义的含糊确实是存在的,而且可以通过海德格尔运思和用语的流畅风格得到辩护。通过这种使用语言的风格,海德格尔悄然改变了很多基本词语的单义性——在一种原初性的重新创造的意义上——以便开启一种新鲜切近的视野。(我们可以从海德格尔深思的精神性语境中分别读出这些不断变化中的视野。)跟踪这样的视野生成过程,我们在此运用的解释学会考虑到文本研究中令人不适的相似性错觉,并根据实际情况与之进行辨析。

---

① M. Heidegger, Beiträge zur Philosophie, §2, S. 8: "[……]因为人已经变得无力于此-在,而这又是因为庞然大物那狂乱的暴力已经被释放出来并以其徒有其表的'伟大'压服了人。"

　　以上举出的仅仅是少许范例,其目的是向我们指明此种实情:在对海德格尔文本的阐释中,不可能给他使用的概念安上一个固定的字面含义,因为居于这些概念深处的是运思中变化多异的光影和色调。有时,海德格尔是在全然不同的意义上使用某个概念的,这些含义只有基于各自的语境才能得到确切的理解。让我们回到上面引证的段落:"民族社会主义是一种野蛮的原则。对它来说,野蛮性是本质性的,也是其可能的伟大性所在。"此时,根据前面的论述,我们不可以将这句话从它所处的语境中割裂开来以利考察,而全然不顾海德格尔对语言之使用的解释学提问方式。向"想不通"的人说明海德格尔何以会这么"说",将会证明是没有必要的,因为这句话的真实含义和内容本来就可以从对先行文句的确切阐释中得出。同时,这种阐释对某些后续的解释学上的关键点也是敞开的,它们可以由读者本人在眼前这部论著的进程中重新发掘出来。

　　回到民族社会主义这个主题:在《深思和暗示 III》(§207)中,海德格尔也以判定的形式通报了自己对人们提出的那个问题——也即鲍穆勒是谁——的答案。(阿尔弗雷德·鲍穆勒是一位德国哲学家,他是巴霍芬[Bachofen]和尼采的阐释者,生于 1887 年,卒于 1968 年,曾在 1933 年加入德意志民族社会主义工人党[NS-DAP]。)海德格尔直截了当地写道,这是一位"用民族社会主义给自己翻新的新康德主义者",同时,海德格尔也破例允许自己使用了一个"标语"("在这种情况下,我们可以用标语作出这样的刻画")。对海德格尔来说,鲍穆勒所为并非"真正的哲学运思"。

对哲学的滥用让海德格尔感到厌恶——随着对这个问题的探讨,我们即将接近这部分研究的终点——这点在《深思 V》第 65 小节中也得到了追溯:"一种'民族社会主义的哲学'既不是'哲学',也不会服务于'民族社会主义',而只是以自以为是的讨嫌方式跟在民族社会主义后面。"由此,海德格尔以再清楚不过的方式证明,自己的存在历史性思想绝非奠基于民族社会主义,因此也绝非奠基于一般而言的政治。然而,把海德格尔对于哲学的态度定性为一种民族社会主义的立场,这种伪称即使在今天对那些想将其哲学视同此类的人依然是有效的。那些如此行事的人,面对的将是海德格尔的辛辣嘲弄:"如果人们说,一种哲学是或者不是'民族社会主义的',那就和下面这种说法一样:一个三角形是有勇气的,或者没有勇气——也即胆怯。"借此,海德格尔想要强调的是,这样一种对哲学的标注完全是瞎扯。

海德格尔对精神性知识的开抛——这种知识可能会扩增存在之真理——和当时的文化由以支撑的作为附属性功能的"知识"很难说有交叉点可言。搞一种"像'民族社会主义哲学'这样的东西,比'天主教哲学'更为不可能,而且也远远地更为多余"(《深思 VI》第 154 小节)。

2.2　离脱根基[Entwurzelung]、地基[Boden]与相关的合成词:这些词语的"本源"及其非-政治性的用法

在某些时候,海德格尔使用了"离脱根基"、"地基"以及与之词根相同的合成词。这时,海德格尔针对的是造成"真实哲学"之挫败的原因,例如,"哲学"一词对某些人而言已经变成了用以交换成功的"学术生涯"的手段,如同商人嘴里的"货物"。真正的哲学何以会自甘堕落而无力回到存在历史? 如果我们能找到其中的原因,就可以更为精确地定位和更为原初地探讨海德格尔的用语及其"本源",也即从他的深思每每由之出发的当

下语境而来。忽视这些深思从中产生的当下语境,意味着忘失其意义而误入歧途,也即偏离可以通向本己理解的正确道路,同时有助于异己外力的侵蚀。在这方面,需要负责的正是那些处于风口浪尖的相关"研究人员"。

2.2.1　离脱根基——能够抵抗一切阻力的能力

"离脱根基"一词在"黑皮书"中一共出现了六次:一次是在《深思 IV》(§269)中,另外五次是在《深思 V》(§85、§86、§87、§95 和 §123)。表明相关语境的是心存源始的知识之危机及其遭到"技术之专制"的替代,后者即使对自身而言也是"没有把握和东倒西歪的"。这种技术对知识的替代即是所谓"进步"时代及其"巨大空洞"(§123)的标志:在这个时代,人们被技术的诱惑弄得六神无主而"蹒跚"于缺失思想的当前。为技术所左右,一切都陷入了可被压榨利用的附属于技术的功能中,连同人本身也成了某种机械体制的受益者,并在其中不知不觉地陷入受害者的境地,以致在貌似基础的非-基础[Un-grund]那里丧失了自身。

"离脱根基"概念根据其所处的不同语境而发生了细微的含义变化:"对西方的离脱根基加以反

抗",《深思 IV》(§269);针对"技术的专制":"离脱根基必须达到何种程度,才会让人失魂落魄",《深思 V》(§85);"这个时代的历史性离脱根基与浪荡游离以荷尔德林-时尚为其最为清晰的标志"(§86);"技术与离脱根基"共属一体,具有一个"共同的基础"(§87);这是一个"仅仅寻求有效性而绝非真实性的时代","因为人们最终除了有组织地离脱根基之疯狂外就不想再听信任何其他东西了"(§95);文化的进步延续着"一种荒漠化,与之同行的即是那一早已开始的存在者离脱于存有之根基的过程"(§123)。

这些变化中的含义的各自语境将在后文中得到进一步的考察;现在,我们只需要注意以下这点:在涉及"离脱根基"这个主题的部分,海德格尔对于"基督教"(§86)与"基督教信仰的无能"采取的某些立场得以浮现。

不过,"离脱根基"与所谓的技术与文化之"进步"造成的后果有何关系呢?而且,如果荷尔德林都"成了被利用的对象",那种只看到历史学上的给定事态的狭隘"知识"会造成何种后果呢?

深思 IV §269 [105—106], S. 292—293:

我们可能并不知道,何种东西伴随着我们

在基础中发生；这样的知识还从未被馈赠给某个历史性的时代。在人们自以为有所知的时候，那种正在发生着的东西却总是被错过。不过，我们必须就其共属加以原初把握的是以下双重使命：

一方面，对西方的**离脱根基**[Entwurzelung]加以**反抗**[Gegenwehr]；另一方面，同时为历史性此在的至高决定作出自己的准备。就其行事方式和诉求而言，反抗完全不同于**准备**[Vorbereitung]。前者需要直接的信念以及不加追问就介入其中的反向行动，后者则必须成为一种源始的追问，它极具先行性，并且——从**反抗**的角度看——几乎是无用的。没有必要而且几乎也不可能的是，从更高的知识出发同时实行两者。从自知是一种全新建基的**反抗**的角度看，一切追问似乎都是一种必须加以驳回的落伍姿态。

可事实却是，只要而且只有对至高之决定的**准备**能为自己创造出一个得到建基的空间——作为一般而言的诗歌和艺术，或是作为运思和思索——那正在到来的历史就会而且才会变得更有意义，也即不再仅仅是对尚可容忍的"生命"范畴内的种族延续的单纯维持。

传真：*Überlegungen V*,
§85, S. 78 [GA 94, S. 363]

深思 V §85 [78]，S. 363：

技术的专制[Die Tyrannei der *Technik*]——
在其相对自身而言也没有把握和东倒西歪之处；
总是以微妙的方式遗弃自己而毫无可靠性可
言——这样的一种统治和魅惑先行设定了何种人
性？**离脱根基必须达到何种程度，才会让人失魂
落魄**；因为这里涉及的并不只是少数人；他们或许
会以罗曼蒂克的方式保护自己——虽然他们也同
样被碾碎。

技术可能会迁延日久，并如此这般地以可测

算的方式产生影响。但是,技术永远也没有能力起到一种克服作用——也即建基;相反,技术自己倒是越发地成为随时可以克服掉的东西,并借此将自身保持在一种持续中,尽管其并未提供任何保障,尤其是在技术产生自我对立之处。

深思 V §86 [78—79], S.363—364:

这个时代的**历史性离脱根基**与浪荡游离以对荷尔德林的时髦发现为其最为清晰的标志;原因在于,人们有时按照"祖国母亲"的要求对荷尔德林加以清算,有时则以明言或未明言的方式将其

传真:_Überlegungen V,_
§ 87, S. 79 [GA 94, S. 364]

渐变为"**基督教**"性质的东西。于是,人们不仅在规避荷尔德林所是的那一决定,而且压根从未认识到决定的存在。此时,我们却处处都能看到一种假象,仿佛荷尔德林的作品由此得到了最高的估价,但事实却是,人们只是以**历史学**的方式在利用这些作品。

深思 V §87 [79], S.364:

技术和离脱根基。在无线电广播和各式各样的组织摧毁内在的生长——也即村落中长存的回归并植根于传统以及这些村落本身——之时,人们却在设立农家村落方面的"社会学"教授席位,并就民族性写出成堆的"论著"。这种就……写作的过程恰恰无异于无线电收音机对农民采取的劝说活动,其目的是满足正在潮水般涌向农村的城市异己人群的需求。

但最为严重的问题在于,人们压根不想看到这类过程,更谈不上深思其同一性与**共同的基础**。

深思 V §95 [86—87], S.369:

今人之中,还有谁能预感到那种别具一格的法则?这种法则说的是,我们理当首先就其原初的形态争得本质性的东西,同时接受其要求而再

一次地先行返归并沉降到隐蔽着的过早者[das
zu Frühe]中。此外，谁还愿意在这样的时代绕道
远行？在我们这个时代，唯有**触手可及的"行动"**，
也即可资利用的**"功效"**被视为有效的东西——在
此，人们追寻的绝非真理，而只是**效用**。

这些为过-早者绕道远行开辟道路的人何时
到来？（开始，我们看到的只是为太过迟到的东西
鼓吹呐喊的喧嚣声。无休止的喧嚣，一浪高过一
浪，因为乐在其中的大众日益庞杂，他们最终除了
有组织地**离脱根基之疯狂**[Betörung]外就不想再
听信任何其他东西了。）

深思 V §123 [115—117], S. 387—389:

我们总是离不开时代的**"进步"**，不同之处仅
仅在于，人们追求的曾经一度是作为国际通货的
"进步"，而现在则呐喊着国家间的竞争："最好的"
电影，还有**"最快的"**飞机——这些工具最能够确
保我们不再逗留于任何地方或是留恋任何东西，
而是猛地一下子就拥有**"一切"**。然后呢？**蹒跚于
巨大的空洞之中**，并叫喊到声嘶力竭为止。

如今，这种公然呐喊着竞争的**"进步"**成了越发
锐利的喉舌，以便将人民钳制在无谓的空洞中。可
人们所谓的**"进步"**究其实质又是什么呢？无非是

不断地发掘和弃离存在者,把那些来自业已贫乏的存有之真理的东西当作有效之物。且让我们稍作留神之举。我们要问的是,例如,新时代的**自然科学**究竟在向着何种东西进步?人们大概会说:进步已然持续了三百年,而且,进步之速度是如此的急促,以致再也无人可以对其视而不见。可我们的问题是,究竟什么在这种对于自然之认识的根底处发生?然而,人们仅仅关注于不可"再"错过任何进步:只要**进步**是可能的,就决不允许片刻的耽搁。至于自然,它只不过是诸质点可测量的时空-运动关联,而且在量子物理这类东西出现后亦是如此。

在过去,自然曾以一种原初的方式被纳入存在者的秩序中,而现在,**基督教信仰**变得日益虚弱无力,这种原初性的自然也随之消失了。取代基督教信仰的是自然研究者的"人体""敏感性"。与之前几百年实诚得多的唯物主义者相比,这类研究人员无疑会承认,在其工作范围"边上"——"旁边"也还"有""内在性"的存在。

对自然之研究的"**进步**"却是基于存有之遗忘的增长,也即基于对"自然"之日益狡诈和任意的**谋算性**榨取。过不了多久,现在还算是活生生的自然就会被各种"**计划**"彻底钳制而毁灭。然而,人们却对这种毁灭过程毫不在意,因为——在趋向毁灭之际——这一过程总是带给人们"更多"的东西,同时,这一过程所能带给人们的东西在其起始阶段其实就已被挖掘殆尽:将自然纳入谋算,并且将人置于由上述榨取加以确保的自我确信中。此时,存在于大众性增量中的单纯自我确保,以及panibus et circensibus[广度和范围]的扩大还将自身作为文化成就孜孜以求,以便文化的进步也可以被算作得到了确保。我们无法预见日后在此座架中会发生些什么。唯一可以确定的是,存在者离脱存有之根基的久已得到施行的荒漠化还会继续进行下去。

必须有何种东西发生,历史才能重新居有自身呢?

依于海德格尔的思考,任何一种历史性的时代都应当有其源始的知识,其基础不会简单地反映在存在者层次上的通俗范畴中,因为,这些范畴只能把握到单纯的表面现象。与这种运思方式有关的、必须时时顾及的困难是,海德格尔所谓的"源始知识""还从未被馈赠给某个历史性的时代"(《深思 IV》§269)。因此,我们面对的是这样一种知识的可能性:它应当具有穿透历史的能力,而又不依赖于任何历史性的——更不用说是历史学

的——范畴。不过,海德格尔绝不是要简单地弃
离存在者层次上的具体范畴,而是要将这些范畴
重新纳入一种以存在历史为取向的存在论考察
中。这种"重新纳入"会帮助我们理解海德格尔对
相关问题的态度,例如,他提出要对西方之离脱根
基加以"反抗",因为,这个西方已被一种另类的、
附属并"适用于技术的知识诱入歧途"。

　　在第 269 小节中,"反抗"或"准备"这样的用
词反复出现了不下五次,此外,"准备"在一些情况
下没有被表达出来,而是被默默地假定为前提了:
"两者"。——这就清楚地表明,对海德格尔而言,
对西方之离脱根基加以防止是极其必要的。同
时,我们还有必要为"历史性此在的至高决定"作
出准备。在此,作为基本问题显明自身的不仅有
对思想离脱根基而不再源始的质疑——因此,思
想必须在未来保证其开端的源始性——也包括西
方之急速的蜕变,也即受制于这样一种知识:它只
能根据缺乏历史感的偶发当下现实转述历史学上
的给定事态。随之出现的危险是,处于存在论层
次的那个维度逐渐离脱了本己的根基,以致各种
具体的存在者也一一被敉平:这样,人们就从眼前
失掉了对"本有"的洞见,并把正在居有着自身的
东西狭隘化为得以给定的现成事态。

　　不过,"反抗"离脱根基之所以显得必要,乃是
因为"反抗"是一种"全新建基"(§269),而且,正
是这种"全新建基"才是不可或缺的,因为它能够
对那种不可能脱离存之真理的思想提出原初的
挑战:唯有接受这种挑战,思想才能够走上植根于
"最初"和"最后"的开端的道路,并以此为自身的
运思定向。

　　可是,由于作为科学认识的知识企图离脱根
基,就不可避免地丧失了寻得归途的可能性,以及
自我沉思的可能性。从《深思 V》开始,海德格尔
以简洁有力的方式描绘了"技术之专制"的主要线
条(§85),同时从中描绘出了一幅臣服于技术之
奴役的人类形象:"相对自身而言也没有把握"、
"东倒西歪"、"遗弃自己而毫无可靠性可言"、以
"统治和魅惑"为指向、"以可测算的方式"产生影
响、"技术自己倒是越发成为随时可以克服掉的东
西"却又"将自身保持在一种持续中,尽管其并未
提供任何保障"。更为重要的事实是,技术"永远
也"无法"起到一种克服作用——也即建基"。在
海德格尔眼中,明显与技术无能于建基这一点
(§85)有关的是《论稿》第 152 小节末尾处指出的
问题:

技术的本质应当是什么呢？不是在某种理想的意义上，而是技术以何方式立于克服存在遗弃——或者说，从根本上将之付诸决定——的必然性中。技术是通向终结——也即末人倒退到技术化的动物中——的历史性道路吗？在此，这种动物甚至丧失了融入自身环境这种规定性。又或者，技术先行作为蔽护得到接纳而被嵌入此-在之建基中？①

新时代以技术的专制为自身的标志，同时从属于那种利用和榨取一切周遭事物的行事方式。这样的一种功利主义总是闭合在某种内在性中，因而失掉了和真正现实的联系：例如，荷尔德林成了一种时尚，因为人们"按照'祖国母亲'的要求"对其加以"清算"，或者"将其渐变为'基督教'性质的东西"。荷尔德林的全部作品都被加以"利用"（§86）和榨取。一切都为了得到利用这一目的而被推倒重来：这种折腾是变得盲目的新时代之标志，因为，这个时代已经失去了考察其本己命运的能力，它无力地陷于由人类所操控的停滞着的当前，而这种人类本身对其专制游戏而言也是可操

---

① M. Heidegger, *Beiträge zur Philosophie*, §152, S. 275.

控的。于是，"技术和离脱根基"（§87）构成了一种不可分割的统一体。在此，人类成了一种历史-缺失状态的主要执行者，并像齿轮一样被征召和固定其中。同时，这一巨大的齿轮组合体也逐渐不再能够为人类所把控。

这里，海德格尔指控了以"祖国母亲"为目的而利用知识的行径，而且也指控了这种行径的共谋："无线电广播"、"'社会学'教授席位"以及就此写出的"成堆的'论著'"。在海德格尔看来，这些行为毁掉了"内在的生长"（§87）。一种毁灭性的迷惑产生于着迷的人类心中，以至于思想无法再起到净化和团结人心的作用，同时，任何一种世界图景都失掉了全部可以系泊于其中的宁静港湾。随之一起被摧毁的是"自我"，因为，从现在开始，"我"这个字眼指的仅仅是投身到量化"世界"中的无根状态：在这个世界中，每一事物都是被剥离了一切因缘[Bewandtnis]而孤立于自身的存在者。但对海德格尔来说，"最为严重的问题在于，人们压根不想看到这类过程，更谈不上"找到"其同一性与共生的基础"。相反，他们仅仅能够找到机械性的重复居于其上的貌似基础的非-基础。

在技术的发展和"进步"中，存在者本身变得失范，并通过对其"形式"的掌控被还原为质料性的"力"。随之而来的是一种幻觉,它以为拥有并掌控了一切,尽管以利用和榨取为指向的思维模式其实从未"做到"过这点,相反,"唯有触手可及的'行动',也即可资利用的'功效'才被视为有效的东西——在此,人们追寻的绝非真理,而只是效用"(§95)。海德格尔断然驳斥了这种"效用"赖以生存的逻辑,因为正是它首先造成了此种局面:哲学日益停滞于一个封闭的体系内,从而再也无法开启新的意义和视野。一旦哲学因此无法在存在历史中找到自己的路径,就注定会不可避免地为榨取性的思维模式所误导,走上仅仅追寻以"成果"为标的的客观"效用"之路。朝向技术及其复杂的机械力学机制的倒退进一步强化了这种迷失,并且造就了一种粗野的此在,它被褫夺了自身对于存在历史的本质性归属。

和技术的"诱骗"(§85)一起到来的是"乐在其中的大众变得日益庞杂"的状况。这时,人们"除了有组织地离脱根基之疯狂外就不想再听信任何其他东西了"(§95)。我们或许可以认为,技术的疯狂导致了人心的离散,却又交还给人类一种表面上的支配地位,并借此使人类缓慢却是无疑地远离了其本己的命运。从事情的运势来看,仿佛技术的强力含有系泊住存在者——以及这个

"魅力"四射的时代——的力量,并能够躲开潜藏在深处的存在之波动,但事实却是,存在依然无可阻挡地贯穿着一切历史的进程。技术对于存在者的俘获呈现出的是一幅极其阴暗的图景:这个业已离脱根基的时代没有能力形成任何本真的认识,因为它已被一种由人们的种种行为所滋养的喧嚣所蒙蔽。

　　随着第123小节"进步的时代",我们眼下这部分考察即将结束。在这个小节中,"进步"一词总共出现了六次。特别是在这节的末尾,海德格尔写道,我们不可避免地需要面对"文化的进步"。这种"进步"其实不过是"从[……]存有之真理而来发掘和弃离存在者"①,它基于"存有之遗忘的增长,也即基于对'自然'[……]的谋算性榨取"。结果,这样的行为日渐趋于"在巨大的空洞中蹒跚",并且"成了越发锐利的喉舌,以便将人民钳制在无谓的空洞中"。在第123小节开头处,海德格尔两次追溯到"空洞"概念,而在结尾处则写道:"存在者离脱存有之根基的久已得到实行的荒漠化还会继续进行下去。"

---

① 　根据引用语境和德语汉语结构差异,讲解部分的译文与"黑皮书"原文部分会略有调整,下文同。——译注

在这样的背景下,海德格尔谈到人们对于本质性持留的无能,以及与之相应的"猛地一下子就拥有'一切'"的"能耐"。曾经有能力在存在者中维持秩序的"基督教信仰"——"自然"一度以某种原初的方式被纳入这种秩序中——也变得"虚弱无力",取代它而走向前台的则是"自然研究者的'人体''敏感性'"。"自然研究者"的"敏感性"则是因为对存有的遗忘占据了对自然的统治地位,而这种统治又源于"对'自然'的日益狡诈和任意的榨取"。正是这一过程趋于对自然和人本身的"毁灭",却又和"文化之进步"并行不悖。

含藏在上面这些论述之深处和背后的是海德格尔对于下述问题的急切追问:"必须有何种东西发生,历史才能重新居有自身呢?"

2.2.2 "根基"和与之相关的表述及合成词

现在摆在读者面前的文字构成了对全集第94卷的最后一部分阐释,它重点集中在"根基"一词上。对读者来说,从以下角度看,这个部分可能显得尤为有趣:读者可以跟随其中的文字身临其境地经验并体会到海德格尔对于哲学之命运的忧虑。同时,读者也可以感受到,海德格尔的相关思考具有何种现实意义。在此,海德格尔的文本远远超越了他自己所处的时代,深入并渗透到了如今读者置身其中的当下现实中。

　　"根基"及相关概念所处的语境乃是哲学的堕落:"实行着过渡的思想家"(《深思 V》§62);"哲学"(§134 和 §145);"存有"(《深思 VI》§3);"如今,'哲学'仍不过是"(§31)。[对于如何将相关文字从德语翻译为其他语言这个问题,我们的建议是,译者应当充分考虑如下概念各自所处的当下语境:"立足于根基的状态"(《深思 V》§62);"立足于根基的状态"(§134);"脆弱的根基"(§145);"立足于根基的状态"(《深思 VI》§3);"离脱根基的状态"(§31)。]

　　在眼前这部分中,第 31 小节显得尤为重要,因为它直接突显并对比了下述两组概念:其中一组是"离脱根基""缺失基础"([关于存在者的主导问题]之"无有基础"),而另一组则是"建基""奠定基础"和"基础"。

深思 V §62 [54], S. 349:

　　每个过渡性的、实行着过渡的思想家都必然伫立于其本己的模棱两可中而无法看透:一方面,一切似乎都指向过去,并可以从过去计算出来,但另一方面,这一切又在排斥着过去之物,并在任意设定着某种看似没有将来的未来之物。**这样的思**

想家看似无处"容身"——然而,这种无家可归其实就是其未被把握到的**立足根基**,也即立足于存有之被遮蔽的历史的根基上。

深思 V §134 [127—129],S. 395—396:

某些人认为,应该在反正业已被终结了的大学中撤销"**哲学**",同时用"**政治科学**"取而代之。从根本上说,这些人是完全正确的,尽管他们对自己的作为和愿求毫无所知。当然,这种做法不会撤销**哲学**本身——这种情况是不可能发生的——但却会消除某种具有**哲学**之外表,实则是伪哲学的东西。至于**哲学**本身,在这种情况下倒是不会再面临走样变形的危险了。假如真的走到"撤销哲学"这一步,也许就能从"负面"而来保障**哲学**的存在。而且,人们日后就能清楚地看到,**哲学教授**的替代人选和真正的**哲学**无有关系可言,甚至也谈不上和伪哲学有什么关系。——前提是,这种**哲学**的替代品还没有再次沉降到伪哲学的表象中。"撤销哲学"的另一个"好处"是,可以让哲学从公众的教育"利益"中摆脱出来,而且,这和**哲学**的真实情况也是一致的,因为哲学越是在这种"利益"中"成长壮大",它就越是够不上"哲学"这个称号。

　　既然如此，我们为何没有一并促成上述"撤销"呢？不，我们其实已经这样做了，因为对下一代的培养已经不再可能了。（大家都不再写"博士论文"了。）不过，这只是附带性的"撤销"，而且已经来得太迟。人们一旦再度对**教授-哲学**①有所期许，随即就会有这一行的"崭新"候补者前来报到。——同时，这也是一些兼具必要的"政治"敏锐性的家伙，他们比常人更善于把老掉牙的货色确证为"全新"的东西。当然，这也要归功于这类家伙比常人更为远离一切可能的追问，并以扮演 sacrificium intellectus［世俗知识分子］的角色为己"任"：与之相比，中世纪的神职人员可谓小巫见大巫。原因在于，中世纪从不识得源始的追问及其必然性——自然也不可能了解到尼采必定识得的那种东西。但对今人来说，尼采却也仅仅是一种应急所需的权宜之计，并未能发挥促使今人认真沉思的作用。

　　人们确实"拥有"真理。对此可以提出的证明是，人们现在往往做出一副很喜欢"研究"的姿态。若人总能坐拥真理，那便是对"科学"之有效性的认同。至于"科学"，它从未像如今这样兴旺发

---

① 亦可译为"教授式的哲学"。——译注

达——前提是,人们每过一段时间就把"知识分子们"咒骂一番,直至有足够多的"新人"填满了空位。让我们看穿所谓"**新**"科学深入骨髓的陈旧本质吧!——我们可一定要认清其**缺失根基**的本质,这也意味着它们早已远远地脱离了**一切哲学**。同时,我们应该知道,上述认识只是一种附带性的情形,因为我们知道:存有之真理的历史发生在其本己的领域中,而且也有其本己的"编年学"。

深思 V §145[137—138], S.401:

有些人现在依然在将**哲学**的最后残余扭曲为世界观-经院哲学,以便让自己变得合乎时宜。在我看来,这些人至少应该拿出具有最低限度之见识的思想,承认是在——仅仅按照自己的标准——将神圣的托马斯·阿奎那升格为自己的避难所,以便能够在他身上学到一种非常聪明的办法:如何非创造性地存在于一种伟大的风格之中,让本质性的思想服务于信仰,并且赋予其一种决定性的基本结构。人们为什么不坦承这一切呢?原因在于,即使是对于这种宏大的依赖性思想,人们也缺乏**技能上的**熟练和可靠的自信。在这方面,迷惘和纷乱是如此严重,以至于没有一个人看到,那些所谓的"政治性的""与民众相联系的"哲学只是对经院哲学的拙劣模仿。

当所有这一切迷乱再被杂以针对**天主教会**的"**斗争**"之时，荒谬就完全达到了它的顶点。——这里，人们所谓的"斗争"还没有找到它的对手，而且也根本不可能找到这样的对手，因为人们在进行这种"斗争"时总是对教会的基础考虑得过于短浅和狭隘：从根本上说，天主教会是西方思想的形而上学变体，而那些"世界观斗士"就深陷这些形而上学的泥沼中，以至于对以下这点毫不知情：自己和其"对手"分享的其实不过是同一个**腐朽根基**[brüchigen Boden]（存在未曾得到追问、真理之基础的缺失、对人之本质的规定）。

深思 VI §3 [1—3], S. 421：

存有[Das Seyn]——源自其中的存有本身之升华[Überhöhung]由转渡着的我们[wir Übergänglichen]在拒予中加以经验。——

在这种升华中源起的是"之间"的游戏空间，它让拒予作为此-在之分派得以居有[er-eignen]。在被指引和赠予之际，"此"作为存有之真理越过拒予而伸展出去，并进入拒予暗含的原初颤动的深渊性中。

出自**民众**之**基础**,也即出自民众的历史——同时出自民众之历史的基础,也即此-在——而来对**民众**,特别是那些从不识得真理的民众有所道说。唯有如此,此等民众才能获得他们的"**空间**"!在此,"场所"一词自然首先是指那种可以让很多挤在一起的东西铺展开的场所。也许有一天,我们还会被归还①这样的"场所",可是,即使有这一天,真正意义上的空间之危机还会继续,甚至可能才刚刚开始。因为,**民众**可能只把现成的**民众性**[Volksein]当作自己的目标,也即只想让现成的民众性业已所"是"的东西维持下去。如若如此,那么,**民众**就会因为**缺少空间**而失去真正成为民众的意愿。在我们这里,空间意味着那种开抛领域:唯有在"此",诸深渊才会获得漫溢出来的高度和深沉根植的深度——借此深深的根植,深渊才会成为自身锁闭着的承载者(真正的大地)。或者,我们竟可以将空间看作确保**民众**拥有"生存空间"的"占地"? 然而,这种所谓的"场所"只是对民众心智的可鄙蒙蔽。这样的场所属于太多的、越来越多的大众,它们只会让真正意义上的空间危机完全窒息,并让创造着历史的伫立于根基的状

———————

① 凡尔赛条约,"生存空间"。

态[Bodenständigkeit]不再可能。因此,那种**少数人**的沉思必须跨越眼下的动荡,以便赢得从远方而来的目标,同时不让自己为眼前之物所蒙蔽。(参见 S. 30 及下页。)

深思 VI §31 [24—27], S. 435—438:

如今,"**哲学**"仍然不过是:

1. 历史学上的或体系上的博学多闻。(只要长达两千年的思想传统中的所有错误都得以排除,最终一定能汇编和"打造"出连雄心勃勃的学术大师都叹为观止的"正确的范本性作品"!)

2. "经院哲学"——对各种"货色"的"思想"的辩护性加工,但其来源是任意的,而且自然会涵盖"最新"的东西。这种"哲学"服务于**基督教会**,是一种相对来说"档次"比较高——也即以全面计算式的总结为基本原则——的大杂烩。

3. "经院哲学"——这类"哲学家"还在寻找他们的亚里士多德,但事实却是在为**政治性的世界观**服务。(其基本原理是,掩盖和否认一切**哲学**从之而来的本源。)共同尊崇"集体"剽窃这一准则,同时尽可能挑选畸形的也即愚笨的人作为其"受众"。有组织地相互吹嘘。

4.**"哲学"**——这种扭捏作态以各种方式咒骂真正意义上的哲学，同时极其蹩脚地胡扯各种**"世界观"**。（基本原理：装模作样地和**基督教**进行所谓的**"斗争"**，但参加这种**"斗争"**的人却从未经历过基督徒必须面对的辩白。）

5 **记者式**的人物对一切种类**"哲学"**的熟练加工，也即根据情况的不同添加种种佐料。（"法兰克福汇报"或其他报社中善于粗制滥造的残余人员。）

此外，还有对"哲学"完全无所谓的态度——它能够适应的只有自己；不过，在所有这些畸形**"哲学"**绝非偶然的休戚相关中，它们一起构成了本质性的"精神"和"文化"环境。这些"哲学"具有共同的"整体利益"，但又以本质上相同坏的方式各有其见不得人的"局部利益"。它们的根本利益就在于阻碍真正的追问——但只有这种真正的追问才能迫使我们面对诸种原初的决定和沉思——并让人们完全看不到存有值得追问的特性和存在者未被防护的状态。这样，这些伪哲学和非-**哲学**[Un-philosophie]的"同志会"就能"团结"起来"投身"于巩固存在者的存在遗弃——及其虚无主义雏形——的"事业"中。

不过，如果我们因此误以为应该对上述种种

"哲学"采取明确反对的"斗争"立场，那么，我们就对这些本不足道的非-哲学估计得过高了，而且，这时我们首先是弄反了对其加以评估的方向，尤其是因为，**这类"哲学"本来就是平庸状态**[Mittelmäßigkeit]**的必要工具**[Mittel]。一切平庸不堪的东西本身就没有任何分量，同时也绝**不可能植入根基之中**。因此，这些东西就时不时地坚决要求人们确认其存在的不可或缺性，以使自己总能变得越发平庸和可供利用。

我们在上面逐一列举了尚存的**"哲学"**形态，但其实不过是确认了以下这点：哲学早已被抛出了其原初历史的伟大轨道，并且再也不敢冒险转进到这一轨道上，以便直面一种本质性的争论而看到自己的无根。（压根不再得到追问的关于存在者的主导问题失去了基础，除非其从追问存有之真理的基础问题中重新生长出来。）自然，对存有之真理的追问也会迫使人发生某种转变，并且迫使一切哲学的唯一至高特性显明自身：入乎并且出于存有之真理的建基，哲学才会获得其本己的源泉，从而摒弃用来"证明"自己的破烂抓手。但是，在此最难把握的一点是，对存有的原初思考必须冒险进入虚无——也即存有的背面——之中，而存有则意味着存在者整体之为存在者这回事。存有有待我们的冒险：人是否在为存有之真理**建基之际**让自己转入［存有之真理］这一**基础**及其展开中——也即转变自己的建基方式。只有原初地把握到为存有之真理而建基的使命，并且为其作出准备，**哲学**才能重新站立起来。

转向以此为使命的**哲学**，意味着转离任何一种与还在促动——因此依然有效——的东西直接妥协的企图，并且同时转离单纯对立于此类企图的想法，因为这种单纯的"反对"依然附着于妥协。然而，从流俗之物及其代理人的角度看，我们所说的"转离"却获得了自以为是的规避之外观。

转离不可能向庸人流露其本质性的原初承载特质：源始地得以居有［er-eignet］而转向存有之真理——坚持伫立于此-在之中。

以"根基"一词为主题的这个部分是极为重要的，尤其是因为我们必须撇开对该词的政治性使用以及由此带来的坏名声。把该词出现于其中的所有段落都列举出来，可以让我们以更为紧凑的方式考察海德格尔对哲学之命运——以及"现今'哲学'仍不过是的东西"——所作的深思。由此，我们将见证那段——海德格尔的深思在其中得以成熟的——扣人心弦的历史时刻,而在事后,我们亦不会产生落回到已经逝去的历史学时期的印象,而是会发现自己随着海德格尔的深思返回到了那段曾在着的历史——它随着并且不顾时间的流逝依然始终保持在当前,因为,时至今日,这段历史依然作为指向的历史,尽管产生于一个特定的时代,却又保有那种前屈[nach vorne beugen]的能力,也即能够侵袭着进入我们的当前之中,并告诫我们要警惕政治对知识加以滥用的出轨的危险(以及海德格尔本人都未能幸免的那种危险)。所谓"哲学的错位"指的是,很多人——过去或是今天——视为"哲学"的东西,往往只是一种"依情况而定"的哲学,并且为政治所压榨和利用。在我看来,放在我们所列文本末尾的第 31 小节(《深思VI》)或许可以作为一个提示嵌入相关语境中。在此,海德格尔对之有所暗示的是那类寻求超越各自"当前"情况之限制的真理的读者。但是,在我们达到对这一问题的初步把握之前,首先必须走上回行的道路,即使变化着的视野总是不可避免地驱使我们前行。但是,只要我们充分地意识到这点,回顾就会变得容易得多,而且,唯有如此,先行得以阐明的东西才能得到充分的论证。在这方面,我们必须依旧遵循海德格尔的步伐——当然必须保持必要的距离,才能成功地避免我们和海德格尔之间令人不快的误解。一种具有象征意义的人物形象是"实行着过渡的思想家"(《深思V》§62)。在存在之历史的大背景下,所谓的"过渡"往往是指——由海德格尔自己的思想加以实行的——从存在问题的第一开端(存在之为存在者的存在者性)向存在问题的又一开端的转变。在此,存在问题的又一开端意味着:存有之为真理,存有之疏明、解蔽或敞开,作为本有而居-有着自身的存在之真理、存在之真理的居-有着的抛予以及为这种抛予所居有的、此在式的对存在之真理的开启和开抛。

在第62小节中,海德格尔勾勒出了配得上"过渡"之名号的思想家的轮廓,同时还指明了,从外在的角度看——并因此是依据某种单纯的历史学上的可计算性——过渡性思想家的工作有何特点和表现。在第一开端之历史也即形而上学的终结阶段,如果尚有人愿意进行真实的运思——在此也包括海德格尔自己——那么他的任务就是成为"实行着过渡的思想家",而且能够在过渡中回到第一开端的历史及其概念遗产,以便从中发掘出未被思考和言说的东西,并对其进行恰当的梳理,从而使之容许新的历史进程,也即对存在之真理(本有)的追问从中走上前台的又一开端的历史。在这条全新的道路上,存有将得到思想的优先注意,而思想家也将被保留把握又一开端的唯一可能,如果存有同意赐予思想以有待把握的原初词语的话。与胡塞尔及其现象学的特有开抛不同,海德格尔并不准备将前述任务委托给主体性的思想:向本源的回归不可能在胡塞尔意向性的基础上进行;现象学必须开辟一条能让我们源始地归属于存有的新路。在海德格尔看来,唯有现象学的源始运思才能完成这一历史使命,否则,哲学就会在自身的迷途中遮蔽它理当在其无-蔽中照亮的东西。因此之故,只要依然活在"存有如何本现"这一首要问题的遗忘中,哲学就已经遭遇了失败。由此可见,对海德格尔来说,存有的原初特性被证明是一种原初的挑战,因为我们根本无法从通常的范畴出发把握存有。其实,这类流行范畴的出发点正是孤立的并因此是阴暗的"人",而将真实的人挪到这种个体化中的即是长期以来误导着我们的哲学传统——这种传统局限在"人"的立场上,并由此发展出一种越来越精致的人类学主义。

此外,如果从外在的角度看——这里指的是

从"影响"和"更新"出发评估一切的"新新人类"所持的视角——那么,"实行着过渡的思想家"的运思进程就会对立于"准备着过渡的思想家",因为后者对过渡的实行只是持一种跃跃欲试的态度。无论如何,从"新新人类"的立场看,过渡性的思想道路或者只是对传统遗产的"再利用",或者只是附属于传统,甚或是对未来的任意观察,而且是那种一经清算便是虚假的未来。可是,对海德格尔而言,"未来"并不是指"紧接着当前到来",乃至可以根据计算加以预测和规划,而是指那种可以在瞬间[augenblicklich]领纳存在之——自始至终不可预见的——馈赠的能力。

本质性的思想家总是处于来回的振荡[Hin und her schwingen]之间——此处即是在对第一开端的沉思和向又一种思想的投入中回荡着——正是因为这个缘故,这样的思想家就会看似具有某种任意性:他既不可以用某种特定的准绳来衡量,也不可以安置在这样那样的"哲学"思维模式中。同样,我们也不可以给他随意打上某种"主义"的标签。这种思想家是"无处容身"的,因为他不会允许自己被纳入某个可用计算加以规定的、基于历史学评估的框架中;他的突出特征乃是"无家可归"。但是,这种"无家可归"隐含着一种更为深远和真实的植根，一种"立足于根基的状态"。根基深厚的思想家和存在之真理紧密相联，并由此让自己的思想伫立在更为坚实的基础上而得到本真的展开，以便取得和思想的曾在的某种联系——这种和传统的关联不是单纯学术性的，而是一种历史性的、分置合集的争论［Aus-einander-setzung］——并让思想的未来得以实现。

在海德格尔的用语中，"无家可归"或"根基缺失"这样的措词仅仅和——要求思想对其冒险一试的——存在之历史有关。如果人们一定要将这些词语追溯到某种多余的遐想——或是将其还原为某种意识形态的思维架构——那么，这种对海德格尔术语的不得要领的使用就意味着完全听由解释学误解的摆布。

在尝试着勾勒出"实行着过渡的思想家"的轮廓之后，海德格尔开始对哲学之不可逆转的堕落详加论述。这样的哲学已经完全落后于时代的要求，以致人们理当"在反正业已被终结了的大学中撤销'哲学'"。这一极其简练的语句在第 134 小节开头处出现，它是海德格尔对相关问题持续进行双向深思的重要路标：一方面是真正可被视为哲学的东西，另一方面则是真正意义上哲学的替代品;一方面是内在地处身(于存在历史的范围内),另一方面则是外在地僵持(在大学的范围外)。——这样的对照变得愈益尖锐,直至回忆起那一有待实现的、可以从根本上葆真哲学之命运的"使命"(《深思 VI》§31)。正如我们已经提示的那样,在此十分重要的是要确定复合句中相关动词时态的顺序,因为海德格尔的深思所处的时空意味着不是要对历史学上的过去进行单纯的窥视,而是要看到那种我们本己的当前转向其中才得到理解的曾在。

于是,在大学中,哲学被"政治科学"所取代:"当然,这种做法不会撤销哲学本身——这种情况是不可能发生的——[……]至于哲学本身,在这种情况下倒是不会再面临扭曲走样的危险了。"(《深思 V》§134)哲学本身之所以不会再遭遇这样的危险,是因为它从以利用为目的的政治性思维模式中抽身而退,采取此种思维模式的"家伙"被海德格尔称为"这一行的'崭新'候补者",他们企图引入一种"教授-哲学",对这种"哲学"而言,尼采及其必定识得的那种东西——或是一般性的知识——"也仅仅是一种应急所需的权宜之计"。对"全新"东西的过度强调和贪得无厌和海德格尔——在《深思与暗示 III》(§68、

§78 和§184)中——对大学状况和民族社会主义的定位有关。所有这些都证明了海德格尔一直在远离"全新的"文化制作者及其"活计"。同样提及这类"活计"的文字和相关例证也可以在《深思与暗示 III》(§46)中找到:"脱离那种对他人而言要远比我会搞的活计。"类似的态度在《评注 I》[28]中也可以找到:"现代历史学家——其活计采取了某种报界的形式——必须阅读如此之多的书籍和文件,并撰写同样多的著作,以致不再有可能在干活的同时进行思考,更别提进行较深层次的反思,因为这会带来其活计运转之延迟的风险。"然后是在《评注 V》[143]中:"其间,农民的活动不再立足于自己的土地,而是必须完成为工业技术所钳制的活计[……]。"海德格尔本人最大限度地远离了这类"活计",因为它们阻碍追问的苏醒,正如真正的追问会遭受政治运转的阻力,并在政治压力下显得非常笨拙。"让我们看穿所谓'新'科学深入骨髓的陈旧本质吧!——我们可一定要认清其缺失根基的本质,这也意味着它们早已远远地脱离了一切哲学。"(《深思 V》§134)"新的"东西的一个重要特点就是,它们虽然贯彻于根基的全然缺失中,却伪装出具有某种效力。

哲学面临的危险不仅是"走样和变型"（§134），而且也可能遭到"扭曲"（§145）。在这种情况下，还剩下什么是哲学能够做的呢？可以说已经没有多少了，因为这些正在被新的"政治科学"所替代，后者对海德格尔而言只是"对经院哲学的拙劣模仿"。这类模仿诱使人们进一步歪曲残留的"哲学"和投身于这类"活计"的"哲学工作者"，而这些人本来就不可能在"腐朽的根基"上站稳脚跟。在批判"与民众相联系的""政治性哲学"时，海德格尔又以微妙的方式批判了民族社会主义的哲学概念。按照其自行其是的运作模式，各种"民族社会主义哲学"从未能够相互协调一致。在心照不宣地追踪其目标时，这些"哲学"的表现同样拙劣：它们甚至没有能力让"思想"有效地服务于一种空洞的信仰及其附加信念，也即不足以胜任其利用传统哲学的企图。这种"民族社会主义哲学"固有的"不自立"令其陷入了巨大的迷茫，以致它根本无法认识到自己不过是对逝去传统的蹩脚"仿造"。对于传统的真正意义，这些蹩脚货丝毫没有鉴赏力可言。它们能够触及的仅仅是对不同"世界观"的扭曲，后者就其否定的意义可以归为四类。在《论稿》中，海德格尔对这些"现代的""世界观"进行了系统性的、富有层次和类别的考察。①

　　《沉思 VI》第三小节另外补充了一个说明：
"民众可能只把现成的民众性当作自己的目标，也
即只想让现成的民众性业已所'是'的东西维持下
去。如若如此，民众就会因为缺少空间而失去真
正成为民众的意愿。在我们这里，空间意味着那
种开抛领域[……]。"在此，海德格尔之所以援引

――――――――――

① 参见 Vgl. M. Heidegger, *Beiträge zur Philosophie*，§7，
S. 24—25。在此，海德格尔为我们描绘出了四种不同的
"世界观"："1. 超越者――有时也会被并不十分准确地称
为'超越'――是基督教的神。2. 否定这种'超越'，并将
'大众'设定为一切历史的目标或目的，尽管我们对所谓
的'大众'之本质的不确定性早已感到厌烦了。这种反基
督的'世界观'只是看似脱离了基督教，因为它还是与那
种被称为'自由主义'的思维模式同流合污了。3. 在此，
超越者或是一种'理念'或'价值'，或是一种'意义'，即某
种人们无需为之付出毕生奋斗而通过'文化'就可以实现
的东西。4. 这些超越之中的任何两种――大众理念与基
督教、大众理念与文化政治或者基督教与文化政治――
甚或所有三种都在不同程度的确定性上被混合起来，而
这些混合产物就是在今天占据统治地位的那种庸俗'世
界观'，在这种'世界观'中，一切都遭到意指，却不再有一
个东西得到决定。"(S. 36—41)要想深化在"黑皮书"中只
是就其基本线条得到开抛的东西，始终参考《论稿》是十
分重要的：§14"哲学与世界观"(S. 36—41)以及§15"哲
学之为'某种民众的哲学'"(S. 42—43)，此外还有§268
"存有(区分)"："在此，始终有待追问的是，谁会认为这样
是正确的，并进而让生物学与人种学这类'科学'奠基于
这样的正确性，并还要由此为所谓的'世界观'打下基础；
这永远是全部种类的'世界观'的野心。"(S. 479)

民族社会主义对于"民众"和"（生存）空间"的谈论，只是为了表明纳粹统治下的"民众"只想拥有其已经形成的民族性，而"失去"了对"开抛领域"的领会，也即失去了植根于存在之真理的机会。可是，没有这种借此在式开抛得以开启的真理，民众就不可能达到其本己的高度并进入其本己的深处。海德格尔的这些阐述告诉我们，他的思想追求的东西完全不同于民族社会主义明目张胆的叫嚣：对海德格尔来说，建基是非-政治性的，其唯一的依据只能是存在本身，与之并行不悖的则是民众之整体境况的真正改观。

于是，"民众就会因为缺少空间而失去真正成为民众的意愿"。此处对民众的论述让我们联想到《论稿》第 242 小节"时-空之为深渊般的基础"[①]。民众应当扎根在其本己的源始空间也即真正的地基中，这种真正意义上的空间指的正是被海德格尔规定为"时-空"或"深渊般基础"的存在之真理。在此，"时-空"或者说"深渊般的基础"以双重方式展开：疏明与隐蔽，拒予与馈赠。同时，与存在之真理始终共相统属的则是此在之本质性的被抛的开抛。

---

① 同上，S. 379—388。

第 31 小节结束了对"哲学"这一主题的讨论。在这个小节,海德格尔总结和回顾了"如今尚存的'哲学'",同时一并展示了将真正的哲学嘴堵上的各种伪哲学变体:哲学变成了"博学多闻"、"经院哲学"或是"记者式人物的熟练加工"(《法兰克福报》或其他报社中的残余撰文家")。在这种不利的境况中,哲学的状况依"情况的不同"而定。此时,"对世界观的胡扯"压倒了对于真理的追寻,而且,其喧嚣自然也阻碍了"真正的追问";一切都陷入某个时代的"精神-政治性"世界观造成的无所谓态度中,从而为"伪哲学和非-哲学"之"同志会"的贯彻创造了条件,并让这些东西变成了"平庸状态的必要工具"。在此,我们见证的是历史进程的某种改变,以及与之相应的大学的蜕化:大学转变成一种缺乏创造性的空间,只承认含混不清的伪哲学,而这种伪哲学又总是贪婪地寻求对自身的认同,以便通过报界熟练的加工将其"见地"和"成果"推向市场。很多人当作"全新"知识的东西,实则不再是对真正追问的追求,而仅仅是肆无忌惮市场化的对象。真正的知识消隐于伪装的假象中,而伪知识又让人们对"存有值得追问的特性"熟视无睹。海德格尔希望能够越过那些在这场闹剧中的轻慢盲目的胡扯,因为这些胡言乱语充满了毫无决心[entschlußlos]的断见,并且想方设法为其平庸状态辩护。"新新"哲学以利用传统为取向的作风使之注定无法进入存在历史,同时也根本无法"直面一种本质性的争论",因为这种争论会令其"看到自己缺失根基的事实(压根不再得到追问的关于存在者的主导问题失去了基础,除非其从追问存有之真理的基础问题中重新生长出来)"。

"自然,对存有之真理的追问也会迫使人发生某种转变,并且迫使一切哲学的唯一至高特性显明自身:入乎并且出于存有之真理的建基,哲学才会获得其本己的源泉,从而摒弃用来'证明'自己的破烂抓手。"——这段引文对于我们理解"建基"①这一解释学上的概念具有核心意义:在此得到确认的是真正意义上的哲学之使命。海德格尔用"建基"一词来刻画那种对事物追根问底的存在理解[Seinsverständnis],它能够完成走近存在之真理的任务。在所有这些方面,海德格尔都一再明确地强调,存在历史性的思想根本不带有任何民族社会主义的——以及其他任何意识形态-政治性的——色彩。"自然,对存有之真理的追问"愈益临近,这会

① 对此,我们再一次要求读者参考《论稿》中的相关论述:参见§ 187—188,S. 307—308。

"迫使人发生某种转变",即迫使人进入此在之中并坚持伫立于"此"也即存有之真理中,"并且迫使一切哲学的唯一至高特性显明自身:入乎并且出于存有之真理的建基,哲学才会获得其本己的源泉"。通过这段文字我们清楚地看到,存在历史性的思想绝不可能在政治性或意识形态-世界观性的东西——这自然也包括各式各样的反犹主义——中找到自己的源泉,相反,这种思想只能源自本有也即存有之真理的本现或居有,而这种居有包含两个向度:存有之真理的居有着的(er-eignend)抛予以及来自本有之抛予——也即来自存有之真理——的哲学性的(开启着这一真理的)开抛。

3. 深思 VII—XI("黑皮书"1938/1939)[①]

3.1　海德格尔对民族社会主义明确无疑的"远离"及其积极沉默的理由

　　存在历史之思特有的言说方式支撑着眼前这部分主题的构架。此外,我们还要注意到《论稿》

---

① M. Heidegger, Überlegungen VII—XI (Schwarze Hefte 1938/39), in: Gesamtausgabe, Bd. 95, Abt. 4: Hinweise und Aufzeichnungen, hrsg. v. P. Trawny, Klostermann, Frankfurt a. M. 2014.

中的相关论述,这主要涉及到"大学"密切关联并依赖于民族社会主义这一问题。直接和这个问题有关的措辞包括:"'帝国'大学"(出现在《深思VII》第6小节开头处)以及相同语境中的"庞大的机器"(在这个部分中一共出现五次);"体验"(出现两次);"基督教文化的运转"(三次);"哲学的运转"(一次),涉及到大学及相关问题。和这些现象同时一起突显出来的是"民族社会主义的世界观":对于这种世界观,海德格尔断言,它永远也无法达到真正的沉思,因此也永远不可能拥有真正的知识。海德格尔在这方面的深思随着对"民族社会主义的思想货色"的批判而继续向前推进:这种所谓的"思想"以其"标语口号""从新时代的历史时期"以及"膨胀自大的谈论方式"中"开启""勇气"。在对纳粹思想的一连串批判中,海德格尔的用词逐渐变得激烈起来:"'思想'的野蛮不化"、"腐化堕落"乃至"疏远异化"。通过所有这些密切关联的措辞,海德格尔在当时的大学境况下不可避免地认识到,大学已经完全被民族社会主义及其"知识分子"所同化,而同样采取这种纳粹世界观的不仅是"知识分子",也包括活在"新时代"或者说"现代"的各种人群。(顺便说一句,海德格尔在此尤其凸显出的是"现代"一词的消极含义。)

　　既然本质性的知识被视为威胁,那"民族社会主义的'伪哲学'"(《深思 VIII》§ 53)自然就变得越来越"有型"了。这种伪哲学利用其"肆无忌惮的喧嚣和掠夺性'叙事'"得到贯彻并生根发芽,同时"试图获得一种公共性的效力"(《深思 XI》,§ 55)。

　　在我们刚刚粗略勾勒出的框架内,下面这个部分会将很多复杂的论述引入读者的视野,我们准备在下文中依照《论稿》对其进行阐释。对此,我们特别需要注意的是《深思 VIII》第 51 小节和《深思 XI》第 53 小节。这两个小节的决定性意义在于,它们可以让我们确切理解海德格尔不愿公开反对民族社会主义的理由(§ 51),并且首先让我们把握到,何以他对于"运动"的幻灭与另一个幻灭有关,也即对"大学依然有可能转变为本质性沉思之场所"的幻想(§ 53)。在这个问题上,海德格尔关心的是找到自身之"迷误"的根源。对此,我们将在后文中进行更为深入的分析。

深思 VII § 6 [5—7], S.6—7:

　　依然有一些幼稚的"浪漫主义者"在为"帝国"乃至"帝国"大学高唱赞歌,他们依据的原型则是斯蒂芬·乔治[Stephan George]的"帝国"构想。

这些人在面对帝国这一庞大的［riesenhaften］"党国"机器时依然毫无恐惧——对于这样的人，我们如何才能让他为惊恐的基本情调所触动呢？新时代及其最近未来的形而上学本质以最为有力的形式体现为这种诸机器的统一机器体［Apparat der Einheit von Apparaten］。如果有人把这种统一机器体仅仅看作肤浅的表象，而不是当作那种曾在之物——这东西也许来自中世纪——的重现，那么，此人就会忘记以下这点：在这种把"人"装配［zurüsten］起来的机器之**庞大**特性中，"体验"的各种**庞大**可能性都一无例外地得到了敞开，同样也是在这种装配中，"文化"作为**体验的组织形式**［Erlebnisveranstaltung］初次以装配的方式得到确保。因此，时时处处可见的对于"文化"的效忠绝不是"说说而已"，而电影院的看门人也有十足的理由把自己当作"文化的托运人"。

人们"忧虑"于"文化"的传承和发展，并因此坚信，有必要说服自己成为**民族社会主义**的"对手"，但事实上，这些人并不明白真正重要的是什么。

可是，让这种"忧虑"生长起来的土壤——以及怀有这种"忧虑"的人的数量——强化和增长的速度比当局希望看到的还要快。（对于这方面的迹象,当局采取了鸵鸟态度。)同时,**基督教文化的运转**也以其怂恿和保护让"忧虑"的空间不断扩张。然而,若基督教以为这样就可以让自身得到"更新",那它可就打错了算盘——。不过,这种"以为"也许只是个面具——他们真正想要的是**文化运转中的统治地位**,而无关"政治"。不过,**基督教的文化运转**也许只是和布尔什维主义①的文化毁灭相辅相成的光鲜反面(als Lichtseite ausgegebene Kehrseite),它们共同构成了新时代围绕其装配性之完成而"奋斗"的过程。

因而,近在眼前的决定仅仅在于:哪一种装配新时代之世界图景的**庞大**方式会获得凯旋?

围绕此一决定而产生的斗争形式及其前沿尚未确定下来。同样,我们也不可将此斗争仅仅看作未来的事态而对其加以历史学的预先计算,而是必须用不断深化的沉思就其历史性轨道认识新时代的完整本质,如果德国人终将实行那一让**过渡之危迫**[die Not eines Übergangs]在新时代之

---

① 我们应该认为,海德格尔在此看到的"布尔什维主义"已经不是原来意义上的、由列宁和托洛茨基所代表的布尔什维主义,而是被斯大林体制所歪曲和僵化的、非本真意义上的"布尔什维主义"。由此我们也可以看到,海德格尔的用词总是处在一种存在论差别,也即存在者和存在之区别的开启运动中。——译注

完成中生长出来的决定的话。此时,需要准备好
的是那种不将历史之危迫看作"痛苦"或"快乐",
而是从中让存有本身触动自己的人。

深思 VII §21 [23—25], S. 17—19:

所有的沉思,越是富有本质性的特征,就越有
可能忽略历史必然性的重要初阶。因此,这样的
沉思必须有能力在不断向前跳跃之际依然以其跳
跃①返回到本源处。同时,它还必须将自身跃过
的东西明确收回到先行的跳跃中。**"德国大学的
自我主张"**②之错误首先就在于它忽略了"现今"
科学的本质规律;其次,它自以为是的忽略并没有
令其重振"科学"的雄风,因为"科学"本身在这个
新时代业已宣告其终结,而我们还不曾了解未来
的知识及其成形的方式。相反,我们仅仅了解到
的是,如果没有存有的转变,单纯发生在存在者范
围内的"革命"不会再造就一种源始的历史,而只
会加固现成事物的僵化形式。由于这个原因,对

---

① 关于存在历史之思的"跳跃"概念,参见《哲学论稿》第三
个嵌合"跳跃"中的相关论述。——译注

② Martin Heidegger: *Die Selbstbehauptung der deutschen
Universität*. In: *Reden und andere Zeugnisse eines Leb-
ensweges*. GA 16. hrsg. von Hermann Heidegger. Frank-
furt a. M. 2000, S. 107—117 [GA, Hrsg.].

存有之转变的初步准备不用再指望"**民族社会主义**"了,正如对存有的追问不可以被视为"**民族社会主义**"的一样。这里涉及的领域虽和我们并无直接关联,却间接地以不同方式迫使我们直面关乎德国人之本质和命数的决定,并因此也迫使我们直面关乎西方之命运的决定。若有人仅仅对各种"立场"加以清算,那他在此找到的就只能是各种看上去一文不"值"的"对立关系",因为对他而言决定性的乃是**民族社会主义世界观**的统治地位。

任何世界观在本质上都有如下特点:它除了所谓的"输赢"就不再能够和愿意进一步思考其他任何东西了,因为世界观的自我理解就使之必须——从其固有的"自我意识"出发——将自身设定为"无条件的"。若一位教皇陷于对教义的调停,那他就不再是耶稣基督在人世间的"代理人"了;但另一方面他又只是教会的最高首脑;这时,这位教皇还得确保教会能够适应变化的局势,从而容纳一切可能的东西,甚至包括与之背道而驰的论调,其理由是,唯有如此才能让基督教合乎西方历史的进程而作为文化基督教[Kulturchristen-tum]被保存在西方"文化"[Kultur]中,并由此让信仰者的灵魂救赎很好地得到保护。新教的失败之处就在于,它未能认识到"信仰"和"文化创造"
绝对离不开一种双重账簿,而且为了对其加以掌
控必定离不开对算术师的培养。部分地归因于对
基督徒的依赖,在新时代的人性形态中——也即
在世界观中——越发强烈地突显出来的乃是"信
仰"和"文化"的统一。培训和培养机构成了蓄意
的设置,而对世界观培植的"监管"则以最为严厉
的方式运转起来——这些都不是任意乃至粗暴的
人为构造,而是进入其决定性的"自我意识"之中
的世界观的本质必然状态。对这样的世界观而
言,沉思乃是陌生的,而且必然会成为一种镣铐。

深思 Ⅷ §51［122—124］, S. 170—172:

　　必须确认的一点是,我的思想和所谓的"生存
哲学"无关,和海泽［Heyse］①的生存哲学更是毫
无关系可言。此人的"哲学"产生于七次重温的对
《存在与时间》的误解,而且还掺杂了"**民族社会主
义的思想货色**"。可能只有这位"思想家"自己才
会经常考虑其水货是否和我有关。

　　与之形成鲜明对照的是,我的思想和卡尔·

———————

① Hans Heyse: *Idee und Existenz*. Hanseatische Verlag-
　 sanstalt: Hamburg 1935［GA, Hrsg.］.

雅思贝尔斯集中性的严格思考有某种关系,尽管我在《存在与时间》中的提问方式与他对生存的问法之间隔着一条深渊般的鸿沟。这个事实丝毫无损于我对他的敬重和感激,这也是我内心深处所一直珍惜的。帕斯卡曾一度将人命名为"思考的芦苇"①;也许这位用**口号**来给自己令人瞩目的"立场"打气的海泽就是一根这样的"芦苇"——唯一的区别在于此人并不思考。不过,像他这样的作家之所以还值得一提,只是因为他们从新时代的历史状况中揭露了某种东西,也即他们已然丧失了思想的沉思能力,并用**膨胀自大的谈论方式**替代了思想本身。而且,这类作家的"哲学"还得到了绝大多数人的"认同",从而使得这些"认同"者失去了对他者的本真需要。这种麻木不仁以为在自己"眼"前上演的是"活生生的"、"精神性的""奋斗",实则却是在'思想'的野蛮不化的危险面前的一种最好的防卫——这一危险现在当然已经日益变得微弱——以便这种"思想"越来越可以对自己的狰狞恐怖视而不见,哪怕总有一天这会成为它不得不面对的事实。——在这种情况下,思

---

① Blaise Pascal: *Pensés*. Édition par Léon Brunschvicg. Hachette; Paris 1904, n. 346 ff. [GA, Hrsg.].

想到底会走向何方呢？

答曰：只能是走向**对政治性现状的掩护**。但问题并不就在于此，而且也不仅仅在于思想向**伪思想的堕落**——这里的关键问题是，这种**堕落**总在把自己掩盖起来，甚至借助于来源不明的帮助把自己装扮成一种"兴起"。此种情况充分证明了对于本真性思想的疏离已经达到了何种地步。在此，需要引起我们注意的不仅是拙劣的"思想作品"的流行——**这类"作品"在其产生时**（1933 年之前）**就有了意旨不逊的"目标"**——而且也包括那种无有预感者［Ahnungslosen］的跃跃欲试：这些人对于思想的"认真"仅仅表现在所谓的"严肃对待"上。不过，在我们看来，所有这些表现都不是今人的"过错"，而只是往昔之掩蔽性本有的趋于终止的扁平化。

因此，我们需要做的顶多是坚定自己反对此种伪思想的立场，**却永远谈不上投入到与之相关的争论中**。可是，立场的坚定本质上仅仅是对自身沉思之意义的一种确认，而绝不可以被充作一种公开性的反对意见，因为这种反对只会被利用于运作一种"新奇"的"精神生活"，并让这种"生活"被臆想为不可或缺的东西。

深思 VIII §53 [125], S. 172—173:

笛卡尔所谓的"理性主义"说的是,存在之本质根据思想的确定性,也即根据可思考性的自我确保得到规定。现在,存在明确获得了至此为止都有所保留的——或是仅仅得到粗略把握的——最为广泛的可计算性(可制作性)。随后,这种对存在的阐释变成了新时代以及**新时代的人**的基本条件,但其强力直至这个时代的本己完成处——也即今人所处的历史性时间节点——才得到毫无折扣地展开。

由此而来,现时代及其特有世界观的一个几近癫狂的误判就在于,纳粹统治下的"哲学家"试图从某种"民族社会主义的"伪哲学出发对笛卡尔的"理性主义"实施某种反动,而他们臆想中的理由则在于:笛卡尔是个"西面"的"法国人"。在我看来,真实的情况倒是,现今各种世界观及其"总体性"诉求的固有"伟大"之处就在于,它们使得形而上学意义上"理性主义"(参见上文)有效地发挥了意愿权力的内在力量,同时又使之拒绝了一切做作的"神秘主义"与"神话学"。然而,笛卡尔的理性主义既不是"法兰西式"的,亦非来自"西面",而是属于西方。同时,所谓"法兰西"的固有本质就在于,它注定第一次让人们认识到作为可计算性的存在。但是,**可被认识的东西本身却不属于**"法兰西"、"德意志"、"意大利"、"英格兰"或"美利坚"中的任何一家,相反,它倒可能是**这些民族的基础!**

深思 X §47 [79—80], S. 325—326:

眼下,为何许多人——也许还包括尚存的整个新教——都在转向天主教会? 因为"天主教的"政治已经造就了一种**政治化天主教**[politische Katholizismus],而且,καθόλον[天主]的本质既不在于基督,也不在于教会本身,而是意味着"对整体的统治"也即"总体化"。若是**天主"教会"**以为纷至沓来者都是为"宗教需求"所驱动,那它就是在自欺欺人,而**民族社会主义**也毫不惊讶地发现,自己必定会成为这些纷至沓来者的先驱:他们一起再度加以掩盖的正是到来着的决定之领域——"天主教"从未并且尤其不是在"基督教的"中世纪成为过围绕着存在的赋形性斗争的源泉,因为这种斗争永远都隐藏在少数无名氏的孤寂中。

"天主教"首次在**犹太教**中赢得了其本真的形式;这里,它造就了下述诸特性的西方范本:全方位并且是无条件的服从、对任何一种自主愿力的排斥——"**组织**"的决定性和宣传煽动的统治地

位、利用一切可能的"知识"形式来贬低对手而达
到自我辩护的目的、歪曲一切可能的知识以利于
私人的"发现"、对历史本身的历史学摆布、天主教
范围内对意志和"紧密团结"的歌颂以及所有"反
对"……的基本立场(反向重塑)。这类本质性意
义上的天主教,就其历史性来源而言,乃是罗马-
西班牙性的东西;它们是彻头彻尾非北欧的东西,
完全和德意志无关。

深思 X §59 [100—103], S. 338—340:

"决定"[Entscheidung]——现在,这个词往
往是指规避到早就定了的东西[Entschiedenes]
中。作为定下来的东西之一,文化基督教最近一
次证明自己的荒诞不经还要回溯到第一次世界大
战期间。人们谈论着"决定",却先就放弃了任何
一种追问,而且也对本质性追问的必然性毫无经
验;人们用新时代-新教包装起来的**老掉牙的基
督-天主教辩护术**[die alte christlich-katholische
Apologetik]反对"异教徒",后者据说缺乏一切神
性的护佑——诸神与造就神的力量。在此上演的
是一个据说带有最大限度的主观"诚意"的闹剧,
而任何一个受雇于某家"报刊"的"文艺评论家"都
会抓住任何机会以便竭尽全力地对"西方的决定"

谈论一番。

然而,这种流传广泛的"决定"却不再追问有待原初的追问和决定的东西。因此,它仅仅是与之同样肤浅的**"民族社会主义哲学"**的回响,后者借助于泛泛其谈的**标语口号**装出一副断然"决然"的样子,仿佛自己真的已经克服了"基督教"一样。和这种**"思想的牺牲"**相比,连天主教牧师的"思想"也可以算是一种"自由的精神劳作"了。

在这种情况下,德国人已经沦落到了何种地步啊?!抑或德国人不过是仍然停留在他们一直以来都置身其中的地方,也即他们最终寻得荷尔德林且还撞见尼采之处:至此为止,尼采只不过认识到,德国人惯于自负地"生活",并且——除了个别"例外"——早已这样"生活"了。可是,也许这就是德国人的本质,而且也是德国人现在唯一"能够"做到的东西:通过更为彻底地实行"美国主义"和"俄国主义",德国人表明自己之所以还被称为思者与诗人的"民众",只是因为他们作为"民众"不再意求这样的思想和作诗,也即**不再甘于为寻找基础而冒险**,而总是越发变得无知,仅仅满足于对**"新异之物"**的夸赞和模仿。——存有怎么可能将其真理的场域赐予这样的民众呢?

此外,当德国人仅仅被当作一种"民众"时,这

种对待他们的态度其实只是一种动物性的思维方
式。此种观念尽管看似具有不容置疑的"正确
性"，其实只是一种被设置为庞然大物的对原初状
态的背离：它背离的是人之原初的西方性规定，也
即人归属于存有这回事。此种背离一经发生，真
正意义上西方性的决定便注定不会再发生了，而
是由缺失决定之物僭得了在已定的——也即*希腊
化-犹太教的*——"世界"范围内的统治地位。然
而，决定永远不可能在基督徒和"异教徒"之间发
生，因为确保两者之持存的已经是那种无能于决
定的"力量"了。

　　真正的决定却是：西方人是否会将自己委弃
于作为对象的存在者，或者，他们是否会原初地争
得作为深渊般基础的存有，并基于存有——也即
从朝向存在的指引而来——争得其本质之建基的
迫切性。因为希腊人在第一开端曾一度赢得这种
深渊般的迫切性，也就是说，因为他们一度勇敢地
基于存在来规定自己，所以，在我们勇于冒险之
际，那种短促唯一的历史便可能一度存在过。与
之相比，所有*"血液"*和*"种族"*，任何一种*"民众特
性"*，都仅仅是盲目徒劳的挣扎，只要它们未曾悠
然自在于对存在的冒险，也未曾通过这种冒险听
凭那一闪电的击中，以使自己从浑浑噩噩中解放

出来,从而为存有之真理让予出空间;只有在"此"空间的范围内,存有才可能将自身原初地设置到成为作品的存在者中。

深思 XI §53 [76], S. 408—409:

纯粹就"形而上学"(也即存有历史性)的思想而言,我曾在1930—1934年间将民族社会主义当作某种向又一开端过渡的可能性,并曾赋予其这方面的意义。当时,我错认和低估了这一"运动"的真正力量和内在必然——这些构成了该"运动"获得"伟大性"的本己方式。事实上,和法西斯主义相比,"民族社会主义运动"发起的乃是新时代之远为深入的——也即囊括一切的——的完成。诚然,从人在自我确定的理性中的人化来看,一般而言的新时代在"浪漫主义"那里便已开始了,不过,对新时代的完成来说,不可或缺的决定性因素乃是技术-历史学的东西,也即对以自身为依据的人性的全部功能的"总动员"。有朝一日,这样的"人"还必须和基督教会撇清关系,也即通过一种法西斯主义本身所无法实施的非基督教的"新教"。

通过早先的幻灭,我完全洞察到了民族社会主义的本质及其历史性的本质力量。因此,我才觉察到了接受[Bejahung]①它的必然性，而且恰恰是基于思想上的理由：民族社会主义摆脱了历史同期可以看到的其他相似的"运动"形式。然而，人们很少——甚至是从未——将这种本质性的"接受"区别于肤浅盲目的——而且随即会变得手足无措的——单纯"同意"。这种无知的不加区分部分地要归咎于"知识分子"的空泛狂妄：他们的本质（抑或是非本质？）并不在于对"知识"和"教养"的倡导以及对"缺乏教养"的"行动"的贬降，而在于他们把"科学"当作本真意义上的知识和某种"文化"的基石，却从不愿意也从未能够去了解本质性的知识。"知识分子"的这种**智性主义**[Intellektualismus]的更大危险在于，它可能危及**真正知识**的严肃性，而且会同时削弱真正意义上的行动。但是，如果我们为了知识而与科学展开斗争，那么，这种尝试在今天是注定不可能成功的，因为科学研究者对自己（也即科学）实在了解得太少，以至于根本不可能认真对待他的对手。

因此，全部战线都陷入了一片混乱之中：**大学**

---

① 这种"接受"是相对于上面所谓的"低估"和"错认"而言的。——译注

最为纯粹地体现了这种**混乱**；在此，我们也可以**找到其软弱无能的根据**，但同时也会发现其诉求遭到误导的原因。正是大学自己造成了这种决心的缺失，从而日益临近眼下唯一有可能付诸实施的步骤：明确取消大学并用企业的科研与和技术培训取而代之——例如地方性的化学"研究所"。因此，**另一个幻灭乃是**，大学不可能再转变为本质性沉思的场所，从而宣示出它可令西方知识重获其本己成问题性的本质，以便一并为存有历史的又一开端作出准备。无论是从**大学**的角度看，还是根据**历史性**的**现实**加以评估，我们都不可能再从上述原初的沉思出发来设想"科学"的概念，除非是那种**纯粹**的"**幻象**"。不过，如果就其全部深渊得到彻底的反思和忍受，幻灭就会成为通向"在"者的道路。（参考本书第 110 页。）

深思 XI §55 [77—78], S.410：

对真正富有思想性的思想来说，第一条最为原初的——并且因此也是先行于一切的、始终有待加强的——见地只能是：每个在西方思想的历史上奠定了一个基本立场的思想家都是不可反驳的，也就是说，反驳的企图本身就已经背离了真正的思想。以此为标准衡量，所有"搞"哲学的方式，尤其是"**民族社会主义的**"**哲学**折腾，都始终处于本质性知识界域的范围外。当然，这点并不妨碍这种**哲学搞法**试图以其**肆无忌惮的喧嚣和掠夺性**"**叙事**"获得一种公共性的效力，而分毫不差地与之相应的是那类作家性的"**天主教哲学**"，后者已经渗透到"**有教养**"阶层的方方面面。这样的折腾还会延续多久呢？抑或，这些折腾随着新时代的完成才刚进入了属于它们的时代？

　　上面引用的这些文字和段落属于一个非常复杂的主题域，因为它们将存在问题有待重新提出的——对海德格尔来说极其迫切的——必然性付诸语言。不过，无论他的深思包含何种内容，我们都只有不断向《论稿》回溯才能理解其语言用法。

　　民族社会主义和大学构成了一个无法解开的结，并被海德格尔一再付诸复杂的探讨：由此将会表明的一点是，何以两者都疏离于一种完全别样的、远远超出我们想象的思想进程。事实上，海德格尔此处的语言用法就像一堵难以接近的、不透明的厚墙，如果人们脱离存在历史性思想的整体来理解其措辞的话。

　　在《深思 VII》第 6 小节中，海德格尔借助存在历史性思想的语言对帝国和纳粹党进行了严厉无情的批判。在这方面，人们只需想想下面这个表述即可："这些人在面对帝国这一庞大的'党国'机器时依然毫无恐惧——对于这样的人，我们如何才能让他为惊恐的基本情调所触动呢？"

"庞大"这个核心字眼在这个小节中一共出现了四次。在《论稿》中，它总是和人的存在遗忘与存在者的存在遗弃这一共因有关。[①] 因此，当同

---

① M. Heidegger, *Beiträge zur Philosophie*, §14"哲学与世界观"："往日之创造的道路与历险被置入庞大的谋制，而谋制性的东西则成为某种'原创'之灵活现的假象"(S. 40—41)；§45"决定"："向技术化的动物过渡，其业已变得更为虚弱和粗野的本能开始被庞大的技术所取代"(S. 98)；§70"庞然大物"："不过，一旦谋制本身在存在历史上得到把握，庞然大物就将自身展现为'某种'别样的东西"(S. 135)；§70"庞然大物"(S. 138)；§72"虚无主义"："如今，面对存有时的畏惧比以往任何时候都更为巨大。其证据是那些叫嚷着此在畏惧的庞大集会"(S. 139)，"[……]自然需要一个立足点，它足以避免来自大量'善'、'进步'与'庞然大物'的欺骗[……]"(S. 140)；§76"关于'科学'的命题"："随着全部科学之谋制性-技术性本质的日益强化，自然科学与精神科学在对象或方法上的区别也日益缩小。自然科学在本质上构成了机械技术及其运行，而精神科学则扩展为范围庞大、囊括一切的报纸学[Zeitungswissenschaft]，以致当前的'体验'总是以历史学的方式得到说明，并借此以最为快捷易懂的出版形式被输送给每个人"(S. 155)，"如今，尽管身处其庞大膨胀及成功把握带来的强势，科学却根本不可能拥有某种本质性的地位，并依此与思想的知识分庭抗 （转下页注）

样的措辞在"黑皮书"中出现时,我们必须基于

(接上页注)礼"(S. 156);§155"自然与大地":"最终剩下的仅仅是'风景'及其疗养契机,而如今连这类东西也被算到庞然大物中,并且为大众加以整修。[……]在遭此毁败之际,大地何以沉默不言呢? 因为,与世界的争执——以及存有之真理——尚未被允诺给大地。何以故? 因为人这个庞然大物已经变得更为庞大,并因此也越发渺小"(S. 277—278);§155"将来者":"然而,隐没的非-本质自有其本己的别样道路,也即那种隐藏在庞大的大众物件——以及它据说要实现之物的优先设置——背后的没落"(S. 397);§255"本有中的转折":"在今后几百年,他们[人类]还会以其谋制模式将这个星球洗劫得荒无人烟,而且,这种搞法的庞大特性会'发展'到令人无法想象的地步,以至采取某种看似严格——实则是对荒漠之为荒漠的'调控'——的形式;同时,存有之伟大却始终锁闭着,因为再无人作出对于真理-非真理及其本质的决定"(S. 408—409);§260"庞然大物":"庞然大物根植于'计算'之毫无例外的决绝与主体之前置性表象[Vor-stellen]向存在者整体的铺展。"在描述了"庞然大物"的四种形态之后,海德格尔继续写道:"在庞然大物相互牵涉的诸形态中本现着的乃是存在者的存在遗弃"(S. 442);"就庞然大物而言,我们可以看到的是,每一种'伟大'都是在——对生发[Geschehen]之未曾明言的'形而上学'阐释的——历史中形成的,因而,它们的本质不是真正意义上历史性的,而只是历史学上的东西"(S. 443)§262"存有之'开抛'与作为开抛的存有":"[……]变得清醒的是这样一种知识:唯有经历最终的决定,才可能把历史从庞然大物的非历史性中拯救出来"(S. 450);"存在者与谋算":"在计划之统治变得庞大无比的时刻,存在者政体就开始收缩。'世界'也变得日益渺小。[……]形而上学对'世界'的渺小化造成了人的空心化"(S. 495)。

《论稿》对其进行更进一步的考察。对此,让我们先看看《深思 VII》第 75 小节中的一个例子:"存在者为存在所遗弃的过程在计算性运转的庞大性和放肆性中展开其专横的强力。"接着是《深思 XIII》第 73 小节:"存在者的存在遗弃——也即技术-政治性规训设施的庞然大物——被加固为无条件的、以庞大为风格的'成就'。"最后是在《深思 XIII》第 128 小节中:"谋制性荒漠化之庞大的、令人眩晕的横空出世意味着什么?"

海德格尔对帝国的巧妙嘲讽——他将之称为"党这一机器的庞大机器体"——在一连串密集的措辞中得以继续,证明了他的意图乃是嘲笑这个注定万劫不复的腐朽体制:"在这种机器的庞大特性中,'体验'的各种可能性都一无例外地得到了敞开","同样也是在这种装配中,'文化'作为体验的组织形式初次以装配的方式得到确保"。海德格尔所说的"可能性"不再有得到展开的必要,因为它们已经被封存在一种堕落的、无法再找到出路的生存中,同时,它们也被固化于僵固的、"体验"主导一切的当前中;在这一切发生之时,"文化"也变成了单纯的自身活动。这里,传统现象学的概念——如"体

验"和"体验活动"① ——被海德格尔赋以了消极

---

①　如果人们回到《文稿》这类论著，就会清楚地看到"体验"
　　这一关键词语——及由相同词根构成的合成词和相应的
　　主题关节——所具有的消极含义。§5"为少有-罕见之
　　人"："人们乞灵于肤浅不堪的'体验'，却无能于测度思想
　　空间的广大结构，并借此开启思考存有的高耸与深远。
　　而在人们自以为胜过'体验'一筹的地方，发生着的却也
　　只是对于空洞敏锐的召唤"(S. 19)；§6"基本情调"："'心
　　理学'长期延宕了我们对于'情调'一词的理解，而且对于
　　'体验'的狂热必定会越发严重地将人们拉入一种是非混
　　淆的状态中，也即让他们无法通过对情调的深思明了其
　　中道出的东西"(S. 21)；§7"从本有而来"："这一最为切
　　近的东西是如此之近，以至于一切谋制与体验之不可避
　　免的运作必然早已忽略了它，并且也因此绝不可能被直
　　接召回到它那里"(S. 27)；§7"哲学与世界观"："'世界
　　观'总是一种'谋制'，它与流传下来的东西相对立，以利
　　用其特有的，并由其加以准备而得到承解的工具克制和
　　驯服这些流传下来的东西——一切都滑入体验之中"(S.
　　38)；"世界观的谋制性-体验性本质使得各类世界观的成
　　形[……]"(S. 39)；§18"思想的昏聩"："2. 谋制与体验力
　　求成为唯一有效并因此是'有力'的东西，这就使得真实
　　的力量无法获得其空间"(S. 47)；"4. 对于纯一的本质性
　　沉思变得日益迟钝，而且，追问也缺乏持久的耐力。于
　　是，只要未及径直可得的'成果'——可以借之'谋制'出
　　某物，或者可以赖之对某物有所'体验'——任何通道或
　　道路都会遭受轻视"(S. 47)；§18"哲学(对'我们是谁'的
　　追问)"："从中足可明见：对'谁'的追问，作为对自我沉思
　　的实行，完全不同于某种好奇自恋的迷失，后者往往会陷
　　入对于'自己的'体验的苦思冥想"(S. 51)；§30"原初性
　　的思想(之为沉思)"："但是，对最初的沉思来说，有朝一
　　日必须加以尝试的毕竟是，在人之存在方式的极限中提
　　取出与一切'体验'和'意识'截然不同的异样性"(S. 68)；
　　§34"本有与存在问题"："我们从未打算把　(转下页注)

(接上页注)'时态性'[Temporalität]当作时间概念的更正,即人们常说的用柏格森与狄尔泰的'体验时间'取代计数性的时间概念。所有这些误解始终处于过渡之得到承认的必然性之外,即从作为本身得到把握的主导问题向基础问题的过渡(S. 74);§44"决定":"[……]真理之为正确性是否会蜕变为表象的确定性以及计算-体验的可靠性[……]艺术是否就是一种体验活动,或者,艺术乃是真理之置-入-作品[……]自然是否降格为计算-设置的开发领域或是'体验'的契机,或者,自然是否作为自身锁闭着的大地承载着忘象的世界"(S. 91);§50"回音":"谋制将把我们引向何处? 答曰:体验。这将如何发生?[……]通过对存在者的祛魅,而这种祛魅本身又实施着某种由之赋予力量的魅惑。魅惑和体验";§51"回音":"体验是指:一切都产生出某种'体验',而且是一种不断变得更大和闻所未闻的、叫喊声一浪高过一浪的'体验'。在此,'体验'意味着谋制之表象以及维持在这种表象中的基本方式。作为人人可以通达的公共性,它是神秘莫测的,也即富有刺激性和诱惑力,其魅惑足以令人眩晕。同时,所有这些都令谋制成为必然。[……]在此种吞没一切的可怕荒漠中,存有的本质以某种方式回响着,而且,存在者的存在遗弃(作为谋制和体验)也绽露出最初一丝曙光"(S. 109—110);§51"存在遗弃":"我们是否在把握第一开端及其历史的最大教益:存有之本质即是拒予,而且最高的拒予就存在于谋制与'体验'的极大公共性中?"(S. 112);§55"回音":"存在遗忘是不自知的,它以为在寓于'存在者'('现实之物')时就离'生命'最近,而且对'体验'也最有把握(S. 114);§58"存在遗弃的三种自我掩蔽方式及其显示自身的方式":"开始,因为如今存在者为存有所遗弃,平庸乏味的'敏感性'就有了机会。现在,所有东西都遭到'体验',每一种规划和活动都是从各种各样的'体验'中流出的。但正是此种'体验'证明,即便作为存在的人,也已经失掉了他的存有,(转下页注)

(接上页注)而在对各种体验的追逐中被洗劫一空"(S.
123—124)；§61"谋制"："与谋制的第一条法则联系在一
起的是它的第二条法则:越是像这样决定性地隐蔽自身,
谋制就越会紧紧地逼迫——看似与其本质正相反对实则
同样属于它的本质的——体验去获取优势地位。[……]
谋制的第三条法则由此得以形成:体验越是无条件地成
为正确性和真理(以及'现实性'和常驻性),就越是无望
从此出发去实行对谋制之为谋制的认识。[……]如果谋
制与体验一起得到命名,那么,两者的一种本质性的相互
归属就得以显明[……]。谋制与体验是对西方思想的主
导问题更为源始地加以把握的公式:存在者性(存在)与
思想(作为表-象着的把-握)"(S.127—128)；§62"存在
遗弃之固有的自我掩盖——经由谋制与'体验'"(S.
129)；§65"存有之非本质"(S.130)；§66—68"谋制与体
验"(S.131—134)；§69"体验与'人类学'",脚注:"何谓
体验! 何以它的统治会导向人类学的思维模式! 这就是
终结,因为谋制以此得到了无条件的确证。"同时,这个小
节的正文:"于是,如今这个'体验性的'时代终究不可能
再对其固有肤浅收到的的空洞乏味的模仿大惊小怪了"
(S.134—135)；§72"虚无主义":"[……]在这种嘈杂不
堪的醉醺醺的'体验'中,我们可以看到最为巨大的虚无
主义,也即对人之漫无-目标的有组织无视。[……]存在
就这样从根本上遗弃了存在者,并将其交付给谋制与'体
验'[……]"(S.139—140)；§76"关于'科学'的命题":
"在本质性的意义上,'报纸'和'机器'意味着最终的(对
新时代而言趋于完成的)对象化的突出方式,它将存在者
的全部实事性吸入自身职之中,从而只容许它们作为体
验的契机存在"(S.158)；§123"存有":"唯有通过存在者
的坍塌和重构,已经被逼入谋制和体验而僵固为非存在
者的存在者才能在存有面前让步,从而进入它的真理中"
(S.241)；§129"空无":"如若存在遗弃属于谋制与体验
的'存在者',那人们误将'空无'视为'空无所有'(转下页注)

的含义，以致它们和"此-在"指示的东西毫无共同之处，而是一再和"谋制"一类的异己之物联系在一起。但是，这些消极的含义可以帮助我们理解海德格尔是如何对待文化堕落以及接踵而至的新时代之发展错位的。此外，前面那个很长的关于"体验"的注释极其必要地见证了海德格尔一向远离于任何一种人类学主义思想。对我们而言，不能过高地估计这个问题的影响，因为它们在"黑皮书"中必须被看作与存在者之为存在者迥然有别

（接上页注）就不足为怪了。[……]如果'制作'和'体验'之'是'如此概莫能外地决定了现实之物的现实性，那么，所有的'不'和'无'看上去该有多么可鄙！"（S. 246）；§214"真理的本质(敞开)"："因此，对于正确性及其可能性基础的沉思之路是不甚令人信服的[……]，这是由于人们并未摆脱对某种人物[Menschending]——也即主体-人格以及诸如此类——的表象，并将一切都编排为人的'体验'，同时将'体验'编排为人身上的某些现成可见的过程"；§254"拒予"："谋制将假充存在者的非存在者纳入其保护，而人由此必然遭受的荒漠化则由'体验'加以弥补"（S. 406）；§256"最后之神"："[……]神不会显现在'个人'或'大众'的'体验'中，而是仅仅闪现于存有本身的深渊版的'空间'"（S. 416）；§262"存有之'开抛'与存有之为开抛"："'生命为体验所吞噬，而体验本身又升级为体验之举。对体验的举办乃是让'人们'聚在一起的最高体验"（S. 450）；§274"存在者和计量"："'体验'达乎其本质的极限：对体验的体验。人们迷失在在存在者中，却把这种自失体验为将'生命'转化为空洞自转的量化旋涡的能力，以使自己相信这种能力是'切近于生命'的"（S. 495）。

的思想"范畴"。相反,某些企图以其榨取性利用扼杀存在历史的人则会突出和强调其别具一格的读解线索,以便将人还原为单纯的存在者,并将其死死地固定在存在遗忘中。其实,只要稍微看看《论稿》第 69 和 214 小节,我们就会清楚地发现,海德格尔的眼里从来没有一种"人类的历史",而且,他也从未想把某种"民众"的历史和命运作为思考相关问题的依据。如果有人得出了和我们相反的结论,那么,他必定没有走上对海德格尔来说在某种意义上荆棘丛生的思想道路,因而必定没能沿着这条道路决定性地超越"对人这种物件(主体-人格这类东西)的表象"。

　　尽管那种作为"体验活动"而现成在手的"文化"注定会万劫不复,但是,它却受托于"基督教的文化运转"。"运转"一词在此突出的是"文化"这类东西的组构本质:它们完全以利用"民众"为取向,从而获得了"宣传"这一外观,其目的则在于形成一种欺骗性的幻象,也即让人们相信某人的独裁[die Diktatur des Man]可以造就民众的统一。在第 6 小节中,"运转"[Betrieb]一词总共出现了三次,但每次都具有不同的含义,对此,我们可以参考"黑皮书"中的其他相关段落,例如:"所有'搞'[Betrieb]哲学的方式,尤其是'民族社会主义的'哲学折腾,都始终处于本质性知识界域的范围外"(《深思 XI》§55);"如今,有一些富有教养并且据说是明智的德国人:他们认为,只要扩军备战和民族社会主义的恐怖统治不再继续,'诗歌与思想'就会自然而然地从民众中生长出来。在此,所谓的'诗歌与思想'始终打上了往昔之物——尤其是'臭名昭著的纳粹政体'的烙印,因而仅仅是指'文化运转'而别无其他"(《评注 I》[126])。作为其时代的产物,纳粹政体与试图守护其本己空间的文化运转一样没有能力觉察到过渡之危迫,这尤其是因为它们都只知道为存在者唱赞歌,并从存在者中间搞出了一种虚弱无力的绝对者。但是,只要人们仅仅为存在者及其赞歌所驱动,就不可能注意到"决定"之迫切。帝国通过反复的榨取性利用为自己的扩展扫清道路;在这方面,我们只要想想那些幼稚的"浪漫主义者"以及他们的"帝国大学"意义上的"幻想",所谓"帝国大学"就是把德国诗人斯特凡·乔治(1868—1933)的《新帝国》(1928)用于宣传鼓动目的。而对海德格尔来说,思想和作诗的使命乃是开启全新的意义和视域,这就意味着,哲学绝不可以屈服于以种种方式服务于政治目的的思维模式,更不可以用现行政体的宣传提供出来的认可给自己喂食。从这个角度来看,新闻界的报刊和政治性的宣传鼓动其实是一路货色。

　　沿着这种思路(《深思 VII》§21),海德格尔逐渐凸显出的一点是,只有远离这个自我封闭的政体才可能让一种"沉思"兴起。海德格尔《深思》中用来指明纳粹的封闭和自执的关键词是"自我意识":连德国大学也处于这种自闭的过程中,并装作自己已经超越了"'现今'科学的本质规律",甚至以为自己已经成为一种全新的科学,而实际上只是令存在者脱离存在历史而日益僵固。如此,德国大学的活动空间仅仅在于那种脱离历史之当前的延存,因为只有"跳跃"才能"冒险首次突入存在历史的领域"①。既然大学不能胜任这种跳跃,那它就和"民族社会主义"一起待在"为存有之转变作准备"的范围外,"因为民族社会主义世界观的统治地位是确定了的"。由此可见,纳粹政体一再造成的那种恶劣局面的持续在"确定无疑"的"自我意识"中得到了最高的实现。但是,毫无疑问,由"自我意识"所主导的"沉思"与海德格尔对过渡的沉思并无相通之处。相反,这种基于主体性的自我意识对人所作的理解只能证明新时代

———————

① 　同上,§115 "跳跃的主导情调", S. 227。

的我性。正如我们所知,海德格尔一贯认为对"我"的表象不足以奠定真正意义上自我的"基础",这构成了他和新时代思维的根本差别:

> 自我的敞开和建基只能出自并作为存有之真理发生。[⋯⋯]在此,促成自我-沉思的既不是对人之本质的别有取向的拆解,也不是对人之别样存在方式的展出——就其本身而言,这一切都不过是一种升级的人类学——而是对存在之真理的追问。唯有这种追问才能赐予自我之为自我的领域。①

对民族社会主义而言,对存在之真理的追问乃是完全陌生的东西,因为这种"主义"作为一种世界观"压根不可能也不再能够进一步思考其他任何东西了"(《深思 VII》§21)。将人还原为其"自我"的"人的人化"铲平了真正的人性,因此也抹掉了任何一种建基,并将"过渡"当作一种危险来加以规避。

绝非偶然地,这种"人"之"发展"的错位不可避免地导致人们将此-在狭小化,同时给海德格尔

---

① 同上,§30"原初的思想"(作为沉思),§§67—68。

的思想打上了"生存哲学"的标签(《深思 VIII》§51)。正是由于这个原因,海德格尔远离了像海泽这样的人,因为其误解劫掠了《存在与时间》,将其搞成了一种"水货",而这又基于其"多次重温的'民族社会主义的思想货色'"。作为最高的官方哲学家,海泽的特征是"用口号给自己打气",并和这个体制同样具有"不思考"这一本质特征。民族社会主义的腐败无能可以从其追随者的状况见出:将这些人联系在一起的纽带就在于,他们"压根不可能进一步思考"(《深思 VII》§21)。在他们中间,海泽作为"并不思考"(《深思 VIII》§51)的"思想家"突显出来。事实上,海泽是这个时代的产儿,其用来"打气"的"口号"和"膨胀自大的谈论方式"永远感受不到源始性思想的迫切,并且仅仅属于"'思想'的野蛮不化"。因此,海德格尔一心想要澄清的是,《存在与时间》本身不可能导致这样的误解,或者更确切地说,《存在与时间》中的思想和"民族社会主义的思想货色"毫无相通之处。海德格尔的这种澄清基于其思想和"民族社会主义的'哲学'"之间的显著差异——在两者之间横着一条深渊般的鸿沟。

对专心的读者来说,第51小节结尾处的文字可以成为促动沉思的新契机,尽管多数人可能不会注意到这里的问题。专注于思想的生活有时会被视为一种"苦行",针对这一点,海德格尔认为需要做的"顶多是坚定自己反对此种伪思想的立场",而"永远谈不上投入到与之相关的争论中"。但是,令庸人感到惊讶的是,海德格尔明确指出,这种立场的坚定"绝不可以被充作一种公开性的反对意见",因为"这种反对只会被利用于"让"一种'新奇'的'精神生活'[……]被臆想为不可或缺的东西"。海德格尔在这里的表述具有十分重要的意义,因为它揭示了海德格尔避免公开反对"党"的真正意图:这个缺乏思想能力的"对手"根本不配作为争论的另一方。海德格尔并不考虑与其展开"争论",不仅因为这是对自己的一种降格,而且因为这会让自己被引离本己的轨道,而且是以最为糟糕的方式。如果有足够的时间,海德格尔的这些"沉思"就会变得极为清晰,以致会迫使大家重新审视那种将海德格尔对待纳粹的沉默看作一种默许的观点。

海德格尔有所开启的失望[Ent-täuschung]针对的是整个新时代,这也包括了"新时代的"人和"民族社会主义的伪哲学"(§53):民族社会主义统治下的"人"企图将一切可认识的东西都纳入自己的控制,仿佛这些东西都可以还原为"德意志

民众的团结"。这种控制一切的意求使得思想越
发地面临被榨取和利用的危险。在此,思想有可
能被归并到一种作为时代基本特征的可计算性
中,从而不再有能力对当前境况作出恰当的历史
性解析,其结果就是陷入一种既非敞开亦非锁闭
的状态。海德格尔对这种势头进行了严厉的辩
驳:"可被认识的东西本身却不属于'法兰西'、'德
意志'、'意大利'、'英格兰'或'美利坚'中的任何
一家,相反,它倒可能是这些民族的基础!"我们不
可能在一种人为臆造的"民族团结"中找到真正意
义上的基础,因为这种所谓的"团结"只是在掩饰
一种铁板一块的无-意义状态。此外,飘忽不定的
"民族团结"及其民众-政治性的权力意志以对存
在者的执着封闭了自己,同时把存在本身贬降为
一种"最高的"存在者,这就使得它们根本不可能
把任何一种真正的建基付诸实施。

为政治的榨取性利用所侵蚀的也包括"政治
化的天主教",后者因此具备了一种日益微妙的形
态:"宗教需求"被另外一种目的遮挡,也即"天主
教政治"的产生(《沉思 X》§47)。海德格尔对于
"天主教"的态度指向其本质特征,因此不可被当
作一种单纯的存在者层次上的"范畴分析"。在他
看来,天主教逐渐取得了某种"犹太教"的形态,后

者和民族社会主义一样都是"'组织'的决定性地
位"的范本,也即通过"宣传煽动"达到对"'紧密团
结'的歌颂"。丝毫不令人惊讶的是,这里反复出
现的组织性"宣传"不仅是民族社会主义的基本特
点,也构成了天主教的基本要素和特征,后者忘记
了"宗教需求",从而变成了一种政治机器。在此,
事实上,"天主"一词已经成了一个全新的、存在历
史性的概念,而且,正如海德格尔清楚表明的那
样,"καθόλον[天主]的本质既不在于基督,也不在
于教会本身,而是意味着'对整体的统治',也即
'总体化'"(§47)。这里,正是海德格尔对"总体
化"一词的使用可以帮助我们澄清其所谓"天主之
本质"的含义。

此外,我们还有必要援引《论稿》第14小节中
的一段文字进一步阐明这个问题:

> "总体化"意味着将一切种类的行动或思
> 想都纳入自己的管控范围。这种态度和要求
> 必定会把看似还有必要的其他一切东西都算
> 作自己的"对立面"而加以贬降。①

---

① 同上,§14"哲学与世界观",S. 40。

值得注意的是,在海德格尔看来,认为天主教徒还被"宗教需求"所驱动的幻想已然破灭了(《深思 X》§ 47)。此外,他还补充道:"他们一起再度加以掩盖的正是到来着的决定之领域——'天主教'从未[……]成为过围绕着存在的赋形性斗争的源泉。"(§ 47)

与之相似的则是《论稿》第 14 小节中的相关论述:

> 如今,总体化的政治信仰和总体化的基督信仰——尽管两者一度互不相容——开始相互调和为一种"套路"。这样的情形并不令人惊讶,因为两者本来就是一回事。作为"总体化的立场",基督教和纳粹都以对本质性决定的弃舍为依据。它们的斗争不是基于创造,而是"宣传"和"辩白"。①

在此语境中得以明了的是,海德格尔用"天主教"或"基督教"来表明某种特征或立场,同时,这类范畴亦指向某种总体化的东西,尽管信仰与政治——无论是何种政治——之间的关系依然是互

---

① 同上,S. 41。

不相容的。此外,对"天主教"来说,在《深思 X》第47 小节和《论稿》第 14 小节中提到的"赋形性斗争"在本质上总是全然陌生的东西。同时,纳粹的宣传机器亦将这种"赋形性斗争"打翻在地,以便自己永远都不会遭受质疑。

"老掉牙的基督-天主教辩护术"(《深思 X》§59)对"任何一种追问"都加以回避。这种极度膨胀的自我僭越遏制每一种事情本身中的振荡①,并驱散每一种对于"诀别"的尝试。这种阻隔和封锁所导致的连篇废话仅仅是"与之同样肤浅的'民族社会主义哲学'的回响"。在毫无根基的"泛泛而谈"中产生的喧嚣归罪于一种貌似"思想的牺牲",实际上却使得德国人民无法面对本质性的决定,例如思想与作诗。如今,这两项事业已被视为必须避免的危险。然而,只有运思才能让我们在追问中镇定自若,尽管这为"接地气的成功者"所不齿——这类人关心的仅仅是"正常有效的运转"。

德国人并未准备好"为寻找基础而冒险"(§59)。那么,在海德格尔看来,德国人的本质又

---

① 关于"事情本身中的振荡[Schwung]",参见《哲学论稿》中关于"映振"的论述。——译注

是什么呢？"我们"是"谁"？德国"人民"又意味着什么？这些在第 59 小节中接连出现的问题必须置于《论稿》①第 19 小节的光照下才是可理解的；否则,我们就很难明白海德格尔作出如下断言的两段文字："西方性的决定注定不会再发生了,而是由缺失决定之物僭得了在已定的——也即希腊化-犹太教的——'世界'范围内的统治地位"；"所有'血液'和'种族',任何一种'民众特性',都仅仅是盲目徒劳的挣扎"。在《论稿》第 19 小节,海德格尔指出,追问"我们"的意义,也就意味着回到对"自我"的澄清：

> 自我-沉思将一切'主体主义'甩在了身后,尤其是那种最为危险的'主体主义'——它隐藏在'个人崇拜'中。[……]人们是否还想以生物学的方式对"说-我"[Ich-Sagen]这回事加以奠基呢？[……]但自我-沉思才是对自我之为自我的真正奠基,而且是在所谓的'理论学说'的范围之外。

---

① M. Heidegger, *Beiträge zur Philosophie*, §19 "哲学 (对'我们是谁?'的追问)"。

对海德格尔来说,只要主体主义的统治依然决定着一切,对"我们是谁"的追问就可能成为一个危险的障碍。无论是犹太-希腊化传统,还是对于某个民众共同体的生物学隶属,都不足以推导出民众之为民众的意义。唯有嵌入"存有如何本现?"①这一基础问题,对"我们是谁"的追问才是充分有力的。与之相比,生物学上的种族问题或是宗教传统问题都远远不足以真正提出"我们是谁"的问题。曾经甘冒此种问题之风险的,只有希腊人,因为"他们一度勇敢地基于存在来规定自己"(《深思 X》§59)。这些重要的文字表明,海德格尔断然拒斥了基于某种偶然因素——无论这是生物学上的还是民俗-宗教性的——来规定"自我"之意义的可能性。

此处,海德格尔也毫不迟疑地 confessio[声明],自己曾经低估了"运动"可能造成的巨大危害:

> 纯粹就"形而上学"(也即存有历史性)的思想而言,我曾在 1930—1934 年间将民族社会主义当作某种向又一开端过渡的可能性,

① 同上,S. 54。

并曾赋予其这方面的意义。(《深思 XI》
§53)

这种估测无疑是错误的,而且,在存在历史得
到开抛的全部范围内,也不容许任何其他将政治问
题与存在历史性的问题牵扯到一起的臆测。早些
时候,海德格尔也将这次错误的估测称为"幻灭"。
尽管如此,我们也应该清楚地看到,这种"错误"的
"估测"仅仅触及仍处于初始阶段的民族社会主义
(以及当时大学的状况)——它们都曾被随即清醒
过来的海德格尔看作可以诞生希望的唯一处所。
在此,要恰当地阐释相关文本,就必须忠实于第53
小节所属的语境:这里得到界划的不仅是幻灭的时
间跨度——或者说幻想持续的时间,而且也包括特
定的空间范围,也即大学及其奠基(在本质性知识
的意义上)。对于其他的解读模式和角度,因为事
实上存在的资料不足,我们就只能顺其自然了。

当然,我们应当充分认识海德格尔上述"幻
灭"的含义。但是,我们同样必须看到的是,与此
种"幻灭"同时破灭的是海德格尔的又一徒劳期
盼:他也曾指望自己的努力可以证明是对源始知
识之建基的一种促动。然而,所有这些都没有起
多大作用,因为大学已然远离了"真正的知识",并

将科学建立在"文化"的基础上。这种堕落要归咎于"'知识分子'的空泛狂妄"及其"非本质",也即他们"从不愿意也从未能够去了解本质性的知识"。这种走样的"知识"让高校陷入了纷繁的"祸乱"。因此,海德格尔很自然地在下文中回到了对"幻灭"的表达:"因此,另一个幻灭乃是,大学不可能再转变为本质性沉思的场所。"海德格尔先后将"幻灭"一词用于民族社会主义和大学,这点可以帮助我们理解,何以幻灭将他的错误估测和一个基本问题联系在了一起:对本质性知识的守护及其可能的建基。如果缺乏本质性知识之建基这一基本前提,那么,民族社会主义和大学栖居其上的基础就始终只是"其软弱无能的根据"①。作为历史学上的事实,民族社会主义和大学之间的相互接近——双方被同一个"幻灭"联系在一起——在第53小节结尾处越发明显地表露出来:"无论是从大学的角度看,还是根据历史性的现实加以评估,我们都不可能再从上述原初的沉思出发来设想'科学'的概念,除非是那种纯粹的'幻象'。"

　　本质性知识的极度匮乏构成的主线将第53

---

① 　在这句的德语原文中,"基础"和"根据"是同一个词(Grund)。——译注

小节和第 55 小节联系在一起:"[……]所有'搞'哲学的方式,尤其是'民族社会主义的'哲学折腾,都始终处于本质性知识界域的范围外。这点并不妨碍这种哲学搞法试图以其肆无忌惮的喧嚣和掠夺性'叙事'获得一种公共性的效力[……]。"

3.2 "新时代的人"之于"将来之人"

这个部分集中考察的课题是与"将来之人"相对应的"新时代的人"。在这些文本中,如果脱离其所属语境,海德格尔的用语常常会引起误解。在此,我们将相关概念列举如下:"荒漠化""离脱根基""泛化""毁灭""血液""种族""计算性""地基""敌人""神之失落""犹太特性""世界的缺失""世界失落"以及"非本质"。

对这些问题的处理之所以会变得越发棘手,是因为全集第 95 卷的编者"创作"的编后记引发了对本卷第 5 小节中"犹太特性"一词的严重误解。对此,这位编者写道:

　　　海德格尔对所谓的"犹太"问题作了种种表态,还对民族社会主义统治下的日常生活作了阐述。构成这些表述之背景的思想全部是海德格尔同期撰写的存在历史性著作,例

如《哲学论稿(从本有而来)》(全集第 65 卷，
1936—1938)[……]。①

接着，这位编者提到了另外四部存在历史性
著作。不过，在我看来，现在应当仅仅考虑《论稿》
在这方面的影响。事实上，我们可以清楚地看到，
他并不熟悉这部著作，因为《论稿》中涉及全集第
94 与 95 卷也即《深思》的那些内容并不直接构
成——无论是以明确的还是缄默的方式——民族
社会主义或犹太问题的背景。对此，我们还将在
本书第三章《弗里德里希–威尔海姆·冯·海尔曼
未公开的信件》②中作出证明。基于"黑皮书"编
者灾难性的误解，有人策划了一系列——正如海
德格尔本人明确指称的那样——"庞大的机器"，
并以此在大众中散布了如下观点：海德格尔的存
在历史性的思想被一种"存在历史性的反犹主义
所玷污"，而且从《论稿》开始便是如此。由于此类
观点在海德格尔的文本中未获证实，它们在本质
上只能算是一种异想天开，而且构成了一种 fons

---

① P. Trawny, *Nachwort des Herausgebers*, in: M. Heideg-
  ger, *Überlegungen* VII—XI (Schwarze Hefte 1938/39),
  S. 452.

② 参见后文，页 444，脚注 1。

iniquitatis 或者说充满不公之世界的根源,也即滋长了各种漫无边际的"解读"。在全集这几卷的编者后记中竟有如此毫无根基的误解,真可谓骇人听闻。

深思 VII §56 [75—76], S.52:

如今,"对"艺术的反思可以采取何种方式、从何处出发呢?在此有待追问的是,我们不是一度必须在不搞艺术的情况下冒险直面存在者吗?同时,我们不是必须冒险将一切装模作样的"**体验**"都纳入沉思而使之展露出其肤浅性吗?在此,那些惯于"体验"的人——也包括艺术史学家——也加入到"搞艺术"的行列中,以便由此确认自己也"有活可干"。我们难道不该将他们对每一种危迫的逃避暴露在光天化日之下吗?无疑,上面说的那种冒险会把我们驱入存有的近处,同时让一切玩弄文化的手法都变成可疑。事实上,这些图谋丝毫无异于"**文化布尔什维主义**"[Kulturbol-schewismus]的无根运作,它们不可避免地通向一条注定会走向没落(也即其"伟大")的狭隘道路。然而,这些伪艺术现在却是"圆满"的目标和"价值",因而成为人们回避历史性决定——并将自身仅仅作为**主体**加以确保——的契机。新时代本质上一定会走到这一步,尽管其初次明确显现是历史学在 19 世纪对历史的全方位历史学组建。因此,人们很快就会从 20 世纪的需求出发对 19 世纪进行决定性的辩护:如果没有这种辩护,20 世纪就有可能误解和错认其"前沿性的"组建规划。

[……]

深思 VII §71 [110—111], S. 73—74:

存有之思[das Denken des Seyns]可能即将面对一种阻碍——它还谈不上是什么危险——也即**"大地"**[Erde]及其含涉之物被宣称是"哲学"的对象;歌德意义上与自然的关系降格为单纯学术意义上的"哲学"教科书。

这种对"自然"的"精神性"渗透比任何一种"生物学上的"粗糙解读都更为惑乱人心,因为后者的**计算特性**很容易暴露在光天化日之下。对存有之思的阻遏差不多是由统治性的"体验"嗜好引起的,而且,由于受到所谓"**生活**"的加固和确认,这种阻碍便显得看似有理了。(参见上文中关于谢林的阐述,S. 86 及以下几页。)对大地本身的威胁在于其遭受的"精神化"也即荒漠化。支配性的人之本质为确保自身的地位设立并推进着这种荒**漠化**[Verwüstung],这就使得它以一种不可阻挡的节奏扩张着。

　　和这种所谓的"自然"相比，荷尔德林称之为"大地"的东西要源始得多，尽管我们常常对其仅仅在历史学上加以说明，也即将其和某种元素联系在一起。要想让大地成为承载着*将来*之人的历史性力量，人就必须先行突入*存有*之真理，同时——从对存有的原思出发——让诸神与其一道进入规定性斗争的场所。基于这种原初的斗争，世界才会闪现出来，而大地也会赢回其暗谧。

深思 VII §75 [115—121]，S.77—80：

　　"与自然紧密联系"：这在任何地方——无论历经多么漫长的歧途——都是今人的"**现实**"[Wirklichen]需求，即使它只是由少数人灌输和激发起来的。此种需求或许有可能——尽管种种迹象表明并非如此——让今人看到自身持续活动于其上的**地表**的内在运动，也即认识到自己的"**推进**"只是某种他者的**浅层**表现。在此，首先含混不清的是所谓"**现实**"的现实性[Wirklichkeit des Wirklichen]到底意味着什么；此外，这种"现实"是否并且又是以何种方式把自身恰如其分地呈现出来的呢？人们之所以搜寻"现实"名下的大学，也许仅仅是因为总在规避被他们视为"**不现实**"的东西,而所谓"**不现实**"的东西之所以会遭到此种待遇,也许仅仅是因为人们压根未对真正的现实有所决断。

[……]

然而,这种人为设立的"与自然紧密联系",其真实情况又是如何呢?现在,人们将"自然"中的一切——森林与溪流、山岭与草地、空气与天空、海洋与岛屿——都看作消遣的契机和放松的手段,以便让自己得到具有固定形式和必备设施的修养。如果高兴起来,人们也会将这些东西当作"自然风光"加以欣赏。此时,人们在短暂的逗留或急速的穿行中认识了这些"风景",并将其作为日后可能的话题塞进自己的记忆中。此外,人们在历史学的,或民俗学和史前史上的好奇心——以及一一进行"比较"的嗜好——都侵袭着上述景观,因为这在他们看来要比单纯的"享受自然"更为高明。如果将这两个方面叠加在一起,就会令人产生一种臆想,也即误以为这些不靠谱的"享受"和历史学知识竟也可以让人们**立足于牢靠的地基之上**,而且还能够为这种牢靠的立足起到一份作用。[……]

谁会预感到最后残留的少许植被之**离脱根基**的过程呢?谁又愿意去预感那种总归会被误解的

发生呢？人们总是误以为这一切都是"美好过去"的失落，可这种断见不过是一种计算性的哀叹，它对自然的搞法依然只是外在的消遣。要想把握到这点，我们首先必须摆脱各种"感想"，以便回行和思考到存在者之存在遗弃的过程中。存在遗弃在计算性搞法的肆无忌惮和**庞然大物**中有其本己强力的展开，这才是无人看到也无人愿意去看的"现实"。原因在于，正是那些最顽固地执着于被误解之古代的现代进步者才是真正的"浪漫者"；如果像他们一样以历史学的方式并且仅仅以历史学的方式去看待历史，那么，我们就没有能力在本己的当前中经验到真正的现实，而他们在此看到的顶多是所谓的"现实"而已。

深思 VIII §4 [8—9], S. 96—97：

[……]

在**历史的缺失**中，那些仅仅在历史中才共属一体的东西很快就变得混杂不堪；我们看到的只是虚假的构建和更新以及看似与之对立的全面毁灭：这两种无根的过程其实是一回事——都是疏离于存有而向单纯的存在者堕落。一旦**历史的缺失**得以"贯彻"，"历史学主义"就脱缰而出了。于是，纷繁多样的无根状态——对共同的非本质一无所知——日益陷入极端敌意和毁天嗜好中。

在这场毫无目的、被扭曲的"斗争"中,也许只有更为严重的**无根状态**才是真正的"胜利者"。它不受任何东西的束缚,并且将一切(例如**犹太特性**)都纳入自己的利用范围内。但要让历史赢得对于历史之缺失的源始胜利,我们就必须争取让**无根状态**自我消弭。在**根基缺失**之处,无人敢冒险进入存有,大家都仅仅满足于对存在者的计算,并将其计算过程看作"**现实**"。

深思 VIII §5 [9], S. 97

庞然大物的一种最为隐蔽的形态——可能也是其最为古老的形态——即是长期以计算来推诿延宕的技巧。**犹太特性**的**世界缺失**即奠基于此。

深思 VIII §39 [108], S. 161:

"民族"原则若被把握为"社会"之社会学统治的后发变种,就会体现出自身之庞大的新时代意蕴。因此,**民族社会主义**对"社会学"这一名称的取缔是一种偶然吗?[1] 为什么**犹太人和天主教徒**

---

[1] 意即"民族社会主义"是对"社会学"更为极端的贯彻和完成。——译注

对搞"社会学"总是有一种偏爱？

深思 VIII §48 [118—119], S. 168—169

　　笛卡尔：要对笛卡尔发动原初的攻势，就必须从对形而上学的原则性克服出发，同时相应于他的形而上学基本立场进行一种"反其道而行之"的追问。这种原初的攻势最初由《存在与时间》(1927)付诸实施，它完全不同于早先或日后对"笛卡尔主义"的"批判"。因为，正是通过原初的攻势，其对手才有幸重获了西方思想之历史范围内不可触动的伟大。这种攻势深知，所谓的"反驳"根本毫无意义，倒是攻势的源始性才让面对攻势者越发不可动摇地伫立在历史长河中。唯有如此，原初攻势的对手才不会只是被"搞定"，而是为西方的未来保留了某种思之追问的可能性。尽管**犹太人和民族社会主义者**同样糟糕地利用了原本原初的攻势，而没有把握其核心本质，它依然远不是一种从"民族-政治"视角出发的、疯狂蔓延着的对笛卡尔的无知挑剔。（未获教席的编外"哲学"讲师最为热心于这种无谓的挑剔。）让某些人失望的是，我并不认为有必要（为了凸显自己而）与这些"撰稿人"公开划清界限。

深思 IX §81[104—105], S.247—248：

尼采没有认识到，他对柏拉图主义的倒转——也即将"唯一的"生命设定为绝无仅有的基本现实，并且令此岸和彼岸的区分无效——在根本上必定会与其对更高等级人类的追求背道而驰。理由是，尼采对所谓"伟大范本"的设定只是为生命及其欲望的无限扩展作了辩护，但对个体而言，承认这类东西的**根本**支撑作用只会成为一个幻象，因为个体只能将自己看作"生命"——也即庞然大众及其福祉的受托者。在此，个体的本己愿求只是"生命"及其升级的回响：每个人都只是"生着"[lebend]的人；对这样的人来说，唯一能做的就是呈报对于生命权利的要求，因为只有不断提升的要求才能令"生命"升级。

深思 IX §84[108], S.249：

　　[……]

某些名称——例如"信仰""知识""科学"以及"文化"等等——具有一种任意的多义性，这一事实表明的不是某个封闭意蕴领域的单纯波动，而是离脱存有之真理这一根基的症候。原因在于，就其源始意义而言，一切语言都拥有意蕴偏转的本质性力量，而且一向已经植根于存有本身之中了。造成语言之**离脱根基**这一后果的是,人们已经以**心理学-生物学**的方式将"语言"-"思想"以及"概念"表象降格和浅化为生命控制的工具设置。也就是说,问题并不在于人们不能"同意"某些重要目标及其有理有据的条例,而在于对于存在者的经验和眼光业已变得含糊不清,同时这种含混本身也被当作某种人畜无害的东西,但事实上却是,对语言的**直接利用**洗白了一切,并让人们不再考虑"损失"和"失策"。

深思 IX §91〔116—117〕, S. 254—258:

　　尼采:对尼采的决定性克服(而不是非哲学的"反驳")绝不可能直接付诸实施,而必须以对西方形而上学本身的原初撼动——也即对其基础的抽离——为前提。这种根本性的撼动会使得将"生命"当作真正存在者的设定**全无根基可言**,因为"存在者"本身在此将会失去其优先地位。

　　〔……〕

深思 IX §92〔123〕, S. 258:

　　人们会感到陌生的是,我们的沉思可能会以其追问直指一种完全别样的他者,也即指向存在及其真理(的建基与离基)。在这种情况下,作为自我沉思的沉思将和对体验背景的考量脱离关系。不过,即使是在人们假托犹太"精神分析"[jüdische Psychoanalyse]之名后,"体验"拆解之模式依然得以保留,而且也必将一直得到保留,因为人们不会放弃自己作为体验之人的地位。于是,原初之思意义上的沉思就变得不再可能了。

深思 X §14 [10], S. 282:

思想家冒险追问存有之真理,同时又不依某种反响来评判这种追问。他径直将问题抛入总是没有疑问的持续好奇中,从而令追问爆裂开来。但是,这时,追问依然持立在自身中,如同一个竦峙的深渊,一个处于被精明地计算、被机智地支持和被认为是**固有者**[Bodenständigen]之中的深渊。

深思 X §15 [10—11], S. 282:

在 1929/1930 年的讲座中,我对石头、动物和人类各具的世界关联作了刻画。这次刻画所发起的追问必须牢牢把握,但刻画本身的内容却不尽充分。当时面对的困难主要在于如何规定动物的"世界贫乏",尽管在此已经以有所保留的方式限制了"贫乏"一词的含义。世界关联包括的三个层面不是**世界缺失、世界贫乏和世界构成**[weltlos, weltarm, weltbildend],而是可以更为恰当的方式把握为:地界[Feld]-**世界缺失**、世界缺失之为地界圈束以及世界构成-大地开放。这时,对"石头"之为地界-**世界之缺失**的刻画就首先并且同时需要一种本己的"积极"规定。可我们该如何发起这种规定呢? 答曰:正是从"大地"而来——但也完全是从"世界"出发。

深思 X §39 [59], S. 312:

[······]

我们在此考虑的不是对黑格尔哲学的补救性更新,也不是对尼采思想立场的续发性模仿,而是这样一种现象实情:对存在者集体精神性的(日常-公共性的)表象和估价——这里尚未形成一种知识——为形而上学之完成所承载。支撑起这种完成的隐晦共属从莱布尼兹的形而上学中汲取了隐蔽的历史性力量,当然其形式已是一种粗糙松散的、起自赫尔德[Herder]和歌德的**普遍化**。因此,西方形而上学的完成是一种彻头彻尾德意志式的必然性,它将下述各种立场归并为了形而上学思想的最后一次启动:笛卡尔、西方的柏拉图-亚里士多德主义、中世纪以及新时代的文化基督教之诸精神领域。

深思 X §44 [74], S. 322：

只要人之本质总是预先由 animalitas［动物性］加以规定，可能被触及的就只能是"人是什么"这一问题。面对这种情况，"人是谁"的问题始终是不可能的。因为，"谁"之问题作为问题就已经以一种源始的方式对人的本质作出了独一无二的又一种回答——这种追问方式本身就已经让人的本质作为伫立于存有之真理中的坚持得以发起了。这种对人的追问不是仅仅要就人而言询问其原因以及诸如此类，而是根本就不为人之故——但却为存有之故——来追问人，其理由是，存有本身即已转入与作为真理之建基者的人的相应中。只有为存有之故来追问人之本质，我们才能克服新时代对人的人类学规定，并同时摒弃一切更早的——*基督教之希腊化-犹太化的或苏格拉底-柏拉图式的人类学*。

深思 X §46 [77—78], S. 324：

连尼采也在以某种艺术家的方式——在此也即以美学-瓦格纳-叔本华式的路子——进行"思考"。这时，他将"天才"设定为人之为人的目标，并因此深陷**生物主义形而上学**的桎梏不能自拔。

于是,基于这种形而上学,人们也能以同样的理由
反其道而行之,也即将"民众"设定为民众本身的
目标。上面这两种目标设定其实是"一回事"。看
破这点,我们才会达到那一为新时代形而上学所
支配的领域:在此,形而上学以人之人化的末了形
式统治着一切,例如那种起初只是得到浅表把握
的文化搞法就从中获得了其唯一的奠基,并在不
为自己所知的情况下得到促动。一切文化政治以
及文化之文化都是这种对它们而言隐蔽着的**主体
统治**(Herrschaft des Subjectum)的奴隶(在此,主
体即是作为历史学动物的人)。

深思 X §46a[79], S. 325:

　　任何一种独断论,无论是处于教会-政治还是
国家-政治的层面,都必然会将——看似或者确
是——偏离其轨道的思想或行为看作事实上的**敌
人**;或是异教徒以及**不信神者**,又或是**犹太人和共
产主义者**。这种思维模式的特有强项就是对已公
布之事——而非思想——的贯彻。

深思 XI §1[1—5], S. 360—362:

　　为了确保其"本质",新时代的人类一度将宝
押在机器化上:只有成为机器的一部分,人才可以

有效地为其运程的计量性与客观性服务,从而毫不费劲地确保其原欲和情趣的满足。这种对**机器工程学**[Maschinenwesen]的本质性参与完全不同于对某些"技术上的"可能性的单纯运用,而是人之为人彻底融入**存在者之可计算性**中的过程。伴随着这一切,精神——也即动物性的知性和计算能力——才获得了其顶级强力。**机器工程学的统治**既不是"唯理论"之空洞知性的荒芜,也不是"唯物论"对单纯质料的尊崇。相反,在融入机器工程学的过程中,人完全失落在了不再需要"意义构象"的存在者中,原因在于,形象之为形象本身已经完全展开并始终现前为可计算性,而且"意义"也在不停自我生产的合计划性中僵固为一种别具一格的可动性。**新时代的人类**之所以不再需要任何意义构象,不是因为他们摒弃了意义,而是因为他们控制着意义本身的生成,从而使得"意义"变成了赋予人类以全权的依据:在此,人本身有权用计算这一工具来设立每一种关于存在者整体的**谋制方式**。**新时代的人类**再也用不着意义构象,这也是因为,形象-可视性本身已被纳入其可以制作一切的生产力范围内。(在此,一切皆有可能。)形而上学曾一度将存在置于存在者之上,并且不得不通过存在者呈现存在:唯有在此,意义构象才是可能和必然的。可是,在形而上学之完成的时代,存在者本身接管了一切存在,并且仅仅识得自己的可表象-生产性。这时,"**现实的**""**活生生的**"东西以及"**行动**"的成功构成了唯一的"**真实**",而某种意义构象的可能性和必然性自然也随之消解了。若有人想在新时代——也即以历史学推算和模仿的方式——再度引入"意义构象"这类东西,那他就只是故作高深而已。这类人恰恰没有看到自己所处时代真正的本质深度,也即没有认识到"意义构象"从多个方面来看都已经不再可能:1. 如今,"意义构象"在本质上以一种更为深刻和决定性的方式得以发生("意义"与"构象"一并消解于对存在者的设置性计算也即其存在的**可计算性**中);2. 意义构象之创设的必要性以某种无有也无需构象的意义为前提,也即以一种对存在之本质的规定为前提,后者往往会呈现在全然不同的存在者中。但正是这一前提不再而且也不可能再具备了,因为人已将自己——作为动物(**种族-血液**)——设定为自己的目标,并开始任意地管控自己的历史。在意义本身成为无意义之处,在存在者让一切存在变得多余之处,构建意义之图像的力量源泉已然枯竭;3. 即使无意义的**存在遗弃**尚可被保有一丝意义图像之构建与创设的力量——

这当然是不可能的——图像创设本身也绝不可能通过对往昔图符及其世界的民俗学-历史学发掘得到引发和实施。自以为是的现代人对其历史的现前根本一无所知，却会借助历史学——"民俗学"以及"前史"——的浪漫主义工具发明一种可以成为未来的理想原型的过去。

人们常常对所谓的"智性主义"作鄙视状，同时却又极度放纵于异乎寻常的历史学主义中。如此，他们就将自身锁闭起来，因而对真正存在着的东西了无所知。

对"**血液**"和"**土地**"的鼓吹推动着对村落的城市化。如今，这种毁灭性的进程达到了前人难以想象的规模。同时，对"**生活**"和"**体验**"的谈论无一例外地束缚着真正的生长：每一种冒险及其迷失的自由，每一种沉思的可能性与追问的迫切性。人们自以为了解一切东西，并根据所谓的"成功"来评估一切东西：对他们来说，唯有可以带来"成功"的东西才是现实的。

深思 XI §29 [32—43], S.380—386:

任何时代都无法通过对"**眼前形势**"的临摹得到**把握**，而且其历史也绝不可能得到直接的认识。对一个时代的历史学（及其非历史性）作本质性的

追问,意味着直面如下问题:这个时代的存在者之
为存在者整体究竟如何得到决定,这种决定又在
何种真理中起到赋予尺度的作用。就新时代而
言,存在者之真理的一切决定都变得越发排他,尤
其是因为新时代已在向其完成也即无条件的本质
展开过渡。对全部传统之毫无限制的**破坏**[Zer-
setzung]和**毁天**[Zerstörung]基于一种肆无忌惮
的视域,它仅仅将"传统"看作"各时代文化"的逐
步衰亡。这时被忽视的是,"破坏"和"毁天"在本
质上压根不是对传统有效性的单纯消除,而是**毁
天**过程本身之无条件的可计算-规划性及其内在
更替。也就是说,存在者之存在者性——作为**谋
制性**本身及其无条件的规制——决定了何为存在
着的东西。从此之后,所有"现实"的以及仍被视
为"现实"的东西——例如"文化"及其"财富"——
面对的将不是消亡的危险,而是会成为那种必须
给出某种托词的事情的前台,以便让毁天性过程
的本真意义不至呈现。因为,能够原初地认识和
承受存在的总是极少数人;在这个完成的新时代
中,只有这样的人才伫立于存在者的**谋制性**中,并
且直面成为谋制之执行者的挑战。

　　任何一个时代——这里也即我们所处的新时
代——的完成都不可能仅仅在人类活动的某个领

域上演,而是必然会涵盖人之为人的一切本质(在此也即其新时代的**大众本质**)。因此成为必要的是一些观念和设置形式,它们能凸显出大众作为"乌合之众"以外的特征。可这并不是为了让大众获得梦寐以求的高等级文化,并且让其感受到为之"赐福"的幸运,而是为了让**谋制**在这些设施的阴影中无条件地支配大众。唯有如此,**毁灭**才能不再遭受任何阻力而不断推进。就此而言,新时代在其前几百年尚且容许人类的某些层面和单独领域发挥"文化"方面的效力——统一性的目标创设和享用此时尚未被完全排除——现在却已经掏空了全部种类"文化"的本己规定性力量。现在,这些东西最为合适的用途变成了对**大众**"最高使命"的掩饰:在这种疯狂的体验中,人们足可为自己搞到一种无条件支配一切的"时代使命"。

因此,一切的一切——例如:对早先民间物品的"善意"发掘、对民间风俗习惯的"正直"维护、对风景和**土地**的歌颂以及对"**血液**"的夸赞——都成了单纯的托词和前台,以便在对多数人隐藏唯一的实情时发挥必要的作用。在此,真正存在着的东西即是毁灭之为"自律"过程的**谋-制性**无条件统治,上述一切都是为这种本质自身的全面展开扫清道路。前台性的隐藏却不是某种单纯的欺骗，更不是**谋制**的实施者和立法者自己上演的一幕诡诈百出的**作秀**；相反，作为从真正的毁灭过程中脱落开来的东西，前台性的银幕是**谋制**之完成过程本身对其实施者的无限索取——必须如此，**谋制**的实施者才能感觉自己获得了成为"伟大人物"的保障。对这些实施者来说，这种"必须"本身也是对下述情况的认识：在这种过程中，什么东西在固有的跳跃方式中已经变得不可避免（阻滞毁灭，以及早早先行着去准备**毁灭**——通过对于最不可见之物的**瓦解**）。这种认识的伟大性——作为一种别具一格的确定性——让笛卡尔的 ego cogito—sum[我思-在]在存在者整体范围内——并且为了这种整体——得以完成。它内在的、赋形性的界限就在于无力认识本己历史性的本质。

从**谋制**之统治的角度看，这种无能为力并不是一种缺陷，而是毫无顾忌行动的"能力"。因此，它恰是一种真正意义上的优点。但是，若从思想所固有的知识——这是一种本质上以别样方式得到建基的知识——来看，我们就会认识到，在新时代得以完成的过程中，作为**谋制**的存在者之存在者性只是将某种东西带入了无条件的本质与非本质之统一中，它在由形而上学所承载的西方存在历史中早已预先得到确定。在此，存在者性对于存在者的无条件支配表现为：在任何地方，存在者都作为有效的起作用之物而具有对"存在"的优先性，而"存在"则仅仅被充作思维的最后一缕云烟。

在不为自己所知的情况下，存在者性的支配日益漂向一种关乎存有的决定——当然，支配本身不足以造就这种决定，因为它不再能够从存在者性出发为又一种追问创造其开抛空间，亦不再能够为存有本身——作为最值得追问的东西——的值得追问性开启"时间"。但同时对有所了知者——作为谋制的实施者或者存有之思的实行者——来说变得清楚的是，所有或"正直"或情感上勉强的对民众性或民俗学的折腾都只是一种抽离其内在本质的前台，也即是一种从未也决不应该经历那种真正发生着（存在着）的东西的"抽象"体验。

如果有人认为靠对**血液和土地**——以及据称可由这两者得到体验和通达的东西——的运作就可以看到真正的现实，那么，他就不仅没有认清唯一存在着的东西，而且还会以其僭越而低估这个时代的特有存在造成的危险。对我们而言，这种存在即是对存在者的渺小化，尽管这种渺小化复又为存在者本身所推动，同时也被视为可以愿求的东西。当下可以设想到的最大反差高悬于瓦格纳的"工匠歌手"和这个时代的真实存在之间，但能够经历和承受这种存在的只是极少数人，而能够把握这种存在的存有历史性真理的更是少之又少。可是，人们总是找机会将这种认识当作一种"**高雅的抽象**"束之高阁，而偏爱于历史学重新发现的民间习俗对于"**生活的切近**"。这种状况同样属于谋制之无法规避的效用范围：在此，谋制的蒙蔽使人变得盲目，以致必然会以形形色色的方式服务于新时代之**谋制**性存在的实施者。

在这种情况下，"科学"的人畜无害和蒙昧无知自然是超凡脱俗的。这点不该令人感到惊奇，因为科学本身就是方兴未艾的新时代精神的嫡传后代。同时，**历史学和技术**之间从未为科学所知——但却得到科学大力推动——的本质相同性残酷无情地碾碎了一切科学，也即令其消失在单纯的工具性中。若那种妄称"**哲学**"的东西竟想在其中寻获某种威望，那就真可谓是蒙昧无知的全面胜利了。如今，正像在中世纪曾经发生的情况一样，被冠以"**哲学**"之名的东西只是作为一块遮羞布得到占用，以便掩盖往往在不经意间发生的对于思想——作为富有思性的思想意义上的思考能力——的全盘弃离。**计算性思想**（logos）的情形则完全相反，它倒是达到了一种本质上空前的高度、自信和力量。和这样的计算性思想相比,在搞文化的过程中喜闻乐见的**伪哲学**就只是一种"弱弱"的杂音了。对于这种所谓"哲学"使用的从别处借来的言语概念,再也没有人会认真地加以探询,因为极易感觉到的是,在此剩下的只是对门面的装点而已。同时,民俗学和历史学则又以不自觉的方式在为这种伪哲学装点门面。

然而,却有一种关乎存在的知识,它起自对于存有历史以及真理之本质的历史的原初追问。这种知识同时又是对时代之本质的认识,因而已经成为对其未来的准备,尽管它不可能根据**计算**的统治地位提供出这种未来的图像和规划。在**民众**和民族共同体的伪装下,西方的历史以本质上隐秘的方式聚集到存在者之**谋制**性本质的最后展开中。作为得到表象的自行生产,这种聚集的本质就在于设置-计算对全体事物本身毫无例外的支配,它足可在无条件的盲目中应付消解于**谋制**之支配的"终极"挑战,并由此获得其最初和最终的满足。在此,存在者性以僭越的方式为自己赋权,以便把自己提升为至高的强力,同时让强力的僭越和赋权在各种存在者中不断扩散。于是,对这种本质以及奠基之真理的追问变得漂浮无据而难以提起。**这个时代的人**开始伫立于缺失真理的领域中,因为强力的不断僭越包含的辩白足以让人忘却并根除了对于强力之展开的沉思。

作为**谋制**的存在的至高统治同时带来了全面的**存在遗忘**,这并不是什么悖论。纵或我们将其视为某种"悖论",但这在谋制的支配下又算得了什么呢? 充其量是一种"迟来"的"思想",也即试图以后发或伴随的表象从自我僭越的持续强力中脱身。无疑,这种企图只是看似有可能成功。因为,对这个基于"现实有效"之物的时代来说,真理已经是一种多余的需要了,而且连**真理的缺失**也不再是一种损害,如果不是一种盈利的话。在这个时代,若还有人抱着曾被相信过的"真理"不放,那这注定是一种徒劳的挣扎,即使这对某个遁世的个体来说还算是某种慰藉和出路,但毕竟丝毫无损于存在之为**谋制**本身的统治,更不可能为我们指出适宜于**过渡之准备**的道路了。

真理-缺失的时代必定同时散发着真理占有之无条件完成的假象。在这种"光环"的笼罩下,对这个时代之本质的存在历史性规定的追问在任何时候都显得多余和烦人。相反,多处都有受人欢迎的跳梁小丑登台演出:他们或是不能看到真实的状况,或是把某种假象当做救度,竟以为自己持有的观点具有历史性的力量。就其历史性本质而言,完成了的、对自己毫无观照的**存在遗忘**与**真理缺失**的时代是独一无二的。在此,存在者性的强力诉求达到了无遮无拦的幅度,与之并行不悖的则是存在萎缩为缺失真理的单纯虚无。于是,可供这个时代用以自我标识的仅仅剩下历史学的比较——为了算出其不可比拟性——与技术性的规划——作为对任何一种"停滞"的驱除。(但是,在自我确信的僭越-赋权之本质性的优先地位面前,总会有某种"停滞"的危险作为不确定性显突出来。)某个时代隐藏得最深的**毁天性力量**——也即隐藏在其"强大"假象下面的"弱小"——就在于,它无法面对其隐藏得最深的本质危迫而就真之为真[Wahrhaftigkeit]作出决定。

但是,作为对追问之缺失的肯定,这种对于决定的无能却可能以某种方式构成了这个时代的本质——新时代的完成。在这种情况下,我们就不可以谈论某种"拒绝"或"匮乏",而是必须看到一种特有的"**伟大**",也即承认一种庞大无比的历史性规定,而非认可某种出自恼怒无知的短视谴责。因为,比长期饱而不饥的惬意更为重要的——同时也是比长期过剩的保养更为本质性的——乃是对"存在着"的东西的知识的起立:在这里以隐蔽的方式得到许诺的是关乎又一种真理的知识,它是**将来的人**必定需要开启的。

　　思想的严厉不是要抱怨据称糟糕的时代和**野蛮不化**的威胁，而是要决定性地坚持追问不可计算的且真正本现着的东西。对思想来说，这种本现者本身即已是**将来者**。思想不会将追寻这种同一者的已经走过的诸多道路公之于众，以此方式，它就将其全部道路聚集到一个纯一的立足点上，其唯一的时-空开启于对尚未得到追问者——也即**存有及其真理的建基**[des Seyns und der Gründung seiner Wahrheit]——之值得追问性的坚持中。

深思 XI §40 [52—53], S. 393：

　　现在，"孤独"有幸也将成为公共性设置的一部分，这就足以证明，对往昔一切的**人之本质性姿态和情调**[wesentlichen Haltungen und Stimmungen des Menschen]的**瓦解**——也即使之消解为毫无区别的体验运作——已经达到了"完美无缺"的程度。通过将孤独设立为一种可组织并可得到公开分享和计算的状态，人们自以为避开了单纯集体劳作的超大企业，而且还为自己确保了"独特的个性"；事实却是，这只是使得同化和消融之不可阻挡的洪流淹没了仅剩的最后几个孤岛。因为，真正意义上的孤独不是可以"制作"和"欲求"

的东西,而是**存在之罕有及其必然性**,若存在还会在其深渊中将自身馈赠于人之此-在的话。

我们可以付诸实行的顶多是对此种知见的准备:唯有存在之为存在的转变,也即对完成了的存在遗弃时代的克服,才会开启**孤独之人**——作为建基者与本质性的承受者——的可能性。与之相反,将孤独公共化为一种设施,必定会消解对存在之**谋制**的滔天巨浪的最后防护。如同迟来的罗曼蒂克,这种悄然无息的过程只是某种存有历史进程的标志,但却使得一切当代的"世界历史"变成了一幕儿童剧。

远在天边的诸神正在嘲笑着蹒跚学步的人类。

传真:Überlegungen XI, § 42,
S. 55 [GA 95, S. 394—395]

Überlegungen XI，§ 42，
S. 56［GA 95，S. 395］

Überlegungen XI，§ 42，
S. 57//［GA 95，S. 395—396］

深思 XI §42 [55—60], S.394—397:

日后,*存在之谋制*的无条件性必定会被名之为 **brutalitas**[野蛮]。(该词来自罗马,这点绝不是偶然的。)不过,"野蛮不化"并不是一种贬损性的资产阶级"道德"评判,也即不是对前台事态的"判决"——只有食古不化或对基督教执迷不悟的人才乐于如此,以便被偿还自己不再完全相信的自我价值。在我们这里,*存在之野蛮不化*映现出的乃是人之本质,也即 animal rationale[理性的动物]的 animalitas[动物性](同时也是 animal rationale 的 rationalitas[理性])。因此,**brutalitas** 并未将某种人的自我把握移植到非人的事物领域,它倒是指明:人何以必然被规定为 animal rationale,*存在者的* **brutalitas** 何以有朝一日必会臻于完美;而且,这两件事实同样仅仅基于存在的形而上学。

对于在完成了的新时代有其效力的存在者整体,如今只有两类人以各种不同的方式了知其本质:首先是那种在本质上——也即对此种存在者之本质——无条件和无扰乱地加以认同并归属其中的人,他们也以其行动和规划塑造着这个时代的形态;其次就是那种同样*少见*的人,不过,他们已然源自源始的知识先行跃入了存在本身之值得追问的特性中。没有这种知识却"干这干那"的人也不可避免地存在着，而且，这类人越来越不可避免地成为某种"大众"，却从未能够一并对存在加以规定。

所有这些**永不嫌其为多的人**需要的是各种各样的罗曼蒂克——帝国、民众、"土地"以及"同志"，此外还有对"文化"的"促进"与"艺术"的"繁荣"，哪怕只是葬身于 1944 年空袭之火海中的艺人和舞女。所有这些**永不嫌其为多的人**还需要不停歇地获得"体-验"的契机——若非如此，"生活"对他们来说还有什么意义呢？须知，唯有体验才能赐予他们真实的生命啊！此外，我们还能看到各种"**基督徒**"，他们因为对真正现实的无知而以为自己生活在"地狱"中，尽管不久之前他们还自认为是"天堂"的主人，因为曾经到处都有参与政治权力的机会。另一方面，卡尔·巴特[Karl Barth]与其"同仁"的假仁假义更是有甚于**过去的犹太人**，而衡量其行径的标尺则随着新时代的存在之历史得到了设定。卡尔·巴特的亲随们以为，对久逝上帝的大肆宣扬会在某个时候让他们进入诸神之神性由以决定的领域。他们还以为，只要以"辩证"的谈论遁入过去，就可以脱出世界进入

"永恒"。——然而,他们不过是人之"将来"(不是进步)的真正掘墓人。更有甚者,他们其实就是一些不自觉地推动着 **brutalitas** 的怪人,因而亦属那些避之不及的家伙之列。在此,他们共同阻碍着本质性的知识,同时为**存在之 brutalitas** 扫清了道路。

存在之 brutalitas 的后果——而非原因——是,人本身明确、彻底地将自己——作为存在着的——制成了那种 factum brutum[赤裸裸的事实],并同时用**关于种族的理论**为自己"奠基"。由此,关于"生活"的学说以最为粗鄙的形式将存有充作自明之物,却对其值得追问的特性毫无所知。人类通过**通入技术**得以升级——根据**种族**说明人性——将一切"显象"都"敉平"为对……的"表达"这种基本形式:所有这些都是"正确"的,而且还可以启明每个人的"生活",但这只是因为此处无有一物有待追问,而且对真理之本质的追问先就已经难以通达。因此,"生活"学说和通常"自然科学式的世界观"的区别仅仅在于,它看似肯定了全部"精神性的"东西,甚至看上去在让这些东西"发挥作用",实则却是在最深处否定了这些东西,而且是那种趋向最极端的虚无主义的否定。——对它而言,在这"最后的终结"也即最初的开始之处,一

切都是**种族**的"表达"。按照这种学说的框架,所
有的一切都可以根据不同的需求加以灌输。不
过,我们必须认识到的是,这一套都是 **brutalitas**
的后果。

　　"总动员"——作为**存在者之谋制**的后果,它
绝不是可以随意加以把控和认知的,而只是一种
绕不过去的时代现象,也即瓦格纳式的文化政治
与 19 世纪科学世界观调和起来的一种现象。可
这种"调和主义"只不过是这个时代本己的**伟大前
台**,其未曾明言的原则却是完全彻底的**缺失-沉思
状态**;与之相应的人类学说则成为被当作真理之
基础的**种族原则**。如今,人们头一次"赢得"了这
种原则——一个动物之动物性赖以成立的原
则——并将其设定为人之为人的基准。

　　于是,"人性"与"人格"本身也就成了动物性
的单纯表达和属性:例如,猎食动物成为"英雄"的
原型,因为它的全部本能都未被"知识"所歪曲,同
时又为其延续**种族**的欲望所慑服。于是,配以顶
级**技术**造就的工具,猎食动物完美地实现了**存在
的 brutalitas**,并让一切的"文化"和得到历史学清
算的历史——作为历史图像——消融在自身之
中。这时,也许"科学"会再度获得探寻发现的"快
乐"时光? 但然后呢? 何种原初的震撼才足以在

本质上让一种沉思源发而出呢？又或者，**brutali-tas** 已经成为最终的主宰？也许它已经道出了如下指令：一切都是进入漫长终结的空洞迷醉，也即进入那种作为畸形"永恒"的隐没之缺失。

深思 XI §88 [119—123], S. 438—440：

莱纳·玛利亚·里尔克［Rainer Maria Rilke］。——人们总是一再要求我阐释他的《杜伊诺哀歌》①并表明相关"立场"。在此，人们臆测某种立场的亲缘性甚至是相同性，然而，所有这些都是外在的：《哀歌》是我所无法通达的，即使其——在缺乏诗意的这几十年间独一无二的——诗意力量为我所预感和尊崇。从本质上说，我的思想在下述三个方面截然有别于这位思想家，这使得相互之间的对话必定会旷日持久，而且在现在依然为时过早：

首先，他的诗作缺失历史性的维度，也就是说，他笔下的人沉迷于身体与动物性，顶多是以不纯粹的方式暂时逃离了这个区域。其次，他对动物的描绘是人化的——这条与上面一点并不矛

---

① Rainer Maria Rilke：*Duineser Elegien*. Insel-Verlag：Leipzig 1923［GA, Hrsg.］.

盾。第三,他的诗作缺乏本质性的决定,尽管已经克服了基督教的上帝。和斯蒂芬·乔治[Stefan George]相比,里尔克其实已经更富本质性的诗意,但却同样未能身处荷尔德林为其建基的——但从未被他人所接纳的——真正诗者的轨道。里尔克同样没有——在这方面乔治做得更糟——以真正诗意-思想的方式熟稔西方人的世界。他可被回溯至其前史-童年的命运令人费解,但却比今天绝大多数的"英雄人物"更为"英雄"。(这些人把"英雄主义"和街边斗殴的纯然野蛮混为一谈。)尽管如此,他的"作品"依然保留下来,尽管确有某些矫揉造作的因素——这在乔治那儿以完全不同的方式滋长起来——夹杂其中。但愿今人孜孜以求的"阐释方式"能追求一些其他的活计!

[……]

可是,任何一种沉默都被历史学视为单纯的压抑、逃避和不合群。此外,人们总以公共性的公共运作来衡量沉默,因而不能够认识到,沉默本身就已经是救度,它已经在将我们追寻着的、命名着纯一的言辞指引到存有之建基中。可是,在存有之危迫取代所谓的"生活必需"之前,还会有多少东西必定首先要彻底沦为毁天的牺牲品啊!然而,唯有存有之危迫才能将人之"世界"也即其早先所处的位置转变为斗争之场域,它也许并不排斥战争与和平的交替,但却从不根据"战争"一类东西来规定自己。因为,所谓的"战争"现在亦展现为存在者之谋制的一种后果,而非其主宰。如果听凭**谋制性-战争性-技术-历史学**上的"斗争"占据绝对的优势,那么,我们这个时代必然会在最广的范围内疏远于斗争之本质——存有借以原初地争得疏明的多面向的门路,在此,**最为异乎寻常的东西**会遭遇到自己的本质——作为有所拒绝的馈赠,这种遭遇的约束起自至高的柔和。因此,**诗人之最为遥远的言辞**也在暗示着我们进入未被建基-有待初次命名的事情——这种暗示由之成为历史,也即一种危迫的将-来与到来:正是这种危迫令存有本身裂变于业已非存在[unseiend]的"存在者"。所以,我们需要一些异乎寻常的先兆,它们不应当被转算为"合乎时宜"的平庸物件,以免碎裂为可利用或不可利用的通货而被委诸不可避免的荒漠化。

基于某些概念的相互牵涉——这些概念有待更为详尽的考察——这个部分的内在结构是非常紧密的。但总的说来,它的基本语境处于"新时代之人"的统治与"将来之人"的孤寂之间的交错处。

对于双方的互不相容,海德格尔早有所知,而对读者来说,始终有待注意的是,海德格尔以何种方式获得了关于这种明确对立的原初认识,又是何以在其所处时代走向终结之时"朝前看"的。谋制之野蛮不化不可以成为最终的主宰,相反,道出最后之言辞的应当是一个全新的开端,对此进行准备的则是"将来之人"。在两者的鲜明对照中呈现出来的是西方的没落与海德格尔对"新开端"的开抛之间的抉择。为了避免可能出现的误解,我们首先要对"新时代人"的形态加以界划。对此,我们期待读者一直保有本质性的背景知识,并且始终将对所有相关概念的理解置于其语境中。在这方面,任何一种多余的臆断都可能起到误导作用,因此,只有对文本展开逐步的阅读,我们才能清晰地看到——这里不需要任何"评论",因为重要的只是跟随其深思的运思进程——海德格尔对技术支配的时代及其工具性思维模式所作的批判紧随其针对"种族学说"与"谋制性-战争性-技术-历史学上的'斗争'"的不妥协立场。海德格尔启用的"斗争"概念与当时支配性的战争机器毫无关联,相反,越发紧迫和必要的是"孤独"地身处于"存在之必然"而进行一种本质性的追问。通过这些深思,我们清晰地感受到海德格尔所处时代的没落,其中极具震撼的是一种特定的情调,它在沉默-倾听着的孤独中不停振荡。

让我们首先探讨一下"新时代的人"这一概念的各种变式,以便稍稍接近对其本质的理解:"作为主体的人"(《深思 VII》§56);"统治性的人之本质"(§71);"作为历史学动物的人"之"主体统治"(《深思 X》§46);"新时代的人"——对此,《深思 X》开头处很长的那个小节列举了三种形式;"这个时代的人"(§29)。新时代的人之过渡标出了眼前这个部分的语境。考虑到这点,我们就会明白,海德格尔对主体性的批判归咎于其赋予人类的绝对优先地位,这使其眼中完全失掉了回归存在的必要性。新时代人的相互孤立乃是人过度人化的自然结果,这点可以从海德格尔在此使用的某些关键词语见出:"体验"这一反复出现的主题(《深思 VII》§56);"统治性的'体验'嗜好",以及首先是"所谓的'生活'"(§71);对"现实之物"与"'现实'之物的现实性"的强烈需求,还有那种臆想,也即"误以为……立足于牢靠的地基之上,而且还能够为这种牢靠的立足起到一份作用"(§75);对"生活"与"体验"的谈论(《深思 XI》§1);对"生活之切近"的偏爱(§29);"对往昔一切人的本质性姿态和情调的瓦解——也即使之消

解为毫无区别的体验运作"和"同化和消融之不可
阻挡"（§40）；"不停歇地获得'体-验'的契机"
（§42）。通过对这类词汇的使用，海德格尔阐明
了新时代的人之本质，尤其是其在世界中的位
置——此时此刻，人的本质指向一个事实：人在根
本上没有能力觉察单纯历史学事态以外发生着的
真实，而是只会以"得过且过"的方式"体验"自己
的生活。在对这一切进行阐述时，海德格尔尚未
指明对"新时代人"的批判究竟针对的是"谁"。

　　为此问题铺平道路的是《深思 X》第 44 小节：
"只要人之本质总是预先由 animalitas［动物性］加
以规定，就只可能问及'人是什么'这一问题。面
对这种情况，'人是谁'的问题始终是不可能的。"
只要对人之本质的追问尚未溯源并安居于存在之
真理，"人是谁"这个问题就会证明自己是不可能
的。但是，只有对"人是谁"的追问才能切中人之
为人本身，就此而言，执着于某种民众集体（"种
族"）注定只会成为一种操控，因而必定会被海德
格尔纳入其所批判的"新时代人"的范畴。在这个
方向上，第 44 小节证明自己会起到决定性的作
用，因为只有冒险追问存在之真理的问题"才能克
服新时代对人的人类学规定，并同时摒弃一切更
早的——基督教之希腊化-犹太化的或苏格拉底-

柏拉图式的人类学"。

海德格尔的注意力集中在"新时代人"及其运作的后果上,因为这些场景向那些应当力承本质性知识的人指明了其使命的紧迫,而这恰也构成了"将来之人"的使命;唯有从此出发,才可能奠定一个新的"开端"。此外,海德格尔在此语境中插入的一些注解让我们清楚地看到,他对"新时代人"的批判和所谓的"民众团结"毫无共同之处。

在这方面,我们可以从《深思 VIII》第 4 小节中找到一个非常明确的证据:"合乎时宜"的"历史缺失"暗含着"毁灭"与"无根",其混杂具有"共同的非本质"。在此,"非本质"概念可以有力地帮助我们逐步更好地认识海德格尔的攻击对象:"作为谋制的存在者之存在者性只是将某种东西带入了无条件的本质与非本质之统一中,它在[……]西方存在历史中早已预先得到确定"(《深思 XI》§29);"部分地要归咎于'知识分子'的空泛狂妄:他们的本质(抑或是非本质?)[……]"(§53)。除了第 95 卷以外,"非本质"一词在第 97 卷中也曾反复出现:"非本质的秘密——'科学'或'生活实践'提供给我们的'认识'和'知识'"(《评注 I》[28]);"希特勒以其不负责任的非本质在全欧洲肆虐着"(《评注 III》[46])。只要我们紧随他的运思节奏,就可以理解海德格尔从"非本质"规定希特勒之本质的方式,也即将其视为一种形象的"非本质"。

在我们处理"犹太特性"这一主题之前——正如《深思 VIII》第 4 小节阐明的那样——我们需要更为清晰地展现海德格尔对于"土地""血液""种族"和"种族学说"这类东西的原则立场。在由本书 3.1 部分加以阐释的《深思 X》第 59 小节中,海德格尔以极为显著的方式澄清了那个时代的荒唐政治对他是多么的陌生:

> 所有"血液"和"种族",任何一种"民众特性",都仅仅是盲目徒劳的挣扎,只要它们未曾悠然自在于对存在的冒险中[……]。

这使得我们难以进一步重构出海德格尔的深思布散其中的语境;于是,人们便可能将"犹太特性"与同类词汇从其内在脉络中割离,从而听任一种榨取性的利用大行其道。对此,我们将在后文中如理地加以驳斥。在海德格尔之深思的诸多开抛面前,那些自信可在"黑皮书"中找到反犹"污染"的解读方式显然是站不住脚的。

让我们回到《深思 XI》第 1 小节:它的语境由

"新时代人"遗弃存在者的计算方式得以标明。最
终,人本身也将沦为这种计算性遗弃的牺牲品:
"人已将自己——作为动物(种族-血液)——设定
为自己的目标[……]。"此外还有"对'血液'和'土
地'的鼓吹"。由此,历史被存在者之存在的遮蔽
所规划,以致持续沉溺于倏忽即逝的"现实之物"
而忽略"不现实的东西"。这里突显出来的是另一
种分裂,它可以帮助我们把握"土地""血液"和"种
族"与"现实之物"范畴内的东西的牵连——与这
种"现实之物"相比,海德格尔想要回归其中的东
西显得很"不现实"。肤浅表层的"现实之物"与思
之"不现实"的事情之间的分裂——它在《深思
VII》第 75 小节中也曾出现——必须从《论稿》第
262 小节出发加以解读:

> 存在者已经以对象之物与现成者的形态
> 变得越发强大。存在只限于最抽象的普遍概
> 念的最后苍白,而任何一种"普遍者"都有虚
> 弱无力和不甚现实之嫌,并且被怀疑只属于
> "人类"而"疏离于本质"。[……]人们走得如
> 此之远,以至于认为没有存在也能"凑合"。①

---

① M. Heidegger, *Beiträge zur Philosophie*, § 262, S. 449.

人们被隔离于僵滞现成者包含的"现实"中，这使得他们"认为靠对血液和土地——以及据称可由此二者得到体验和通达的东西——的运作就可以看到真正的现实"（《深思 XI》§29）。新时代注定只能以浅薄的方式得以存活:科学实施的"帮助"将可以把握的"现实之物"占为己有,这就在新时代产生了存有之"离脱根基"的漫长过程;此时,计算性的思想占据了对于富有思想性的思想的优势地位:

> 在此,存在者性以僭越的方式为自己赋权,以便把自己提升为至高的强力[……]。对这个基于"现实有效"之物的时代来说,真理已经是一种多余的需要了,而且连真理的缺失也不再是一种损害,如果不是一种盈利的话。（§29）

由于人所设立且受制其中的谋制之不可阻挡的扩张,真理之缺失的构架变得难以应付。尽管如此,海德格尔还是想将"对尚未得到追问者——也即存有及其真理的建基——之值得追问性的坚持"贯彻到底（§29）。很快,我们就将走近如下问题:谁可被付以重-建的原初使命。由此,对新开端所作准备的基本线条将被凸显出来。

在《深思 XI》第 42 小节中,海德格尔将 bru-
talitas[野蛮]称为"存在之谋制的无条件性"。由
此,存在根据几个与传统形而上学有关的范畴得
到规划;这些范畴总是系于不能复归于存有的过
去。无论是这些范畴,还是教条性的表述,都没有
能力帮助我们走近"本质性的知识";这些概念远
离本质之无效性的原因在于它们已经对一切作出
了决定、规划和划分,而本质性的知识却是通过追
问进行尝试。对流俗的思维模式来说,这种追问
和尝试从来都是难以想象的。然而,海德格尔的
思想道路正是基于这种不懈追问的尝试,而非依
靠某些先定的预设。

在这方面,人们只需对《深思 XI》第 42 小节
稍作浏览,就可以找到距离——"源自源始的知识
而进入存在本身之值得追问性"的——先行跳跃
甚为遥远的各种范畴:最为突出的是"永不嫌其为
多"的浪漫主义者对"帝国、民众、土地以及同志"
的谈论。集合词"民众(性)"[Volkstum]在此语
境中理解为"民众的特性"[Volkscharakter]——
同时,我们要注意的是,也应该如此理解更为复
杂的"犹太性"一词。海德格尔将"基督徒"也算作
"永不嫌其为多"的家伙,这里指的自然是那些未

曾错过参与政治权力之初次机遇的那些基督徒。此外还包括"过去的犹太人",他们和那些基督徒一样"不自觉地推动着 brutalitas",因而"一并阻碍着本质性的知识"。在此,我们提出的问题是,海德格尔提及的这两类人究竟何所指?《深思IX》第 84 小节足可澄清这点:

> 某些名称——例如"信仰""知识""科学"以及"文化"等等——具有一种任意的多义性,这一事实表明的不是某个封闭的意蕴领域的单纯波动,而是离脱存有之真理这一根基的症候。原因在于,就其源始意义而言,一切语言都拥有意蕴偏转的本质性力量,而且一向已经植根于存有本身之中了。

这段文字的态度是十分明确的:一方面,从宗教信仰生发出来的东西有别于本质性的知识,因为信仰及其教条预设了一种特定的立场;另一方面,在海德格尔看来,"种族学说"是极其奇怪的东西,而对其倡导者而言,本质性的知识显得同样陌生。因此,在明确表明了自己对于"基督徒"和"过去的犹太人"的态度之后,海德格尔在《深思 XI》第 42 节中写道:

> 存在之 brutalitas 的后果——而非原因——是,人本身明确、彻底地将自己——作为存在着的——制成了那种 factum brutum [赤裸裸的事实],并同时用关于种族的理论为自己"奠基"。由此,关于"生活"的学说以最为粗鄙的形式对存有[……]值得追问的特性毫无所知。人类通过遁入技术得以升级——根据种族说明人性——[……]此处无有一物有待追问,而且对真理之本质的追问先就已经难以通达。

在这里,我们很容易看到,海德格尔明晰地远离于如下等等:依赖种族原则而占据统治地位的文化,以及种族主义性的政治,它将所谓的"土地"当作自身存活下来仅有的唯一前提。此外,同样是在第 42 小节中,海德格尔又补充道:

> 这个时代本己的伟大前台,其未曾明言的原则却是完全彻底的缺失-沉思状态;与之相应的人类学说则是被当作真理之基础的种族原则。

海德格尔不可能听任种族学说不管,这尤其

是因为，只有起自"沉思"的斗争才能延宕靠技术
臻于极致的野蛮政治堕落。从此而来，并且唯有
从此而来，我们才能够明了如下追问的意义：

　　　　何种原初的震撼才足以在本质上让一种
　　　沉思源发而出呢？

　　现在，我们将借此时机阐明"犹太特性"一词
及其影响，以便尽可能在这部分结束时更为切近
地理解海德格尔所谓"将来之人"的"孤独"。对他
来说，这种"孤独"代表了对其时代之堕落的恰当
反应。

　　无论如何，我们首先要澄清的就是在《深思
VIII》第 4 小节中首次出现的"犹太特性"一词。
从语法上看，这个词和"俄罗斯特性"、"基督教特
性"、"斯拉夫特性"或"美利坚特性"这类词汇——
它们同样出现于全集第 95 卷——相似，也即都带
有"特性"(-tum) 这一后缀。正如之前对全集第
95 卷的阐释一再强调的那样，海德格尔在此绝未
把它们当作存在者层次上的流俗范畴来使用，而
是用其指向一种"特性"、"态度"或内在的"姿态"，
也即个体性规定可以基于其上的那种东西。因
此，就海德格尔在这里的使用而言，这些都带有

"特性"后缀的词语不可被混淆为某种意识形态或宗教信条性的特质,更不可被还原为某个民族特具的品质。要把握这些词语在"黑皮书"中的真实意蕴,就必须悬搁单纯历史学式的读解赋予它们的多层含义。如果我们听任那些肤浅的读解,就会不可避免地误解这些词语;在这方面,全集第95卷的意大利译者亦未能幸免于难:

> 海德格尔对这些词汇的使用与世界大战前后出现的事情有关,他用它们来指明一些特定的人种学或民族学上的集体,例如俄国人、斯拉夫人、中国人或是美国人,等等。在此,我们用"俄罗斯"、"斯拉夫"、"中国"或"美国"特性来翻译这些词汇。但就"犹太特性"而言,我们选择的译法却是一个例外:这个词并非海德格尔生造,而是 scabrosa comparsa[尴尬地出现]在第二卷"黑皮书"中。我们将之译为 ebraismo。①

---

① A. Iadicicco, *Avvertenza della traduttrice* [*Vorwort der Übersetzerin*], in: M. Heidegger, *Quaderni neri 1938/1939 (Riflessioni VII—XI)*, Bompiani, Mailand 2016, p. XI.

　　基于"犹太特性"一词"并非海德格尔生造"这一理由,这位译者认为必须对其特殊处理。但对我们而言,这种"例外"的译法却表明,她并未跟上海德格尔从不针对某个单纯民族群体的深思。因为,海德格尔在使用时总是纯化了这些本来是存在者层次上的范畴,也即让其从某个特定的世界观——它将存在者还原为某个现成的对象,这里也即还原为某个人种学或民族学上的集体——中挣脱出来。此外,我们还可以从如下事实看出这位译者的先入之见:她例外对待"犹太特性"一词——正如我们看到的,这种处理方式会将该词从其远为广泛和复杂的语境中抽出——的必要前提对真正恰当的翻译和理解来说是完全多余的:"这个词并非海德格尔生造,而是 scabrosa comparsa[尴尬地出现]在第二卷'黑皮书'中。我们将之译为 ebraismo。"①在这段说明中,译者将"犹太特性"一词的出现看作一种"尴尬",可在我们看来,这点恰恰表明,译者对该词的翻译与把握将其从伴随它的广泛语境中隔离开来,而且是以对"犹太特性"过于敏感的本能拒斥为动机。因此,不可忽视的是,意大利译文对相关方面的理解并非不

———————————

① 同上。

带成见,而正是这种成见会将相关讨论导向对"黑皮书"的榨取性利用。这就清楚地表明,如果采取和第 95 卷意大利译者相似的立场,就会和海德格尔的真实意图相差甚远。

实际上,这类带有"特性"后缀的词汇——无论是"俄罗斯特性"、"斯拉夫特性"、"中华特性"还是"美利坚特性"——在"黑皮书"中的意蕴都远离了对它们的流俗使用或滥用,而且也不同于其单纯的字面含义;就海德格尔的用法而言,我们必须顾及的一个事实是,在他那里,以"特性"结尾的词语是以无分别——也即无例外——的方式刻画俄罗斯、斯拉夫、美利坚或是犹太性质的。

在这方面要避免对文本的歪曲,就有必要再次回到《论稿》第 19 小节。当海德格尔提出"我们是谁?"这一问题并对之进行追问时,"我们"并不仅限于一个民族:"我们并不是唯一的,而是和其他民族在一起。"[1]就此而言,这样的问题超越了"我们"而指向更为深远的追问,以至于原初地震撼着提出问题的"我们"本身:"对于自我–存在的愿望使得问题失效了。"[2]进一步地,"自我–沉思

---

[1]　M. Heidegger, *Beiträge zur Philosophie*, § 19, S. 48.
[2]　同上。

将一切'主体主义'抛在了身后,尤其是那种极为危险地隐藏在'个人'崇拜中的主体主义"。① 在此,海德格尔清晰的思路足以逃离主体主义的罗网,更不可能陷入某种体制性的民族观念——无论这是何种形态的民族主义观念——因为"我们"对他而言本不是一个指示"大众"的复数代词,而是必须基于"自我-存在"加以理解。而且,要想更为充分地接近这个问题,就必须将更为源始的基础问题纳入眼帘:

> 特别需要注意的是,对"我们是谁"的追问始终必须被彻底纯粹地嵌入对基础问题的追问:存有如何本现?②

我们的追问之所以一定要回溯到《论稿》第19小节,也是因为"犹太特性"以及"俄罗斯特性"只在这部主要著作中出现过一次,而"基督教(特性)"倒是有两次,分别在即将讨论的第19小节与第72小节:

---

① 同上,S. 52。
② 同上,S. 54。

　　马克思主义的最终形态在本质上和犹太
特性或俄罗斯特性无关；[……]不过，由于消
弭一切的理性统治乃是基督教的后果，而基
督教在根本上又源自犹太教[……]，布尔什
维主义其实具有犹太教的特质；但从根本上
说，基督教却也是布尔什维主义的！①

　　"俄罗斯特性"在意大利被翻译成"俄罗斯
Rußland"（"Russia"）。但撇开其他这些不谈，重
要的是基督特性与犹太特性之间的密切关联，或
者说"基督特性"从"犹太特性"的由来。在此，海
德格尔对"基督特性"因而还有"犹太特性"的描
绘——以及两者与布尔什维主义的接近——消弭
了很多当时老生常谈的对立观念，这在他后来的
著作中并不多见（在"黑皮书"中也找不到相反的
证据）。在《论稿》第19小节中，海德格尔进行的
批判与"理性的统治"有关，同时也针对"我们是
谁"这一哲学问题未被提出的弊端。在他看来，造
成这一疏漏的根源是人们迟迟未能"从其历史出
发"开启"对西方的辩护"：

---

① 同上。

不过，这个问题［也即"我们是谁？"］
［……］无法要求自己替代眼下迫切的事务，
也不可指望能够决定一切，如果它理解了自
己的话。①

基于海德格尔在《深思 XI》第 42 小节中对
"种族学说"的嘲弄以及"犹太特性"一词的真切意
蕴，我们就会发现自己很难苟同某些人的观点：他
们企图在《深思》中找到存在历史性思想之结构性
的反犹"污染"。事实上，若有人企图证明此种"理
论"，那他必定会遭遇巨大的困难，因为我们刚刚
探讨的这个部分包含了全部相关段落——要论证
"黑皮书"中存在反犹主义这一所谓不可辩驳的命
题，就必须回溯到这些文本。相反，这些段落和文
字比任何反犹主义的臆想都要深邃得多，尽管那
些从未涉足海德格尔开抛的"本质性知识"的人总
是不及此种程度。此外，对海德格尔在思想上"默
认"民族社会主义运动的论点，我们也要基于其
1938/1939 年的《深思》加以排除。笔记本的一个
重要特征就在于其哲学基本概念的分层或多层
性，这就要求我们一定要将其开抛的深思嵌入相

---

① 同上。

应的语境。例如,我们在《深思 VIII》第 5 小节中
看到:

> 庞然大物的一种最为隐蔽的形态——可
> 能也是其最为古老的形态——即是长期以计
> 算来推诿延宕的技巧。犹太特性的世界缺失
> 即奠基于此。

这是笔记本中唯一一处可以找到"世界缺失"
一词的地方。在海德格尔那里,"世界缺失"并非
仅仅限于犹太特性,相反,整个新时代都带有这种
特征,而且是因为新时代人的世界理解为新时代
的计算性思想所贯穿。事实上,"世界缺失"一词
也出现在 1929/1930 年冬季学期的弗莱堡讲座
中,其大的背景是海德格尔对如下"三分法"的综
合性研究:石头是"世界缺失"的,动物是"世界贫
乏"的,而人则是"世界塑造"[1]的。在海德格尔哲
学中,人"构成"的"世界"意味着一种意蕴整体,而
石头——依于其与人不同的存在——则完全锁闭

---

[1] M. Heidegger, *Die Grundbegriffe der Metaphysik.*
Welt—Endlichkeit—Einsamkeit, in: Gesamtausgabe,
Bd. 29/30, hrsg. v. F.-W. von Herrmann, Klostermann,
Frankfurt a. M. 1983, S. 261 ff.

于世界之外,动物的区别则在于,它一方面对世界有某种感受,另一方面又活在某种混昧中,因此真正意义上的存在-世界理解对动物来说是完全陌生的。动物只识得各种独具的"环境",这对它而言是唯一敞开的世界,就此而言,动物的"世界"始终是"贫乏"的。新时代的人——这也包括同时代的犹太人——活在世界-意蕴的剥夺中,因为他们自己的生存只能靠计算性的思想得到说明,这就造成了一种根本性的无能。与之形成鲜明对照的是,世界之意蕴深植于存在历史性的思想中,其境界绝不是某种计算性的思想所能达到的。另一方面,计算性的思想绝不仅仅是这个时代犹太人的特质,而是新时代人的总体症候。此外,海德格尔在《深思 X》第 15 小节重构了 1929/1930 年讲座中的某些概念,由此可以理解"本有"对"世界缺失"的克服。不过,尽管这一小节的主题与《深思 VIII》第 5 小节具有相当的亲缘性,其中却未曾提到所谓的"犹太特性"。

接下来,"新时代人"与"将来之人"的相互对照进一步扩展了《深思 XI》中的讨论。海德格尔对新时代之批判的要义不在于反对和批驳其种种堕落,这点可以清楚地从《深思 VII》第 71 小节中看到:

支配性的人之本质为确保自身的地位设立并推进着此种荒漠化,这就使得其以不可阻挡的节奏扩张着。

因此,"将来之人"与"全新开端"的突出之处在于对存在之真理的开启,而"所谓'生活'"(§71)的"虚假真理"与"伪哲学"——它们起自计算性的思想(《深思 XI》§29)——则与"将来之人"的斗争背道而驰。借助《论稿》中另一段引文的提示,我们可以对"将来之人"的本质及其主要特征有所了知:

> 伫立于引导性的真实知识中。[……]此外,这种知识也是无用的,而且也没有"价值";它缺乏效力,也不可直接作为即将了结之运作的前提得到采用。①

海德格尔在《论稿》第 248 至 252 小节中还刻画了另外一些"将来者"具有的基本特性:"新异者""最寂静的寂静之最为寂静的见证者""从容不迫且富有远见""永不停歇地经受追问""不顾'乐

---

① *Beiträge zur Philosophie*,§250,S. 396.

观主义'的嘈杂""追寻者""极少数人""本质上不引人注目的人,远离任何一种公众性"①。若与"将来者"的这些特性相对照,我们就可以凸显出作为新时代之标志的工具性思想的典型行为模式。

"将来者"被赋予回到开端的使命。就此而言,我们可以在眼前这部分中再找到一些典型的评注,它们以一种自我形象化的方式对这些深思的作者有所启明。例如,在《深思 X》第 14 小节中可以看到如下描绘:

> 思想家冒险追问存有之真理,同时又不依某种反响[……]。他径直将问题抛入总是没有疑问的持续好奇中[……]。

冒险进入存有之真理的追问一向已经舍弃了某种可能的反响,同时也不可被混淆为某种与"体验"共生的抽象行为机能。奢谈"现实之物"的人无法设想这种冒险:唯有在"孤独"中才能倾听存有的音声。而且,孤独"不是可以'制作'和'欲求'的东西,而是存在之罕有及其必然性"(《深思 XI》

---

① 同上,S. 395—401。

§ 40）。

> 彻底缺乏追问的时代不能容忍任何值得
> 追问的东西，它摧毁了每一种可能的孤独。
> [……]这种彻底无追问的时代只能通过纯一
> 的孤独得以克服，也即对存有之真理本身的
> 准备。[①]

在这种"孤独"中，"沉默"以其固有的敏锐将自身敞开为对存有的倾听。我们可以猜测，海德格尔早已熟稔于这种更为原初的提问方式，并借此一再先行"追寻"已建基于其开端的东西：

> 如果我们还将被赠与一种历史——也即
> 一种此-在的风范——那么，这只能是伟大寂
> 静的隐蔽历史。在这种历史中，并且作为这
> 种历史，最后之神的引导将开启存在者并为
> 之赋形。[②]

上述运思步骤可以帮助我们——尽管还是以

---

① 同上，§ 51，S. 110。
② 同上，§ 13，S. 34。

一种粗略的方式——更好地感知海德格尔身处其中的极为纷乱的时代状况,也即那个"谋制性-战争性-技术-历史学上的'斗争'占据绝对优势"(《深思 XI》§88)的时期。

4. 深思 XII—XIV("黑皮书"1939—1941)①

4.1　民族社会主义的世界观:其"'文化'-毁灭之影响"的后果

在这部分,海德格尔回到了对民族社会主义的拷问,并且——在《深思 XIII》(§77 和 §90)与《深思 XIV》([12],[41,42],[74—75],[106])的某些段落中——规定了其"历史性本质"以及由之可以追溯到的"世界观"造成的后果。

在《深思 XIII》中,思想上的稍许变动表明,民族社会主义和法西斯主义一样,都是"独裁性的社会主义"的一种"相应"形式(§73);两者与布尔什维主义的亲缘性在于,它们各自以对"新时代的庞大完成"而共同归属于"谋制"(§90)。

---

① M. Heidegger, *Überlegungen XII—XV* (*Schwarze Hefte 1939—1941*), in: *Gesamtausgabe*, Bd. 96, Abt. 4: *Hinweise und Aufzeichnungen*, hrsg. v. P. Trawny, Klostermann, Frankfurt a. M. 2014.

在《深思 XIV》中,海德格尔直接考察了"民族社会主义世界观"这一主题:一方面,这种世界观对大众造成了强制性的影响;另一方面,"民众"与"大众"之间的明确界划表明,榨取性谋制暗含的思维模式有可能以其操纵将民众还原为缺失历史的大众。到了这个阶段,作为政治-军事权力与经济控制手段的"世界观"才有能力扎下根基。在此意义上,并且着眼于"元首"在 1940 年 1 月 30 日的讲话(《深思 XIV》[12]),海德格尔对"民族社会主义世界观的'文化'-毁灭之影响"作了一番描绘。此外,"民族社会主义"向"理性-社会主义"的过渡([41—42])以及"基督教哲学"与"民族社会主义哲学"的共同本质([74—75])都必须被溯源于计算性的思想。

在《深思 XIV》(§13)中,海德格尔就"文化"问题谈到了"毁灭";而在《深思 XIV》([41—42],[74—75])中,他则论述了"民族社会主义"与"基督教哲学"中存在的"计算"性因素。

与 τέχνη 有关的问题——它在《深思 XIV》([41—42])中被引入——也将依据《论稿》中的阐释得到探讨。

深思 XIII §73 [42—43], S. 109—110:

(在"无产阶级专政"的苏维埃政权意义上)布

尔什维主义在本质上既不属于"亚细亚"也不属于俄罗斯，而是源自西方之新时代完成的一个特征。*与之有关的是独裁性的"社会主义"，它的两种变体——也即法西斯主义和**民族社会主义**——亦是新时代之完成的相应（而非相同）形式。从形而上学上来看，布尔什维主义与独裁性的社会主义同样基于**存在者之存在者性的优先地位**（参见前面的《深思》）。最为切近的历史性决定是：新时代之完成的两种基本形式是否会以互不依赖的方式将存在者的存在遗弃——也即技术-历史学-政治上的组织安排的**庞然大物**——固定在无条件的功效中（就其**庞大性**而言，两者本就是一丘之貉，无论是否"在政治上"融为一体）；抑或，经历着存在者的存在遗弃，是否会有一种为存有之真理所中介的间接性让俄罗斯赢回其历史并得到自由（不是"**种族**"上的），同时让德意志就其深渊而成为值得-追问的：在此，双方的历史来自同一个隐蔽着的基础，在这一基础上得以指-定的原初使命即是**为存有之真理（作为本-有）建基**[die Wahrheit des Seyns（als Er-eignis）zu gründen]。——

　　*"社会主义"这一名称只是在表面上依然被用于某种对于"**民众**"（Volk）来说的感受性社会主义（在社会帮扶的意义上）；实际上，它是**大众**（Mas-

sen)性的政治-军事-经济组织。阶级：统治阶层。

深思 XIII §90 [68]，S. 126—127：

俄国与德国之间的分界线只是诸深渊的掩饰，而深渊才是尚未得到原初追问的西方历史之本质决-定①的前提条件。如果我们一定要加以分隔，那么，这种界线恰恰会显明本质上同一之物的同一性。**民族社会主义**不是布尔什维主义，布尔什维主义也不是法西斯主义，但它们都是**谋制之谋制性**的胜利——新时代的**庞大的**完成形式——对**民众特性**[Volkstümern]的计算性侵蚀。

深思 XIV [12]，S. 177：

针对**民族社会主义世界观**毁灭"文化"的指责，对"元首"1940 年 1 月 30 日讲话的报道提供了一种清楚的证明。在这次讲话中，连"诗者和思者"也被视为"工人"："诗者和思者不像修女那样需要很多的食物。（大笑。）"②

---

① 按照海德格尔在此使用的连字符，"决-定"[Ent-scheidung]一词在此具有"断定"或"分别"[Scheidung]的意味。

② Max Domarus: *Hitler. Reden und Proklamationen 1932—1945*. Bd. II. Untergang. Erster Halbband. Süddeutscher Verlag: München 1965, S. 1456. 原文应为："[……]像修女那般。"[GA, Hrsg.]

深思 XIV [41—42], S. 195：

民族-社会主义到理性-社会主义，也即对人之为人本身所具有的相互协调的**彻底清算**。

这种理性需要最高的精神性，也即作为 τέχνη 的西方精神的本质。

深思 XIV [74—75], S. 214—215：

"基督教哲学"总是把两个"**半吊子**"捆绑在一起。人们也许要问，两个"半吊子"何以能结合在一起，但这种问法已然打错了算盘，因为它忽视了以下事实：这般算出的"整合"顶多是一种完全的（也即彻底的）半吊子，也就是说，它不仅没有消除"半吊子"的特性，而且将其升级为足以充分表明"基督教哲学"之虚妄的"整体"。当然，人们很少能敏锐地认识到"基督教哲学"在概念上就是不可能的，因为人们从未认真对待过"基督"或是"哲学"；相反，人们倒是喜欢假定一些人畜无害的观念，以便让自己确信"真有"这些东西——也就是说，若有人在这方面有谋算好的利益，那便会一再宣示自己的立场。对很多人来说尤其难以接受的一点是，就其本质方式而言，"**民族社会主义哲学**"与"基督教哲学"之间无有丝毫区别。因此，任何

政治上清醒的思想家都会一以贯之地拒绝任何
"世界观"范围内的"哲学";它们可能拥有的顶多
是纯粹的**技术-学术意义**。

深思 XIV [106]，S. 234：

以下两种事态之间其实毫无区别：巴玛特与
库蒂斯科尔①从战后的民主制中收获颇丰；借助
民族社会主义世界观，公立小学的教师摇身一变
为"哲学家"，而他们搞的"哲学"绝不可能促成任
何严肃认真的思考。我们的理由是，**民族社会主
义的历史性本质**在此并未得到把握，正如议会民
主制的历史性本质也未曾得到一思。

在这部分深思中，"民族社会主义"一词是细
腻到丝丝入扣的。如果对照前面就全集第 94 和
95 卷中相同问题进行的阐释，那么，我们就会清
楚地看到，《深思 XIII》和《深思 XIV》中的基本运
思步骤只能部分地运用前面的阐释，而某些概念
的再次出现则可以帮助我们更为确凿无疑地把握

---

① Iwan Baruch Kutisker（1873—1927）和 Julius Barmat
（1887—1938）分别曾在 20 世纪 20 年代因为巨大的经济
犯罪而被判处监禁。同时，某些政治家也涉足其中。
[GA, Hrsg.]

民族社会主义的本质。例如,《深思 XIII》第 73 小
节对"庞然大物"的阐述让我们回想起对第 95 卷
作的相关探讨[1];此外,我们还将回溯到前文对
"计算"与"谋制"进行的阐释:基于存在者之存在
者性的优先地位,计算性谋制锁闭并阻滞着一切,
而这也是文化"毁灭"的必然后果。民族社会主义
"世界观"对德国民众造成了不利影响:可以说,他
们被还原为盲目的大众,因为每次提问都不可避
免地依赖于最新政治立场的特有逻辑。于是,偶
然的"生命"成了不健全的世界观的无条件目标,
后者竟想让自己得到绝对的贯彻。在所有这些过
程中,谋制的运作者始终不曾识得"存在之真理的
建基(作为本有)",因此或主动或被动地为榨取性
的权力逻辑作了准备,却没有意识到起自沉思的
基本问题才是值得追问的。

　　人们难以猜度的仅仅是,存在之危迫是否会
源自深渊——也即出自存在者之存在者性的绝对
化的离-基。要想觉察到这种危迫,就必须断然决
然地脱离无所不在的计算性,因为后者基于生命
旦夕之间的封闭而强化着总体化的思维模式。

　　转瞬即逝的离-基不仅被归于只知眼前体验

---

①　　见上文,页 203,脚注 1。

的生命,而且也是"离弃"的一种特质:前面提到的绝对化之物以其统治突出自身的作用,但为之服务的思维模式却注定了失败的结局:它们身临深渊,同时还遭到存在遗弃的威胁。同样,新时代亦随之一头扎进自身的完成中。

"民族社会主义毁灭'文化'"(《深思 XIV》[12])的征兆首先出现在大学体系中,但其施加于大众的影响才是不可阻挡的,这又体现在:只有对确定、有用和有效之物的保障才是"有意义"的,因为它们可以削弱本质性知识的危迫。要理解这点,就必须深化对《论稿》第 76 小节的把握。在此——同样也在其笔记本中——海德格尔想要表明,大学文化将不可避免地走向毁败:

> 作为"科学研究与学术的场所"(这种构形方式始自 19 世纪),"大学"变成了纯粹的、越来越"接近于现实"的运作机构。在此,没有任何东西可以得到决定。大学最后残留的文化装饰在于,它们必须被当作"文化政治"的宣传手段得到暂时的保留。Universitas[大学]的任何一种本质都不可能再从其中得到展开:一方面,就对政治-民众的服务而言,原先的本质已变得多余;另一方面,没有了真

正意义上的"大学",也即没有了沉思的意愿,
科学反而能远远更为舒服和可靠地保持其
运作。①

无法回避的文化毁灭与"沉思"-缺失不仅是
大学体系之败坏的特征,而且也是整个时代的主
要特点:在这个时代,政治-军事性的组织支配着
活在幻象和欺骗中的大众,使他们不满足于眼前
的生活而要求所谓的"民族"特质。除了所剩无几
的疑虑,一切都被无法撼动的、只知推行文化政治
的组织所笼罩;人们忘记了,只有舍离自己的片面
观点,才能为沉思的流动创造空间,以便思想能够
超越看似靠谱的偶然自明而归隐于不为计算所制
的、了无"现实"的领域。对绝大多数人来说,这种
"归隐"是无法付诸实施的,因为他们只认得僵硬
现实之"无可辩驳"的绝对价值。于是,只要人们
执着于触手可及的"靠谱"现实,海德格尔以其深
思开辟的思想道路始终就是无法把握的。在这方
面,一个持续存在的困难是,我们要跟随的是一种
非-线性的思想运动,因此有时会感到迷惑和难以
把捉。

---

① M. Heidegger, *Beiträge zur Philosophie*, S. 155—156.

眼下,还需尽力注意海德格尔对"理性"领域的态度,例如"把两个'半吊子'捆绑在一起"的"基督教哲学"。海德格尔对基督教哲学——及其长期以来的犹太-基督传统——的表态反映了他对过时的"技术-学术"构架的唾弃:在此框架中,definitio[定义]是确保存在者性之常驻在场的唯一尺度,而其基本原理则是计算的可测定性——在一个封闭的回路中,所有东西都可被回溯于此。

通过远离这一切,海德格尔希望铺设出一条通向又一开端的道路,以便不再从存在者及其可计算性出发思考存在。同时,因为建基于存在,人之本质必定会逾越存在者性而对作为ens creatum[被创造者]的 ens[存在者]提出疑问。在此意义上可以明了的是,海德格尔对"基督教哲学"的深思为何会成为对理性主义的探究,又为何总是和对"计算"以及存在者性的表态联系在一起:正是基于这种可以计算的存在者性,新时代企图寻获和辨明一种"确定"无疑的客观性。

现在,让我们考察一下《深思 XIV》([41—42])中的一段文字:"理性需要最高的精神性,也即作为τέχνη的西方精神的本质。"在此,我们应当

基于《论稿》中的相关阐述及其系统性探讨① 阐明

————————

① 同上，§ 50"回音"："谋制意味着什么？谋制以及常驻的
在场；*ποίησις-τέχνη*。谋制将把我们引向何方？答曰：体
验。体验又是如何发生的呢？（ens creatum—新时代的
历史与自然—技术）通过对存在者的祛魅，而这种祛魅本
身又实施着某种由之赋予力量的魅惑。魅惑与体验。存
在遗弃最终固化在存在遗忘中。全无追问并反感于一切
目标设立的时代。平均性之为等级"（S. 107—108）；§ 61
"谋制"："制作（*ποίησις-τέχνη*）往往被视为人的行为［……］
某种东西自行制作自身，并因此也相应于某种行为成为
可制作的。这种自-行-制作即是从*τέχνη*及其视域出发而
对*φύσις*进行的阐释，这使得可制作之物和自身-制作之物
占据了优势地位［……］，我们可以暂时将之称为谋制
［……］，谋制性的东西现在更为明白无误地凸显出来，而
且随着犹太-基督教的创世思想和相应的上帝观念的引
入，ens［存在者］变成了 ens creatum［被创造者］"（S.
126—127）；§ 64"谋制"（S. 130）；§ 67"谋制与体验"："谋
制之为制作和作物的统治。［……］这里指明的是存在者
的一种特定的真理（它的存在者性）。首先并且通常，我
们会将这种存在者性把握为对象性［……］。不过，由于
牵涉到*τέχνη*，谋制对存在者性的把捉更为深刻和源始。同
时，谋制中含有基督教和圣经对于作为 ens creatum［被创
造者］的存在者的阐释，无论这时存在者是被当作信仰还
是世俗化意义上的东西"（S. 131—132）；§ 70"庞然大
物"："存在者性由*τέχνη*和*ἰδέα*而来得到规定"（S. 135）；§ 91
"思想（确信）与对象性（存在者性）"："*τέχνη*之为认识——
也即与作为存在者的存在者的基本关联——的基本特
征。［……］未能胜任于第一开端，也没有明确地为存在
之真理建基，尽管与它的本质性内现不期而遇。这就意
味着：人的某种先入为主的行为（陈述、*τέχνη*、确定性）成为
对存有之存在者性的阐释来说标尺性的东西"（S.
184）；§ 97"*φύσις*（*τέχνη*）"（S. 190—191）；§ 99"运动之为
可变之物本身的在场"："［……］将存在者阐　（转下页注）

$τέχνη$一词的含义。理由是，笔记本的界限就在于它们未能对这类问题作出系统性的论述，但却并未因此而缺失其记录深思之思想道路的意义——就此而言，我们必须否弃那种认为其"前后推论不相一致"的观点。

在新时代人获得新"精神"之时，$τέχνη$落入了谋制的领域：在此，体验令对存在者的完全控制成为可能，其目的则是单纯的可利用性。对存在者的认识耗尽了它们的存在，同时让人们产生一种错觉，也即以为强力意志可以操控栖居于世界上的一切东西。这种操纵一切的统治之所以可能，只是因为人们没有能力看破自己堕入其中的僵化狭隘，正如他们同时把世界绝对化并且还原到他们自己的影响范围内一样。随着存在者被消耗殆尽，人类也变得空前孤立，不仅再也经验不到存在问题的迫切性，而且还彻底遗失了存在问题之视野。在这个$τέχνη$彻底展开而统治一切的时代，几乎无人认出存在者的操控机制，因为技术的统治造成人类的自闭，让他们不再考虑"彼岸"的东西——一切都扭曲为此时此处存在者层次上的平

（接上页注）释为$εἶδος-ἰδέα$以及$μορφή-ὕλη$，也就是说$τέχνη$，它在本质上和$φύσις$有关"（S. 193）。

庸状态。同时,支撑着生产性制作的则是体验:行动之范围——τέχνη 的开抛在其中变得尖锐化——具有存在者维度的内在性特征,而且就此而言人不仅是自身可实行的开抛的执行者,也是这种开抛的接收者。

人通过谋制之技巧产出的东西,总是会得到体验的改良,以至于人本身也打上了自己所获"成就"的烙印。存在者对于存在的优先性意味着它们已被纳入——由人所实施的——谋制的绝对统治之下(连上帝的创世行为也成了谋制的一部分),同时,任何从谋制角度看来异己的东西都会遭到排斥。因此,人同样可悲地活在存在遗弃中:他不仅远离了本质性的危迫,而且也没有意识到这种远离,也即没有能力经验或开创一种转折的必然性,而是完全为自己的"成就"——以及对这种"成就"加以表象的确定性——所控制。在其前置性-生产性的表象中,人谋划着通过对存在者的操控作出某种东西。这种谋制摧毁了人与存在的一切联系及其建基的可能性,因而让人再也无法通达存在之为存在的领域。在存在者的僵固统治下,人把对存在者的操控当作唯一的目标,从而不知不觉地遗失了对存在之真理的最后一丝感受。

于是,人逐渐变成了被表象的存在者性之对象性范围内的人物[Menschending]。后来,这种不可阻挡的堕落导致海德格尔改变了对待τέχνη的态度,也即不再将其视为对存在者层次的现成之物的占用,而是用其表明存在之解蔽-隐蔽——在其不断游戏于隐匿与馈赠之间的意义上——的动态映振[Gegenschwingung]。在不莱梅(1949)与弗莱堡(1957)演讲中,海德格尔更是重新发起了对全部问题的思考:在此,技术现象不再依赖于人对谋制的实行,而是取决于存在之开创性的解蔽在多大程度上成为逼索性的。

4.2 不可见的"荒漠化"之为可见 "毁灭"的隐蔽前提

在这部分涉及的全集第 96 卷的相关文字中,对某些概念的把握一定要将其嵌入各自的语境中。因为有的概念在《论稿》中并不常见——例如"荒漠化",它在我们的考察中处于中心地位——我们先将它们列举出来,然后再对其进行专门的阐释。

"荒漠化"一词总共出现了 36 次,其中有 10 次是在《深思 XII》中:[a]〈2 次〉、§ 8〈3 次〉、§ 10 ("荒漠化"及其"实施者")、§ 24、§ 26、§ 35(荒漠

-化);6次是在《深思 XIII》:§34、§124、§128〈2次〉、§129、§134;8次是在《深思 XIV》:[7]、[10]("精神的荒漠化")、[31]、[41]〈2次〉、[86]("语言的荒漠化")、[93]、[119—121];12次是在《深思 XV》:[6]("自我荒漠化")、[8—11]〈5〉、[512]、[14]〈3次〉、[24,25—26]〈2次〉。

"谋制"出现了12次。8次在《深思 XII》中:§8、§10、§13、§24、§35、§38〈3次〉;3次在《深思 XIII》:§101〈2次〉、§128;另有一次在《深思 XV》[14]。

"毁灭"出现了9次。4次在《深思 XII》:[a]〈2次〉、§24、§35;4次在《深思 XIII》:§124、§128、§129、§134;一次在《深思 XIV》[119]。

"犹太人"出现了8次。4次在《深思 XII》:§24("犹太特性")、§38("犹太人");1次在《深思 XIII》:("国际犹太教");4次在《深思 XIV》:[79]("犹太人'弗洛伊德'")、[120]("犹太人李维诺夫")、[121]("世界犹太教")〈2次〉;一次在《深思 XV》[517]("世界犹太教")。

"荒漠"在《深思 XII》(§8)中出现7次。

"消灭"出现了4次。2次在《深思 XIV》[41];2次在《深思 XV》[14]。("消灭"[vernichtung];"消灭"[vernichten]。)

"离脱根基"出现了 3 次,分别在:《深思 XII》（§36）;《深思 XIV》[121];《深思 XV》[59]。

"平庸化"出现了 3 次,2 次是《深思 XII》（§13、24）;1 次是《深思 XIV》[9]。

"种族"在《深思 XII》中出现了 3 次:§38,"种族""种族思想"和"种族原则"。

"力量增长"出现了 1 次:《深思 XII》（§24）。

"计算能力"在《深思 XII》（§24）中出现了 1 次。

计算者、攫取与可算性在《深思 XIII》（§34）语境中的运用将会对相关问题的把握起决定性作用。

深思 XII [a], S.3:

毁天[Zerstörung]是隐蔽着的开端的前兆,荒漠化[Verwüstung]却是业已注定的终结的最后一击。这个时代已经临近毁天与荒漠之间的决定了吗? 不过,我们对又一开端已然有所了知,也即以那种追问的方式——(参见 S.76—79)。

深思 XII §8 [16—18], S.14—15:

尼采以其先行思考踏入了那片荒漠[Wüste];在此,荒漠化发起于谋制[Machenschaft]的无条件统治,并在作为猎食动物的人这种动物的特有主体性中取得了初步的"成果"。荒漠阻塞和消解了本质性决定的一切可能性,并在永恒轮回的学说中断然决然地达到了决定之彻底的不可能性。因此,这种学说在西方形而上学的终结中最具终结色彩:它是可以而且必须得到思考的最后的西方形而上学——尼采全部思想中的唯一思想。"永恒轮回"不是虚构的"宗教"补偿——相反,它仅仅在最为决然的形而上学思想中才能得到思考。尼采先行踏入并缓缓敞开的荒漠构成了其思想足以吞噬一切的基础,因而在一切反对面前自有其长久的必然性。荒漠的杳无人烟令人感到厌恶和恐惧,然而,这却片刻也不会让思想的争论离开自己的道路,更不会误导它借此对尼采加以拒斥。

[……]

但是,在能够坚持伫立于"原初的迷乱"之前,我们必须要和将来者[die Künftigen]一起横穿这新近形成的荒漠吗?或许,我们可以将这点看作下述情形的标志:存有之拒予的历史居有自身于深渊般相互间离的跳跃中,却被当作"前推的进程"而归于所谓"生活""的"历史学-技术运作,以使这种"生活"感受不到存在者的历史学与存有之

历史间的巨大差距。这里,并没有道路从荒漠之
荒漠化(彻底无需决定的状态)通往迷误之迷乱,
尽管横穿荒漠仍是必然。紧随此步伐到来的必将
是又一种跳跃,它不会仅仅满足于对荷尔德林的
创建作某种修补。

深思 XII § 10 [28—29], S. 21—22:

成为思想家[Denker-sein]意味着明白以下诸
点:首先,有待决定的不是"世界图像"正确与否,
也不是"世界观"的效力尚存与否。其次,沉思不
应关注自己能否起到以及如何确保对生命的效
用,更不必担心思想会沦为无用之物。最后,有待
准备和引入的决定只能是:**存在者脱缰而出的谋
制**是否会把一切都荒漠化为虚无,同时,在猎食动
物之动物性的庇护下,人是否会把自己发展为麻
木不仁且高速**计算着一切的动物设备**[Einrich-
tungstier]——那种配置最佳的**群居动物**[Herd-
enhaftigkeit],由荒漠化的执行者混居而成;或者,
存有是否会将其真理的建基作为危迫赠送出来,
同时抛予人那种源自又一开端的必然性,也即通
过对全部**事物**之本质纯一的葆真而成熟起来,使
得自己能够坚持伫立于存有之历史之间——借此
历史,人才配得上作为最后之神的开端之**隐没**。

深思 XII §13 [49], S.34:

人之形而上学的本质——理性的、感知性的（也即**"体验性的"**）动物——越是有力地为谋制之无条件的赋权铺平其无可规避的道路，人之为人的本质的**平庸化**就越是清晰地在其大众气质的范围内突显出来：动物性质会同体验性质创设出其平庸的形式：

依此两相对应的形式，人同时是动物性的和感受性的，两个方面在交互确证中为自己占用**"力"**和**"深度"**（**"体验"**）。人向这种妄称完全无疑之本质的**"进化"**即是人之**人化**[Vermenschung]。

深思 XII §24 [64—65, 67—68], S.44—47:

西方人的历史——无论他是否还在欧洲逗留——缓慢地推进到这样一个阶段：通常为人所熟悉的全部领域，例如**"家乡""文化""民众"**，但也包括**"国家""教会""社会"**与**"集体"**，都拒绝给予人某种庇护，因为这会使得它们或是被降格为单纯的借口，或是被委以恣意的任意性。此等足可驱使大众的力量一直不为人所知，因而其**戏谑**仅因对人的强迫才穿帮：人被迫习惯于咄咄逼人的**大众**[Massen]气质，其**"气运"**穷尽于对决定之缺失的应付和以对这种大众气质的占有和享受来麻醉自己,而这不过是因为值得"拥有"的东西总是变得更少,也越发地空洞乏味。

[……]

在这种地方,如何才能有一丝畏意[Angst]得以唤醒呢? 它能够认识到,正是现成之物的优势地位与对于决定的无欲无求——命中注定在不知不觉中扩展和膨胀到此种境地——我们可以谓之荒漠化,它并不只是一种毁灭而已。战争灾难和灾难性的战争并不触及此种毁灭之统治的本质,而只能算作对它的一种见证。同样对存在者整体之形而上学特征不造成本质性改变的是下述看似对立的情况:自我委弃之人的**群居化**驱使其向着动物性的完成而日益**平庸化**,或是成群的暴力统治把彻底分层后"待命"的**大众**驱赶到决定的彻底缺失中,又或是最终坐实为动物的这种东西——它以"**超人**"的形态表现出来——可否被**培植**出一种"分层"。

[……]

由于同样的原因,任何一种"和平主义"或"自由主义"都无法突入本质性决定的领域,相反,它们在本质上和或真或假的战争性处于相同的位置。**犹太特性一时之间力量大增**[Machtsteigerung des Judentums]的原因就在于，西方形而上学，尤其是其新时代的展开，为空洞理性和计算能力的扩张提供了出发点，而这种空洞理性和**计算能力**又以此而在"精神"中为自身赢得住处，却从未能够从自身出发通达隐蔽着的决定之域。[……]（因此，就其对心理学解释与**历史学结算**的反对而言，**胡塞尔**走向现象学考察的步伐始终是重要的。不过，它亦从未进入本质性决定的界域，而是到处都预设了可见于历史记载的传统哲学观念。其结果就是，胡塞尔很快就转向了新康德主义的超越论哲学，并不可避免地最终向形式上的黑格尔主义挺进。我对**胡塞尔**的"攻击"针对的不仅仅是他，相反，这种"攻击"在本质上针对的是对存在问题的疏漏，也即形而上学之为形而上学的本质。基于此种本质，**存在者之谋制**方才可以对历史作出规定。[……]）

深思 XII §26 [69]，S.47：

在本质性的虚无主义——从最为遥远的疏离而来的对存有之秘密的黯淡猜度——也被拒绝通过之际，荒漠化就会臻于极致：在此，虚无主义将**无法**就其形而上学本质得到承解[Austrag]。

深思 XII §35 [79—80], S.54

对**谋制**的"音""像""报道"是新时代之完成的全球"**神话**"。对最为边远的德国农舍世界作出规定的不再是年岁变迁的神秘,也即依然滋长于**大地**的自然,而是配以图标的报刊,其中充满了对影视明星、拳击手和赛车手以及昨日"英雄"的露骨刻画。在此,可怕的不再仅仅是对"德行"和"体面"的毁天,而是使存有之每一可能性都荒漠-化了的形而上学进程,这个进程让整个存在都化作可制作的造作之物——也即可以表象和设置出来的存在者。它们包括:拖拉机与一小时即可抵达最近大城市的摩托车,美式装点的"杂志"与配有图画的报纸,修改山区居民的习俗令其适应于成为大城市健身吧台的主顾。

深思 XII §36 [80—81], S.55:

从形而上学上看,启蒙、暴政独裁和肆无忌惮的愚民政策都属于那种唯一的进程:**离脱存有之根基**,用权力展开替代源泉、各自满足于被表象的东西——总而言之,**存在者之无有例外的优先地位**。

深思 XII §38 [82—83], S.56:

在**谋制**时代,**种族**成了历史(或者只是历史学)的明确"原则"。这种情形并不是"理论家"的任意发明,而是**谋制**之权力的一个后果:任何领域的存在者都面临被其摄入规划性计算的命运。就"生命"而言,**种族思想**将其视为一种可培植的东西,因而亦属**计算**之列。依其突出的**计算天赋,犹太人**早就按照种族原则"生活"了,这也是他们激烈抵制其不加限制的运用之原因。对**种族培植**的设立不是源于"生命"本身,而是起自**谋制**对生命的僭越和赋权。谋制以此规划推动着**民众的**全面**去种族化**,也即将其安插在均质切割一切存在者的设置中。与**去种族化**并行不悖的则是民众的**自我异化**——历史也即存有之决定领域的失落。

深思 XIII §34 [23], S.94:

通过作为主体的人——他已经成为包括自身在内的一切事物之可计算性的**计算者**和**客畜者**,无意义状态获得了强力地位。此时,人们不再满足于对一切意义——也即对存有之真理及其在存在者性中的回荡与开抛的追问——的排除,而是要求必须保留某种合适的替代物,这里也就是**计算**及其对**"价值"**的评估。"价值"则将本质之本质性转化为量化的**庞然大物**,也即将存在者彻底委弃给**计算**。(若是现在才姗姗来迟的哲学-学术以历史学-柏拉图主义的方式宣称这些价值是"自在的",或是称之为可直观的对象并用庞大的分层图表加以计算,那么,形而上学的完成就会翻转为思想的荒漠化,其结果显示为一种卑微的文化,乃至将其滥用为一种宣传手段。)

深思 XIII § 101 [77], S. 133:

"国际犹太教"可以利用它们互相叫卖以搞定一切——这种谋制性的"历史"制作将所有共舞者均一地编织入自己的罗网中;在谋制的势力范围内,既有一些"可笑的国家",也有一些可笑的文化制作物。在西方世界一浪高过一浪的革命中,新时代的头几次革命(英国、美国、法国革命及其后续者)刚刚被交还给其本质;"西方"最终将以最为决绝的方式由之得到把握,那时,它仍会以为自己对之形成了有效的克制。

深思 XIII § 124 [97], S. 147:

在第二次世界大战中,不可见的荒漠化将比可见的毁灭更为严重和广泛。

深思 XIII § 128 [109—111], S. 155—156:

谋制性的荒漠化已经显现出庞大无比的心醉

神迷,并且引发出种种"行径"以反抗最后之神与期待着最后之神的**寂静**之荣耀。此情此景意味着什么呢? 可神又当如何? 你去追问存有,在作为其原初本质的**寂静**中作出回应的即是神。你们可以在一切存在者中漫游,其中却绝无一丝神的踪迹。但你如何才能成为追问存有的探寻者呢? 只有靠**寂静**的音声,它的奏起会使你坚持伫立于此-在的本质,并让具此心境之人振奋起来静候到来之事。[……]信心之[……]强大足以将存在者之存在遗弃面前的惊恐纳入自身的本质。借助自己的耐心,它的从容不迫足以应付存有之本质的明显荒漠化,后者已经远胜一切脱缰而出的存在者之毁灭。

深思 XIII § 129 [112], S. 157—158:

　　若就隐没而言,**民众**拥有的"时间"可能已经太少了,因为他们缺乏那种下潜所必需的本质性高度。这时,只剩下对于隐蔽尺度之暗自沉降的慢慢习惯,以及对原初启用之日益救平的悄然适应。于是,"存在"之毁灭正在将来的路途上行进,而一切外在的荒漠化只能算是一场来得太迟的空洞修饰。

深思 XIII §134 [114], S. 159:

在一个不可见的**荒漠化**比可见的**毁天**更为深远的时代,日常反思的道路必须将不可见的一面视为自己的方向。[……]

深思 XIV [7], S. 174:

如今,对到来者的到来而言,重要的是处身极致的伫立以及对斗争之所为的明了:人之为人是否只停留在成为**荒漠化**的仆役上,或者,他是否会在又一种建基的历史中成为神之音声的反响。

深思 XIV [10], S. 176:

现在,有一"种"新的"文艺"正在不断蔓延:将荷尔德林、格奥尔格和里尔克混杂起来以模仿尼采的"查拉图斯特拉如是说";这是一种出自"善意"但却粗俗的工具,被用作颂扬**"生活"**、**"战争"**或任何由大人物指定和赞赏的东西——**精神荒漠化**之最为危险的形式:在此,绝没有丝毫纯一、长远的沉思,一切都沉迷于据说是原初的嘈杂中。

深思 XIV [31], S. 188—189:

若人们鄙视思想的程度与其对思想的无能相

仿,那不走运的医学教授和没能耐的小学教师就
会"制作"出"系统"的"世界观",然后再将其充作
"哲学"。在存在者中就存在者取得的每一胜利为
何都必然导致存有之荒漠化呢?

深思 XIV[41], S.195:

形而上学。

所有东西都必定会历经完全的荒漠化,以及
作为其先行形式的消夭,后者在对"文化"的虚假
保护中有其最为"锐利"的形式。唯有如此,形而
上学长达两千年的结构才会动摇和垮掉。消夭和
荒漠化本身亦有其设置于形而上学之中的形式
("理念"和"价值")。

深思 XIV[79—80], S.218:

如果对某些人来说,所有的一切只能被"思"
为"导向""本能"或"本能衰减"的"生命""表达",
那么,他就不应对犹太人"弗洛伊德"的精神分析
过于恼怒,因为其"思"维模式纯然是一种早已排
除一切"存在"的虚无主义。

深思 XIV[86], S.221:

在语言荒漠化[Sprachverwüstung]的"体制"

下,每一种建构都被视为"不自然"和"非有机"的东西。此外,我们还可以在此看穿在较高层次适用于一切恶劣之物的融通性。

深思 XIV [91],S.225:

对本质性的**伟大之事**来说,膨胀、扩散以及作为其后果的**平庸化**是无法克服的敌人。

深思 XIV [93],S.226:

"配图报纸"和"电影"——以及表格或曲线图——上升为受到偏爱的教学手段;同时,精神的**荒漠化**被视为精神本身。这时,丝毫不令人吃惊的是,学术教学会以种种方式规避真正思想与长久深思的努力。

深思 XIV [119—121],S.242—243:

就其在本质上为历史建基的源始性与纯正性而言,人之为人的最可靠标志是他与言辞[Wort]的关联。在这种关联飘忽不定甚至无足痛痒之处,**民众**的一切本质性基础便已然动摇了。外在的毁灭只不过是早已存在的**荒漠化**之迟来的果报。

[……]

如今一起暴露出来的是布尔什维主义政治的"阴险狡诈"。犹太人李维诺夫①重又浮现出来。作为对其六十岁生日的贺词,莫斯科《消息报》的主编、著名的共产主义者拉达克②写道:"李维诺夫证明自己在以布尔什维克的方式——即使仅仅在暂时性地——寻找盟友,而且正是在可以找到他们的地方。"

[……]

即使是要和英国达成谅解——也即分担其帝国特权——的想法也未曾触及那种历史进程的本质:在美国主义-布尔什维主义与**世界犹太教**[Weltjudentums]的范围内,英国将会一直扮演它的角色。对**世界犹太教**扮演何种角色的追问不是**种族性的**,而是形而上学性的。在此,我们要追问的是那种人之为人的方式:此种人毫无忌惮地将存在者对存在之**根基的离脱**作为世界历史性的"使命"领受下来。

---

① 马克西姆·马克西莫维奇·李维诺夫[Maxim Maximowitsch Litwinow](1876—1951),起初是苏俄外交人民委员,在 1941 年 11 月之后成为苏联驻华盛顿大使。[GA,Hrsg.]

② 卡尔·拉达克[Karl Radek](1885—约 1939),20 世纪 20 年代为苏联共产党中央委员会委员,记者。1937 年在莫斯科大审判中被判处十年监禁,后失踪。[GA,Hrsg.]

深思 XV [6]，S. 256：

对于身负的使命，问题仅仅在于，我们是否能够让自己成为此种使命：整个新时代的人本身正在遭受彻底放纵的**自我荒漠化**，我们应该片刻不停地超然其中而拯救德意志本质的**开端**，否则，每个德国士兵就会徒劳无益地倒下。

深思 XV [8—10]，S. 257—258：

作为一种可由历史学加以指证的现象，美国主义属于新时代之无条件地葬入荒漠化这回事。俄罗斯特性在明白无疑的僵固野蛮中仍然扎根于其**大地**之源域，因而有其由之得到先行规定的清明世界。相反，美国主义则是对一切的攫取和堆积，同时又总是意味着被攫取之物的**离脱根基**。

[……]

俄国人对扎根的执着和对理性的敌意则有些过分，以至不会接受荒漠化的历史性命运。对存在遗忘的接受——并将其设立为长期的立场——需要一种完成度极高的、足可**计算一切**的理性能力。如果人们愿意，也可以称之为"精神能力"，因为只有这种"精神"才总是能够胜任荒漠化这一历史学使命。另一方面，作为"绅士民众"的英国人则接掌了荒漠化内部的服务职能,以至暴露了其历史的形而上学虚妄性。现在,他们拯救虚妄幻象的企图正在为荒漠化作出贡献。

深思 XV[12], S.259:

现在流行将"贯彻"当作每一事物之本质性的标尺,这种貌似普遍有效和自明的要求已经窒息了沉思之可能性,在这里,荒漠化已然开始,也就遑论与美国的"争鸣"了。

深思 XV[14], S.260:

剩下的就只有星球主义了:这是权力之**谋制**性本质沿着荒漠化的道路消灭不可毁灭者的最后一步。荒漠化能够消灭不可毁灭的东西而又无须对之有所把握。荒漠化埋葬的是原初本质的可能性,因为正是原初的事情——而非某处现成在手的持存者——才是不可毁灭的东西。

深思 XV[17], S.262:

从德国驱逐出去的移民所激起的**世界犹太教**在哪里都是无影无形的[unfaßbar]。在其一切力量都已展开之际,它亦无需加入战争行为。相反,我们却只能牺牲自己民众中最优秀人物的最好血液。

深思 XV [24,25—26], S. 266—267：

犯罪[Verbrechen]：这不是单纯的**打碎**[Zerbrechen]，而是将一切都荒漠化为**碎片**[das Gebrochene]。碎片是从开端中**折断**[abgebrochen]而破碎的东西，它们分布在**朽败破落**[Brüchiges]的领域中。这里仅仅剩下一种存在的可能性也即规整，它在表面上与存在历史上的（而非法律-道德上的）**犯罪性**[Verbrechertum]相对立。①

[……]

但是，如果有人想遁入对"基督"的信仰，那么，他就会陷入信仰与自己装作在搞的"哲学"两不相容的窘境。于是，人们就将自己称作"好得不能再好的柏拉图主义者"，而不再认真考虑去信奉基督或是放弃"哲学"（作为"尘世的愚蠢"）。但同时，人们又会抱怨布尔什维主义的做作。在这类搞法中明白无疑地现出了荒漠化的初始形态。

我们将要对在海德格尔的语言使用中出现的

---

① 这段中有一连串在其他语言的译文中难以表明的以动词"brechen"为词根的变体词。

一些概念进行讨论,尤其是在《论稿》中未曾出现的"荒漠化"一词。在我们更为精细彻底地考察和阐释"荒漠化"概念之前,我们将首先探讨一下"荒漠"一词。然后,我们将突出"荒漠化"与"毁灭"在其语境中相互关联的方式:两个概念并不完全重合,但却压根不可被还原为主观性的"时间"和"空间"框架内的表象。

在此适于作为探讨之出发点的是名词"荒漠",它只在《深思 XII》(§8)出现过。尽管两位思想家对于"虚无主义"的思考迥然有别,海德格尔还是在提及尼采后写道:"荒漠阻塞和消解了本质性决定的一切可能性,并在永恒轮回的学说中断然决然地达到了决定之彻底的不可能性。……荒漠的杳无人烟令人感到厌恶和恐惧,然而,这却片刻也不会让思想家之间的争论离开自己的道路。"接着,海德格尔追溯了脱离"迷误之迷乱"就会出现的"完全需要决定的状态"——"尽管横穿荒漠仍是必然"。

除此之外,《深思》中并无其他地方对"荒漠"作出进一步说明。不过,我们可以先说说"迷误"一词,因为对其在海德格尔处特有内涵的澄清足可彻底消除曾经引起的很多误解。无论是在《深思 XIII》(§10)或《深思 XIV》([53,82,109])中,还是在《论稿》①中，我们都无法找到"荒漠化"概念；在此，经常可以看到的是"迷误"一词，但它并不是指希伯来人曾在沙漠中迷失方向的典故。只需读读笔记本——以及首先是《论稿》中——的相关段落，我们就会清楚地看到，因"荒漠"一词而增加的误解其实基于对海德格尔文本的无知，而由此导致的"严重错误"事实上是对海德格尔文本的施暴②。

---

① M. Heidegger, *Beiträge zur Philosophie*，§87"第一开端的历史（形而上学的历史）"："这种知识对虚无主义更为源始的思考深入到存在遗弃，因而成为对虚无主义的真正克服。由此，第一开端的历史完全不再被单纯错误和突然无果的假象所掩盖；这时，照亮以往的全部思想作品的伟大光明才会到来"（S. 175）；§226"隐蔽之疏明和 ἀλήθεια"："这时，我们才能更加明白无误地看到迷误的源泉以及存在遗弃的强力和可能性，隐蔽与掩-盖：非基础的统治"（S. 351）；§259"哲学"："唯有思想之冷峻的无畏与追问在暗夜中的迷误才将热切与光明借与存有的火焰"（S. 430）。

② 我们恳请读者留意阅读一下唐娜泰拉·迪·切萨雷对"荒漠"一词的解读。这样，如下这点随即就会清晰地显现出来：这位论者"基于"笔记本的描述在《深思 XII》（§8）找不到任何根据，哪怕只是一个必要的文本来源也没有。在此需要完整地引用她的描述，因为只有这样我们才能估计出该解读手法造成的影响，尽管海德格尔本人——无论是在笔记本中还是在其他地方——都从未使用过这种解读强行加以归罪的那些措辞。这种任意的说明饱含了对于笔记本的误读和歪曲："干枯、荒漠化、荒无人烟、偏僻贫瘠、不可居留、了无生气、空无所（转下页注）

　　"荒漠之扩张"这一说法由海德格尔承袭自尼采。不过,"荒漠化"必须嵌入对"虚无主义"的追问才能得到原初的追问,而在这方面,两位思想家之间存在无法弥合的巨大差异。尼采认为虚无主义无非是指最高价值的"失效",因而他依然处在

　　(接上页注)有、不像样子的、毫无节制的且漫无边际的空间、充满诱惑和邪魔的罪恶深坑:海德格尔的荒漠看起来就是这个样子。"(Donatella Di Cesare, Heidegger e gli ebrei. I "Quaderni neri", Bollati Boringhieri, Turin 2014, S. 127)由于对笔记本作了歪曲性的解读,这位论者偏爱用 desertificazione 一词翻译"荒漠化"。这就表明,她没有认识到海德格尔和尼采对同一个概念的不同使用——在海德格尔那里,重要的是其领会到的真理或疏明这样的维度。不过,这种字面上无误但却不真的翻译却证明有助于支撑她自己的论题:"'荒漠化'指向'荒漠'及有关现象,而海德格尔将这类在政治上得到评估的现象铭写到了自己的存在历史中,这些现象就具有了存在论的意义。因为这两个原因,用 inaridimento 或 devastazione 翻译这个词[Verwüstung]就是不对的了。"(同上, S. 126)通过这种文笔,这位论文再次忽视了以下实情:尽管"荒漠化"——和"荒漠"有关——属于存在历史,而且把海德格尔和尼采联系在了一起,但同时却已经被海德格尔的原则所扬弃。不需要更多的考证,通过她自己稍后写下的文字就可以看到,这位论者想得到的其实是另外一些东西:"重要的是听到'荒漠'一词带来的诅咒和反响。不难看出,这种荒漠化是对犹太特性的进一步形象化。"(同上, S. 127)把"荒漠化"一词的含义强行限制在"荒漠"中,对她来说证明是有用的,也即通过自己的思量歪曲海德格尔的用语,尽管这是一种任意的、在某些方面充满幻想的思量,其用意就是不惜一切代价把犹太特性强加在存在历史性的思想身上。

"价值"的层面上。同时,对尼采来说,价值才算是存在者之存在(在其存在者性的意义上)。尼采为此竭力推进对"一切价值的重估"。很明显,尼采的视域并未含涉海德格尔意义上的存在之"真理"、"疏明"、"敞开"或"无蔽"。由此亦可见出,"虚无主义"在海德格尔那里毫无最高价值之失效的含义,而是存在之本现中的本现着的本有:"虚无主义"的"虚无",或者说荒漠化之 nihil[荒无]阻遏着全新开端在存在之真理的本现中的发源。如若在存在之本现中本现着的本有遭到荒漠化,那么,存在者便不再有机会就其本己本质的显现而展开。存在者之存在的区别,或者说存在者与存在的区别("存在论差别")在一种裂变中才有其作用,它伴随着——相对存在者在其隐蔽中的毁灭而言的——存在之真理的荒漠化;就此而言,荒漠化根本不同于毁灭,它在抽离源始决定①的全部可能性之际确保决定的持续缺失。作为决定之缺

---

① M. Heidegger, *Metaphysik und Nihilismus*, in: *Gesamtausgabe*, Bd. 67, Abt. 3: Unveröffentlichte Abhandlungen, hrsg. v. H.-J. Friedrich, Klostermann, Frankfurt a. M. 1999, §136"虚无和荒漠-化", S. 146:"荒漠:开端之防护的常驻。荒漠-化之为对全盘离脱根基的持续确保,而且是以这样一种方式:迄今为止的全部东西都继续得以保留,同时,人们出于荒漠-化的目的为'文化政治'而努力。"

失,荒漠化消弭并埋葬了任何一种源始决定的可能性和必然性,因为它死死抓住偶发的生命不放,并企图保留其不变的在场。

《深思 XII》到《深思 XIV》中的一系列文字可以帮助我们——如海德格尔思考的那样——把握"荒漠化"的基本轮廓:它是"业已注定的终结的最后一击"(《深思 XII,[a]》);"尼采以其先行思考踏入了那片荒漠:在此,荒漠化发起于谋制的无条件统治","但是[……]必须[……]横穿这新近形成的荒漠吗?""没有道路从荒漠之荒漠化[……]通往迷误之迷乱"(§8);"对于决定的无欲无求——命中注定在不知不觉中扩展和膨胀到此种境地——我们可以谓之荒漠化,这并不只是一种毁灭而已"(§24);"在本质性的虚无主义[……]也被拒绝通过之际,荒漠化就会臻于极致"(§26);"'报道'、[……]配以图表的报刊,其中充满了对影视明星[……]的露骨刻画。在此,可怕的不再仅仅是对'德行'和'体面'的毁灭,而是使存有之每一可能性都荒漠-化了的形而上学进程,这个进程让整个存在都化作可制作的造作之物——也即可以表象和设置出来的存在者"(§35);"通过作为主体的人[……],无意义状态获得了强力地位。此时,人们不再满足于对一切意义[……]的排除,而是要求必须保留某种合适的替代物,这里也就是计算及其对'价值'的评估。[……]于是,形而上学的完成翻转为思想的荒漠化"(《深思 XIII》§34);"在第二次世界大战中,不可见的荒漠化将比可见的毁灭更为严重"(§124);"谋制性的荒漠化已经显现出庞大无比的疯狂迷醉","存有之本质的明显荒漠化[……]已经远胜一切脱缰而出的存在者之毁灭"(§128)。民众"只剩下对于隐蔽尺度之暗自沉降的慢慢习惯,以及对原初启用之日益敉平的悄然适应"。"'存在'之毁灭正在将来的路途上行进,而一切外在的荒漠化只能算是一场来得太迟的空洞修饰。"(§129)相应于第124小节中的阐释,海德格尔再次强调,何以"不可见的荒漠化比可见的更为深远"(§134);斗争所围绕的乃是,"人之为人是否只停留在成为荒漠化的仆役上,或者,他是否会在又一种建基的历史中成为神之音声的反响"(《深思 XIV》[7])。对《查拉图斯特拉如是说》的榨取性利用是"精神荒漠化之最为危险的形式:在此,绝没有丝毫纯一、长远的沉思,一切都沉迷在[……]嘈杂中"([10])。"在存在者中就存在者取得的每一胜利[……]都必然导致存有之荒漠化"([31]);"完全的荒漠化,以及作为其先行形式的消灭,后者在对'文化'的虚假保护中有其最为'锐利'的形式"([41]);"在语言荒漠化的'体制'下,每一种原初的建基都被视为'不自然'和'非有机'的东西"([86]);与第35小节相联系,海德格尔再一次阐述了他的深思所认识的东西:"'配图报纸'和'电影'[……]上升为受到偏爱的教学手段;同时,精神的荒漠化被视为精神本身。"(《深思XIV》[93])"外在的毁灭只不过是早已存在的荒漠化之迟来的果报"([119]);"整个新时代的人本身正在遭受彻底放纵的自我荒漠化,我们应该片刻不停地超然其中而拯救德意志本质的开端"(《深思 XV》[6])。

　　在这段略显冗长的概览之后,我们将稍作停留,以便对《深思 XV》[8—11,12]中一个不长的段落略作考察。在此,海德格尔认为,新时代并非仅仅为荒漠化所规定,其"可由历史学加以指证的现象"是与美国主义一并出现的;"荒漠化内部的服务职能"则由"作为'绅士民众'的英国人"所接掌。海德格尔的这一观点在历史学上也许并非不可置疑,但这里要紧的是他对新时代及其固有荒漠化的总体把握和界划:荒漠化之可见的一面与民族社会主义的本质性毁灭不可分割,然而,在这个新时代,它更是在本质上先行于民族社会主义。

事实上,只要思想不再建基于存在,荒漠化便已粉墨登场了。毁灭只是来得更为深远的荒漠化在历史学上的现象,正因为本质上的荒漠化,毁灭才有了"更为广泛的影响"。在某种意义上,海德格尔对新时代的批判只是其深思的终结点,因而并不可以仅仅算到"他所处时代"的头上。因此,当海德格尔也对英国人及其在战争中扮演的角色加以批判时,我认为这其实是为了向人们指明,历史学上"可见的"种种毁灭只是前台性的东西:关键并不在于停留在这个层面以寻获解决"已发生之事"的方案,相反,根本问题所处的层面始终要深远得多,而且对大多数人来说是无法觉察的,也就是说,人们在毁灭的掩盖下总是无法通达本质上的荒漠化。毁灭造成的影响不可避免地使得存在者与存在相共属的可能性遭到无法克服的阻碍,因为存在者正以值得注意的方式僵化顽固地执迷于其存在者性。面临毁灭的不仅是某种可见、可量化的东西:看上去所有东西都和原来相差不大,然而其实它们已为一种新的精神能力所改变;同样也是这种精神能力逼迫新时代的人在决定之缺失——以及他们对他们所拥有的空洞地位的心醉神迷——中得过且过。内在于毁灭过程的存在者之统治也许能够维持下去,如果"理性"的疯狂对无法阻挡的荒漠化蹂躏不管不顾的话。需要注意的是,构成这些深思之背景的不仅是荒漠化与毁灭之间的存在论差别,而且也包括前者愈发比后者居先。

此外,海德格尔还在英国人与美国人中间看到了同样一个"貌似普遍有效和自明的要求",也即"将'贯彻'当作每一事物之本质性的标尺"(《深思 XV》[12])。在海德格尔看来,因为战争状态而发生的历史事件需要另外一种视角,若有待建立的是另一种历史性未来的话。仅仅排除历史学的肤浅化是永远不够的:必不可少的是超越明显可见的毁灭而实行全新的定向。

海德格尔对"荒漠化"的进一步深思出现在《深思 XV》的其他段落中:荒漠化"埋葬的是原初本质的可能性"([14]);"犯罪:这不是单纯的打碎,而是将一切都荒漠化为碎片。碎片是从开端中折断而破碎的东西,它们分布在朽败破落的领域中"([24]);最后,与对布尔什维主义的抱怨一样,我们也不可能靠对"基督"的信仰获得救度:"在这类搞法中明白无疑地现出了荒漠化的初始形态"([26])。

这些长篇大论的探讨——我们尽可能地对其作了简明扼要的概括——并未偏离我们的主

题。相反,它们倒是让我们更好地领悟了海德格尔的深思展开于其上的两个层面:一方面是荒漠化,另一方面是在其可见性中起欺骗作用的毁灭,后者的影响在很多人眼里是一种"终极视域",但其实只是与存在问题息息相关的甚深荒漠化的前台性后果。在这一场景中。海德格尔本人处于何处呢? 突入其中的是他的追寻:"在能够坚持伫立于'原初的纷争'之前,我们必须要和将来者一起横穿这新近形成的荒漠吗?"(《深思 XII》§8)与确认毁灭之单纯事实相比,横穿荒漠具有更为广泛的意义。局限在某种单一范畴的世界观图景上证明是不可行的,因为这样达不到存在之决定的领域。决定的成形不仅需要坚持追问存在,而且也离不开对存在之真理的本现的长久经受。

只要人们停留在下面这些"熟悉的概念上,如'家乡''文化''民众',但也包括'国家''教会''社会'与'集体'",从根本上说,问题就依然处于范畴性世界观的层面,因此只是确认了某些固定的界域,并强化着在深植于历史学之中的存在者之谋制,而这又维持和加强了无意义状态。通过"作为主体的人"——"包括自身在内的一切存在者之可计算性的计算者和攫取者"(§34),思想的荒漠化爆发出来。在这一海德格尔精细刻画出来的轮廓中，作为主体的人成了存在者的中心，其强力也造成了思想的荒漠化①。

在这部分最后，我们将省视一下《深思 XII》（§24、§38）、《深思 XIII》（§101）、《深思 XIV》（[121]）与《深思 XV》（[17]）中的某些段落。

在《深思 XII》（§24）中，"犹太特性"之"力量"的"大增"成为优先探讨的课题，而其"原因就在于，西方形而上学，尤其是其新时代的展开，为空洞理性和计算能力的扩张提供了出发点，而这种空洞理性和计算能力又以此而在'精神'中为自身赢得住处，却从未能够从自身出发通达隐蔽着的决定领域"（§24，[67—68]）。针对海德格尔在对"犹太特性"的阐明中采用的此类表述，我们必须考虑到的是，它们归属其中的是这样一个语境："西方人"取得种种"杰出成就"，以至"熟悉的[……]'家乡''文化''民众'，但也包括'国家''教会''社会'与'集体'[……]只是确认了某些固定的界域"，其"大众气质的

---

① 《深思 XII》第 34 小节是对《论稿》第 260 和 261 小节的深化，分别涉及"庞然大物"和"对存有的意谓"；参见 M. Heidegger, *Beiträge zur Philosophie*, bzw. S. 441—443 及 443—446。

'气运'穷尽于对决定之缺失的应付和以对这种
大众气质的占有和享受来麻醉自己"([64])。
要想原初地衡量海德格尔以何种态度看待"犹
太特性",就必须考虑第24小节开头出现的这
些文字。其中,具有重大意义的是海德格尔对
"计算能力"的深思:此时,当前的"犹太特性"向
之追溯的是因之而泛滥成灾的"计算能力"。不
过,计算能力关涉到的是作为理性时代——及
其形而上学传统形态("理念"和"价值")——的
一般而言的新时代。

在第24小节中,海德格尔明确指出:"犹太
特性一时之间力量大增的原因就在于,西方形而
上学[……]为空洞理性和计算能力的扩张提供
了出发点"(§24,[67]);我们必须将这种深思嵌
入其所处的语境,而非像唐娜泰拉·迪·切萨雷
[Donatella Di Cesare]那样自以为是地将其"形象
化":"在这种张开血盆大口的深渊中,犹太人被
等同于形而上学上的敌人。"[①]对海德格尔来说,
计算能力在西方形而上学中有其基础,而这一事
实足以充分地显突出,何以计算是无法理解决定
之领域的;这同样也是海德格尔与胡塞尔保持距

① D. Di Cesare, *Heidegger e gli ebrei*, S. 99.

离的真实原因：正如在第 24 小节末尾显明的那样，在他看来，自己对胡塞尔的"攻击"压根不是专门针对这位现象学家的，相反，它"在本质上针对的是对存在问题的疏漏，也即形而上学之为形而上学的本质"。由此可见，海德格尔对"犹太特性"的表态同样依于一个远比犹太问题本身更为广泛的背景，在这里可以见到本质性的决定领域。只有以极其粗暴的方式将形而上学作为借口，才可能将海德格尔的相关表态伪装为"另一种形而上学"，并将其强行塞入西方形而上学的总体视域中。

无论如何，这种歪曲性的错误解读都无法在《深思 XII》（§24）中得到证实。为了把形而上学归于"犹太人"，从而在海德格尔和"犹太人"之间安排一种形而上学的冲突，论者就得使用一些小小的伎俩，例如挖空心思在全集第 94 卷《深思与暗示 III》（§79）中翻找出"敌人"一词："敌人立于何处，又是如何被创造出来的？攻击的方向是什么，又是以何种武器？"在《深思 VI》（§91）中出现的"敌人"也同样被其歪曲："献身于哲学，思想家站在其敌人——存在者之非本质——的对立面，但存在者证明自己在本质上属于思想家根本上必定要与之友好相处的东西(存有之本质)。"①这种额外的突出是为了支撑相关论者的如下命题:"哲学家非得深深扎根于存在这一根底不可,否则,他们便无法看清矛盾或解开纷乱。"②在这里,论者有意用"哲学家"代替了"思想家",因为形而上学式的冲突是哲学家们引发的,也应该由其负责到底。可是,若这位论者将第91小节继续读下去,那她就会发现,海德格尔尖锐批判的正是那些"从外面"寻求哲学的人,他们是如此的"贪婪",仅仅为一己之需利用哲学。在我看来,这种做法让这些人成了"意义"的乞丐,然而令人吃惊的是,相关论者却曲解了第94卷的本义,因为她没有意识到,海德格尔是在处理民族社会主义问题时引入"敌人"一词的,这使得把"犹太人"归为"敌人"毫无道理可言。对此毫无理会的她却坚称,"犹太人"在海德格尔那里是"敌人"的同义词,于是——按照她的"逻辑"——就必然可以推出海德格尔是个刽子手的结论:他总想袭击必须为离脱根基负责的犹太人。事实却是,只要不脱离第96卷这一文本,就足以把握"敌人"在海德格尔处的确切含义:"对本质性的伟大之事来

---

① 同上,S. 100:"敌人是存在者的非本质,它不用斗争行为就向哲学家显明为存在的本质。"

② 同上。

说,膨胀、扩散以及作为其后果的平庸化是无法克
服的敌人。"(《深思 XIV》[91])"俄国人对扎根的
执着和对理性的敌意则有些过分"(《深思 XV》
[100])。在此,论者的观点和海德格尔原意之间
的巨大反差足以引起我们的警觉:如果人们对那
种漂浮无据和任意妄为的一般化听之任之,其结
果只能是对笔记本的无休止的利用,以及由此变
得更为僵硬的个人偏见。如此,对本源的惊人歪
曲就油然而生了。此外,在《深思 XIV》[121]结
尾处出现的文字——"对世界犹太特性扮演何种
角色的追问不是种族性的,而是形而上学性的。
在此,我们要追问的是那种人之为人的方式"——
和民族社会主义盯上的种族神话的古怪思维模式
根本风马牛不相及。对"人之为人的方式进行形
而上学性的"追问不是要把某种形而上学的"基
础"判归给全世界的犹太人,而是一种——如果我
们对之进行解释学上的阅读——存在论差别光照
下的深思,正如海德格尔对形而上学的不同时代
所作的批判一样:最为关键之处是要清楚明白地
看到,"存在者完全离脱于存在之根基"绝不是仅
仅——也不是突出地——和"犹太特性"或"世界
犹太教"有关,更不可能被安立在"犹太人"名下:
在笔记本中丝毫找不到哪怕是极其微小的痕迹,

可以让我们认为海德格尔判给犹太人某种特定的形而上学本质。

对笔记本的榨取性利用更为突出地表现为一种错误的解读，它企图通过某种托词去证明无法证明的东西。这方面的一个典型例子出现在笔记本编者的后记中，例如，在全集第 96 卷后记中，他写道：

> 但海德格尔并不是在政治立场的意义上考察"谋制性的症候"，相反，这是一种存在历史上的清算：海德格尔按照一种奇特的视角清点了诸类事件，例如将战争事件的日益增多看作"技术的完成"，其"最后一幕"将会是"整个地球化为灰烬"的"人类的消灭"。不过，这却不是什么"不幸"，而是存在的原初净化，也即从存在者之优先权造成的深度堕落的走样中净化出来。①

把"存在的净化"作为依据——尽管这只是一段深思的起点——这位编者继续堆砌起出自

---

① P. Trawny, *Nachwort des Herausgebers*, in: M. Heidegger, *Überlegungen XII—XV* (*Schwarze Hefte 1931—1941*), S. 281.

《深思 XII》和《深思 XV》的大段引文——这些引文中包含着"犹太特性"和"世界犹太教"等词汇,而在前文中,我们已将这些引文对犹太问题的表态深嵌于它们各自的语境中了。而后这位编者又再次提到"净化"一词。在这里,他这样写道:

> 在这些对犹太人的表态中,海德格尔表明自己早已深陷其"净化存在"之思想的泥潭。①

任何不怀偏见的人都可以看出,当这位编者借口"净化"而将"犹太"二字人为牵入时,其真实目的无非是再次发动起榨取性利用的庞大机器。②

---

① 同上,S. 282—283。

② 参见 D. Di Cesare, *Heidegger e gli ebrei*,§24"犹太人和存在的'净化'",S. 212—217。追随特拉夫尼的"后记",这位论者再次一把抓住《深思 XIV》([113])中的某个段落,以便释放出其"闪电般的目光"而结束其文字:"当他[=海德格尔]在 40 年代写下'存在之净化'时,这种'净化'就成了'消灭'。"对于这个论断,我们无需进行深入考察,因为现在我们需要凸显出来的仅仅是,相关论者以无可救药的方式任意使用了海德格尔的表述,而且其目的即是将这位思想家拘禁在一种暗昧的解释学[Borderline-Hermeneutik]中。

然而,"存在之净化"的真实含义可以清楚地从《论稿》中见出:

> 按照此种定向和方式对柏拉图主义的克服是一种影响极为深远的历史性决定,同时也是对一种不同于黑格尔的哲学性的哲学史的奠基。(在《存在与时间》中作为"解构"得以展开的东西不是什么拆卸或毁灭,而是以发掘形而上学基本立场为方向的净化。不过,从对回音与传送的实行来看,这一切仅仅是一种前奏。)①

全集第 96 卷的编者力主始自 1936 年的存在历史性思想(也包括《论稿》)遭到了反犹"玷污",却未曾如人期待的那样在其后记中真正注意到相关文字的真实内涵,因而更为近密的考察会打断其整套断言,表明它们只是残缺不全的随意描绘,其目的是散布一些其实无须刻意消除的疑虑,因为这些臆想和海德格尔的文本毫无真实关联可言。

---

① M. Heidegger, *Beiträge zur Philosophie*,§110 "*idéa*、柏拉图主义和观念论", S. 221。

5. 评注 IV("黑皮书"1942—1948)[①]

5.1　让海德格尔自己发言:"我指出的
这些不是辩护,而只是事实"

　　通过眼前这部分,读者将会另有一番感悟:从
第 94 至 96 卷集中记录的深思出发,我们现在迎
来的是第 97 卷中的评注。在此,海德格尔以一种
直截了当的写作风格径直复现了他在那个——打
上希特勒之狂暴野蛮烙印的——时代的个人处
境。借此,我们可以正确衡量那些老调重弹的危
害:它们企图通过一种政治性的阅读方式摆出一
个木偶般的"海德格尔"。在下文中摘录出来的相
关引文本身就清楚地说明,海德格尔的一些评注
足以让那些提出异议的人哑口无言,并会让那些
不知海德格尔作过此等评注的人目瞪口呆。不
过,不应忘记的是,对层出不穷的误解的克服常令
《评注》的撰写者疲惫不堪,以致他发现有必要对
其人生道路的重要事件加以总结。因此,我们必

---

① M. Heidegger, *Anmerkungen I—V* (*Schwarze Hefte 1942—1948*), in: *Gesamtausgabe*, Bd. 97, Abt. 4: *Hinweise und Aufzeichnungen*, hrsg. v. P. Trawny, Klostermann, Frankfurt a. M. 2015.

须时刻牢记这部分不是要为海德格尔进行辩护，而是要忠实于他的评注本身，以便从中提取出引导海德格尔前进的准则，也即他在见证自己与犹太人胡塞尔的关系时以书面证明形式写下的基本原则："我指出这些不是为了给自己辩护，而只是作为必须加以明确的事实。"（《评注 V》[52—54]）对评注的细致阅读已经决定性地证明，这个部分阐明的东西"并非为'公众'而存在"，亦非为了咄咄逼人的私人范畴——它们在无耻洗劫思想的作品时其实对此心知肚明：自己能够找到的无非是极不可信的私人观念的僭越："但公共观点的统治已经成为一种如此强大的独裁，以致可以径直声明这些深思是'纳粹主义的'，并由此令之'失效'"（《深思 V》[49]）。

　　在对原文详尽分析之前，我们要先行清点一下有关文本中对同类问题的表述，因为这会有助于我们进一步考察。

　　希特勒："比希特勒更胜一筹"的"秘密的**野蛮不化**①"（《深思 I》[127]）（语境："我的教席"）；"1933 年校长就职致辞的真正错误，就其首要原因

---

① 　这里用于描绘希特勒的"野蛮不化"概念（《评注 I》[127]）在前文不远处曾用来表明对于第三帝国的立场："'第三帝国'的麻木与野蛮。"（《评注 I》[126]）

而言,并不在于我没像其他聪明人那样看清'希特勒'的'**本质**'①,[……]而是在于我当时以为,已经到了——不是**跟从**希特勒[……]具备开端性-历史性的时刻"(《评注 I》[149]);"**希特勒或墨索里尼或其他某某**是否手握权力已不再重要,相反,我们必须对[……]有所经验,从而让未来的一族不仅有活得平淡的'机会',而且能够去经历将会原初地存在于存有的东西"(《评注 II》[29]);"**希特勒及其帮凶**[……]","这里并无人企图以巧言令色的方式为希特勒'**辩护**'②"(《评注 II》[62—63]);"难道我们不是伫立在深渊旁边吗?[……]而且,这种状况不是始自昨日,更不是'出自'希特勒,正如不是'出自'斯大林或罗斯福一样"(《评注 II》[62—72]);(其语境是海德格尔对"'我的哲学'[……]乃是'深渊之哲学'"的反问;)"令大学和高级中学的先生们在事后感到惊讶的是,为何'**希特勒青年团**'会在中学产生如此大的影响"(《评注

---

① 希特勒的这一"本质"在后文中被突显为一种"不负责任的非本质"(《评注 III》[46])。

② 在稍早些时候,海德格尔写道:"不应该以任何方式为'民族社会主义'也即它几乎无人可及的无知'辩护'。"(《深思 II》[40—41])(见下文 S. 175)无论从何种角度看,海德格尔对希特勒及民族社会主义的此种表态足以无可辩驳地消除一切对海德格尔相关立场的质疑。

II》;[78—79])"希特勒肆虐欧洲的不负责任的非**本质**[……]斯大林的把戏只要玩得比希特勒稍微聪明一点即可[……]希特勒变成了一场**灾难**";"希特勒只是这个世界时代的**标记**"《评注 III》[46—47])(相关语境是"眼下""在'西方大国'的欧洲政策中呈现出"的"手足无措的躁动");"也许总有一天人们会弄清楚,在 1933 年的校长就职演说中,我进行了一种尝试,也即在思想的消灭中先行思考科学之完成的过程,并再次将知识作为**本质性的知识**归于思想,而非交给希特勒"《评注 III》[57—58]);"希特勒近似疯狂的犯罪行为"《评注 V》[21]);"[……]希特勒的**罪恶本质**。也许[……]那些站在希特勒一边的人[……]中的少数一些人倒是可能[……]更为真切地把握到了希特勒的荒谬"《评注 V》[48—49]);"从未按照规定——很多系所都服从了这样的规定——张挂'元首'的画像"《评注 V》[53])。

纳粹:"有一种道德认为公正存在于复仇中。但是,认为可以而且必须对一个民族加以复仇的观念会反向回击到我们自己身上。现在,如果人们试图通过时间的推移寻获一个国际性的'生存空间',我们该如何对这种全民性的丧失理智作出回应呢?"《评注 I》[75])(无疑,这里说的那个

"民族"即是犹太一族);"狂暴的恐怖使得'生命'熄灭为荒漠,只剩下极其恐怖的景象。[……]凶残的暴力**恐怖**和公开的荒漠化是令人讨厌的"(《评注 I》[113—114]);"如今有一些富有教养并且据说是明智的德国人:他们认为,只要军国主义和民族社会主义的恐怖统治不再继续,'诗歌与思想'就会自然而然地从民众中生长出来。在此,所谓的'诗歌与思想'始终打上了往昔之物——尤其是'**臭名昭著的纳粹政体**'——的烙印"(《评注 I》[126]);"恐怖统治的必然结果"(《评注 I》[129]);"**缺失历史的'民族社会主义'的极度野蛮**"(《评注 I》[134]);"民族社会主义报刊撰稿人曾几何时的虚妄空话"(《评注 I》[135])(这里的语境是"通过运作自己的旁观而确证着自己的权力"的人,例如斯滕贝格[Sternberger]);"民族社会主义的暴行"(《评注 I》[149]);"民族社会主义**狂暴。**[……]或者重新把业已消灭的民族社会主义作为自己的精神寄托"(《评注 I》[151]);"他们就一定会认识到,推动所谓'民族社会主义'[……]的力量是一种完全不同的现实,而且,在这种现实面前,无人保有足够自由的知识-思想"(《评注 II》[28])(这段的语境是:"我 1933 年选择迈出那步"以及"如若成功,'民族社会主义'和

'法西斯主义'便会成为一条让'欧洲'及其'教育'和'精神'——在对'共产主义'的准备中——变得成熟的道路"《评注 II》[31—32])；"在民族社会主义**统治**期间，对'科学'及'真理'之瓦解的愤怒一浪高过一浪"(《评注 II》[39])；"这种深思绝不是要为'民族社会主义''辩护'，因为此等货色之**历史性的无知和不明**几乎无人可以企及。[……]在道德上攻击民族-社会主义[……]是不负责任的，因为此种谈论缺乏对'社会主义'的认真思考。[……]人们之所以对'纳粹分子'及其暴行嗤之以鼻，是因为他们停留在单个党派之建立和功用的**表面文章和无可否认的残基**上[……]"(《评注 II》[40—41])；"1933 年的错误[……]并不在于，我关于'民族社会主义'冒险所做的尝试"(《评注 II》[58])；"本来就不该停留在民族社会主义本身当中，仿佛这是某种永恒的组织机构[……]如今在德国[……]投入使用的绞刑架[……]只是对民族社会主义的'惩罚'，乃至只是报复欲的畸形产物"——对此，"只有少数愚人会相信"(《评注 II》[59—60])；"'天主教哲学'——这种货色和所谓的'民族社会主义科学'无甚区别"(《评注 II》[75])；"人们起劲地进行'去纳粹化'，却丝毫不知道自己正以'科学'几十年如一日地在搞一种比**纳**

粹党的蠢笨废话更为糟糕的东西"(《评注 II》
[78—79]);"在思想氛围遭受破坏的今天[……]
'民族社会主义'从此种破坏中迅不可挡地变成了
通向犯罪①的迷途"(《评注 II》[139]);"在民族社
会主义中,也即在其本质的可悲迷途中,'精神'只
是遭受到唾弃"(《评注 II》[154—155]);"为什么
纳粹党在其占据的全部教职阵营都让人痛批这个
演说? 这恐怕绝不是因为这个演说——像全世界
的公众伪称的那样——把大学出卖给了民族社会
主义"(《评注 III》[58]);"关于尼采的讲座既非对
民族社会主义的辩护,亦非对基督教的攻击"(《评
注 IV》[100]);"公众意见的统治已经成为一种
独裁,以至于会将我这样的深思直截了当地宣称
为'纳粹余孽'并以此使之失效"(《评注 V》
[49]);"从未购置过一本民族社会主义的书籍,例
如罗森伯格以及诸如此类"(《评注 V》[53])(语
境:校长任职期间)。

　　犹太人/基督徒/集中营:"犹太生民在基督-
西方(也即形而上学)时期是毁灭之原则。[……]
由此可以测定,何种深入到西方历史的隐蔽原初

---

① "犯罪"一词已经两次用于表明对于希特勒的态度:"希特
勒的犯罪性疯狂"(《评注 V》[21]);"希特勒的犯罪本质"
(《评注 V》[49])(参见上文页 335)。

本质中的思想才意味着对于——一直保持在**犹太特性和基督教**的范围外的——第一开端的回忆"(《评注 I》[29—30]);"这种永远有效的虚无主义的恐怖比全部刽子手和集中营的野蛮和庞大更加令人毛骨悚然"(《评注 I》[89]);"一种更为本质性的'罪恶'和'集体罪恶',其严重程度甚至不能按照'**毒气室**'的残暴来加以衡量。[……]可以肯定的是,未来没有人能够为之脱罪。[……]整个德国现在已经是一个独一无二的集中营"(《评注 I》[151]);"我从未对胡塞尔其人采取过任何哪怕只是微不足道的'小动作'。[……]我从未将胡塞尔的著作从哲学系图书馆移走——尽管纳粹已经对**犹太血统的作者**做了这样的规定[……]对于胡塞尔的思想本身,我未曾在讲座或讨论中有一句批判的话[……]。**我和胡塞尔分道扬镳了**;这是令人痛心的,但也是必然的。[……]但在我看来,起自《存在与时间》的诸种尝试极有意义地见证了我要归功于胡塞尔的东西[……]**已经证明自己不是**[……]**他的信徒**。但正是我对本己道路的自由追寻在人们远未开始谈论'民族社会主义'和'犹太迫害'之时便已被看作是一种'不尊家法'的行为"(《评注 V》[52—54])。

反犹主义:"犹太人也持有这种先知术,尽管其秘密依然未经思考。(这些评注和'反犹主义'没有任何关系。反犹主义如此地愚昧不堪和令人唾弃,就像某些基督徒对'异教徒'所做的血腥的以及看上去不那么血腥的迫害一样。至于基督教也给反犹主义打上'非基督'的烙印这点,则必须归功于其权力技术之精密装置的高度发展。)"(《评注 II》[77])

　　大学教授/哲学家/装点门面/公众意见:"如今的**大学教授**一声不响地'阐明'道德,以便'确保'一切都是无害和可控的。这已经令人感到厌倦了"(《评注 I》[126]);"风头正盛的却**仅仅是一些袖手旁观的人**:他们傻傻地站在一边,[……]现在却通过运作自己的旁观而确证着自己的权力"(《评注 I》[135]);"眼下,阻碍我们上路的唯一障碍是'怀有善意'之人的殷勤忙碌,他们试图把将来必将道说的东西扯回到过往之物的轨道上[……]——这些人坚信,如果施加不幸者受过'更好的教育',不幸其实是可以避免的。[……]到处看到的依然只是**爬到高处行窃的贼**"(《评注 II》[25]);"**浅薄之人**别有一种幸运:他们无能于思考真正的不幸,却在计算中归因于——或可归罪于彼或不可归罪于彼地推出的——种种现象,从而让自己登上**公众意见之运作的舞台**"(《评注 II》

[29]);"作为**著名的哲学家**——而非任意一个私人讲师——却有人在其主持的练习课上让无知无畏的年轻人对于'柏拉图'或'黑格尔'这样的主题滔滔不绝[……]这种对历史——以及思想和严肃的沉思-道说——的不敬不仅为人所容许,而且更是得到了系统性的照顾和培植"(《评注 II》[39]);"**令大学和高级中学的先生们**在事后感到**惊讶**的是,为何'希特勒青年团'会在中学产生如此大的影响。人们[……]丝毫不知道自己正以'科学'几十年如一日地在搞一种[……]更为糟糕的东西——以自己的思想缺失扶植每一种形态的思想缺失"(《评注 II》[78—79]);"近年来,人们对之常怀激烈忿争的是,某些'知识分子'在 1933 年左右没有立即认清希特勒的罪恶本质。也许,那些自认为**先知先觉**的人,其实只是撞见了某种与之虚妄权欲相悖的东西。[……]然而,**公众意见的统治已经成为一种独裁**"(《评注 V》[48—49]);"在**污蔑诽谤业**已大行其道的 1948 年[……]重申了需要明确的事实——这当然不是为了**在公众面前为自己辩护**"(《评注 V》[54])。

海德格尔是以何种方式反击希特勒的非本质以及民族社会主义的恶劣影响的呢?对此,他自己答道:"人们仅仅通过**站在一旁**或是**迟来的叛乱**

避开一切。然而,希特勒只是这个世界时代的标记,这让他成了祸患的代名词。"(《评注 III》[47])。这一决定性的提示足可帮助我们更好地理解,海德格尔何以竭力反对当时"伫立一旁"的做法,正如我们从《深思 VIII》第 51 小节最后一段(全集第 95 卷第 172 页)中可以看到的那样:

　　因此,我们需要做的顶多是坚定自己反对此种伪思想的立场,却永远谈不上投入到与之相关的争鸣中。可是,立场的坚定本质上仅仅是对自身沉思之意义的一种确认,**而绝不可以被充作一种公开性的反对意见**,因为这种反对只会被利用于运作一种"新奇"的"精神生活",并让这种"生活"被臆想为不可或缺的东西。①

评注 I [29—30], S. 20:

　　和每种"反-"一样,反-基督徒也必定源自其"反对"之物的同一基础——在此也就是"基督"。"基督"由之而来的犹太生民在基督-西方(也即形而上学)时期是**毁天**之原则。[……]

---

① 见上文,页 191—193 及页 214—215。

由此可以测定,何种深入到西方历史的隐蔽开端性本质中的思想才意味着对于——一直保持在**犹太特性**和**基督教**的范围外的——第一开端的回忆。

评注 I [31], S.21:

若是人们拒绝去注意进入存在的归属,那将意味着我们本己历史性本质的最大荒漠化。

评注 I [75], S.50:

有一种道德认为公正存在于复仇中。但是,认为可以而且必须对一个**民族**加以复仇的观念会反向回击到我们自己身上。现在,如果人们试图通过时间的推移寻获一个**国际性**的"生存空间",我们该如何对这种**全民性**的**丧失理智**作出回应呢?

评注 I [81], S.54:

令人再也无法冒险尝试思想的非世界正在扩散。是因为原初自由[Freyheit]与思想的本质在荒漠化的尘埃中下落不明,你们才对此始终视而不见甚至紧闭双目吗?

评注 I [88—89], S.59:

如今,虚无主义才开始进入其本真形态的阶

段：这意味着彻底的欺骗性、极端的危险性、各种诱骗和压制以及吞噬一切的步步紧逼。虚无主义的悄然潜入源于其卑劣无耻的、以"触手可及"的方式掩盖自己的欺骗。当其欺骗足以保证可用"信仰"和"基督"来促动和肯定自己时，吞噬性的虚无主义就达到了终极的有效性。这种"永远有效"[endgültig]的虚无主义的恐怖比全部刽子手和集中营的野蛮和庞大更加令人毛骨悚然。

评注 I [97]，S. 64：

可是，在其非本质[Unwesen]①的迷惘中陷入一种不幸的命运后，德国人只是互相抱怨，或是在据称代表公正的法官前诉苦。犯罪和善行，哪个才是更大的僭越呢？ 在所有这些折腾中，是否还有对存有的归属呢？ ——这种归属首先需要我们回绝一切保障或缺乏保障，因为后者仅仅出自人之本质中自私自利的暴起，以及由之而来的对于开端的逃避。难道人们真想借此将自己安置在规整大地的荒漠化中吗？

———————

① 在此，我们必须看到"非本质"一词的全部以下含义："非嵌合"[Unfug]、"可鄙的行径"，但也包括"不像样子的糟糕本质"、"瞎搞"[sein Unwesen treibt]。

评注 I [113—114], S.74:

狂暴的恐怖使得"生命"熄灭为荒漠,剩下的是极其恐怖的景象。恐怖之激发恐怖的能力就在于具有触手可及的"事实"——起作用的现实之物——这一优势。不过,这一充满灾难的恐怖还不是无可救药的真正惊怖。无可救药者并不显明在凶残狂暴的行为中;它压根就不显明自身,而是隐蔽在强大权力之"公正"诉求的表象中。[……]凶残的暴力恐怖和公开的荒漠化是令人讨厌的,但拥有真理的恐怖一样令人生厌,因为连对世界福祉的最不起眼的烦忧也被纳入了为它服务的价目清单。

传真:*Anmerkungen I*,
S. 126 [GA 97, S. 82]

评注 I [126], S. 82:

"对德国人民的教养"可谓是一种令其奴隶化的贬降。如今的**大学教授**一声不响地"阐明"道德，以便"确保"一切都是无害和可控的。他们如今接受了苛刻的要求，而在"**第三帝国**"的默默的**野蛮不化**之中，这种要求从未得到沉思。人们大谈高贵的人格，同时却达到了**意志薄弱**的顶点。如今有一些富有教养并且据说是明智的德国人：他们认为，只要**军国主义**[Militarismus]和**民族社会主义的恐怖**[nationalsozialistische Terror]不再继续，"诗歌与思想"就会自然而然地从民众中生

传真：*Anmerkungen I*,
S. 127 [GA 97, S. 83]

长出来。在此,所谓的"诗歌与思想"始终打上了往昔之物——尤其是**"臭名昭著的纳粹政体"**[verruchten Naziregimes]——的烙印,因而仅仅是指**"文化运转"**而别无其他[……]

评注 I[127],S.83:

其间,教会当局盯上了我的教席。和雅斯贝尔斯先生一样,人们认为,有必要让占据大学一席之地的"危险"思想变得人畜无害。少数人隐藏于心的**野蛮不化比希特勒**更胜一筹,他们企图粉饰对我人格的大肆攻击,可对公众而言,这却分毫无损于他们的"名望"。

评注 I[128—130],S.83—85:

德国人已经沦落到何种地步?自然是他们早就身处其中的地方。现在,他们越发愚昧地否定自己的心灵,并且在对**陌生者**的嘲讽中同样带着嘲讽地、毫不疑心地放弃了隐蔽得最深的本质。对于正在越过德国人及其家乡的毁天和荒漠化,大众的容忍已经达到了耸人听闻的地步;同时,这一切与正在叛卖思想和威胁此在的**自我消天**[Selbstvernichtung]相比压根只是冰山一角。

[……]眼下,德国人笼罩在反对本己本质的自我叛卖之阴影中。此种状况不能算是已消灭体

制之**恐怖统治的必然结果**,而是暴露了那种比广泛可见的荒漠化——以及在宣传海报中变得形象生动的暴行——更为狂暴的毁天。

评注 I [134], S. 87:

在**世界公开性**之全球恐怖的阴霾之下,手足无措的人们可怜地蠕动着。与之相比,**缺失历史的"民族社会主义"的极度野蛮**[massive Brutalität des geschichtslosen Nationalsozialismu]可谓是一种纯粹的无害了,尽管它也是触手可及的荒漠化之共谋。

评注 I [135], S. 88:

风头正盛的却是一些袖手旁观的人:他们傻傻地站在一边,从 **1932** 年开始就什么都把握不了了,现在却通过运作自己的旁观而确证着自己的权力。和**民族社会主义**报刊撰稿人曾几何时的虚妄空话相比,斯滕贝格①先生的松散呓语难道在

---

① 多尔夫·斯滕贝格[Dolf Sternberger](1907—1989)曾在基尔、美茵河畔法兰克福和海德堡学习戏剧学和日耳曼语言文学。他在 1931 年于保罗·蒂利希[Paul Tillich]的指导下获得博士学位。其博士论文的题目是:"被理解的死亡:对马丁·海德格尔生存-存在论的研究"。在第二次世界大战结束之后,斯滕贝格成为了月刊《转变》的合编者。他也被视为德国政治科学的奠基人之一。

传真:*Anmerkungen I*,
S. 149 [GA 97, S. 98]

本质上就更有一种不同的"价值"吗?

评注 I [149], S.98:

    1933 年校长就职致辞的真正错误,就其首要原因而言,并不在于我没像其他聪明人那样看清"**希特勒**"的"**本质**",并和他们一起在接下来的时间里郁闷地站立在缺失意志的领域中——也即那种和充满意志的人共享的领域——而是在于我当时以为,已经到了——**不是跟从希特勒**,而是随着民众之觉醒——让其西方命运再次具备开端性-历史性的时刻。(参

见"就职演说"①)[……]

现在并排站立着的同样没有学会什么;看上去,就好像过去十二年在我们身上没有发生任何事情一样——要怪也只能怪自己在 1932 年的失败和外国势力的纵容! 人们要么只知道这些,要么就大谈**民族社会主义的暴行**。可惜的是,正是这种"要么-要么"构成了真正的**错误**。

评注 I [151], S. 99—100:

若是从命运本身而来得到思考,那对命运的误认——因为被压制了对于世界的愿望,我们才拥有了这样的命运——就是一种更为本质性的"**罪恶**"和"**集体罪恶**",其严重程度甚至不能按照"**毒气室**"的残暴来加以衡量。这是一种比所有遭到公开"谴责"的"暴行"都更加令人不寒而栗的罪恶。(可以肯定的是,未来没有人能够为之脱罪。)"人们"看不到的是,整个**德国的民众现在已经是一个独一无二的集中营**[das deutsche Volk und Land ein einziges *Kz* ist],正如他们从未也从不愿

---

① Martin Heidegger: *Die Selbstbehauptung der deutschen Universität*. In: *Reden und andere Zeugnisse eines Lebensweges*. GA16. Hrsg. von Hermann Heidegger. Frankfurt a. M. 2000, S. 107—117 [GA, Hrsg.].

睁眼"看"到"世界"一样——这种不-愿比我们对于**民族社会主义狂暴**的不情愿还要富有意求的力量。在这种情况下,"人们"或是对 **1932** 年以前的时光深自眷恋,或是重新把业已消灭的**民族社会主义**作为自己的精神寄托,并且坚称自己过去的选择"绝没有错"。

评注 II [25], S. 125:

眼下,阻碍我们上路的唯一障碍是"怀有善意"之人的殷勤忙碌,他们试图把将来必将道说的东西扯回到过往之物的轨道上,同时竭尽所能去"拯救""**文教事业**"[um Kultur und Bildung]——这些人坚信,如果施加**不幸者受过**"更好的教育",**不幸**其实是可以避免的。从始至终,思想都未曾——通过对过往历史的源始克服——冒险进入最深的维度中,到处看到的依然只是爬到高处偷窃的贼。

评注 II [27—29], S. 127—128:

因此,"人们"也绝不可能立即把握,什么真正才让我 **1933** 年选择迈出那步,尽管它后来变为了一个**错误**;在这个问题上,不仅有我刚刚道出的东西,而且更重要的是**民族-社会主义**的可能性及一个思想者瞬间的调适,也即朝向那种在公开授课

中的管教——帝国的唯物主义本质。[……]

假如德国"人"的头脑没在**1933**年前变得异常简单,那他们就一定会认识到,推动所谓**"民族–社会主义"**——在不为其本身和捍卫者所知的情况下——的力量是一种完全不同的现实,而且,在这种现实面前,无人保有足够自由的知识–思想以便引入自由之域,也即引入那种长久以来就存在于此——当前却因为**"反法西斯主义"**趋于极端——的决定之维度。不过,在这个时候,**希特勒或墨索里尼**或其他某某是否手握权力已不再重要,相反,我们必须对"何者存在着"有所经验,从而让未来的一族不仅有活得平淡的"机会",而且能够去经历将会原初地存在于存有的东西。[……]

浅薄之人别有一种幸运:他们无能于思考真正的**不幸**,却在**计算**中归因于——或可归罪于彼或不可归罪于彼地推出的——种种现象,从而让自己登上公众意见之运作的舞台。

评注 Ⅱ [31—32], S. 130:

共产主义。——如若成功,**"民族社会主义"**和**"法西斯主义"**便会成为一条让"欧洲"及其"教育"和"精神"——在对"共产主义"的准备中——变得成熟的道路。可是,它们来得太早了,因为人们只是从"*政治*"的角度看待一切，而从未上升到形而上学——更别说是存在历史——的高度。

评注 II [39]，S. 135：

在**民族社会主义统治**期间，对"科学"及"真理"之瓦解的愤怒一浪高过一浪，然而，作为**著名的哲学家**——而非任意一个**哲学的私人讲师**——却有人在其主持的练习课上让无知无畏的年轻人对于"柏拉图"或"黑格尔"这样的主题滔滔不绝地信口胡说，就好像面对的只是不知名的杂文作家。这种对历史——以及思想和严肃的沉思-道说——的不敬不仅为人所容许，而且更是得到了系统性的照顾和培植。在此运作起来的是对于往昔名家的所谓"**转化**"，实则是一种无可救药的荒漠化，其唯一优于前人之处就在于，它用"道德"和"精神教养"的碎片把自己包装起来——这自然有效地向大众掩饰了它的腐朽败落——从而在喧嚣声中不断地扩展壮大，并得到同样缺乏判断和脱离事实的公众的肯定。

评注 II [40—41]，S. 136—137：

假如这些倡导旧有大学体制之死灰复燃的先生们在 **1933** 年后继续"**保有权力**"，很容易估计到在其统治下**无知状态**会达到何种触目惊心的程度。这种深思绝不是要为**"民族社会主义""辩护"**，因为此等货色之**历史性的无知不明**几乎无人可以企及。[……]

在道德上攻击**民族-社会主义**是容易的，但也是愚蠢的，甚至可能是不负责任的，因为此种谈论缺乏对"社会主义"的认真思考。从根本上说，"社会主义"不属单纯的党派"政治"范畴，而是**技术范围**内的新时代人类学——它是新时代之本质历史得以完成的基石。人们对**"纳粹分子"**及其恐怖嗤之以鼻，停留于所有的浅薄之物以及那些丑陋的**个别党派的干部和安排**上。在不知**民族社会主义**真实本质的情况下，人们误认了自己一直以来的追求和取向，并用道德性的解释和愤怒来自我欺骗，从而在对真正存在着的东西的逃避中将自己"救度"到18世纪或是别处。总之，人们对早就已经在此——而非或许会"到来"——的东西视而不见。

评注 II [58], S. 147:

"1933 年的错误"——对之不作胡乱表象才是亟待完成的事情。**错误**并不在于，我冒险尝试——用**"民族社会主义"**作为意志的绝对形而上学建立和实现的一种必然形态——让形而上学（以及世界命运）从其自身而来为了那个朝向形而上学之克服的过渡作出准备。

评注 II [59—60], S. 148—149:

错误不是单纯"政治性"的,也即不是对某个"党派"看走了眼;就世界历史意义上的政治而言,这个决定不是什么**错误**,因为本来就不该停留在**民族-社会主义**本身当中,仿佛这是某种永恒的组织机构;我们将其思为形而上学的终结,也即那种必将源自唯一的开端而得到克服的过渡。

[⋯⋯]

据说,如今在德国——请注意是已被占领的德国——投入使用的**绞刑架**应当完成比肉体上的彻底消灭更为"神圣"的"使命"。对于这种观点,除非是自由主义的民主派政客或是所谓的基督徒,恐怕任何人都难以置信。另一方面,在较长的时间内也只有少数愚人会相信,**绞刑架**只是对**民族社会主义**的"惩罚",乃至只是报复欲的畸形产物。事实上,人们已经获得了求之不得的机会——准确地说,人们在过去十二年间便已经有意识地一起组织起来——去推进荒漠化的进程。其间,若是出现了一些延误,那也只是出自**计算的**"精准",后者打足算盘让绞刑架这样的机械装置不致太过突然地干扰和打断其他"生意"。

评注 II [62—63]，S. 150：

假设——当然这种假设已经是一种非历史性地"思考"的计算——**希特勒及其帮凶未曾获得权力，因而也未曾因为权力而腐化变质**，美国和俄国便能以其固有的存在方式对现实产生丝毫本质性的触动吗？相反：这只会将此种现实的逼迫掩饰起来，并让它越发地令人惊恐不安。这里并**无人企图以巧言令色的方式为希特勒"辩护"**；此外，美国和俄国自己也身处一种不由它们左右却需它们实行的世界命运中。

评注 II [72]，S. 56：

"我的哲学"——如果可以使用这一笨拙表述的话——**乃是"深渊之哲学"**[die Philosophie des Abgrunds]。对此，我想反问一句：难道我们不是**伫立在深渊旁边**吗？难道不仅是我们德国人，也不仅仅是欧洲，而且是整个"世界"？而且，这种状况不是始自昨日，更不是"出自"希特勒，正如不是"出自"斯大林或罗斯福一样。

评注 II [75]，S. 157—158：

"天主教哲学"——这种货色和所谓的"民族

社会主义科学"无甚区别,都属四边的圆形或是木质的铁这类东西之列。不过,这种"铁"在火的燃烧下会化为灰烬,而非更加坚硬。

评注 II [77], S. 159:

"先知术"是对历史之命运特性搪塞其词的**技术**。它在本质上是强力意志的工具。事实上,**犹太人**也持有这种先知术,尽管其秘密依然未经思考。(这些评注和"**反犹主义**"没有任何关系。反犹主义**如此愚昧不堪**和令人唾弃,就像某些基督徒对"异教徒"所做的血腥的以及看上去不那么血腥的迫害一样。至于基督教也给**反犹主义**打上"非基督"的烙印这点,则必须归功于其**权力技术**之精密装置的高度发展。)

评注 II [78—79], S. 160:

令大学和高级中学的先生们在事后感到惊讶的是,为何"**希特勒青年团**"①会在中学产生如此

---

① 希特勒青年团是德国民族社会主义工人党为自己"培养下一代"的组织,建立于 1926 年,在纳粹德国崩溃后消失。参见 *Enzyklopädie des Nationalsozialismus*. Hrsg. von Wolfgang Benz, Herman Graml und Hermann Weiß. Klett-Cotta Verlag: Stuttgart 3/1998, S. 513 [GA, Hrsg.]。

大的影响。人们起劲地进行**"去纳粹化"**，却丝毫不知道自己正以**"科学"**几十年如一日地在搞一种比纳粹党的蠢笨废话更为糟糕的东西——以自己的思想缺失扶植每一种形态的思想缺失。

评注 II〔125〕, S. 191:

　　未经思想手艺长期训练的语言天赋对具此天赋者及其周围的人是一种**不幸**。

传真:*Anmerkungen II*,
S. 139〔GA 97, S. 199-200〕

评注 II〔139〕, S. 199—200:

　　人可以**"改变"**自己，哲学家亦是如此——他可以变得富有基督的敏感,如果没有变成基督-神学家的话。由此,他可以从——靠放弃未知思想得以过活的——"失败"中搞出一种宗教。这一切在思想氛围遭受破坏的今天是再自然不过的事情。"**民族社会主义**"从此种破坏中迅不可挡地变成了**通向犯罪的迷途**。若德国人现在可免于遭其祸害,那留存下来的又是什么呢?某种**得到净化的东西**?当然——是那种纯粹的堕落,它从过去到现在都以缺失历史的方式畏惧思想。

评注 II [154—155], S. 209:

在"**民族社会主义**"中,也即在其本质的可悲迷途中,"精神"只是遭受到唾弃——至少是坦率的唾弃。如今,精神却以越来越"精神性的"方式遭到毁灭。

评注 III [46—47], S. 250—251:

眼下,在"西方大国"的欧洲政策中呈现出一种手足无措的躁动。其中有些人认为,我们依然活在 17 世纪。这种思想缺失或许已经变得更为严重:思想无能的责任超过**希特勒肆虐欧洲之不负责任**的非本质千万倍。斯大林的把戏只要玩得比希特勒稍微聪明一点即可:他需要的仅仅是等

传真：*Anmerkungen III*，
S. 46 ［GA 97，S. 250］

传真：*Anmerkungen III*，
S. 47 ［GA 97，S. 250—251］

待。如今,斯大林往昔对手的愚蠢让他得到了一切。他们的败局——也即成为斯大林的"盟友"——早已决定了一切。

[……]

有一种最为劣质的"捷径"可以让人们摆脱曾经的无知,甚至可以让无知变成英雄壮举:人们会说,希特勒变成了一场灾难。不!正是你们的一本正经和短视无知——顶多能看到"演习"和对你们散漫的打扰——让你们无法超越你们自己和希特勒进行思考,而是仅仅通过站在一旁或是迟来的叛乱避开一切。然而,希特勒只是这个世界时

传真:*Anmerkungen III*,
S. 57 [GA 97, S. 258]

传真：*Anmerkungen III*,
S. 58 [GA 97, S. 258]

代的标记，这让他成了祸患的代名词。如今，从其愚昧无知和自鸣得意来看，基督教-自由主义世界对待共产主义的态度和德国市民先生对待**民族社会主义**的态度别无二致。人们靠这些臭名昭著的体系养活自己，并且接受其部长们的委任和派送，这时，人们从未意识到，在这些**野蛮笨重的现象**中隐藏着布尔乔亚-工业社会的本己技术性本质，而且，它们真实的生产性也从未受到质疑。

评注 III [57—58]，S. 258

也许总有一天人们会弄清楚，在 **1933** 年的校长就职演说中,我进行了一种尝试,也即在思想的消灭中先行思考科学之完成的过程,并再次将知识作为本质性的知识归于思想,**而非交给希特勒**。为什么**纳粹党**在其占据的全部教职阵营都让人痛批这个演说?这恐怕绝不是因为这个演说——像**全世界的公众伪称的那样**——**把大学出卖给了民族社会主义**。

评注 III [125], S.307:

去真理化之**不幸**不在于语言的废弃——在语言的保养中,这种**不幸**的侵蚀变得越发危险——而在于,无论是否废弃,语言都不再是语言,或者说尚未能成为语言。

评注 III [129], S.309:

不过,只有在存有之真理的极度拒予的边缘,我们才会提到人的可怕堕落;因为,在拒予中,一度居着的出离本己[Enteignis]即已被思为度议[Ratsal]之寂静,与之正相反对的是地球在迷乱中的荒漠化:这种去真理化始终只是一种虚妄不实的"无",也即对——据称在其自为实在性中得到把握的——存在者恰恰一"无"所有的见证。也许,存在者之所以一无所有,是因为连存有也是虚无：存有之为存有的存有乃是出自需用之本有的本有本身的末世学。

评注 III [137]，S. 315：

我们依然缺乏勇气直面科学带来的**不幸**，以认真思考这种命运［……］。

评注 IV [62]，S. 369：

关于诸神学说。——在诸神中，耶和华敢于将自己变为**选定之神**，同时不再容忍身边有其他的神。只有极少数人能够猜中，何以这位神依然必须而且必然被算作诸神之一，何以他又可以将自己独立出来，从而诞生那位 praeter quem［绝无仅有］的唯一之神。什么样的神才能相对其他神而上升为选定之神呢？无论如何，他都绝不是究竟"之"神，设若其仍具神性的话。

评注 IV [99—100]，S. 394—395：

或者，两者在忆念性的思想中共属一体？但人们如何看待尼采的哲学呢？无非是对其大加贬损，并且认为，随着**民族社会主义**的灭亡，这种哲学已被克服。或者他们又说，尼采的思想还不是那么糟，然而，这种看似客观的论调正是最为糟糕

的,与之休戚相关的则是那种将尼采和克尔凯郭
尔并置的读解,也即将两者都视为一种"例外"。
我们要问的是,在这里,人们意谓的是何种规则的
例外呢?

([……]关于尼采的讲座既非对**民族社会主义**的
辩护,亦非对**基督教**的攻击,而是那种纯粹为思想——
也即有待思考的事情——之故而思考的思想。)

传真:*Anmerkungen V,*
S. 21 [GA 97, S. 444]

评注 V [21], S. 444:

在政治、军事以及经济上,德国民众之最为宝
贵的民众性力量都遭到了毁灭性的打击——不仅

是由于希特勒近似疯狂的犯罪行为，而且也归因
于外国无限度运作起来的消灭欲。这里没有谁可
被愚弄。只有傻瓜才会从 **1945** 年开始计算历史，
并哭诉其压制和不公；同样，也只有傻瓜才会认为
此种历史始自 **1933** 年。

评注 V [22]，S. 445：

　　人之为人的未来会依赖于美国和俄国之间的
终极竞争吗？这种竞争又会在何种维度就何种因
素得以进行？它会是进入荒漠化终归会有的最后
一步吗？

传真：*Anmerkungen V,*
S. 48 [GA 97, S. 460]

传真：*Anmerkungen V*,
S. 49［GA 97，S. 460］

评注 V［48—49］，S. 460：

近年来，人们对之常怀激烈忿争的是，某些
**"知识分子"在 1933 年左右没有立即认清希特勒
的罪恶本质**。也许，那些自认为先知先觉的人，其
实只是撞见了某种与之虚妄权欲相悖的东西。也
许，那些站在希特勒一边的人同样也没有看到其
他更具本质性的东西，不过也未曾像前者那样执
着于表面现象。相反，他们中的少数一些人倒是
可能在更早的时候就比"先知先觉者"更为真切地

把握到了希特勒的荒谬。我的这些深思可不是什么清算，而只是对以下这点的提示：如今的知识分子越发彻底地为资产阶级民主制和政治版本的基督教所俘获，因而仅仅过于热心地企求和帮扶"民主"或"基督教"想要的东西。——这里也就是国际会议中你来我往的外交礼节。然而，公众意见的统治已经成为一种独裁，以至于会将我这样的深思直截了当地宣称为"纳粹余孽"并以此使之失效。

传真：*Anmerkungen V*,
S. 52 [GA 97, S. 462]

传真：*Anmerkungen V*，
S. 53［GA 97，S. 462—463］

传真：*Anmerkungen V*，
S. 54［GA 97，S. 463］

评注 V [52—54], S. 462—463:

胡塞尔：从 1930/1931 年冬季学期开始，**胡塞尔**就在公开的讲演①上——更早时候是在柏林和法兰克福放出风声——反对**我**的哲学立场，同时将我在哲学上的努力当作非哲学加以驳斥。（参见其《观念》[1930/1931]后记。）自此之后，我就和他分道扬镳了。但我从未**对胡塞尔其人**采取过任何哪怕只是微不足道的"小动作"。有人说，我将他驱逐出大学，还禁止他使用图书馆。这完全是谎言，因为**胡塞尔**在 1928 年退休是出自他自己的意愿；而且，在退休之后，胡塞尔再也没有主持过一次阅读讨论活动。除了 1920 年之后的几次特例，胡塞尔就再未使用过图书馆。在这种情况下，又有什么需要"驱逐"的呢？同样，我从未将胡塞尔的著作从哲学系图书馆移走——尽管纳粹已经对**犹太血统的作者**做了这样的规定——从未购置过一本**民族社会主**

---

① Edmund Husserl：Phänomenologie und Anthropologie. In：*Aufsätze und Vorträge（1922—1937）*. Hua XXVII. Hrsg. von Thomas Nenon und Hans Rainer Sepp. Kluwer Academic Publishers：Dordrecht et al. 1989，S. 164—181 [GA, Hrsg.].

义的书籍,例如罗森伯格①以及诸如此类,也从未按照规定——很多系所都服从了这样的规定——张挂"元首的画像"。**我指出这些不是为了给自己辩护,而只是作为必须加以明确的事实**,这也包括如下这点:在 1933 和 1944 年之间,我完全像以前那样抱着忠实于实事本身的态度,一再指明胡塞尔现象学的重要性和研究《逻辑研究》的必要性。对于胡塞尔的思想本身,我未曾在讲座或讨论中有一句批判的话,尽管可能的合理批判并不是什么罪恶。

我和胡塞尔分道扬镳了;这是令人痛心的,但也是必然的。对于我在其他方面采取的任何一种态度,人们本应该将其仅仅看作有礼貌的姿态,而非去谈论所谓"可鄙的叛卖"。那些大谈"报复"的人全不知晓早先发生的情况:我自己的思想道路被视为某种背离,并遭到煽动性的阻遏。在此,人们上演了一场伪造历史的大戏。

但在我看来,起自《存在与时间》的诸种尝试极有意义地见证了我要归功于**胡塞尔**的东西:在胡塞尔那里,我收获颇丰,同时,相对于胡塞尔的道路,我已经证明自己不是而且也从未曾是他的

---

① Alfred Rosenberg: *Der Mythus des XX. Jahrhunderts.* Hoheneichen-Verlag: München 1930 [GA, Hrsg].

信徒。但正是我对本己道路的自由追寻在人们远未开始谈论**民族社会主义**和**犹太迫害**之时便已被看作是一种"不尊家法"的行为，更不必说在**污蔑诽谤**业已大行其道的 **1948** 年。在这个问题上，没有人尽力作出合乎实情的判断，更没有人愿意深入到我的手稿本身中，或是将我那些多被滥用的讲座稿引为思想本身的见证。因此之故，我才在此重申了**需要明确的事实**——这当然不是为了在公众面前**为自己辩护**。

评注 V [85], S. 481：

最后的荒漠化行为。

小说转化为新闻报道。

评注 V [90], S. 483：

心理学的**不幸**在于其成为主体主义最为通俗易懂的形式——它用不着人们做出更多的反思，并具有某种矜持优越的假象。

评注 V [137], S. 509：

全部的**敌人**在其敌对特性中和谐共处；他们或是对之加以掩饰，或是以形形色色不同的方式坦白陈词。总的说来，他们以其毫不犹豫的共谋

助长了"新世界"的野蛮不化。

评注 Ⅴ[143], S.512：

在此期间,作为土地之主人的农夫的劳作陷入了**工业技术**的钳制之中:他们必须借助越来越快的机器在最短的时间内获得最大的收益。

在此期间,田间小径上到处都是拖拉机的轮迹。在它以自有手段统治的领域,荒漠化在本质上是不可阻挡的。

我们在这部分开头对全集第 97 卷中的相关文本和语境作了一个总体性的概览,它足以让我们清晰地、恰如其分地把握海德格尔在 1942 与 1938 年间写下的评注。也就是说,我们必须远离那种脱离语境的抽象歪曲,从而就其文本位置确切地把握这些评注的意义。此外,同样十分必要的是,我们应当将所有文本——毫无例外地——相互比对,以便从中清楚明白地了知到,海德格尔是如何全盘拒斥希特勒的疯狂和罪恶的。对于其罪恶行径在欧洲的肆虐,海德格尔强调,自己的评注绝不是要"以巧言令色的方式为希特勒'辩护'"(《评注 Ⅱ》[62—63])。海德格尔断然"反对"希特勒的立场可以回溯到一系列强调性的措辞:"非本质""罪恶本质""疯狂的罪恶";这些词语是肆无忌惮和不负责任的典型特征,它们清楚地表明,"希特勒变成了一场灾难"(《评注 III》[47])。

　　对于希特勒,海德格尔在《评注》中提出了一些人尽皆知的论断,但这种浅显性本身并不是进一步追问的基础。海德格尔的追问是充满责任感的,因为它直面的问题是,何以不仅是德国,而且连整个欧洲都已悬于深渊之上。问题本身并不限于对民族社会主义恐怖的反抗,而是为了让读者获得真切理解《评注》之意蕴的距离,而不至陷入歪曲和误解之中。在海德格尔眼中,希特勒通过残酷的民族社会主义政治引发了灾难,这标志着整个世界的非本质,而且,在这个世界,不再有人冒险对其非本质进行思考。可是,除了希特勒释放出毁灭这一显而易见和无可辩驳的事实,海德格尔同样对肩负历史责任的美国与俄国进行了一以贯之的批判。在多数时候,他的论述都带有强烈的挑战性:"假设——当然这种假设已经是一种非历史性的'思考'和计算方式——希特勒及其帮凶未曾获得权力,因而也未曾因为权力而腐化变质,美国和俄国便能以其固有的存在方式对现实产生丝毫本质性的触动吗?"(《评注 II》[62—63])在这种本质性的意义上,海德格尔不仅批判性地对希特勒、民族社会主义以及美国和俄国作出评价,而且同样也对美俄两国统治战后世界的那段时期深入地进行了反思。依照海德格尔的思考,去纳粹化并不是什么万灵药,问题也不仅仅在于清除那些曾经帮助希特勒疯狂犯罪的人——这里明确提及"希特勒及其帮凶"——而在于必须同时认真反思纳粹的狂暴由之产生的真实根源。

接着,海德格尔探明了民族社会主义"历史性的无知不明"造成危害的严重程度,因此,不可以"停留于所有的浅薄之物以及那些丑陋的个别*党派的干部和安排上*"(《评注 II》[40—41])。民族社会主义之"犯罪的迷途"使得人们将希特勒的野蛮不化总结为系统性的灭绝。在这方面,《评注 I》[75]中的这段引文具有典型意义:"有一种道德认为公正存在于复仇中。但是,认为可以而且必须对一个民族加以复仇的观念会反向回击到我们自己身上。"(《评注 I》[75])就"毒气室"中的灭绝行为而言,"可以肯定的是,未来没有人能够为之脱罪"(《评注 I》[151])。在海德格尔看来,这种卑劣行径绝对是令人唾弃的。因此,丝毫不令人吃惊的是,他将反犹主义标注为"愚昧不堪和令人唾弃"的东西(《评注 II》[77]);这一评注的突出意义在于,它充分证明,对海德格尔来说,反犹主义的思维模式是多么的陌生,更不用说纳粹体制施加于犹太人的极端野蛮的种族灭绝行为了:它对犹太人民造成了永远无法弥补的伤害,对人性犯下了最为残暴的罪恶。

在眼前这个部分,海德格尔对犹太特性的表态任何时候都应该被置于相关文本的语境中:"由此可以测定,何种深入到西方历史的隐蔽开端性本质中的思想才意味着对于——一直保持在犹太特性和基督特性范围外的——第一开端的回忆。"(《评注 I》[29—30])基于海德格尔的本有之思,犹太特性"和基督教"总是处于存在历史的范围之外;存在历史本身伸展于始自古希腊思想的第一开端与有待德国人接纳的又一开端之间。这些思想中并不包括任何抽象孤立的东西,相反,各种层面交错在一起:犹太特性和基督特性密不可分(总是有关);具有此种意蕴的犹太特性——如果我们沿着海德格尔的思想道路前行的话——才是绝不可被嵌入存在历史性思想中的东西。这就清楚地表明,笔记本编者的臆想只是见证了他自己的无能:这位编者没有能力对第一与又一开端之间的交结作出系统性的探讨。"犹太生民在基督-西方(也即形而上学)时期是毁灭之原则。"这句出现在《评注 I》[29—30]中的话语显明,在陷入与基督教——乃至"基督-西方（也即形而上学）"——不可分割的联系之后，犹太特性才成了"毁灭之原则"，而此处"基督-西方"的意蕴又仅仅取自"形而上学"。历史上的犹太特性确实和西方基督教密不可分，可是，这并不意味着犹太特性是形而上学的唯一代表。看不到犹太特性与形而上学之间的存在论差别，意味着——在此处或彼处——对海德格尔文本的蓄意歪曲。用私人阅读方式强暴文本，这种危险可能让海德格尔的整个思想道路都面目全非。因为，在海德格尔看来，犹太特性与之有关的"毁灭"必须基于他对整个西方基督教和新时代的批判加以理解。此外，正如我们在对文本的深入分析中多次指出的那样，从根本上说，毁灭性的原则是指，求意志的意志企图用存在者的"自给自足"树立和维持不变的存在者性。也就是说，"毁灭"的真实含义是，存在者之存在者性完全从存在本身中脱落下来了。然而，某些论者却提出这样的假设，也即认为在阅读评注时应将"毁灭"原则回溯到犹太一族身上，这却意味着，这些人再也不可能就其真实构造把握海德格尔这些简明扼要的表述。事实上，集中在全集第 97 卷中的评注更为清楚明白地否证了某些人抛出的——并得到另外一些人支持的——假设：海德格尔或多或少

地卷入了对犹太人的灭绝行动。在阅读这些文本
时,我们非常清楚地看到,海德格尔并不准备针对
归罪于他的指控作出辩护:他断然脱离了希特勒、
民族社会主义及其疯狂的、对于犹太人的有计划
的迫害。无论是在今天还是当时,这一事实都是
不可忽视的,即使"公众意见"以及大学里的"先生
们"——也即"爬到高处偷窃的贼"——用他们的
诽谤中伤歪曲并掩盖了事实,从而导致了对历史
的严重涂鸦,例如对海德格尔的校长任职作一种
政治性的诠释。在这个问题上,海德格尔乐意于
承认自己的"错误",但也补充道,"对之不作胡乱
表象才是亟待完成的事情"(《评注 II》[58])。在
《评注 I》至《评注 III》中,海德格尔几乎是被迫地
一再回到他在担任校长职务时发生的状况,并且
似乎是有意地强调,他自己的思想道路自始至终
对"运动"而言都是一种"异类",同时,他自己的
一些暗示和提醒却又引起了那些在政治上反对
"运动"之人的反复误解。海德格尔的"对手"一
手上演的历史涂鸦甚至也污及了他和犹太哲学
家胡塞尔的关系:在此,我们面对的是对历史事
件的蓄意操纵,这使得海德格尔感到有责任记下
更为确切和详尽的说明,尽管走向独裁化的公众
往往不能察觉事情的真相。对此,海德格尔针锋

相对地指明,他的评注不是写给"公众"看的,因为这些评注隐含的真实思想不是他们能够通达的;相反,公众总是活在自我中心的闭塞和偏见中,同时企图通过朽败不堪的"知识"装出一副全知全能的假象。一个人不能假装自己已经理解了海德格尔,假如他一上来就热衷于引发一场灾难性的纷争。如果人们只允许对海德格尔的"理解"达到这些"知识"的程度,那么,我们就能够感知到一种全新的独裁景象,也即令公众满意的极端无意义的隐秘僭越。

海德格尔在 1948 年间就胡塞尔记录在《评注 V》[52—54]中的东西,也在 1950 年被纳入他的《讲话》中,并在后来编排在全集第 16 卷里。我们有必要在此全文转录海德格尔的这次讲话,因为它再次澄清了海德格尔对于民族社会主义的立场、他与胡塞尔及其犹太学生的关系。不同于他在全集第 96 卷中以笔记形式留给我们的相应文字,海德格尔的这次讲话随着时间的流逝遭到了各种强词夺理的"解读",以至于其中就他与胡塞尔的关系提出的观点一再发生了微妙的改变。不过,我们应当让海德格尔自己说话:

我从未加入过冲锋队、党卫队或是类似

的其他军事性组织；因此，我也从未穿过一次制服，除了一战时穿了 4 年的军装。

无论是在 1933 年之前，或是这年之后，我都从未和纳粹党徒或其活动的积极分子发生过任何个人的或书面的联系。即使是在担任校长期间，我也只有几次因职务所需和少数几个纳粹党员发生过接触。

我从未采取过任何反犹主义举措；相反，我 1933 年在弗莱堡大学时曾禁止过民族社会主义学生会的反犹主义倡议，同样也取消过一次针对犹太教授的示威。对于我那些流亡国外的犹太学生，我一如既往地支持着他们：通过我的推荐，他们中有很多人更为便捷地走上了自己的学术道路。

说我曾作为校长不让胡塞尔进入大学和图书馆，这是一种极其卑鄙无耻的诽谤。我从未停止过对胡塞尔——作为我的老师——的尊敬和感激，尽管我的哲学工作在很多方面远离了他所处的位置，以致他曾在其作于柏林体育场的伟大讲演中公开抨击过我的立场。因此，早在 1933 年以前，我们之间的友好关系就开始松动。虽然如此，在 1933 年第一部反犹法通过之后（此种"法律"令我和很

多其他人极为震惊),我的夫人依然向胡塞尔
夫人馈赠了一束附有信件的花朵,它——同
时以我的名义——表达了我和我夫人对于胡
塞尔一家的永恒尊敬,以及对于酷厉的反犹
行径的谴责。在其后面世的第一版(1941)
《存在与时间》中,出版社向我表明,必须去除
有关胡塞尔的献词才能获准出版。我勉强同
意了这次删减,但亦以保留第38页处的原初
献词为前提。他们后来也照办了。在胡塞尔
去世时,我正卧病在床。在病愈后,我未曾向
胡塞尔夫人写信致意,这无疑是我的疏漏。

但这之后,我曾在胡塞尔夫人90岁生日
时向她致信(附有花束),明确请求原谅我在
胡塞尔去世时的疏忽,因为这次疏忽令我常
年饱受痛苦回忆的折磨。①

胡塞尔与海德格尔之间的分歧早在1927年
《存在与时间》出版之前就已经出现了。在他
1921年写给波兰哲学家罗马·因加登〔Roman

---

① M. Heidegger, *Bemerkungen zu einigen Verleumdungen*,
   die immer wieder kolportiert werden(1950), in: *Reden
   und andere Zeugnisse eines Lebensweges*, §211, S.
   468—469.

Ingarden]的信中,胡塞尔即已对此直言不讳:

> 我又获得了巨大的进展。尽管《观念 I》
> 尚未被完全摒弃(其中含有一些单独的阐述
> 值得保留),我也极大地推进了系统性的阐
> 明,使之在所有原则性的方面获得澄清。对
> 此,我已有十足的把握。上帝必定会继续帮
> 助我。海德格尔也进一步构建出其值得注意
> 的有力思想方式。他的思想影响很大。无论
> 如何,这是一种很有价值的思想。①

海德格尔的思想道路超出了胡塞尔的预期。
在后者看来,这种思想成了他对作为"严格科学"
的现象学作建基规划的绊脚石。(胡塞尔的现象
学自《逻辑研究》以来日益采纳了此种依傍科学的
形态。)胡塞尔的其他学生——其中首先是黑德维
希·康拉德-马悌优斯[Hedwig Conrad - Marti-
us]——想把胡塞尔的现象学规划固定和限制在
《逻辑研究》这一形态上。在《观念 I》出版后,这位

---

① E. Husserl, *Briefe an Roman Ingarden. Mit Erläuterun-*
gen und Erinnerungen an Husserl (Phaenomenologica,
25), hrsg. v. R. Ingarden, Nijhoff, Den Haag 1968, S.
23—24 (1921 年 12 月 24 日的信件)。

大师的很多学生远离了他的立场,并把他的这种立场视作观念论,也即他对单纯的"本质性"层面所进行的那种分析。相反,在海德格尔那里,我们看到的是对胡塞尔现象学规划根本上的全面扭转;这时,他对于胡塞尔的距离应被看作其本己思想路向的独立性,尽管他从未忘却自己必须被归功于胡塞尔的东西,也即对《逻辑研究》的学习曾带给自己的重大影响。因此,胡塞尔的其他学生的思想道路完全不同于海德格尔的思想道路,因为前者关注的是对胡塞尔现象学及其方法的重构,而后者则着眼于存在问题①重新确定了现象学的方向,并由此实现了现象学的根本转变。当然,无论是海德格尔,还是黑德维希·康拉德-马悌优斯,都远离了胡塞尔随《观念》之出版而形成的规划。

---

① 在这方面,尤其值得注意的是伊索·科恩的研究。他深入探讨了胡塞尔在1925—1935年对《存在与时间》的研究,因为胡塞尔希望能够"对海德格尔的哲学形成清醒-彻底的立场",正如可以从他的某些手稿中看到的那样(A VII 3;A VII 24;B III 5,Bl 32);参见 I. Kern, *Einleitung des Herausgebers*, in: E. Husserl, *Zur Phänomenologie der Intersubjektivität. Texte aus dem Nachlaß. Dritter Teil: 1929—1935*, in: Gesammelte Werke, Bd. XV, hrsg. v. I. Kern, Nijhoff, Den Haag 1973, S. XXII—XXVII 及 LII—LV。

  无疑,现象学的"本质还原"使得思想真正有可能超越康德的批判哲学,因为后者长期以来都认为不可能彻底深究"被给予的东西",以便达到其"本质"。以《逻辑研究》为代表的胡塞尔现象学一方面促成了哲学研究的再次兴起,另一方面却也有可能让哲学将"被给予性"还原为单纯的主体性的功能参数。正是在这个节点,通过其极其清醒的实在论现象学决定,黑德维希·康拉德-马悌优斯继续走在了实在性本身及其不同领域之"本质研究"的道路上。真正的哲学思考基于实事的被给予性,这不仅需要对经验材料的认识,而且首先需要对有待阐明之实事的"本质直观"①。在这种情况下,最初驱使康拉德-马悌优斯追随胡塞尔的那种期待也就易于理解了:这位大师践行了对心理主义的克服;作为一种自然主义的态度,心理主义将唯一的优先性赋予"心理-生理性的"认识过程,全然不顾在"此时此地活生生地"显现自身的东西的真实被给予性。胡塞尔现象学的益处就在于平衡了"认识主体"和"具体显现着的实在"关

----

① S. H. Conrad-Martius, *Phänomenologie und Spekula-tion*, in: M. J. Langeveld (Hrsg.), *Rencontre—Encoun-ter Begegnung. Festschrift für F. J. J. Buytendijk*, Utrecht—Antwerpen 1957, S. 116—128.

系而使之不再对立;唯有如此,"实在"才会重获其恰当的处所,也即不再被视为意识的专有"领域"。

有鉴于此,康拉德-马悌优斯感受到了重新接纳胡塞尔之"研究"的动力。使她感到振奋的是胡塞尔现象学不同于其他哲学的特性:现象学的研究方式汲取自"实事本身"——而非哲学——之源头,也就是说,研究及其观照以"实事本身"为自身定向。实事本身具备了相当程度的优先性;对此,我们尤其需要考虑的是,胡塞尔是在新康德主义的背景下取得这一成就的。

胡塞尔的严格研究"风格"截然不同于对于单纯事实的不加约束:它先行并始终关注于建立一个哲学之"科学性"的范本——这不仅需要顾及已经走过的道路,而且首先是一种——就其实事性和真理性——实行并突显认识行为的意识。"实事性"和"真理性"是实在性的双重要素;正是由于这个原因,研究才应当考虑每一呈现自身的被给予性,以及每一原初的自身给予的直观。于是,"思想道路"就成了现象学得以葆真的地基,也就是说,已经获得的成就只是通往"全新开端"的"路径"——从这个角度看,胡塞尔才留下了"一再尝试观照"这样的方法论原则。

这种全新的哲学立场首次将我们的眼光引向

实事本身:"观察者"不是将这样那样建构出的法则加诸其上,而是从赋予尺度的被给予性——如其自身呈现的那样——"获得"进入其中的恰当方式。

可是,随着《观念》——它包括胡塞尔在 1907 年作于哥廷根的 5 次讲座——的出版,上述"希望"再次遭到了威胁。始自此时,这位大师与其弟子之间"互不理解"的先兆逐渐出现。在这些讲座中,胡塞尔突出了"意识之流",并将本质还原委诸其中,以至于他的弟子们认为发生了向先验观念论的倒退。作为《逻辑研究》的作者,胡塞尔当然不会只限于实在论立场的现象学描绘。胡塞尔现象学的整体并非仅仅基于一个关键点,重要的是其关于作为严格"科学"的现象学的观念。"科学"的处所不可被归于现象学的实在论,因为这总是和"描述性的"现象学态度联系在一起,因而无法照顾到意向性分析的全部领域。在胡塞尔现象学的整个思想构造中,康拉德-马悌优斯仅仅将单纯的本质性现象学作为自己的支撑,这就使得她的研究造成了额外的困难:这不仅归于某种特别困难的语言,而且也归于其源于胡塞尔的,却不容许任何先验还原的立场。对于"还原",这种现象学只接受了其中一个环节,也即只具有静态-描述的性质,并在一定程度上具有轻微的"几何特性"。在康拉德-马悌优斯的研究中,我们看不到任何静态的本质性方面和"发生学"意义上的意向分析之间的关联。胡塞尔现象学中的最后一站被其完全否认,因为这会令人回想到"实在"向自我领域的"倒退"。于是,意向分析再次成为了现象学的真正分水岭。

康拉德-马悌优斯对于胡塞尔的批判态度日益激烈,这涉及到的是"向先验主体性——如果还不是向心理主义——的不可理喻的倒退"。[1] 弟子的立场导致了胡塞尔的指责。后者明确指出,他的某些学生根本未能理解对他来说可谓一个"伟大开端"的东西。

在 1921 年致茵加登的信中,胡塞尔不仅表达了对于海德格尔的失望,而且在其第一部分写道:"坦率地说,我曾多次考虑放弃对《现象学年鉴》的领导。"[2]放弃领导《年鉴》的决定基于一些胡塞尔透露给茵加登的考虑;其中,尤其令他感到悲哀的是慕尼黑学派的某些代表和那些不理解全新"研

---

[1]　H. Conrad-Martius, *Die transzendentale und die ontolo-gische Phänomenologie*, in: *Schriften zur Philosophie. Gesammelte kleinere Schriften*, hrsg. v. E. Avé-Lalle-mant, Bd. III, Kösel, München 1963—1965, S. 395.

[2]　E. Husserl, *Briefe an Roman Ingarden*, S. 23.

究视野"的同事：

> 就其新作而言，康拉德-马悌优斯女士的情况和施泰因小姐相似。对这些情况，我感到异常诧异；不过，她从未真正成为我的学生，对于作为"严格科学"的哲学精神，她故意加以拒斥。[……]其实连普凡德尔的现象学也在本质上与我大相径庭，而且，由于从未完全领会构造方面的问题，他——虽然在其他方面绝对诚实和可靠——陷入了独断论的形而上学。就算盖格尔也是一个含金量只有 1/4 的现象学家。但依我之见，您[也即茵加登]则完全是一个现象学家。可惜的是，您两年以后就不在这儿了，因此只能参加 4 个学期紧张的讲座了。①

令胡塞尔感到失望的不仅有海德格尔，也包括康拉德-马悌优斯、普凡德尔和盖格尔等人。埃迪特·施泰因[Edith Stein]的情况有所不同，尽管她也应时修正了经典的胡塞尔现象学，也即在

---

① 胡塞尔这里指的很可能是 1921 年出版的《形而上学对话》。

其探究中贯彻了一种对现象学的明确的形而上学扩充；和在胡塞尔那儿相比，埃迪特·施泰因的扩充更为显著，对她来说，古典形而上学是现象学的有益补充。在此意义上，埃迪特·施泰因也和康德的先验观念论——因而也和胡塞尔的现象学——保持着距离，并且在潜在和现实的双重层面都排除了先验主义的侵入。当然，在我看来——正如我们将在别处表明的那样——这种批判应该被归于面对胡塞尔知识论时的无能，也即无法把握胡塞尔对于"意识-世界"之关系的原则。（对胡塞尔而言，这种关系绝不可以混淆为一种"世界"-意识。①）

　　"距离"、"远离"以及"对胡塞尔规划的修正"——这些行为不应仅仅算在海德格尔头上，而是胡塞尔与他弟子们关系的本质特点。胡塞尔的弟子们在各自的探究中表现出清晰的思想方向的转换，并以此方式回到现象学——在多数时候也即胡塞尔的现象学，表现为那些公开出版的著作，

---

①　这方面较为深入的研究可以参考 F. Alfieri, *Il serrato confronto con la fenomenologia husserliana in Potenza e atto di Edith Stein. Al limite della fenomenologia tradizionale*，in：A. Ales Bello—F. Alfieri（hrsg.），*Edmund Husserl e Edith Stein. Due filosofi in dialogo*（Filosofia，62），Morcelliana，Brescia 2015，S. 41—99。

以及从哥廷根到弗莱堡的讲座,它们一直延续到
1927/1928 年冬季学期,也即胡塞尔因年龄限制
而退休的那个年份。

5.2 "自我消灭":从《深思》①到《评注》②

在最后这个部分,我们打算就着与"消灭"的
联系阐释"自我消灭"概念,而且这种阐释打算基
于笔记本中显明此种联系的全部文本。事实上,
如果不将《评注》关联于《深思》,"自我消灭"就是
不可理解的。因为这个概念并未在《论稿》中出现
过,笔记本就成了我们对之进行阐明的唯一起点
和归宿。接下来,我们将首先列出相关段落或文
字各自的语境及来源。

《深思 XIII》[107—109]:

语境:共产主义和英语国家

——共产主义:"'共产主义'的*自我消灭*会在
哪个历史节点成为可见的过程和终结[……]";
"*自我消灭的最初形式是*,'共产主义'促进了军事

---

① M. Heidegger, *Überlegungen XII—XV* (*Schwarze Hefte 1939—1941*).

② M. Heidegger, *Anmerkungen I—V* (*Schwarze Hefte 1942—1948*).

纠纷的爆发"。

——"英国'布尔什维主义'的资产阶级-基督教形态";"只要这种形态未曾**消灭**[……]";"**终极消灭**的形态只能是本质性的**自我消灭**,而且,这种自我消灭还会以其虚假本质的**升级**将自身最为强有力地提升到道德拯救者的角色"。

《深思 XIV》[18—19]:

语境:**主体性的本质**("**疯狂肆虐**"[……])

——"人之为人的**自我消灭**并不在于一种自我消除,而是在于:人各自**培植**可以确证其统治的**种属**[Geschlechter],同时又将这种炫目外表背后的盲目掩盖起来[……]。"

《深思 XV》[12—14]:

语境:"**新时代的**"人

——"'**政治**'具有新时代的本质,它本身总是强力政治[……]。最高等级的政治行为在于,**让对手陷入被迫走向本己的自我消灭的境地**。"

——星球主义:"强力的谋制性本质以其荒漠化令**不可毁灭者消灭**的最后一步"。

——"在本质上满足历史性规定的不是**消灭**、**秩序**或**新秩序**,而只是居于存在之本质中的**作诗**,

以及对建基和归属于此种本质的**原初筑造**。"

　　说明:"对手"是"美国主义",而"不可毁灭者"是"开端的东西"。

《评注 I》[26—31]:

　　语境:技术;基督教的西方

　　——技术:"当技术作为消耗而不再有什么可以消耗的了,即它作为它自身的时候,它就达到了最高的阶段。这种**自我消灭**会以何形态付诸实施呢? [……]含藏在其本质之中的**对于'标新立异'**也即不断消耗的永恒追求。"

　　——基督教的西方:"唯有当形而上学意义上的本质性的'犹太特性'展开反对犹太特性的斗争之时,**自我消灭**才会达到其历史的顶点;前提是,这种'犹太特性'在任何地方都完全攫取了统治地位,以致对它的反对并且首先是对它的反对也会走向对它的臣服。"

《评注 II》[66—75]:

　　语境:思想

　　——"如今以'哲学'为名泛滥成灾的东西,其实只是思想的**自我消灭**,它或者以教堂或政党的形式组织起来,或者靠手足无措的无能来维持生计。"

——"原子弹能让一切都灰飞烟灭,这仅仅是因为它本身已然步入了**自我消灭**中。公众却通过其**消灭性的活计**不断把自己凸显出来。"

——"比原子弹的冲击波更具毁灭性的乃是以世界性新闻业为形态的'精神'。前者通过单纯的消灭令一切走向**消灭**;后者在让世界**消灭**于虚无时却具有一种——建立在无条件去除根基的虚妄基础上的——存在的假象。"

——"真正的败局不在于'帝国'的粉碎——以及城市成为废墟,而人则被暗中为害的杀戮机器所谋杀——而在于:德国人被他者驱入其本质的**自我消灭**中,并且用看似靠谱的外表——也即对'纳粹主义'恐怖政体的取缔——掩盖住这种消灭"。

深思 XIII [107—109], S. 154—155:

如果"共产主义"是民众在新时代之最后完成阶段的形而上学建制,那么,这就意味着,"共产主义"在新时代开始之时就必定已经——即使是以隐而不显的方式——获得了本质性的力量。从政治上看,这种对其本质的赋权发生在新时代的英国历史中。从本质上看,也即撇开各自时代特有的统治架构或社会-信仰形态,英语国家和苏维埃共和国联盟的国家体系是一回事,其不同之处仅仅在于,前者让暴力的开展获得了某种——看似不言自明和人畜无害的——民众教养和道德假象,而后者则是新时代"意识"之强力本质的全盘展现,尽管其中并非没有民众福祉方面的诉求。英国的"布尔什维主义"的资产阶级-基督教形态是极其危险的。只要这种形态未曾消灭,新时代就将一直延续下去。但是,终极消灭的形态只能是本质性的**自我消灭**,而且,这种自我消灭还会以其虚假本质的升级将自身最为强有力地提升到道德拯救者的角色。"共产主义"的**自我消灭**会在哪个历史节点成为可见的过程和终结,这个问题与——使消灭变得不可避免的——已经作出的存有历史性决定相比是无关紧要的。**自我消灭**的最初形式是,"共产主义"促进了军事纠纷的爆发而令自己卷入自身权力之不可阻挡的全面释放中。(参见:上文 S. 88"战争……"至 S. 89。)

作为一种有意识的策略,列宁第一个认识到并推动和运用了世界大战的促发作用。世界大战越是具有新时代的特性,它就越是会肆无忌惮将属于民众之存在的东西卷入战争的暴力中。这种"总动员"以及由以命名的存在者之布置——在此,存在者被置于强力之无限展开的僵固而被这种无度囊括其中——通过两次世界大战得以实现。这让"共产主义"进入了它谋制性本质的最高阶段。这种最高的"高度"是唯一适于滑入存在遗弃之虚无——及其长期终了的所在。所有的西方民众都按照各自的历史学本质规定被纳入了存在者的优先性中,无论他们对此起的作用是加速还是阻碍,是蒙蔽还是暴露,是貌似反对还是总想置身事外。

深思 XIV [18—19], S. 181—182:

人之为人的**自我消灭**并不在于一种自我消除,而在于:人各自培植可以确证其统治的种属,同时又将这种炫目外表背后的盲目掩盖起来。主体性的本质加速飘入这种在无条件存在遗弃中的自我布置。(参见:论$\varphi\acute{v}\sigma\iota\varsigma$的本质,S. 10)[1]合乎时宜的自我确认为自己安排好主体性最为内在的本现。因此,必须从根本上动摇这种主体性——也就是说,必须克服作为形而上学的形而上学。

---

[1] Martin Heidegger: *Vom Wesen und Begriff der Φύσις. Aristoteles*, Physik B, 1. In: ders.: *Wegmarken*. GA 9. Hrsg. von Friedrich-Wilhelm von Herrmann. Frankfurt a. M. ²1996, S. 241 [GA, Hrsg.].

人们何以总是能够利用"辩证法"敉平每一种具有本质思想性的思想呢?(这种敉平看上去使得思想更为锐利和有力。)因为这种摧毁必定会在最为源始的建基及开端中作为危险变得尖锐。在一个所有语言都变成交流和组织工具——以及所有思想都变成"计算"——的时代,辩证法和"辩证性"荒芜的侵袭就越是会毫无约束地蓬勃兴起,而且自有其道理可言。在面对这种毁灭时,存在者(包括人)在本质上毫无防备,因为每种抗拒都必然流于肤浅而失于本己;通过下滑不可能攀上顶峰,更不必说那种寂静升华意义上的密持。

深思 XV [12—14], S.259—260:

"新时代"的人正想把自己变成荒漠化的奴仆。

若是一定要作为历史性的人采取历史性的行动,那就首先需要坚持伫立在本质性的东西之中,也即已经能够将一切本质的本质性因素开端性地带向承解。

"政治"具有新时代的本质,它本身总是强力政治,也即总是在对存在者的强势压倒中设置和实行着强力的赋权。最高等级的政治行为在于,**让对手陷入被迫走向本己的自我消灭的境地**。这样的政治耐力强、门路广,可以挺过较长时间的挫败,它不会为暂时性的失败所迷惑。

不是"构建"各种"类型",而是转成于存在而成为具有本质性预感的平和者。

对于"美国主义",人们只是现在才在事后再次以单纯半吊子的方式将其作为政治对手发掘出来。(参见:上文 S. 8。)

任何一种自我认识的缺失都会造成下述局面:某种现象与全部其他现象的本质同一性在这个星球上总是无法得到把握,而且一切事物之历史的基础都未及规定。这就是星球主义,也即强力的谋制性本质以其荒漠化令不可毁灭者消灭的最后一步。它埋葬的是原初本质的可能性,因为正是原初的事情——而非某处现成在手的持存者——才是不可毁灭的东西。

在本质上满足历史性规定的不是消灭、秩序或新秩序,而只是居于存在之本质中的作诗,以及对建基和归属于此种本质的原初筑造。

评注 I [26—31], S. 18—21:

思想家继续来临,而且只是以这样的方式:他来到——每每被无思想者错过的——最为切近的东西的切近之处。"继续前进"在这里即是持续地不失其开端。

当**技术**作为消耗而不再有什么东西可供其消耗的了，即它作为它自身的时候，它就达到了最高的阶段。这种**自我消灭**会以何形态付诸实施呢？可以预期的是含藏在其本质之中的对于"标新立异"也即不断消耗的永恒追求。

如今要做的是在本质上真实地在-此，而非"产生影响"。已经有太多的影响产生了。人们热情地讨论未来究竟会有何种东西生成，历史一定会有何种"外貌"以及未来该当如何设想：所有这些都是对于有序的规划方式的忧虑。我们在此看到的是向已被克服之物的倒退。在形而上学之完成的时代，本质性的认识意味着，我们必须在纯一地了知存有之际在此。对存有之漫长言辞的思考是困难的，若人们只知权衡难易的话。在此种境况中，思想及其伫立于此的坚持比任何一种英雄主义都更为沉重。

我们正在接近德国人面对世界历史性考验的瞬间：他们是否有能力经验到超出理性-非理性主义的领域，并且让此处变得适于居住。为何我们自己会成为那种命运——对今时之力量的唤醒和对其形态的塑造——的障碍呢？

"革命"——其本质最终必须以革命性的方式

得到理解：这在字面上也就是说，其本质必须转回到原初的事情中。本真的革命既不会带来新的东西，也不会维持旧的东西，而是会唤醒开端性的东西。

思想家的思想富含纯一的此-在，因为他们将道说保持在——始终不可道说的东西为之而居有自身的——经验的源头。不得不有所道说因而无法离开言辞的思想家会接到进入行动的纯一指引，也即一种先于全部行为、作为和作用的纯粹此-在。唯有在此思想之历史的领域，我们才经验到居有着自身的东西。

非本质的秘密——

由"科学"或"生活实践"提供给我们的"认识"和"知识"事实上总是一种τέχνη，它作为一种熟识"识"得世界上的一切东西，并借此通过溯因而胜过有待认识的东西，其优势就在于可以掌控被认识的东西。思想的知识无意于通过创设新的因由来胜过存者，而是仅仅走一条达乎存在及其真理的道路。这种在存在之真理面前的引退在本质上根本不同于对一切知识和"实践"来说不可或缺的"进步"。

强力隐蔽得最深的本质就在于它会令人感到不安和恐惧。

现代历史学家——其活计采取了**新闻业的某种形式**——必须阅读如此之多的书籍和文件，并撰写同样多的著作，以致他们无望在干活的同时亦能思考，更别提那种更深层次的反思，因为这种反思可能会延误其活计的运转。

纯正的希腊本质即是希腊人居于其中的存在者——作为存在着的，他们曾对其感到陌生——对于这种存在者、他们本身以及存在和他们的关联，希腊人从 $\dot{\alpha}\lambda\dot{\eta}\theta\epsilon\iota\alpha$ 而来就其纯一本质有所显示和经验。$\mu\tilde{\upsilon}\theta o\varsigma$ 和 $\lambda\acute{o}\gamma o\varsigma$——从 $\dot{\alpha}\lambda\dot{\eta}\theta\epsilon\iota\alpha$ 出发对每一言辞和构象进行纯粹的（但非强制的、图式-死板性的）经验。

我们每天都必须以全新的方式让自己的眼光栖息在不可毁灭的东西中。全部的运动即源于此种静谧的栖息。

和每种"反-"一样，反-基督徒也必定源自其"反对"之物的同一基础——在此也就是"基督"。"基督"由之而来的**犹太生民**在基督-西方（也即形而上学）时期是毁灭之原则。毁灭性的因素本质上在于形而上学之完成的颠倒，也即马克思对黑格尔形而上学的颠倒。于是，精神与文化成了"生命"——也即经济-组织意义上的生物性的"民众"——的上层建筑。

唯有当形而上学意义上的本质性的**"犹太特性"**展开反对犹太特性的斗争之时,**自我消灭才会**达到其历史的顶点;前提是,这种**"犹太特性"**在任何地方都完全攫取了统治地位,以致对它的反对并且首先是对它的反对也会走向对它的臣服。

由此可以测定,何种深入到西方历史的隐蔽开端性本质中的思想才意味着对于——一直保持在**犹太特性**和**基督特性**的范围外的——第一开端的回忆。世界的阴暗化永远达不到存在的寂静光明。

现在,我们不可"就"西方"在历史学上"胡写乱说,而是必须以真正西方的方式存在,也即以更为原初的方式让开端发源。

略过强力的计算。回转到对历事之时空游戏的期待中。

人们必须在"目标""价值""任务"和"贡献"中计算和考量。这点表明,历事①已经以何种方式被抛弃到非历事中。本质性的历史不需要目标,它栖息于真之为真这回事中。

能否让蜂拥而至的大众及其生活标准一直保

———————

① "历事"(Geschicht)是"历史"(Geschichte)一词的中性形式,它指的不是世界历史意义上的历史之兴衰,而是本有之居有。

持下去——哪怕只是其经济收入——并不是历史性的本质之物,相反,存在作为观照者之在场和缺席的自身疏明着的界域而得到葆真,以及存在之真理成为本己之域——才是历史性的本质之物。

人们不愿关注对存在的归属,这意味着我们本己的历史性本质的最为糟糕的荒漠化。

在存有历史上无关紧要的东西却在历史学上受到全世界公众的关注。

"返乡"是我们历史性本质的未来。这里"目标"不起规定作用。在此,唯一为我们定调的是开端,否则,我们就会弃守于真理的破败之中。

评注 II [66—75], S. 152—158:

景观。——人们可以对之进行"观看",并加以发掘和描绘,乃至依照各种游览方式令其流通于闲谈中。如此,景观就会成为全世界都可以看到的东西,并获得其全世界通行的景象。(这也许就是"全景"一词的含义。)或者,有人生活在乡村。无需凝神注目于这种景观,他总是默默地归属其中,仿佛自己并不认识一样。然而,乡村之景观在他身上说话——而非他就此种景观说话——而且,这种道说以别样的方式表达出来。**同时,这种深思也不会明确地记录在他的心中。**

那种始终不熟悉思想的人会臆想着——因为思想表现出某种"反思"的外观——把思想编入到他的本质中而加以利用。但是,只有不甚成熟的思想才会对自身进行观察,而且还会幻想用"逻辑"达成对于自身的结论。

思想往往会违背自己的意愿和识见而在对手中施展最为罕见和强烈的影响,但很少有一种对手能让思想从中有所收获。对手们太过依赖于那种它们与之对抗的幻象,并且必然会因为棘手而有所排斥。对手性的喧嚣没有内在持续的实质性分量,因此必定会变得越来越富有"坦诚"的"新意"。最终,这样成长起来的年轻人甚至会以为,"倾听"无非是对喧嚣的进一步运送。

如今以"哲学"为名泛滥成灾的东西,其实只是思想的**自我消夭**,它或者以教堂或政党的形式组织起来,或者靠手足无措的无能来维持生计。思想在西方之最初的思想家(也即第一开端仅有的那几位思想家)那里——随着并依从希腊人(亚里士多德)的思想——终结之际,便是"逻辑"产生之时。

现在,打着"哲学"名义的不过是对思想之有组织畏惧的遁词。

在思想中静候那种在命运中的栖居。思想以

其回忆创建着间或的光明。

学术和历史学令思想腐化变质。

唯有在存有之让–存有中，我们才会学着让自己上路。

与债务人对债权人的依赖相比，债权人对债务人依赖得更深。无论如何，计算性的关系都不是自由的，因此不会收到酬谢。如果酬谢作为职务才变得有效，那么，这种相应某种职务的酬谢已经不再是酬谢，因为它已经不再相应于思想。

在一个对思想的畏惧充作"哲学"的时代，每个还活在思之事情的关联中的人都必须对最初的决定清楚明了。这种决定唤作：保持在离去的道路上。在此，"离去"[weg]只具有浅表的消极含义，实则来自一种静候能力。静候：它等待的自然不是某种出自公众的事后认同，而是超出自身生命之时间的——向着人居有自身的——存有之疏明的照见。

实事的本性也许含有这样的规定：思之事情——它也许就是人之事情——总是隐匿于人所在之处，并且恰巧用这种隐匿促使思想成为一种回忆性的思想。

保持在实事那里，这值得为之付出那些必要

的花费。原因是,在此我们不再需要算计了。

一种"字面上的"翻译不在于完全按照语法形式摆布相应的"词句",而在于从翻译性语言的道说源头而来触动"词句"。

在战争与毁灭的时代,有必要护卫珍贵的东西。最佳的护卫在于始终把这种东西护持在不显眼的无名状态中。如今,公众拥有最为严重的毁灭性力量。原因是,公众在毁灭之际树立了一种假象,仿佛整个世界都是在其中由之建构起来的。而**原子弹**能让一切都灰飞烟灭,这仅仅是因为它本身已然步入了**消灭**中。公共性却通过其**消灭性的活计**不断把自己凸显出来,而这正是其本质所在之处。面对公众的毁灭,关键在于将珍贵的东西——作为忆念的思想——回收到无名状态中,就像是一种掩埋。

存有永远不可能通过强求获得,而是只能在原初的期待中得到开启:在其真理之防护的承解中准备一种到来。

常常令人感到揪心的是这样一种黯淡的前景:在数十年之后,我们不会再拥有任何思想,而只剩下"世界观"闲谈的礼崩乐坏。这些人压根不会注意到,自己日复一日投身其中的作为只不过是臣服于本想根除的"朽败体系"。当然,决定性地保留下来的只是一种风格,尽管被包装上了基督教-博爱的外衣。**比原子弹的冲击波更具毁天性的乃是以世界性新闻业为形态的"精神"**。前者通过单纯的消灭令一切走向消灭;后者在让世界消灭于虚无时却具有一种——建立在无条件去除根基的虚妄基础上的——存在的假象。如今,绝对化的世界新闻业让人昏昏欲睡,以致对思想的恐惧成为一种风尚,并导致了对思想的系统性根除。我们必须让自己及到来者明白,在长久的将来,思想都将是一种无价的珍宝,它需要最为小心的守护,如果人们将其深藏内心的话。这点和所谓的"悲观主义"不是一码事,相反,它倒是和清醒大有关联。(在后来写给曼弗雷德·施罗特①的信中提到过。)

面对公众时作任何辩解和救护都是毫无必要的。相反,思想之不息需要的是一种静息。

在思想中,我们可以常常像新来那样回到道路一度已经抵达之处。这是一件好事。

我们的思想远行到存有的基要处,正如存有

---

① 曼弗雷德·施罗特[Manfred Schröter](1880—1973)在1908年以一篇关于谢林的论文获得博士学位。作为慕尼黑谢林年鉴的后期主编(1927/1928),他在1909年娶了一个犹太女子。为此,在民族社会主义统治时期,他不得不交出了慕尼黑技术大学的讲师职位。[GA, Hrsg.]

之真理的命运从存有本身而来。曾经的尺度。

在纯一者的领域,我们不知不觉地误入歧途,而且未能看到那种足以就其不可能性显示自身的东西。这时,我们发现自己的处境如同缘木求鱼。

对此-在的立法。这种立法让法则原初地生成于此-在的命运中——并且让其不断生成,但这种立法的危险是,法则本身的本质甚至可能因而转变。

有待-思考的东西:

曾经之命运中的区别。我在弗莱堡哲学系的个人档案已经消失①。也许会有一天,某个研究大学史的历史学家会根据这些档案的缺失证明,我在弗莱堡大学三十多年的教学和研究活动都出自虚构。

"我的哲学"——如果可以使用这个可笑表述的话——乃是"深渊之哲学"。不过,我要反问一句的是,我们果真如临深渊吗? 不仅是我们德国人,不仅是欧洲,而且是"整个世界"? 而且,不仅是始自昨日,而是甚至不是"因为"希特勒,当然更

———————

① 20世纪90年代初,人们在弗莱堡大学哲学系曾经的所在地(太子大街13号)找到了这份档案:它和其他个人档案深藏在一个浴缸里。参见 Danksagungen im Nachwort des Herausgebers [GA, Hrsg.]。

不是"因为"斯大林或是"罗斯福"。

　　一直思考"何者存在"的思想真是危险的吗？或者，人们倒是更愿意"思考"不存在的东西？人们难道不是压根不愿思考，而是只想瞎扯，也即把对"现实"的瞎扯一直延续下去吗？人们从未能够达到如临深渊的境界，同时，他们压根也不想知道何谓深渊。而且，同样令他们暗中害怕的是，对深渊的洞悉仅仅意味着刚开始对"何者存在"有所经验，甚至只是开始学会经验。这就像濒临腐烂的计算者害怕"空洞"一样，因为，他喜欢用自己的智力去磨灭一切，而"空洞"会让他的胡扯和有组织的毁灭行为无法再捕捉到任何东西，哪怕是在比德国人还要愚蠢的那些家伙那里。

　　真正的败局不在于"帝国"的粉碎——以及城市成为废墟，而人则被暗中为害的杀戮机器所谋杀——而是在于：德国人被他者驱入其本质的**自我消灭**中，并且用看似靠谱的外表——也即对"**纳粹主义**"恐怖政体的取缔——掩盖住这种消灭。尤其是在这种状况得到充分准备并以历史性的方式加以孤立的时候——仿佛和他者无关，只是在1933 年 1 月从天而降，并同样孤立地在紧接其后的十二年里愈演愈烈——人们就一定会有理由通过世界公众将那幅得到准备的图景当作遮羞布。

但是,人们却很难让自己的眼光变得自由和超脱,从而认识到:从根本上说,何以正是这种"正当理由"表明了一种全球性的误导,它将一切都搞得混杂不堪。也许,"人们"十分清楚地知道,在这条道路上,那个被打上纳粹烙印的东西以最为确定无疑的方式得以激发和生长。借助于长久的准备,人们也还是会对此变得心甘情愿,以便日后再一次以越发激昂的人性呼吁大踏步迈向最后的灭绝性举措。

在魔鬼肆虐之际,基督教却企图继续运作它的文化活计。对于如此多的现代性新形态,人们以满足的口吻谈到,电视研究协会的会长也是个天主教徒。同时,**人们祈祷着:技术可一定要服务于人**。人们更是敢于说出如此愚蠢的废话,也即将"约瑟夫·戈培尔"[Joseph Goebbels]当作撒谎者钉在——本身就是极为可疑的——世界公众的耻辱柱上。

在真实的行进中,尤其是在思想的行道中,我们绝不可能同时跟在自己身后,以便对这种行走加以监控。

也许,过不了多久,就有一些人会发现,自己可以猛地一下子从各种期刊可怜的絮叨中抽离,并且再一次向日后成长起来的年轻人指明,精神

性的工作究竟意味着什么？答曰：精工细制的作坊，而非连篇累牍的废话。

不过，相关指示也已经太迟了。

如今，"天主教哲学"的构图，或者不如说是"天主教哲学"这个招牌，以咄咄逼人的架势走上前台。那些很想在此种骗局中粉墨登场的人绝不可能注意到，光是"天主教哲学"这一标题就表明了彻头彻尾的不可能性。"天主教哲学"——这差不多就和"民族社会主义的科学"一样——可以说是一种"方形的圆"或者"木质的铁"：在遭受火烧之际会变为灰烬，而非更加坚韧。不过，这种所谓的哲学是不会面对此等考验的。它充其量只会引发现代新闻业典型的废话连篇。——人们丝毫无惧于将现象"据为己有"。如果对其稍作思考，"天主教哲学"这个头衔本身就已经表明，相关人士完全乐意于放弃思想，尽管他们恰恰会以流行的"哲学思考"来装点自己，并且会借助于对相关"哲学"术语的使用。当然，这种所谓的"哲学"从未成为真正的思想。

"共产主义"、"英语国家"、"主体性"的本质、"新时代的"人、"技术"、"基督教西方"以及最后提到的"思想"：正是这些关键词和笔记本中所谓的

"消灭"与"自我消灭"密切相关。要想澄清其在《评注Ⅰ-Ⅱ》(1942—1946)的特定用法,就必须进一步深化我们的探讨,同时参考《深思》中的相关论述。

某些读者仅仅注意到《评注Ⅰ》[30]最前面的几行文字,这就使得他们不能在相关语境中对"自我消灭"概念进行实事求是的考察。因为这些"评注"的撰写始自1942年,人们往往会倾向于在最初几行文字的基础上对它们实施解读,也即将它们限定在这个最为狭小的范围内,而非对其进行更为深入的阐释。有目共睹的是,在《评注》出版之后,人们把这些文字看作阐释《评注》的关键,并让每一种反思都回溯到这个出发点——也即对"自我消灭"概念的某些任意说明;同样是由于这个原因,人们没有对海德格尔评注的多重内容进行正式考察,而且完全忽略了我们在本章中提出的全部论证。对"自我消灭"所作的先入为主的解读,连同其对于公众日益强化的可靠影响,阻碍了任何一种深入的思考,从而造成了单向度的片面解读。最为常见的情况是,很多人把一种太过字面的含义赋予这个词语。这大概也是某人对《深思Ⅰ—Ⅴ》秘而不宣或简单略过的原因;否则,对于将"自我消灭"看作唯一支点和抓手的榨取性利用就有可能大为弱化。这种处理手法使得其他各卷《评注》中的内容遭到贬低，以至于最后被完全排除在公众的视野之外。但是，将《评注Ⅰ》[30]当作"自我消灭"的原始出处对其加以解读，这种偏好对许多人来说未曾起到多大作用：正如在我们这里已经得到证明的那样，这种做法只是扩大了对相关内容及其所属语境的曲解。总而言之，在这种情况下，人们不可能对笔记本进行老老实实的文本阐释工作，因为人们无法将自己特有的"世界观"丢在一边。

作为"消灭"的一种构词形式，"自我消灭"的语境和"共产主义"以及"英语国家"这类东西有关（《深思ⅩⅢ》[107—109]），因而不能等同于字面上的自我消灭。在此，它指的其实是上述两种现实状况的自我保持及强化，以及它们随着时间的流逝而具有的绝对化形态。这样的含义正是起初出现的"自我消灭"一词所表明的，正如从其动词用法中可以看到的那样：（共产主义）"促成了[……]军事纠纷的爆发"；"以其虚假本质的升级将自身最为强有力地提升到[……]"（英国的"布尔什维主义"的资产阶级-基督教形式）。可用相同尺度加以衡量的是与"主体性的本质"有关的"自我消灭"（《深思ⅩⅣ》[18—19]）——这种"自我消灭"可以被理解为一种自我确证。正因如此，它的表现是，人"以各不相同的方式为自己**培植**了可供确认其主宰地位的种属"。

以此全新形态，主体性的本质在"这种无条件存在遗弃的自我设置"中"**疯狂肆虐**"。按照这种思维模式，我们和利用强力政治获得统治地位的"新时代人"定居在一起（《深思》XV［12—14］），"这种强力在为其所压倒的存在者中"获得对其"赋权"的设立和实行。若是自我消灭达到这些强力游戏固有的最高形态，存在者就会由之获得最高等级的强力，而在自我消灭着的东西本身中，强力则总是能够得到维系，并不断更新其次序。如果我们通过消灭——以压倒性之超强力量的思维模式——来理解存在者，自我消灭就在于对全部策略的过度强化，以便确保此类思维模式的持-久不变性。

《深思》中的思想道路在《评注》中得到了延续：在此，"技术"、"基督教西方"以及"思想"获得了就其自我消灭得以显明的位置。于是，"**当技术作为消耗而不再有什么东西可供其消耗的了**，即它作为它自身的时候"，"技术"就会达到最高级别的自我消灭，而且是"基于含藏在其本质之中的**对于'标新立异'**也即不断消耗的永恒追求"。结果，自我消灭就等于不断将新的活动空间让与谋制，从而借此把强力意志驱赶到对其统治疆域的不断扩展中，以便使其统治在不断的维持和加固中得到强化。

正如对"基督教西方"采取的态度那样，海德格尔对犹太教与犹太特性采取的立场也和某些人臆测的东西没有任何或明或暗的关联，如果竟可以依此作如下臆想的话：正是海德格尔针对现实中的犹太生民本身采取的立场使他认为，"唯有当形而上学意义上的本质性的'犹太特性'展开反对犹太特性的斗争之时"，也即在其与自身相对立的时候，自我消灭才会达到其顶点。也就是说，在可计算性——对这种可计算性的赞美属于那些广泛散布的、"合乎时宜"的陈词滥调——的僵滞封闭走向其本质对立面的时候，自我消灭才会达到最高点。另一方面，自我消灭的顶点相应于基督教西方的形而上学的最高阶段，在其中刻画出来的是那种与存在历史不相归属的"世界观"。在此，海德格尔总是追溯到作为一贯之背景的基督教西方等范畴，并用它们来阐述以下这点：自我消灭何以成为一种贯穿历史的"常量"，以致反复表现为不同的形态。就"思想"（《评注 11》[66—75]）而言，有一种新形式的消灭支配着思想的自我消灭，其作用方式则是：现在

"以教堂或政党的形式组织起来"的"思想的自我消灭""以'哲学'为名而泛滥成灾"。最后,海德格尔对"公众"和"消灭性的活计"的论述则再次指明,自我消灭必须被理解为一种系统性的行事方法,这就以决定性的方式告诉我们,对存在者的压倒性强力统治着的现代性之世界观与海德格尔建立本质性知识的开抛是绝对不可能兼容的。

6. 附言

在附言中,我们将以完全独立于业已进行的分析的方式对某些根本问题进行一次更为深入的反思,因为唯有澄清这些问题,我们才能够表明,海德格尔的思想进程与某些陈词滥调所代表的怪异思想图式是风马牛不相及的:这种图式是愚蠢和混乱的,它扭曲了海德格尔的思想,将该思想与其根本不可能也不愿意落入其中的范畴混为一谈。事实上,海德格尔的思想一直远离于这种无端的图式,但唯有在沉思中,这种远离才会将我们带入一种积极的"不安"或运动中,从而跨越任何一种既定的"彼岸"。在此,语言本身的不完美性恰恰证明自己是一种别具一格的柔顺,也即它必须与真正"彼岸"的不断聚集着的完整和丰润相适应。如果读者在此回顾前面几个部分的阐释,那么,他也许会发现,在我们行文停顿之处,追问本身绝未中止,而是变得越发紧迫。同样,如果读者在某个停顿处停住自己阅读的脚步,他就会注意到,我们观察这个世界的视角也在不断转变。而在这里,我们将开启一个由之可以确认某些因素的视角,以便对之进行认识和更为深入的探讨。

让我们回到在 3.2 一节中[①]那个悬而未决的问题,也即笔记本的编者在全集第 95 卷后记中作出的如下断言:

> 海德格尔对所谓的"犹太"问题作了种种表态,还对民族社会主义统治下的日常生活进行了阐述。构成这些表述之背景的思想全部是海德格尔同期撰写的存在历史性著作,例如《哲学论稿(从本有而来)》(全集第 65 卷,1936—1938)、《沉思》(全集第 66 卷,1938—1939)以及紧随其后的《存有之历史》(全集第 69 卷,1939—1940)、《论开端》(全集第 70 卷,1941)与《本有》(全集第 71 卷,1941—1942)。在三卷《深思》中,我们一再看

---

①　参见上文页 224。

到的是与这些文本的诸多共鸣之处。①

在此,这位编者将《深思》和全集第 65、66、69、70 与 71 卷相提并论,但其初衷却是散布一种很快会在我们的反驳下烟消云散的疑虑。因为海德格尔是在撰写上述伟大的存在历史性著作的同时将自己的思想记录于《深思》以及其他"黑皮书"的,这位编者就自然而然地将这些著作和"黑皮书"全盘等同,以至于在其断言中以臆想的方式假定,"海德格尔对所谓'犹太'问题"的"种种表态",以及"对民族社会主义统治下的日常生活的阐述"早已深深铭刻在他开创的存在历史中。这些严重的指责是毫无依据的,因此,我们也就决不能对其视而不见。在其最近的《海德格尔与犹太世界阴谋的神话》一书中,这位编者更是断言,"这些笔记本的背景是一种存在历史性的人物图志[……],以此被赋予了一种别具一格的奇特意义,也即具有那种反犹主义的本性"②。这里,这位编者内心

① P. Trawny, Nachwort des Herausgebers, in: *M. Heidegger*, *Überlegungen VII—XI* (*Schwarze Hefte 1938/39*), S. 452.

② P. Trawny, *Heidegger und der Mythos der jüdischen Weltverschwörung*, Klostermann, Frankfurt a. M. 2015 (3), S. 15.

深处令人不解的奇怪观念直接浮出了水面,并且
加强到了令人瞠目结舌的程度:事实上,他甚至认
为海德格尔全部的存在历史性思想都是反犹的!
从其编写的第95卷后记开始,他就预设了一系列
子虚乌有的东西,并且——尽管是非法地——在
他的其他文章中一再采用了这些观点;如此,他恰
恰违背了海德格尔对于应该如何编撰其全集的明
确指示。①

---

① 我在弗莱堡与弗里德里希-威尔海姆·冯·海尔曼进行
的谈话较为深入地涉及了这方面的证据。在与维克托·
克劳斯特曼订立的协议中,海德格尔清楚明白地表明了
自己对于如何编撰出版全集各卷的态度。在这里,海德
格尔也指明了翻译者在翻译全集各卷时的职责范围:"编
者和译者无权书写前言,而只能附加后记。编者的后记
应该限制在各自作为编者的工作范围内,不可以在后记
中对相关某卷的内容进行任何形式的阐释";同样,"译者
有权谈论自己的翻译工作,但无权在翻译中对他翻译的
东西加以任何形式的评价和说明"。海德格尔的这些指
示具有法律上的约束力,在佛朗哥·沃尔皮[Franco Vol-
pi]将其《论稿》的意大利语译本样稿交给克劳斯特曼出版
社时,相关指示更是尤其适用。作为海德格尔全集在哲
学上负责的主编,冯·海尔曼注意到了沃尔皮的相关表
现,因此,我在此向读者全文记录我们的谈话:"作为遗稿
管理人,赫尔曼·海德格尔明确指出,沃尔皮作为译者和
编者违反了上述指示,因为他为他的译稿撰写了前言,并
在其中对相关某卷的内容进行了阐释。至于后记,他理
应将其更改为一份 Avvertanza del Curatore dell'edizione
italiana[编者为读者撰写的意文指引],而他自己展开的
阐释则被径直划去。克劳斯特曼出版社和赫 (转下页注)

（接上页注）尔曼·海德格尔一致采取了这些措施。"不久
之后,这份指引完整的最初版本公开于佛朗哥·沃尔皮
的著作 *La selvaggia chiarezza. Scritti su Heidegger*
[《荒芜的空地:论海德格尔》]（Adelphi, Mailand 2011,
S. 267—299）。在对这两个版本的指引加以比较时,我们
发现如下内容被划去了:首先是第 8 小节的划分以及编
者附以引文的 57 个脚注被排除在外;佛朗哥·沃尔皮自
己的阐释——在完整版本中构成了相当可观的一部分内
容（第 268—280 页;第 283 页最后三行至第 285 页和第
296—299 页）——则在意文译本中作为编者指引出版,除
了那些被划掉的部分以外,以及沃尔皮对海德格尔在
1936—1938 年经历的"个人危机"的提示和第一个脚注中
的如下描述:"按照珀格勒的说法,海德格尔遭受的危机
让他想到自杀。"像这样的提示,以及对于海德格尔和伊
丽莎白·布洛赫曼[Elisabeth Blochmann]在 1932、1935
和 1938 年间——也即《论稿》诞生时期——的私人书信
交流的提示（同上,第 273 和 275 页）并不属于编者/译者
本身的职责范围之内。也许有人认为,这些提及布洛赫
曼的文字并非十分有伤风化,但之所以还是划掉了这些
文字,是因为她和海德格尔的"事"当时还没有像如今这
样变成某种大路货。（参见本书后面的"马丁·海德格尔
不曾是反犹主义者"一文,S. 279—280。）除了和伊丽莎
白·布洛赫曼的通信,沃尔皮还提到了海德格尔和其他
人的书信交流,例如和汉娜·阿伦特在 20 世纪 50 年代的
通信（同上,第 274—275 页）以及阿伦特和卡尔·雅思贝
尔斯在 1949 年的通信。在这里,阿伦特写道:"我读到了
针对人道主义的书信。对于这封信上的内容,我存有很
大疑虑,因为很多方面都有些模棱两可,但首先让我感
到的是,海德格尔依然在搞老一套。（我读到了有关荷
尔德林的文字,就像丑陋不堪和废话连篇的尼采讲座。）
在托特瑙堡的生活,对于文明的咒骂,以及把"存在"
[Sein]写作"存有"[Seyn],其实就只是他规避（转下页注）

(接上页注)于其中的老鼠洞而已。"(同上,第 284 页;参见
Hannah Arendt/Karl Jaspers, *Briefwechsel 1926—
1969*, Piper Verlag 1985, S. 178,1949 年 9 月 28 日的信
件)这些文字让我们明白了赫尔曼·海德格尔明确要求
"审查"原版引的原因:沃尔皮对于《文稿》内容的"阐
释",以及其中某些文字,完全不适合作为读者通达《论
稿》的指引。在此,让我们再看看沃尔皮就其翻译的书发
表的一些看法,它们同样没有随着阿德菲出版社 2007 年
的译本一起出版,例如下面这段话:"也许我们可以补充
一下最初[笔记本]手稿在追随者中的秘密流通引起的兴
奋感,以及那种认为这些文字包含了解码'第二个'海德
格尔的密钥的信念。"(同上,第 267 页)不过最为重要的
是这位译者写下的最后一部分文字,其中他回溯到"荒芜
的空地":"他的'天才'实验引爆了语言,这使得他越来越
像是一个走钢丝的特技演员,甚至是一个没完没了唠唠
叨叨的同语反复者。他对语源学的使用证明是一种滥
用,而他对古希腊语和德语才是真正的哲学语言的认
定——为什么偏偏没有拉丁语?——则是一种夸张的信
念。他对于诗人作用的称赞也是溢美之词,正如那些他
指望诗一般的思想的宏大希望永远都只是一种良好的愿
望。他的空地人类学——认为人可以起到守护存在的作
用——是靠不住的和不可能实现的建议。后期海德格尔
的思想与其说是一个谜,倒不如说是一种卑躬屈膝的、通
常失去批判性的赞叹。可是,这种笼罩在迷误之中的谜
一般的思想却产生了一大堆学术垃圾。"(同上,第 298—
299 页)在这段不算太少却十分重要的略谈中,我们可以
推断出如下基本问题:沃尔皮的这样一种对海德格尔的
评判或者说空洞的立场是否应该在《论稿》的"编者指引"
中出现,并且可以像他认为的那样得以出版呢? 在海德
格尔活着的时候,人们就已经先行触及到了这类尴尬和
困难,所以,海德格尔才非常重视他确立下来的指示是否
能够得到编者和译者的真诚遵循。就沃尔皮 (转下页注)

对所谓的"海德格尔之反犹主义"的臆想,我们已然依据其笔记本的真实内容作出了反驳:事情的真相是,这些笔记本记录下的根本不是某种反犹的思想。这点才是问题的核心所在!然而,这些笔记本的出版却让某些人将某种反犹的假想加诸海德格尔。

在对这些臆想加以反驳之后,依然有待澄清的是,那位编者是出于何种目的对全集第 65、66、69、70 和 71 卷作出质疑的。在我们看来,他广泛散布的怀疑是要从根子上否定海德格尔始自 1936 年的整个思想道路,并将公众的注意力引向"黑皮书":这些才是海德格尔反犹的巅峰之作!从这些神秘莫测的本子中,可以看到一种稀奇的反犹——因而是亲纳粹——的文体,并且可以看到上述五部存在历史性著作立足其上的思想基石。假如"黑皮书"编者描绘出的图像是真实的,那么,我们也就不再有任何怀疑了,而是达到了前所未有的确定无疑。但是,事实上,所有这些对海德格尔反犹的指责仅仅是毫无根据的猜疑;就其质疑而言,"黑皮书"的编者并未以任何实质性方式证明其断言的合法性。

(接上页注)而言,赫尔曼·海德格尔和冯·海尔曼不得不和克劳斯特曼出版社协力担保海德格尔的重要指示得到遵循。德文全集中笔记本的编者造成的状况之所以逃脱了注意和解析,很可能是因为他的影响力最初遭到了低估。

对我们来说,唯一能做的始终是,反其道而行之,也即去把握这些臆想造成的影响:因为笔记本(《深思》与《评注》)含有一些一再记录下来的深刻思想,我们乐意对之进行考察,以确认前述五部存在历史性著作中的思想是否与《深思》和《评注》相关。不过,关键在于,这些分量可观的内容是以何种方式被纳入存在历史性著作并得到深化的。在下面,我们就相关文字列出了一个概览:

《哲学论稿(从本有而来)》(GA 65)①——共计 21 处涉及《深思》,其中有《深思》II、IV、V、VI卷;《深思 IV》[85 及以下几页];《深思 IV》(关于开端和过渡);《深思 IV》[90];《深思 IV》[96];《深思 IV》[83];《深思 VI》[33、68、74];《深思 IV》[115 及以下几页];《深思》II、IV、V、VII;《深思 V》[17 及以下几页,34、51 及以下几页];

---

① M. Heidegger, *Beiträge zur Philosophie*,"I. 前瞻"(S. 1);§16"哲学 *"(S. 43);§23"开端性的思想. 何以思想起自开端?"(S. 57);§40"过渡时代的思之作品"(S. 83);§52"存在遗弃"(S. 112);§56"存在遗弃在存在遗忘的隐蔽方式中的逗留"(S. 118);§76"关于'科学'的命题 *"(S. 147);§105"荷尔德林-克尔凯郭尔-尼采"(S. 204);"跳跃 *"(S. 225);§136"存有 *"(S. 255);§171"此-在 *"(S. 294);"VI. 将来者 *"(S. 393);§251"民众的本质与此-在"(S. 398);§257"存有"(S. 421);§258"哲学"(S. 422);§265"存有之启-思 *"(S. 456);§267"存有 *(本有)"(S. 473);§272"人 *"(S. 491)。

《深思 V》[82 及以下几页"柏拉图"];《深思 V》[44 及以下几页];《深思 VII》[47 及以下几页];《深思 V》[35 及以下几页];《深思 VII》[97 及以下几页,荷尔德林-尼采];《深思 VII》[90 及以下几页];《深思》VI、VII、VIII ;《深思》VI、VII [荷尔德林];《深思 VII》[78 及以下几页];《深思 IV》[1 及以下几页];《深思 VIII》。

《沉思》(GA66)[1]——共计 13 处涉及《深思》,其中,《深思 XII》[29];《深思 VIII》[64 及以下几页,89];《深思 XI》[24];《深思 X》[70 及以下几页];《深思 IX》[86];《深思 VII》;《深思 IX》[40 及以下几页,44 及以下几页];《深思 X》[47 及以下

---

[1] M. Heidegger, *Besinnung*, in: *Gesamtausgabe*, Bd. 66, Abt. 3: *Unveröffentlichte Abhandlungen. Vorträge—Gedachtes*, hrsg. v. F. -W. von Herrmann, Klostermann, Frankfurt a. M. 1997, §8"论沉思"(S. 15);§11"新时代之完成时期的艺术"(S. 30);§15"哲学的自我沉思之为历史性的争鸣[Auseinandersetzung][形而上学与存有历史性思想之间的相互分置[Aus-einander-setzung])"(S. 68);§58"对人的追问"(S. 148);§64"历史学和技术"(S. 183);§64"存有历史"(S. 224);XXII."存有与'生成'(西方形而上学的完成)"(S. 279);§97"存有历史性的思想与存在问题"(S. 339);§98"存有历史性的思想"(S. 358);§129"形而上学的最后攀升"(S. 400);"希望与意愿(关于对所作尝试的保存)"(S. 420)。在这部著作中,海德格尔提到了现公开于全集第 94—95 卷的笔记本,正如弗里德里希-威尔海姆·冯·海尔曼在后记中转录的那样(S. 433)。

几页];《深思 X》[55 及以下几页];《深思 XIII》
[36];《深思 XIII》;《深思 XIII》[41 及以下几页];
《深思与暗示》(笔记本 II—IV—V)。

《存有之历史》(GA69)[1]——共计 3 处提到
《深思》,其中有《深思》XII,XIII;其中有《深思
XIII》[81、89];《深思 XIII》[6 及以下几页]。

《论开端》(GA70)[2]——共计 3 处提及《深
思》,其中有《深思 XV》[17、20];《深思 XV》
[22];《深思 XV》。

《本有》(GA71)[3]——只有一处地方涉及《深
思》(GA 94—96)。

人们只需对这些在存在历史性著作中涉及到
的文字稍作考察,就可以清楚地意识到,这些著作
只是再次提到了笔记本——这里也即全集第 94 和

---

[1] M. Heidegger, *Die Geschichte des Seyns*, in: *Gesamtaus-gabe*, Bd. 69, hrsg. v. P. Trawny, Klostermann, Frankfurt a. M. 1988, §87"历史"(S. 1,脚注 1);§89"最后之神"(S. 105,脚注 1);§93"本有"(S. 107,脚注 1)。

[2] M. Heidegger, *Über den Anfang*, in: *Gesamtausgabe*, Bd. 70, hrsg. v. P. -L. Coriando, Klostermann, Frankfurt a. M. 2005, §16"人在新时代的本质居所——星球主义和白痴主义"(S. 34,脚注 1);§79"开端之道说的开裂[图](这个开裂[图]只为作出一次引导)"(S. 100,脚注 1)。

[3] M. Heidegger, *Das Ereignis*, in: *Gesamtausgabe*, Bd. 71, hrsg. v. F. -W. von Herrmann, Klostermann, Frankfurt a. M. 2009, §363"思想"(S. 320)。

95卷《深思》——中的少许段落和文字,而且就存在历史性思想的本质性构成而言,我们最终压根找不到丝毫痕迹证明,这些结构和民族社会主义性的政治问题有关,更别提那些与犹太有关的——无论是意识形态性的还是宗教信仰性的——主题。同样,这类关涉未曾及于《评注》也绝不是偶然的,因为,在《评注》中,海德格尔直面与民族社会主义——希特勒的犯罪性疯狂——有关的那些问题,并且一再对自己在1933年担任校长职务时犯下的错误作出了反思。这就再次清楚地表明,海德格尔用笔记本记录所有那些极易流逝的思想,是为了在思想的道路上不断对其加以反思:当然,某些思想被再次提及并得到深化,而另一些则仅仅出现在笔记本中。正如我们阐述的那样,在五部存在历史性著作中根本找不到任何政治问题的踪迹,更不用说是那些和犹太人有关的政治问题。在这方面,可以说没有任何例外可对我们提出的论点加以反驳。笔记本编者一手臆想出所谓反犹主义"玷污"存在历史性著作的论点,却未能对这个观点进行哪怕一点点的论证。事实上,真正的原因恰是这类断言本来就无从谈起。既然编者的那些预设是毫无依据的,那他基于其上的阐述就自然也毫无合法性可言,因为这些阐述的起点即是如下预设:在海德格尔的文本中,尤其是在 1936 年开始撰写《论稿》之后,可以找到某种证据表明存在一种反犹主义的"玷污"。采取此种立场的人——需要注意的是,君特·费加尔[Günter Figal]也被其所误导而有意采用这种"研究"方向——只是证明,他有意利用所谓的"海德格尔事件",或是坐观相关争论的成败,却无意基于海德格尔本人的遗产作出清楚明白的决断。相反,如果有人就此采取了清楚的、言之有据的立场,那么,他就有可能被打上"否认[海德格尔反犹]者"甚或"新纳粹主义"的烙印,即使有充分证据表明,海德格尔的思想本身并不含有一丝反犹主义的痕迹。于是,我们很难找到一种思路来支撑不带偏见的争鸣,因为漂浮无据的预设在这些年促发了种种已经变成陈词滥调的观念,它们总想基于某种臆想的——甚至是流传久远的——反犹主义来阅读海德格尔,并将其视为反犹主义"完满实现"的顶峰。简明扼要地说,按照费加尔采取的立场,那些有意相信和采用此种观点的人,会认为海德格尔全集的全部文本都需要重新解读,以便在最后挖掘出其中隐藏的反犹主义。这样似乎可以让那些匿名者摆脱困境,从而避免陷入毫无依据的指控。但对真正决心通过严格的工作阐明海德格尔文本的多重性的人来说,他就必须面对其本己的困境:

弗朗索瓦·费迪耶[François Fédier]，作为海德格尔在精神上的继承人，自 50 年代以来就不遗余力地翻译这位哲学家的遗著，并且一再提出理当发扬其遗留下来的财产（准确地说，这是一种共同财产）。[……]

[……]另一方面，冯·海尔曼则对反犹主义矢口否认。就此而言，我们可以认为，那些坚持否认或始终不承认此事的人，由于未能远离纳粹性的辩解，已经使自己加入了新纳粹主义者的行列。①

我们引用这段文字，因为它清楚地表明，对于那些有意以理智的方式介入"海德格尔事件"的学者来说，只有置身事外才能免于被打上"新纳粹分子"的标签，尽管对笔记本稍作深入考察就可以发现，所有这些无端的指控都基于对海德格尔哲学的某种误解。否认海德格尔反犹，是因为我们确实并未在其思想中发现丝毫反犹主义的踪迹——除非我们不顾一切地执意寻找某种只能被归于政治性解读方式的东西。自然，弗里德里希-威尔海姆·冯·海尔曼、弗朗索瓦·费迪耶、海德格尔家

---

① 　D. Di Cesare, *Heidegger & Sons*, S. 23 及 25。

族以及本书第二章的作者,都和纳粹式的辩解毫
无交集,但极为令人不适和引以为耻的却是,某些
想当然的读解竟然会妨碍人们进行认真的研究工
作,而且更为糟糕的是,甚至会有人会因此将海德
格尔的哲学还原和贬降到政治层面①上,而使得
犹太人民遭受的痛苦遭受了大众媒介的粗暴榨取
和利用。不过,学术上起码的诚实却迫使我们去
直面海德格尔思想的多重复杂性——即使穿行在
这种思想中需要付出巨大的努力——以便以负责
任的方式停留在其思想的深处,而非用廉价的想
象为正确地理解此种思想设置障碍。

　　就笔记本而言,值得一提的是弗朗西斯卡·
布伦乔[Francesca Brencio]富有见地的论文集:
《思想的虔诚:海德格尔与〈黑皮书〉》②。文集的
作者基于海德格尔语言用法的复杂性准确地阐释
了笔记本的内容,从而有效地避免了阐释工作中

---

① 同上,S. 27:"很明显,其中很多人属于右翼。最值得一提
　　的就是——尽管只是传说中的——'伟大继承者',例如
　　冯·海尔曼和费迪耶。"这样的表述吐露出来的实情是,
　　唐娜泰拉·迪·切萨雷对海德格尔的笔记本的态度产生
　　于一种嫉恨的文化,因此基于其上的是一种尽力将对海
　　德格尔的解读降格到政治层面的错误路线。为此,她尤
　　其不肯宽宥的就是其同行的工作。

② F. Brencio (Hrsg.), *La pietà del pensiero. Heidegger e I
　　Quaderni neri*, Aguaplano, Passignano S. T. 2015.

可能产生的暴力对一种思想特有的语言学整体统一性产生伤害。这样,作者就顺利地随行于一种前后连贯的思想。不过,她所完成的工作却绝不是容易的,因为在这部文集中尝试的并不是单一的解读方式;我们在前面之所以称其富有见地,正是因为作者在此提出了多个解释学上的通道,因而帮助读者以独立于偏见的方式在文本中找到适合自己的位置。这部文集没有纳入任何耸人听闻的东西,除了对关键术语的合理解释,作者还极为成功地突显出,如何通过与基督教相联系来解读海德格尔涉及犹太问题的段落和文字,并且指出,这种解读必须将自身置于海德格尔对西方[①]基督教广泛批评的背景之下。在文集中,作者对一切问题的考察都具有一种与相关问题相应的尺度;此外,尤其值得重视的是,这些论文都具有简明扼要的特点,而我们只有通过对笔记本深入彻底的阅读才能把握到这种特点。在跟随海德格尔的思想道路之际,文集的作者比较了很多立场和方法,以便尽力达到一种人人相通的精神财富,而且毫

---

① F. Brencio, "Heidegger, una patata bollente". L'anti-semitismo fra critica alla cristianitàe Seinsgeschichtlich-keit["海德格尔,或是相互推诿的'黑彼得':在对基督教的批判和存在历史之间来回折腾而撕裂了的反犹主义"],出处同上,S. 107—186。

无疑问地怀有可以彻底证明其间也许会出现的错误的愿望。在弗朗西斯卡·布伦乔的探究中得以复现的各种不同的态度和立场——对此配有一系列丰富的二手文献——证明了我们的信念：对笔记本的榨取利用以及由此产生的媒体杂碎，绝不是为了促成某种科学性的探讨，而是要把海德格尔锁闭在某些纯属私人的读法中，以便推进一个在某种意义上毫无对象——同时当然也是漂浮无据——的争论。因此，我们将从弗朗西斯卡·布伦乔编著的论文集中摘引一段必要的、富有教益的文字，它将有助于那些有意在今后对笔记本进行系统性研究的人，而且，他们的研究将是一种严格的解释性探索，也即将采取内在的 Epoché［悬搁］立场，这种 Epoché 也被胡塞尔等同于一种"宗教性的反转"①。

在这章的末尾，希望我们可以回忆起海德格尔的如下文句，它会帮助我们理解，在一个著者的研究中，应当如何考虑翻译和阐释的困难：

---

① E. Husserl, *Die Krisis der europäischen Wissenschaften und die transzendentale Phänomenologie. Eine Einleitung in die phänomenologische Philosophie*, hrsg. v. W. Biemel, *Husserliana. Gesammelte Werke*, Bd. 6, Nijhoff, Den Haag 1976(2), S. 140.

一种"字面的"翻译并不在于,人们把对应的"文字"按照语法形式——对照地加以设置,相反,关键在于,我们应当以"词"达意,译文有源头可寻。(《评注 II》[69])

参考书目

Alfieri，F.（2015）．*Il serrato confronto con la fenomenologia husserliana in* Potenza e atto *di Edith Stein. Al limite della fenomenologia tradizionale*，in *Edmund Husserl e Edith Stein. Due filosofi in dialogo*（«Filosofia»，62），eds. A. Ales Bello and F. Alfieri. Brescia：Morcelliana，pp. 41—99.

Arendt，H. and Jaspers，K.（1985）．*Correspondence 1926—1969*（trans：Kimber R. and R.），eds. Kohler L.，Saner H. New York：Piper.

Conrad-Martius，H.（1957）．*Phänomenologie und Spekulation*，in *Rencontre-Encounter-Begegnung. Festschrift für F. J. J. Buytendijk*，ed. M. J. Langeveld. Utrecht-Antwerpen，pp. 116—128. English edition：Conrad-Martius H.（1959）．*Phenomenology and Speculation. Philosophy Today*，3，pp. 43—51.

Conrad-Martius，H.（1963—1965）．*Die transzendentale und die ontologische Phänomenologie*，in *Schriften zur Philosophie. Gesammelte kleinere Schriften*，hrsg. v. E. Avé-Lallemant，Bd. iii. München：Kösel，pp. 385—402.

Di Cesare，D.（2014）．*Heidegger e gli ebrei. I «Quaderni neri»*. Turin：Bollati Boringhieri. English edition：Di Cesare，D.（2018）．*Heidegger and the Jews. The* Black Notebooks（trans：Baca M.）. Cambridge：Polity Press.

Di Cesare, D. (2015). *Heidegger & Sons. Ereditàe futuro di un filosofo*, Turin: Bollati Boringhieri.

Heidegger M. (1976). *Was ist Metaphysik?*, in *Wegmarken*, *Gesamtausgabe*, Bd. 9, Abt. 1: *Veröffentlichte Schriften 1910—1976*, hrsg. v. F.-W. v. Herrmann, Frankfurt am Main: Vittorio Klostermann, pp. 103—122. English edition: Heidegger M. (1993). *What Is Metaphysics?* (trans: Krell D.), in *Basic Writings*. New York: Harper and Row, pp. 91—110.

Heidegger, M. (1989). *Beiträge zur Philosophie (Vom Ereignis)*, in *Gesamtausgabe*, Bd. 65, hrsg. v. F.-W. von Herrmann, Frankfurt am Main: Vittorio Klostermann. English edition: Heidegger, M. (1999). *Contributions to Philosophy: (From Enowning)* (trans: Emad P. and Maly K.). Bloomington: Indiana University Press.

Heidegger, M. (1992). *Die Grundbegriffe der Metaphysik. Welt—Endlichkeit—Einsamkeit*, in *Gesamtausgabe*, Bd. 29/30, hrsg. v. F.-W. von Herrmann. Frankfurt am Main: Vittorio Klostermann. English edition: Heidegger, M. (1995). *The Fundamental Concepts of Metaphysics. World*, *Finitude*, *Solitude* (trans: McNeill W. and Walker N.). Bloomington: Indiana University Press.

Heidegger, M. (1997). *Besinnung*, in *Gesamtausgabe*, Bd. 66, Abt. 3: *Unveröffentlichte Abhandlungen. Vorträge—Gedachtes*, hrsg. v. F.-W. von Herrmann. Frankfurt am Main: Vittorio Klostermann. English edition: Heidegger, M. (2006). *Mindfulness* (trans: Emad P. and Kalary Th.). London: Bloomsbury/Continuum.

Heidegger, M. (1998). *Die Geschichte des Seyns*, in *Gesamtausgabe*, Bd. 69, hrsg. v. P. Trawny. Frankfurt am Main: Vittorio Klostermann.

Heidegger, M. (1999). *Metaphysik und Nihilismus*, in *Gesamtausgabe*, Bd. 67, Abt. 3: *Unveröffentliche Abhandlungen*, hrsg. v. H.-J. Friedrich. Frankfurt am Main: Vittorio Klostermann.

Heidegger, M. (2000). *Die Selbstbehauptung der deutschen Universität*, in *Reden und andere Zeugnisse eines Lebensweges*, *Gesamtausgabe*, Bd. 16, Abt. 1: *Veröffentlichte Schriften* 1910—1976, hrsg. v. H. Heidegger. Frankfurt am Main: Klostermann, §51, pp. 107—117. English edition: Heidegger, M. (1985). *The Self-Assertion of the German University* (trans: Harries K.). *Review of Metaphysics*, 38, pp. 470—480.

Heidegger, M. (2000/a). *Bemerkungen zu einigen Verleumdungen, die immer wieder kolportiert werden* (1950), in *Reden und andere Zeugnisse eines Lebensweges*, *Gesamtausgabe*, Bd. 16, Abt. 1: *Veröffentlichte Schriften* 1910—1976, hrsg. v. H. Heidegger. Frankfurt am Main: Klostermann, pp. 468—469.

Heidegger M. (2001). *Vom Wesen der Wahrheit*, in *Sein und Wahrheit*, *Gesamtausgabe*, Bd. 36/37, hrsg. v. H. Tietjen, Frankfurt am Main: Klostermann, pp. 81—264. English edition: Heidegger, M. (2010). *On the Essence of Truth* in *Being and Truth* (trans: Fried G. and Polt R.). Bloomington: Indiana University Press. pp. 67—174.

Heidegger, M. (2005). *Über den Anfang*, in *Gesamtausgabe*, Bd. 70, hrsg. v. P.-L. Coriando. Frankfurt am Main: Vittorio Klostermann.

Heidegger, M. (2009). *Das Ereignis*, in *Gesamtausgabe*, Bd. 71, hrsg. v. F.-W. von Herrmann. Frankfurt am Main: Vittorio Klostermann. English edition: Heidegger, M. (2013). *The Event* (trans: Rojcewicz R.). Bloomington: Indiana University Press.

　　Heidegger，M.（2014）. *Überlegungen ii—vi*（*Schwarze Hefte 1931—1938*），in *Gesamtausgabe*，Bd. 94，Abt. 4：*Hinweise und Aufzeichnungen*，hrsg. v. P. Trawny. Frankfurt am Main：Vittorio Klostermann. English edition：Heidegger，M.（2016）. *Ponderings II—VI*（*Black Notebooks 1931—1938*）（trans：Rojcewicz R. ）. Bloomington：Indiana University Press.

　　Heidegger　M.（2014/a）. *Überlegungen vii—xi*（*Schwarze Hefte 1938/39*），in *Gesamtausgabe*，Bd. 95，Abt. 4：*Hinweise und Aufzeichnungen*，hrsg. v. P. Trawny. Frankfurt am Main：Vittorio Klostermann. English edition：Heidegger M.（2017）. *Ponderings VII—XI*（*Black Notebooks 1938—1939*）（trans：Rojcewicz R. ）. Bloomington：Indiana University Press. Italian edition：Heidegger，M.（2016）. *Quaderni neri 1938—1939*（*Riflessioni vii—xi*）（trans. Iadicicco A. ）. Milan：Bompiani.

　　Heidegger，M.（2014/b）. *Überlegungen xii—xv*（*Schwarze Hefte 1939—1941*），in *Gesamtausgabe*，Bd. 96，Abt. 4：*Hinweise und Aufzeichnungen*，hrsg. v. P. Trawny. Frankfurt am Main：Vittorio Klostermann. English edition：Heidegger，M.（2017）. *Ponderings XII—XV*（*Schwarze Hefte 1939—1941*）（trans：Rojcewicz R. ）. Bloomington：Indiana University Press.

　　Heidegger，M.（2015）. *Anmerkungen i—v*（*Schwarze Hefte 1942—1948*），in *Gesamtausgabe*，Bd. 97，Abt. 4：*Hinweise und Aufzeichnungen*，hrsg. v. P. Trawny. Frankfurt am Main：Vittorio Klostermann.

　　Husserl，E.（1968）. *Briefe an Roman Ingarden. Mit Erläuterungen und Erinnerungen an Husserl*（«Phaenomenologica»，25），hrsg. v. R. Ingarden. Den Haag：Nijhoff.

Kern，I. (1973). *Einleitung des Herausgebers*，in E. Husserl，*Zur Phänomenologie der Intersubjektivität. Texte aus dem Nachlaß. Dritter Teil*，*Gesammelte Werke*，Bd. XV，ed. I. Kern. Den Haag：Nijhoff，pp. xv—lxx.

Trawny，P. (2015³). *Heidegger und der Mythos der jüdischen Weltverschörung*. Frankfurt am Main：Klostermann. English edition：Trawny，P. (2015). *Heidegger and the Myth of a Jewish World Conspiracy* (trans：Mitchell A. J.). Chicago：University Press.

Volpi，F. (2011). *La selvaggia chiarezza. Scritti su Heidegger*. Milan：Adelphi，pp. 267—299.

第三章 弗里德里希-威尔海姆·冯·海尔曼未公开的信件

1. 前言:埃迪特·施泰因与马丁·海德格尔

在最初草拟眼前这部著作时,我们并未准备出版马丁·海德格尔和伽达默尔某些未公开的信件。以 2015 年深秋的弗莱堡谈话为契机,我们强化了把这部著作限制在对"黑皮书"的研究范围之内的观点。在对这些笔记本一再进行的透彻阅读中,我们意识到,海德格尔为何明明白白地坚持认为,对其哲学的利用会变得越发严重,并具有可能招致错误解读的危险。于是,我向冯·海尔曼询问道,是否有其他关于海德格尔本人的未知文献,可以帮助我们更好地理解在未来研究其手稿时将面临的困难。在我们看来,"黑皮书"这个名称本身就显得非常神秘,它已经导致——更准确地说是误导——读者去构想一种深藏在这些笔记本中的"秘密",以致这些"掩埋已久的宝藏"会以其公开出版"揭开""海德格尔其人"的假面。然而,人们并未随着"黑皮书"的出版真正认真地阅读海德格尔其间写下的文字。不久,我们就清楚地认识到,连"黑皮书"这一表述——它表明的只是相关手稿的编排,而不是其内容——也不幸地遭到了利用,以使海德格尔在其笔记本中的思想道路变得更为神秘莫测和不可接近。此外我们还应看到的是,某些人偏偏对那些重要的文字和段落保持缄默,似乎公众应当对其不闻不问一样。面对此种情形,我们易于得出的结论是,一个理想而紧密的罗网已经在利用中编织起来了。其实,如同海德格尔指出的那样,这些构成全集第94—96卷和第97卷的手稿和卷轴应该被称为"深思"和"说明",但在它们几乎已经被习以为常地称作"黑皮书"的情况下,我们应该意识到的是,这种称谓对读者而言与其说是一种帮助,倒不如说造成了更多的迷惑。

不过,只需少许提示就足以清除那些人的偏见:他们企图不惜一切代价抹黑海德格尔的"知识分子"形象,仿佛他真的曾经卷入到民族社会主义和希特勒的疯狂政治中一样。例如,人们只需稍稍回顾一下当年的哥廷根现象学圈子,尤其是他们的代表埃迪特·施泰因。作为胡塞尔的学生,

这位年轻的犹太哲学家在 1922 年决定"转"向天
主教。由此,她选择了修女的人生道路,并且最终
遭遇到了自己民族所遭受的那种悲惨命运:在被
运送奥斯威辛-比克瑙集中营之后,埃迪特·施泰
因在 1942 年 8 月 9 日惨遭杀害。在其生命经历
的高潮和低谷,埃迪特·施泰因和马丁·海德格
尔之间的关系又是怎样的呢? 也许,在很多方面,
这两个人物的生活和命运都缺乏可比性,但是,一
种"精神上的奉献"将两者联系在一起,而且是在
纳粹掌握权力——以及纳粹在其不轨的狂暴政治
中日薄西山——的阴郁时代。

在 1935 至 1937 年,埃迪特·施泰因撰写了
她的重要著作《有限的和永恒的存在——向存在
之意义攀升的尝试》。这是一部真正具有哲学特
性的杰作,而其作者则将自己的突出贡献标识为
"向德国道别的致礼〔Abschiedsgeschenk an
Deutschland]"①。不过,在我们这里,具有重要意

---

① 参见 E. Stein, *Selbstbildnis in Briefen. II. Zweiter Teil*:
1933—1942, Einleitung v. H.-B. Gerl-Falkovitz, Bear-
beitung und Anmerkungen v. M. A. Neyer, 2. Auflage
durchgesehen und überarbeitet v. H. B. Gerl-Falkovitz
(ESGA, 3), Herder, Freiburg/Basel/Wien 2006, Brief
vom 9. XII. 1938, S. 324:"若是这依然可能,那将是我向
德国道别的致礼。"

义的是,这部作品的手稿含有两个附录,而其中第
一个附录的标题如下:《马丁·海德格尔:生存哲
学》。在交托布雷斯劳的出版商博格迈耶之后,手
稿被划分为两卷,其中第二卷保留了与马丁·海
德格尔有关的附录——或者说第二卷恰恰应该保
留这一附录。事实上,在 1938 年,本书已经做好
了付印的准备(其中一个样本被保存在科隆的埃
迪特·施泰因档案里),但日益敌视犹太人的政治
环境打断了付印工作的进行,尤其是在 1938 年
11 月发生的"水晶之夜"也即"帝国大迫害之夜"
事件之后。最终,这部埃迪特·施泰因的主要著
作[Hauptwerk]在 50 年代得以出版,但依然没有
附录,而且在后来的重印中也未曾被加进去①;对
此,我们只能期待新版的埃迪特·施泰因全集
(ESGA)了:在全集中,原来含有两个附录的样本
将在同一卷中一起出版。始终令人无法理解的
是,出于何种理由,早先的编者才决定对附录不予
出版。无论如何,这个问题对本文的探讨已经不
再重要了,关键在于:埃迪特·施泰因为何要在其

---

① 对此参见 E. Stein, *Endliches und ewiges Sein. Versuch
eines Aufstiegs zum Sinn des Seins*, hrsg. v. L. Gelber u.
R. Leuven (ESW, II); Herder, Löwen/Freiburg/Basel/
Wien 1950, 1962², 1986³。

作品《有限的与永恒的存在》的结尾处加上一个和海德格尔有关的附录？如若她知道——或者说认为——海德格尔以种种方式参与了民族社会主义运动，那么，她还会在其作品结束处与一个支持纳粹的人进行对话吗？须知，这部著作诞生于1935—1938年，也即在那样的岁月里；纳粹日复一日地强化着对于犹太知识分子及不同政见者的敌意。如若如此，那她在校对过程中应该有足够的时间去掉原书中的附录。

事实上，埃迪特·施泰因和海德格尔的交往可以回溯到1931年，也即她将《权能与行为》的手稿交给海德格尔的那年。这部著作是她作为可能在弗莱堡大学通过的教职论文加以撰写的。此外，她还在1931年12月25日寄给波兰朋友罗曼·茵加登的信中写道：

> 我必须毫不犹豫地捍卫弗莱堡的哲学家们。霍奈克[Honecker]在甚至都不认识我的情况下帮了大忙，尽管最终事情并未成行——他尽力为我从教育部争取一个发给编外讲师的资助，并且花了好几个小时与我和胡塞尔进行协商。基于现在哲学系不再允许无收入者进入这一理由，他建议我不要再提

交教职论文,因为这可能导致驳回。在整个过程中,海德格尔都非常友好,并且也告知我论文无望通过。他认为,如果早一年提交的话,教职论文还是很容易通过的。海德格尔保留并阅读了我的论文[《权能与行为》],还在不久前与我就此进行了富有启发和成果的讨论。因此,我真的非常感谢他。①

如果说在 1931 年,埃迪特·施泰因的人生历程通过《权能与行为》手稿与海德格尔联系在了一起,而且,这种联系随着《有限的与永恒的存在》一直延续到 1938 年底,那么,我们无法想象,这位曾经是胡塞尔学生的女士会一直没有考虑所谓的海德格尔介入民族社会主义事件。此外,埃迪特·施泰因还就她可能的弗莱堡教职一事现身说法,证明海德格尔和胡塞尔一起为此投入了自己的时间和精力,而且这些努力本可能使她成功获得弗莱堡的教职。既然如此,我们还怎么可能像某些人仓促推论的那样去质疑和否定埃迪特·施泰因

---

① 对此参见 *Selbstbildnis in Briefen. III. Briefe an Roman Ingarden*, Einleitung v. H.‑B. Gerl-Falkovitz, Bearbeitung und Anmerkungen v. M. A. Neyer, Fußnoten erarbeitet v. E. Avé-Lallemant (ESGA, 4), Herder, Freiburg/Basel/Wien 2005², S. 225—226。

的精神历程,而且还是基于对其因为成为修女才
作出"向哲学的道别"的假设?① 不过,仅仅是没

---

① 这里我们指的是唐·迪·切萨雷新近提出的推论。可
是,这位论者的推断并未在埃迪特·施泰因的哲学思想
道路或是现有其他来源的材料那里得到证明:"人们只需
想想作为胡塞尔助手的埃迪特·施泰因遭受的学术失
败。这位女士常年扮演笔迹辨认员的角色,作为终其一
生只从事秘书工作的'女孩',她的任务就在于将大师的
笔记清晰地转录下来,而很多时候这些笔记都已经被扔
进了废纸篓。施泰因无法获得教职是因为巴登-符腾堡
州不容许女性教职人员,而胡塞尔内心自然是清楚这一
点的:自己的继承人乃是海德格尔——而非施泰因。剩
下的事情就是众所周知的了,正如这位大师的冷落造成
的后果那样:这位女学生对其忠心耿耿,却落了个告别哲
学的结局,而且,她也在内心的逃避中远离了这个世界。
但这却又以一种仿佛是悖论的方式让她最终在奥斯威
辛-比克瑙的集中营里走完了自己人生的最后一站。"(D.
Di Cesare, *Heidegger & Sons. Ereditàe futuro di un
filosofo*, Bollati Boringhieri, Turin 2015, S. 64)在这样一
幅仓促描绘出的、很大程度上是想当然的图景中,论者完
全没有看到,作为对胡塞尔很多手稿进行修改的助手,施
泰因在学术上是具有影响力的。同样绝非偶然的是,作
为鲁汶胡塞尔档案馆的工作人员,Th. 芬格尔表达了开启
相关研究全新视野的愿望及其必要性和困难,如此,就可
以了解施泰因在担任胡塞尔助手时期修改手稿方面产生
的有力影响。对此,他写道:"正如伊姆霍夫在 1987 年就
已经指出的那样,在施泰因-胡塞尔研究方面的一个欠缺
之处就在于,至今依然没有人详尽地描述埃迪特·施泰
因在担任胡塞尔助手时参与的具体工作项目。为此,必
须有人进行专门的全方位研究,也即不仅考虑到在胡塞
尔全集范围内出版的著作,也要全面考察施泰因在胡塞
尔的未出版遗著上留下的痕迹。唯有如此,(转下页注)

有取得教职这点，又怎么可能会导致对哲学的"道别"呢？难道，埃迪特·施泰因的"道别"只是因为未获教职，而海德格尔的"道别"只是因为在战后被禁止教授哲学？然而，一个人的精神历程怎么可能完全受制于某个学术职位，以至于会因此而"向哲学道别"？

在和冯·海尔曼交谈时，他和我都一再感到有必要深入反思上面这些问题；对我们来说，这也是重新反思"海德格尔事件"的一个动因，因为这个所谓的"事件"一再遭到飘忽不定和匆匆忙忙的对待，以至于连海德格尔的那些犹太人出身的同事也未能幸免于难（例如埃迪特·施泰因及其老师埃德蒙特·胡塞尔）。当然，让他们遭受这些不公待遇的断言无疑是毫无根据的。对此，如果有人一口咬定，"那段历史遗留"是"众所周知"的，那么，我们就会清楚地发现，这种所谓"知"情人的观点其实是十分可疑的，而且会洞察到，那些糊里糊

（接上页注）我们才能衡量和评价埃迪特·施泰因令人惊叹的工作成就和影响。"（»*Der liebe Meister*«. *Edith Stein über Edmund und Malvine Husserl*，in: D. Gottstein/H. R. Sepp［Hrsg.］，*Polis und Kosmos. Perspektiven einer Philosophie des Politischen und einer philosophischen Kosmologie. Eberhard Avé-Lallemant zum 80. Geburtstag*，Königshausen & Neumann，Würzburg 2008，S. 273，Fußnote 4）

涂认为自"知"一切的人其实根本"一无所知"。

　　让我们回到前面提到的那个问题:冯·海尔
曼是否拥有更多与此有关的海德格尔方面的档
案,因为,如果有的话,我们就可以在我们的探究
中获得更大的帮助。当我向冯·海尔曼提出这个
问题的时候,他回忆道,尽管笔记本中的内容早已
为其所知,但海德格尔并未委托他直接担任笔记
本的编撰工作,因为冯·海尔曼必须集中精力完
成全集框架内的海德格尔主要作品的编辑和出版
工作。正如我们所知道的那样,海德格尔全集的
各卷从 1975 年开始在克劳斯特曼出版社陆续公
诸于世。另一方面,冯·海尔曼不仅熟知笔记本
的内容,而且也深知海德格尔记于其中的深思本
该在全集中的其他手稿都公诸于世之后才出版,
因为,海德格尔本人认为,笔记本中记录下来的仅
仅是一些笔记,就此而言,对其中思想的理解和把
握不能离开全集其他各卷的出版;而且,正因为如
此,笔记本中的内容才不是"私人"性的,更不可像
某些含沙射影的指摘那样被视为某种"秘而不宣"
的东西。① 我们在此还要指出的是, 海德格尔本

---

① 人们只需看看《论稿》之类的文本,就会注意到海德格尔
　　在其全集范围对第 94 和 95 卷的提示。这些提示包括:
　　"深思 IV, 83", M. Heidegger, *Beiträge zur* (转下页注)

（接上页注）*Philosophie (Vom Ereignis)*，in: *Gesamtaus-gabe*，Bd. 65，hrsg. v. F.-W. von Herrmann，Kloster-mann，Frankfurt a. M. 1989，S. 118；"深思 II，IV，V，VI，VII"，S. 225；"深思 CII，97 及以下几页（荷尔德林—尼采）[……] 以及深思 VII，90 及以下几页"，S. 421；"深思 VI，VII，VIII. [……] 深思 VI 与 VII 荷尔德林"，S. 422。这些提示涉及到的是存在历史性的思想，而不是政治事实，更不是某种"反犹主义性质"的东西。据此，我们可以认为，彼得・特拉夫尼在其对《海德格尔与犹太世界阴谋的神话》所作的导言中的论断是错误的："这些文本[＝黑皮书]被置于某种存在历史上的地形学或自传体地形学中，于是，它们就获得了某种别具一格的意蕴，也即具有了反犹主义的性质。"(S. 15)这种言论恰恰表明，在特拉夫尼谈论海德格尔存在历史性思想遭受的反犹"污染"时，他其实并不确信自己处于正确的道路上。因此，他才会在其导言的结尾写道："因为这个原因，相关表述作出的这样那样的评判才有可能流于片面，乃至成为一种误判。今后，人们进行的讨论会对我的阐释加以驳斥和修正。对此，我将是首先感到高兴的人。"(S. 16)这段文字之所以重要，是因为特拉夫尼最先提出了海德格尔存在历史之思的反犹主义"污染"，但他想要为之辩护的论题，不仅就笔记本而言，而且尤其在整个海德格尔全集的层面上都是毫无根据的。对于这个论题，特拉夫尼只能艰难地作出内部的证明，也即从他自己提出的论题出发来证明。于是，谈论"污染"的导言就和特拉夫尼这本书结尾处提出的"答复尝试"形成鲜明的对照："在我们谈到存在历史上的反犹主义时，并没有认为存在历史性思想作为思想本身就是反犹主义的意思。"(S. 15)在此，特拉夫尼没有意识到，他一直为之辩护的反犹主义"污染"的论题，却被他自己在其思路的终点以自我驳斥的方式解构了。至今依然悬而未决的问题是：特拉夫尼出于何种原因和目的才走上了一条最终甚至让他自（转下页注）

人及其夫人艾弗里德·佩特里都对弗里德里希-威尔海姆·冯·海尔曼寄予厚望,并且十分珍视能够获得他的协助。在海德格尔看来,冯·海尔曼——从他1964年的博士论文开始——就是能够最好地理解自己的哲思之路的人。海德格尔甚至在经济上对他的这位私人秘书给予了支持,这点也可以帮助我们理解这个发生在重要时期的决定①:对海德格尔来说,找到一个可靠的人是必要的,因为自己的工作需要有人在旁协助,尤其是计划中有待出版的全集。

　　在就这个问题交谈时,冯·海尔曼邀请我返回他的办公室。(对此,我事先完全没有想到,因此值得一提。)到了之后,冯·海尔曼从其打字机附近的一个抽屉中取出一个文件夹。打开之后,他告诉我,这里保存的是他和海德格尔之间相互交流的信件。于是,我们在冯·海尔曼夫人的有价值的帮助下阅读了这些信件。在选出那些读者将在本章中看到的信件后,冯·海尔曼教授决定

─────────

(接上页注)己也无法理解的道路? 此外,如果我们看到他的那本书的导言和"答复尝试"间的不一致,又该如何评价他对于海德格尔的其他评估——他使用的是"哲学性的解释学"或"知性的诚实"这类措辞——呢?

① 也即任用冯·海尔曼为其秘书。——译注

对其不予公布。此时,他对我说:"好好地研究笔记本,这就已经足够了。对此不需要更多的材料了。如果还有人想要真正理解[笔记本中的思想]的话,那么,他是不需要其他材料的。"

因此,令我愈发吃惊的是,在第二天,我在自己的工作桌上发现了三封信件。我随即意识到,这些信件就是我在前一天晚上看到的那些信件。在这些信件中附有冯·海尔曼写给我的一张纸条:"至少有必要在我们写的这本书中公布这三封信件。"

一开始,我们只准备在本章中公布这三封信件。不过,在我第二次也即 2016 年 1 月于弗莱堡逗留时,我和冯·海尔曼重新审核了这一章的内容,并且作出了增加冯·海尔曼和伽达默尔之间通信的决定,后者曾是海德格尔马堡时期的秘书。当然,我们也知道,这会推迟现在摆在读者面前的这部著作的出版——《论海德格尔》一书本来是准备在 2017 年 1 月 27 日也即"纪念日"出版的——但是,我们依然认为有必要对冯·海尔曼和伽达默尔之间的通信进行研究,因为这将会突显出新的思路。我们在此将让另一位海德格尔的身边人现身说法,以便帮助我们以及读者以另一种方式探究所谓的"海德格尔事件"。对本书内容的这次补充是重要的,因为它会让我们看到,伽达默尔是如何对那些利用海德格尔的做法作出反应的。(此类做法始自智利人维克托·法里亚斯[Victor Farías]写于 1987 年的那本书。)在眼前这章的第四部分,读者将会看到三封来自伽达默尔的书信。书信包含范围广泛的内容,但某些方面的文字在这次将不会公开,因为这涉及到某些依然在世者的人格和私人生活状况;如果连这些材料也一并公开,将会触发很多争议——例如马丁·海德格尔协会的历史,以及对某些业内人士的看法。在本书的语境中,我们需要获得的支撑仅仅是,伽达默尔对"法里亚斯事件"中不惜丑化其老师的利用行为有所察觉,并且在 1987 年注意到了艰难的境况。在这方面,伽达默尔在 20 世纪 80 年代的经历一样可以帮助我们透彻地看待当前肆掠着的谋制行为。

2. 公布相关信件的标准

在这章中,读者将看到上述信件的原件和转录。在文本中,我们将用方括号标出页码(必要时分别由 r = recto 或者 v = verso 加以显示);每个新起的段落将用中止符(|)标示。作为参照,关键性

的资料将用 Heid 和 Gad 标示；就冯·海尔曼与伽达默尔的通信而言，将有极少数文字上的错漏由 *corr* ed 加以标示和更正；伽达默尔本人以手写形式附加上去的更正和补充将用 Gad2 标出。我们自己的修改（用 *add* ed 表示）将通过方括号标示出来。此外，所有的脚注都是相应的原作者添加上去的。

在伽达默尔写于 1 月 27 日的信件中，弗里德里希-威尔海姆·冯·海尔曼突出强调了相当多的段落：在转录过程中，这些由冯·海尔曼所强调的重要段落同样也会被标明。

3. 海德格尔与冯·海尔曼之间相互交流的三封信件

第一封信件上的日期是 1964 年 2 月 20 日，这可以回溯到冯·海尔曼依然是欧根·芬克[Eugen Fink]秘书的时期（他在 1961 年和 1970 年之间担任了这一职务），而在第二封写于 1972 年 11 月 26 日的信件中，作为海德格尔交谈的对象，冯·海尔曼已经是受托编撰其计划中的全集的私人秘书。这里，需要上来就提一下的是，在 1964 年的信件中，有一部分内容并未完全公开，因为这部分内容也出现在暂时不会出版的那些笔记本上。因此,我们在本章中公开的只是这封长信的第一部分内容。

我们公开这两封信件的方式是基于海德格尔本人指定的标准和尺度,也就是说,我们时刻注意到,那些总是伴随其思想道路的"误解"会一直贯穿整个历史,直至它们在我们眼前这个时代采用一种新的,而且是属于大众媒体之利用的形态。在 1964 年,海德格尔就判定,弗里德里希-威尔海姆·冯·海尔曼的博士论文足够远地脱离了那些长期以来盘旋在《存在与时间》之上的常见误解:

> 您的博士论文表明,您对我的文本进行了透彻缜密的研究工作。就此而言,您的论文将那些长期以来存在的常见误解抛在了身后。

在他后来的论文中,冯·海尔曼一直延续了这种处理海德格尔文本的方式,而这点对海德格尔来说不可能是无关紧要的。因为,1972 年的信件开头就写道:

> 非常感谢您的来信和文章。这样的文章对于外行来说几乎是无法企及的——如今,

很多哲学家依然是我的哲学的门外汉。

现在，上文中所说的"误解"又具有了很多新鲜的特质，无论是"外行"处理海德格尔文本的方式，还是那些依然是门外汉的当代哲学家。对这些人来说，任何一种真正理解海德格尔哲学的尝试——换句话说，那种尝试返回到新起源之根基处的冒险——都"几乎是无法企及的"。

其间，对海德格尔哲学的"误解"业已采用了"谋制性利用"这种全新形态，此外，海德格尔本人还为我们描绘了另一种搞法："可如今，所有人都盯紧了'社会政治性的东西'。"

向"社会政治"的倒退在于企图利用思想，那种总在热切地追寻意义的思想。可是，从社会政治状况中是找不到意义的，因为政治性思想会引诱自私自利的哲学家为其所用，从而把哲学编织在谋制性思想模式的精密网络中。海德格尔与冯·海尔曼之所以成功避免了这种危险，是因为他们早就看透了这些谋制方式的作用模式：仅仅存在于"表面"上，就像政治状况和事件的玩偶。值得一提的是，在第二封信件中，海德格尔简要提到："另外的那些需要当面交流。"这足以让我们理解，海德格尔何以选择弗里德里希-威尔海姆·

冯·海尔曼作为自己的私人秘书,而且是基于那种将二人联系起来的紧密学术交流。

我们在本章中收录的第三份文档其实是作为牧师的海因里希·海德格尔[Heinrich Heidegger]——也即弗里茨·海德格尔[Fritz Heidegger]的小儿子——在 1978 年 8 月 15 日寄给冯·海尔曼的一封明信片。在这封很短的文件中,我们需要注意两个方面。首先是伯恩哈德·韦尔特[Bernhard Welte]在海德格尔的葬礼上扮演的角色:海德格尔向这位天主教哲学家——也是他自己的朋友——传达了希望能够由他致悼词的愿望,并且与其一起事先从《圣经》上挑出了相关段落。此外,我们也可以参照某些篇幅不长的文字,它们可以从不同角度反映海德格尔的私人生活:例如,我们可以参考海德格尔撰写于 1954 年的手稿"钟楼的秘密"①。在这篇文章中,海德格尔以根据祷告时间得以预定的钟声之响起为主题,让我们回忆起海德格尔在梅斯基尔希的圣-马丁教堂担任司事孩儿和弥撒辅助员时的往事。那时,

---

① M. Heidegger, *Vom Geheimnis des Glockenturms*, in: *Aus der Erfahrung des Denkens*, Gesamtausgabe, Bd. 13, Abt. 1: Veröffentlichte Schriften 1910—1923, hrsg. v. H. Heidegger, Klostermann, Frankfurt a. M. 1983, S. 113—116.

海德格尔的父母就住在这个教堂的对面。

第二个方面在第三份文件中同样需要强调，即海德格尔家族是多么重视规划中的、被委托给冯·海尔曼的全集。对于这点，海因里希·海德格尔的如下文字即是见证："全集取得了非常良好的进展！我从未想到会有这么快。"

总而言之，上述三封信件涉及到对于"误解"之危险的清醒警觉；它们让我们看到，在变成"社会政治"之后，哲学领域只剩下一片废墟；最后，这些信件表明，按照海德格尔的愿望和委托，冯·海尔曼在全集的编撰中发挥了决定性的作用。

3.1　马丁·海德格尔写给冯·海尔曼的第一封信件（弗莱堡，1964 年 2 月 20 日）

[1r]亲爱的冯·海尔曼先生：

您的博士论文①表明，您对我的文本进行了透彻缜密的研究工作。就此而言，您的论文将那些长期以来存在的常见误解抛在了身后。对此，我首先可以引用的是我自己在您来访一天前对图

---

① 这里指的是弗里德里希-威尔海姆·冯·海尔曼的博士论文（由他本人寄送给海德格尔）；参见 F.-W. von Herrmann, *Die Selbstinterpretation Martin Heideggers*, Anton Hain, Meisenheim am Glan 1964。

根哈特①先生说过的话：

　　"《存在与时间》并未事先准备转折，事实上，这种预想也是不可能的。然而，'时间与存在'这一主题要求思想实行转折。从这个主题出发，我们将赢获的决定性问题是：如何从'被抛'和'虚无'而来阐释存在之为存在。因此，在阅读[您的论文]②时，我搜寻了您对相关现象的处理。您正确地看到，'被抛'以不同于康德先验哲学的方式先行在先验之物身上打下了烙印。您提到此在的'受限性'，而且这种'受限性'得到了'提升'和'强化'。"

　　不过，我在此处的刻画还不是现象学意义上的，而是一种外在地加以表象的对象化方式。此在之被抛——它具有开抛③存在的突出特征——

---

①　哲学家恩斯特·图根特哈特(Ernst Tugendhat)出生于 20
　　世纪 30 年代，他曾经是卡尔·乌尔默(Karl Ulmer)的学
　　生，并曾在图宾根大学、海德堡大学和柏林大学执教。他
　　那篇著名的教职论文的标题是：*Der Wahrheitsbegriff bei*
　　Husserl und Heidegger，de Gruyter，Berlin 1970。

②　此处做的补充对于理解这封信来说是不可或缺的。

③　"开抛"[Entwurf]大多数情况下指的是此在的实行；在存
　　在历史性思想的视野中，这个词语的含义却是：自身抽-
　　离[ent-ziehen]着的、将此在抛入其真理的存在的开-抛
　　[Ent-werfen]。我们应该在这个意义上理解(例如)《论
　　稿》第 13 小节第 3 段中出现的"开抛"一词。因此，"开抛"
　　要么被理解为由此在所实行的解释学意义上的开抛，要
　　么被理解为存在本身的那一抛或者开-抛。

传真:*Letter No.* 1: Martin Heidegger to von
Herrmann (Frbg. 20. Febr. 64)
(personal collection of F. -W. von Herrmann)

因而是被抛入存在之开启(存在之意义)中。

　　[1v][……]

3.2　马丁·海德格尔写给冯·海尔曼的第二封信件(弗莱堡,1972 年 11 月 26 日)

　　[1r]亲爱的冯·海尔曼先生:

　　非常感谢您的来信和文章①。这样的文章对于外行来说几乎是无法企及的——如今,很多哲学家依然是我的哲学的门外汉。因为,您首次清晰彻底地展示了您的论文标题指明的东西。这与那个单一纯粹的实事有关:在《存在与时间》中得到道说的一切东西(关于此在与生存)都处于存在问题的视野中。恐怕还需要一段较长的时间,人们才会真正认识并继续思考这一点。就这篇论文而言,您对展开状态[Erschlossenheit]的论述是极为突出的。

　　[1v]可如今,所有人都盯紧了"社会政治性的东西"上。

---

① F.-W. von Herrmann, *Zeitlichkeit des Daseins und Zeit des Seins. Grundsätzliches zur Interpretation von Heideggers Zeit-Analysen*, in: R. Berlinger/E. Fink(Hrsg.), *Philosophische Perspektiven*. Ein Jahrbuch, Bd. VI, Klostermann, Frankfurt a. M. 1972, S. 198—210.

普夫劳默①博士是伽达默尔②的学生，我在周三还谈到过他。

另外的那些需要当面交流。我想请您在周五也即 12 月 1 日的下午 5 至 6 点钟来访。

请接受我们真挚的问候。

您的

马丁·海德格尔

---

① 鲁普雷希特·普夫劳默(Ruprecht Pflaumer)是伽达默尔在海德堡时的学生。

② 汉斯-格奥尔格·伽达默尔(Hans-Georg Gadamer)是海德格尔马堡时期的助理。

Frbg. 26. XI. 72

Lieber Herr v. Herrmann,

vielen Dank für Ihren Brief und den Aufsatz. Dieser ist für den Außenstehenden – und viele Kreise der heutigen Philosophen stehen noch draußen – besser zugänglich. Denn Sie haben zum ersten Mal den Zusammenhang dessen klar und gründlich herausgestellt, was im Titel Ihrer Arbeit genannt ist. Es betrifft den einfachen Sachverhalt, daß alles in S.u.Z. Gesagte (über Dasein u. Existenz) im Horizont der Frage nach dem Sein steht. Es braucht vermutlich noch eine lange Zeit, bis dies wirklich erkannt und weitergedacht wird. Was Sie im besonderen über die Erschlossenheit schreiben, ist ausgezeichnet.–

传真:*Letter No.* 2: Martin Heidegger to von
　　Herrmann (Frbg. 26. XI. 72)，ff. 1r-1v
（personal collection of F. -W. von Herrmann）

3.3　海因里希·海德格尔写给冯·海尔曼的信件(圣布拉辛,1978 年 8 月 15 日)

[1r]尊敬的冯·海尔曼教授先生:

希望我可以简短回答一下您电话里的询问。威尔特①教授提到的手稿如下:Psalm 130 „Aus den Tiefen …" und | Mt 7,7—11 „Bittet, so wird…"

全集取得了非常良好的进展! 我从未想到会有这么快。

致以真挚的问候。

您的海因里希·海德格尔②

---

① 从 1952 年开始,伯恩哈德·威尔特(1906—1983)是弗莱堡大学的基督教哲学教授。按照马丁·海德格尔的愿望,他在海德格尔的葬礼上致了墓前悼词。参见 *Gedenkschrift der Stadt Meßkirch an ihren Sohn und Ehrenbürger Professor Martin Heidegger*, Stadt Meßkirch, H. Schönebeck 1977。根据伯恩哈德·威尔特和马丁·海德格尔之间的协定,前者在后者的葬礼上阅读了圣经中的如下段落(基于翻译为德语的拉丁文武加大译本):诗篇 130 与马太福音 7.7—11。

② 海因里希·海德格尔(Heinrich Heidegger)生于 1928 年,是基督教牧师和长老,海德格尔的兄弟弗里茨·海德格尔(1894—1980)的小儿子。他按照天主教会的仪式主持了马丁·海德格尔的几场追悼会。

传真:*Letter No. 3*: Heinrich Heidegger to von
Herrmann (St. Blasen，15. 8. 78)
(personal collection of F. -W. von Herrmann)

4. 伽达默尔和 1987 年发生的法里亚斯事件

现在,我们需要更为切近地考察哲学家伽达默尔对他的老师的维护立场。在 1987 年,伽达默尔决定不再对法里亚斯的毁谤不作回应。在此之后,对海德格尔的利用开始盛行,以致所谓的"海德格尔事件"一直到今天都余波未平。法里亚斯对于海德格尔"参与纳粹罪行"的指控一直蔓延至今,使得这些年来很多海德格尔阐释者受制其中,从一种标准的批评性判断出发而远离了海德格尔文本的真实内容。随着时间的流逝,很多"专家"几乎再也找不到通达存在历史性思想的道路,于是,他们的主要目标就变成:从海德格尔文本中匆忙找出"确凿无疑的证据"以证明法里亚斯的指控。这样的历史总在重演着,即使其利用的"主要人物"现在开始向一种新的、来源于别处的说法回溯。不过,我们总能从中看到一种不变的东西:这些人无能于支撑自己的论题,因此只能一再通过"对大众施加重大影响"——自然是基于一种"肤浅"的解读方法——来维持其在新闻界的影响力。在我们看来,跟随这种运作手法,无异于从一上来就放弃了把握海德格尔和任何可能的开端。

读者在这节将看到三封伽达默尔写给冯·海尔曼的信件,其日期分别为:1987 年 11 月 30 日、1988 年 1 月 27 日和 1988 年 4 月 11 日。对于这些信件,任何评论都是多余的,因为伽达默尔以不加掩饰和直截了当的方式表明了自己的立场。尽管这些信件中的某些段落看起来需要加以说明,但我们还是希望读者能够自己来确定方向,并得出相应的结论,正如这些书写信件的人自己所做的那样。

不过,我们有必要对伽达默尔在其 1987 年 11 月的信件中提到的法国哲学家弗朗西斯·费迪耶稍作说明。当时,法里亚斯出版的那本书引起了各种不同的反应,以致伽达默尔不顾自己健康状况不佳的事实接受了抑制法里亚斯不利影响的挑战,因为海德格尔"本无政治才能可言"。这种困难处境使得伽达默尔的健康状况越发恶化,不过,他依然不遗余力地以私下给冯·海尔曼写信的方式——或是利用各种公开发表意见的机会——表明了自己的立场。

其中,第一封信的结尾十分富有启示意义:

也许,海德格尔的缺陷和弱点并不是十分突出和特别,因为,每个处于聚光灯下的人都可能犯下这样的错误。一定要谈论这些东

西,总是某种伪善的行径,我是很讨厌这样
的。因此,放弃至今为止遵循的沉默,对我来
说是一件十分不幸的事。而且,这样也加重
了我健康方面的负担。

　　和伽达默尔相比——尽管在本质上是一致
的——弗朗西斯·费迪耶则是以另一种方式投入其
中。在萨特以《存在与虚无》(*L'Être et le néant*)作
了初步尝试之后,弗朗西斯·费迪耶在早年和让·
博弗雷特[Jean Beaufret]一起为海德格尔思想在法
国的普及作了重要贡献。作为海德格尔本人指派的
法文版著作的负责人,让·博弗雷特的作用是决定
性的。费迪耶对于法里亚斯断然决然的反对立场是
基于自己早年和海德格尔的直接接触的:他清楚地
知道,海德格尔面对民族社会主义时只退回到孤立
之中,而在纳粹失败后又遭受去纳粹化委员会的威
胁,所有这些都给德国哲学家带来了巨大的痛苦。
对法里亚斯来说,费迪耶是一个坚决的对手,后者的
态度在意识到以下这点后变得更为尖锐①:新闻评

---

① 　要更为切近地理解这位法国哲学家的令人信服的论证,
　　请参考如下文本:F. Fédier, *Heidegger. Anatomie d'un
　　scandale*,Laffont, Paris 1988, und desselben Verf., Re-
　　garder voir, Les Belles Lettres, Paris 1995,S. 83—117
　　und 223—244。

论界跟随的是一些充满先入之见的不公正观点，正如伊曼纽尔·费伊[Emmanuel Faye]炮制出来的那样。

伽达默尔试图转移人们对于海德格尔的病态关注，而并不十分在意法里亚斯对海德格尔毫无根据的侮辱。相反，费迪耶公开接受了澄清事实真相的责任，因为他不愿看到相关领域完全落入无理批评的手中。我们仅仅应该在这个意义上理解伽达默尔的下述表示：

> 令我十分担心的是，费迪耶先生的考察——以及他对于那种偏见和仇恨的十分正确的描绘——会造成完全是意料之外的后果。

总而言之，海德格尔的同时代人——例如伽达默尔、费迪耶以及冯·海尔曼——以这样那样的方式介入了"海德格尔事件"，其目的却不是为了袒护海德格尔，而是为了谴责那种抹黑历史真相、企图将一切都归咎于海德格尔的有意策划。除了这些考量，伽达默尔还在 1988 年 1 月 27 日致冯·海尔曼信的末尾处十分正确地写道：

> 大体而言，我和您的立场一致，而且，同

样是作为家族的成员，我对于如下这点有充
分的信心：整件事最终不会有损于一位伟大
思想家的哲学价值和影响。像海德格尔这样
的人，终究不会在意是否能得到蠢材们或者
所谓大众群体的喝彩。

4.1　伽达默尔写给冯·海尔曼的第一封
信件(海德堡，1987 年 11 月 30 日)

[1]尊敬的冯·海尔曼先生：

您恐怕不会相信，法里亚斯的做法是多么地
令我不安。确实，我们①也可以采取一种超然物外
的立场，也即认为这本浅薄得可怜的书根本不会
给德国的读者带来什么新东西，好让某些人再次
上演一场反对海德格尔的闹剧。然而，现实中的
大众媒体却使得我无法继续保持沉默。法里亚斯
在法国造成的巨大影响证明，人们对待某些事情
的方式竟然可以如此肤浅，同时，我们的法国朋友
又确实有疏忽大意之时。事实上，我正是因此才
给费迪耶②写信的。不过，他似乎并不这么看。人

---

①　uns *corr* ed] und Gad.
②　Fédier Gad2] Fedier Gad.

们在某种意义上可以说,我们德国人,尤其是我自己,对于此事的态度过于轻慢了,其理由是,我们用①几句"深感遗憾"就洗白②了这位思想家"误入歧途的政治行为",而且,我们总是尽可能地③把注意力集中在他和④他提出的哲学问题上。可是,在德国,我们这种做法并不——或者只是稍稍——损及体面。因为,在我们这边,信息的流通总是基于一种特有的认识:如何在极权主义国家幸免于难,以及如何才可以对统治性的意识形态实施批评。就此而言,可以预期的是,法里亚斯的书在德国未必见得会再产生什么实质性的影响⑤。

但是,我后来逐渐感到,由于现代大众媒介以永不停息的方式人为创造"需求",这就可能让某些人陷入对海德格尔的"愤怒"。因此,在读过这本书之后,我只得选择从根本上澄清事实真相。现在,这件事情自然⑥变得辣手和困难了,因为一切都是那么的没有意义,因为甚至连《存在与时间》的风格也被解释成是前-纳粹主义的。

---

① indem] in dem Gad ・ in-dem Gad2.

② abtaten Gad2] abtat Gad.

③ und möglichst corr ed] und möglichst und möglichst Gad.

④ und Gad2] uns Gad.

⑤ nochmalige Wirkung corr ed] nochmalige Wirkung Gad.

⑥ Natürlich *corr* ed] Natrülich Gad.

可遗憾的是,世界历史早就告诉我们,事情的结局恰恰①就是这样。20 世纪 20 年代是个绝望的但也充满活力的时代,正是在这段时期,民族社会主义运动产生了。有一部分年轻人——包括那些年轻的知识分子——以充满激情的方式期待这个运动给德国带来新生,在这点上,海德格尔及其弗莱堡的朋友们对大学生活之变革的期盼也并无太大不同。

通过把罗姆政变②混为一谈,法里亚斯的书以极其愚蠢③的方式暗示④,海德格尔追求的就是这种可以称之为暴力"革命"的东西。不过,这却无法改变以下事实:在海德格尔眼里,希特勒染指德国国防军的行径,以及纳粹党卫队对冲锋队的介入⑤,都是对其本己⑥革命使命的背叛。就此而言,无论相关话题多么令人不适,法里亚斯在其对实际情形的骇人听闻的简化中还是说对了一点:对于精神生活在希特勒统治下的官僚主义僵化,海德格尔感到极其失望。对于所有这些问题,我⑦在对那本

---

① genau *corr* ed〕genaus Gad.

② Röhm-Putsch, Gad2〕Röhm-Putsch Gad.

③ töricht〕tör icht Gad · tör-icht Gad2.

④ suggeriert *corr* ed〕suggriert Gad.

⑤ Eingreifen Gad2〕eingreifen Gad.

⑥ seiner eigenen Gad2〕seine eigene Gad.

⑦ meiner Gad2〕meine Gad.

书给予应答的附文①中都有所表述。我不可能以其他方式来看待这件事,因为真相在至今为止的几十年来都是如此。至于现在这样看是好是坏,还是无关紧要②,我就不得而知了。我唯一的希望是,所谓的"海德格尔事件"能成为一个让人重新审视纳粹现象的契机,也即不再仅仅从粗俗的视角出发将其看作③单纯的堕落的犯罪④(而且⑤尤其是对一场注定失败的战争的不负责任的继续)。

就相关状况而言,我必定能够预见到,事情会在德国公众界引起不断深入的讨论,而我并没有太多的信心为人们提供⑥一种更为深入的看法。对于这种⑦迷误和误入歧途的概念,人们首先可以看到的是,海德格尔本无政治才能可言。其次,那个时代的德意志历史已经陷入迷途,以致造成了当代人根本不再能够理解的灾祸⑧。令我十分担心的是,费迪耶先生⑨的考察——以及他对于那种偏见

---

① 这里指的是伽达默尔尚未公开发表的 4 页机写文章。
② bewirken] bew irken Gad • bew-irken Gad2.
③ Krieges) zu Gad2] Krieges) zu Gad.
④ Verbrecherische Gad2] Verbrecherrische Gad.
⑤ Ausartungen (und Gad2] Ausartungen und Gad.
⑥ herbeizuführen Gad2] herbeiführt Gad.
⑦ Den Gad2] Der Gad.
⑧ daß Gad2] das Gad.
⑨ Fédier Gad2] Fedier Gad.

和仇恨的十分正确的描绘——会造成完全是意料之外的后果。诚然,那本书的微末的恶毒和肤浅都是极为可悲的。但是,读到了这样的东西,我觉得与这个至今依然令人烦恼的问题相比,一切都不是那么重要了。当然,我认为①,与其说这个问题只和海德格尔有关②,倒不如说它关涉到作为一个国家之民众的德意志民众本身:正是德国民众在那个年代走错了自己的命运之路[Schicksalsweg]。

只需回忆那些我所熟悉的、在那时和作为校长的海德格尔一起工作过的人,我就会发现,他们所有人都不是真心希望出现那些最终③给我们和这个世界带来④深重灾难的可怕事件。

我非常担心,公众还不具备十分成熟的理智,以便在这方面达到更为恰当的理解。也许,海德格尔的缺陷和弱点并不是十分突出和特别,因为,每个处于聚光灯下的人都可能犯下这样的错误。一定要谈论这些东西,总是某种伪善⑤的行径,我是很讨厌这样的。因此,不能保持⑥至今为止

————————

① kenne, Gad2] kenne Gad.

② Bezug *corr* ed] bezug Gad.

③ Welt schließlich Gad2] Weltschließlich Gad.

④ herauskamen *corr* ed] herauskam Gad.

⑤ pharisäerhaft, Gad2] pharisäerhaft Gad.

⑥ aufrechterhalten] Aufrecht erhalten Gad · aufrecht-er-halten Gad2.

遵循的沉默,对我来说是一件十分不幸的事。而且,这样也加重了我健康方面的负担。自从生病①以来,我还没有拥有过曾经拥有的精力与活力。对此,我十分忧虑。

致以最为真挚的问候。

您的

汉斯-格奥尔格·伽达默尔

---

① Erkrankung *corr* ed〕ERkrankung Gad.

PHILOSOPHISCHES SEMINAR DER UNIVERSITÄT · MARSILIUSPLATZ 1 · 6900 HEIDELBERG 1
Prof. Dr. Hans-Georg Gadamer　　　　　　　　　30. November 1987

Verehrter Herr von Herrmann,

Sie glauben gar nicht, wie mich die Angelegenheit Farias
aufregt. Natürlich könnten wir und in der überlegenen Haltung
fühlen, daß dieses oberflächliche und miserable Buch für
deutsche Leser im Grunde nichts Neues enthält, jedenfalls
nichts, was man gegen Heidegger ausspielen kann. Aber die
Wirklichkeit der Massenmedien nötigt einen, aus der bisher
befolgten Reserve, soweit ich selbst in Frage komme, heraus-
zutreten. Der Rieseneffekt, den das Buch von Farias in Frank-
reich macht, zeigt eben, daß man so oberflächlich in der Welt
mit den Dingen umgeht, und hier liegt doch auch ein Versäumnis
der deutschen Freunde in Frankreich vor. In Wahrheit schrieb
ich in diesem Sinne an Fédier. Aber er scheint das nicht so
zu sehen. Man kann in gewissem Sinne sagen, daß wir Deutschen,
insbesondere ich selbst, uns ähnlich verhalten haben, in dem
wir die 'politische Verirrung' mit ein paar bedauernden Worten
abtat, und möglichst und möglichst dem Denker und seinen Fragen
sich zuwandten. Das tat aber in Deutschland keinen Schaden,
oder nur geringen. Denn hier hat es seit langem einen Infor-
mationsstrom gegeben, auch einfach aus eigenem Wissen, wie
man in einem totalitären Lande lebte und wie man Kritik an
einer herrschenden Ideologie allein betreiben konnte. So
durfte man in Deutschland eigentlich keine nochmaligeWirkung
des Buches von Farias erwarten.

Aber ich bin skeptisch geworden. Die modernen Massenmedien
sind unersättlich und wissen auch Bedürfnisse zu erzeugen,
wo keine bestehen, und vollends, wenn das Ausland bereits
in Rage ist.

So habe ich nach dem Studium des Buches keinen anderen Weg
mehr gesehen, als die Sache gründlicher anzupacken. Das ist

- 2 -

nun freilich ein ebenso heikles wie schwieriges Unternehmen.
Natrülich ist das alles Unsinn, wenn man etwa die Stilgebung
von 'Sein und Zeit' als Pränazismus interpretiert. Leider hat
uns aber die Weltgeschichte genaus solche Schlüsse suggeriert.
Die ebenso verzweifelte wie doch auch lebensvolle Zeit der
zwanziger Jahre ist zugleich ein Stück Lebenszeit in der Ent-
stehung der nationalsozialistischen Bewegung gewesen. Die
enthusiastischen Erwartungen eines Teils der Jugend und der
jüngeren Intelligenzschichten war damals nicht so gänzlich ver-
schieden von dem, was Heidegger und seine Freiburger Freunde
auf dem Gebiete des Universitätslebens sich erhofften.

So töricht das auch in dem Buch herauskommt, durch die Iden-
tifikation mit dem Röhm-Putsch, wird suggeriert, daß Heidegger
eine Revolution dieses Stiles anstrebte, sozusagen mit Waffen-
gewalt. Das ändert aber nichts daran, daß das tatsächliche Ein-
greifen Hitlers auf der Seite der Reichswehr und der SS gegen
die SA in den Augen Heideggers eine Art Verrat an seiner eigenen
Revolution war. So ungern man das hören mag, die schrecklichen
Vereinfachungen von Farias treffen da einen richtigen Punkt.
Er war von der bürokratischen Erstarrung des geistigen Lebens
unter Hitler zutiefst enttäuscht. All dem habe ich in dem
beigelegten Text meiner Antwort auf das Buch Ausdruck gegeben.
Ich konnte nicht anders, als jetzt die Sache so darstellen,
wie ich sie seit Jahrzehnten sehe. Ob das jetzt Gutes oder
Schlechtes oder gar nichts bewirken wird, weiß ich nicht.
Meine einzige Hoffnung ist, daß sich der Fall Heidegger zum
Anlaß ausweiten wird, das Phänomen des Nationalsozialismus
nicht länger aus der Vulgärperspektive anzusehen und immer
nur das Verbrecherische seiner Ausartungen (und insbesondere
die der gewissenlosen Fortsetzung eines verlorenen Krieges) zu
sehen.

Bei der Lage der Dinge muß ich voraussehen, daß die Sache in
der deutschen Öffentlichkeit immer weiter diskutiert wird, und
ich bin nicht all zu zuversichtlich, daß es mir gelingen könnte,
eine tiefere Auffassung herbeiführen. Den Begriff des Irrtums

- 3 -

und der Verirrung kann man zunächst in dem Sinne verstehen,
daß Heidegger keine politische Kompetenz besaß. Sodann aber
auch in dem Sinne, daß die deutsche Geschichte dieser Zeit
sich wahrhaft verirrt hat und in ein Unheil führte, daß die
heute lebende Generation überhaupt nicht mehr verstehn kann.
Ich habe große Sorgen, daß Herr Fédier mit seiner Prüfung
und durchaus richtigen Schilderung der Voreingenommenheit und
einer gewissen Gehässigkeit von Herrn Farias eine ganz uner-
wünschte Wirkung erzielt. Die vielen kleinen Bosheiten und
Oberflächlichkeiten des Buches sind zwar wirklich kläglich.
Aber wer so etwas liest, findet das alles ohne Gewicht, ver-
glichen mit der nach wie vor lastenden Frage, die ich nicht
so sehr als Frage in Bezug auf Heidegger kenne, als eine Frage
in bezug auf das deutsche Volk als Staatsvolk, das seinen
Schicksalsweg damals verfehlt hat.

Wenn ich allein an all die mir wohlbekannten Männer denke,
die damals mit Heideggers Rektorat zusammenarbeiteten - sie
alle haben die Schrecklichkeiten wahrlich nicht gewollt, die
für uns und die Welt schließlich dabei herauskam.

Ich fürchte sehr, daß die Öffentlichkeit einfach noch nicht
reif ist, hier zu einem besseren Verständnis zu gelangen.
Die Fehler und Schwächen von Heidegger sind vermutlich keine
anderen und keine größeren, als jeder andere Mensch in expo-
nierten Lagen zu begehen in Gefahr ist. Davon reden zu müssen,
ist immer etwas pharisäerhaft, und ich hasse das. So bin ich
recht unglücklich, daß ich meine bisher befolgte Reserve nicht
weiter aufrecht erhalten kann. Leider setzt es mir auch gesund-
heitlich sehr zu. Ich bin nach meiner Erkrankung durchaus noch
nicht von der alten Frische und Elastizität und bin recht be-
kümmert.

Mit dem besten Grüßen

Ihr

H.G. Gadamer

传真:*Letter No.* 1: Gadamer to von Herrmann
(Heidelberg, Nov. 30, 1987), ff. 1-3
(personal collection of F. -W. von Herrmann)

4.2　伽达默尔写给冯·海尔曼的第二封
信件(海德堡,1988 年 1 月 27 日)

[1]尊敬的冯·海尔曼先生:

意大利的旅途已经结束,我回家后看到了堆积如山的信件。在那不勒斯时,我不得不出席对两部新出版著作的官方推介①会。(在意大利,这是一种惯例,由出版社加以组织,并由文化机构付诸实施。)其中,一本书是我所推崇的海德格尔之《路标》的意大利译本②,另一本书则是我自己的小册子《海德格尔的道路》的意文版③。由于这部著作颇受推崇,我不得不略作回应。有两次我不得不再次表达了自己的看法。对此,我可以断定的是:在意大利,大众媒介遵循的也是那一法兰西"范本"④,尽管那边常常呈现出不尽相同的景象。一个极权主义国家意味着什么,对于这点,人们在那边[意大利]尚未完全忘却,而一

---

① 　Präsentationen Gad2] Präsitationen Gad.

② 　M. Heidegger, *Segnavia*, ins It. übersetzt von F. Volpi, Adelphi, Mailand 1987.

③ 　H. -G. Gadamer, *I sentieri di Heidegger* [*Heideggers Wege: Studien zum Spätwerk*, Mohr, Tübingen 1983] ins It. übersetzt von R. Cristin, Marietti, Genua 1987.

④ 　'Vorbid' *corr* ed] 'Vorbild', Gad.

个像海德格尔这样的思想家无论如何一直是一种不同寻常的现象,这对那边的人们来说也是十分清楚的。

其间,在返回德国之际,也有一些事情在等待着我,也即和德里达及其来自斯特拉斯堡的年轻同事①的会面。我们将于 2 月 5 日在海德堡大学见面。在那边,我们总算不用再扯那些无聊的政治话题了。相反,我希望会有一场哲学性的讨论发生。不过,即使是哲学讨论也不是一件容易的事。首先,我的法语还不足以完全把握像德里达这个级别的著者(而且我的听力也不太好)。此外,德里达其实并不了解德意志文化,也压根没有真正弄懂我的思想,而是总会回想起利科②或海德格尔,并试图"从左面超越"他们。

无论如何,我希望这将是一次真正富有哲学内容的对话。但愿那些必定会出场的学术界同仁

---

① 这位"来自斯特拉斯堡的年轻同事"是菲利普·拉科-拉巴德(Philippe Lacoue-Labarthe)(1940—2007);参见 J. Derrida, H.-G. Gadamer, Ph. Lacoue-Labarthe, *La conférence de Heidelberg* (1988): *Heidegger, portée philosophique et politique de sa pensée*, éd. Imec, Paris 2014.

② Ricœur *corr* ed] Riceour Gad.

不会改变这次会面的性质。我其实并不知道海德堡会出现何种氛围。可是，因为愚昧无知统治着世界，我不得不保持怀疑。

要让我采取某种公开的立场，这一定会遭受巨大的阻力。我的表态只是在压缩后被转载在法国的相关出版物上，正如人们不难看到的那样。不过，我们眼下可以期待的是，一部与整个"海德格尔事件"有关的著作将会在法国和意大利出版，其中至少可以读到我对相关问题的未经压缩的表述。当然，毫无疑问的是，来自法国的撰稿者会统治这个领域。毕竟，我已经再次先行考虑到了写给您的信件中包含的东西，也即考虑到了您提出的扩充我对相关问题表态的建议。也许，在这种情况下，我们已经不能不有所表示了。

不过，我还是希望您能够理解，事情的整个过程对我来说有多困难。诚然，我和海德格尔相互之间的信赖使得我们不曾有意回避任何话题。不过，就我这边而言，并不习惯于在对话中主动提出问题。同样，我对您或是家族的私人交往也一无所知。在我看来十分重要的是，在被迫对"海德格尔事件"公开表态之前，能够就相关问题进行一次无拘无束的交谈。如果人们不对我的良好愿望有所怀疑,我就感到十分高兴了,但实际情况却可能是,我已经写下的很多东西恰恰会在熟人圈子里引起不满。

现在,我在意大利①时作出的表态不是针对所谓的"海德格尔事件",而是海德格尔的哲学本身,并且我的表态也同时由他的感谢信而得到了规定。大体而言,我和您的立场一致,而且,同样是作为家族的成员,我对于如下这点有充分的信心:整件事最终不会有损于②一位伟大思想家的哲学③价值和影响。

像海德格尔这样的人,终究不会在意是否能得到蠢材们或者所谓大众群体的喝彩。

对于即将读到的年鉴,致以诚挚的谢意。

您的汉斯-格奥尔格·伽达默尔

---

① italienischen Gad2] italienische Gad.
② für die Gad2] der Gad.
③ philosophische Gad2] philosophische Gad.

PHILOSOPHISCHES SEMINAR DER UNIVERSITÄT · MARSILIUSPLATZ 1 · 6900 HEIDELBERG 1
Prof. Dr. Hans-Georg Gadamer   27. Januar 1988

Verehrter Herr von Herrmann,

Von meiner Reise aus Italien bin ich zurück und finde hier
Berge von Post vor. In Neapel hatte ich bei zwei offiziellen
Präsentationen von Neuerscheinungen zu fungieren (das ist
eine italienische Sitte, die von den Verlagen organisiert
und von den Kultureinrichtungen ausgeführt wird.) Im vor-
liegenden Falle war das eine die italienische Übersetzung
von Heideggers 'Wegmarken', die ich zu würdigen hatte. Das
zweite war die italienische Übersetzung meines eigenen Büch-
leins "Heideggers Wege", bei dem ich gewürdigt wurde, aber auch
kurz antworten mußte. Zweimal habe ich also schon wieder
mich äußern müssen und konnte feststellen, daß zwar die Massen-
medien auch in Italien dem französischen 'Vorbild', folgen,
daß es aber sonst dort anders aussieht. Was ein totalitärer
Staat ist, hat man dort noch nicht ganz vergessen, und daß
ein Denker wie Heidegger in jedem Falle eine säkulare Er-
scheinung bleibt, ist dort den Leuten durchaus klar.

Inzwischen erwartet mich bei meiner Rückkehr nun auch etwas
in Deutschland, nämlich die Begegnung mit Derrida und einem
seiner jüngeren Kollegen aus Straßburg, die am 5. Februar
in der Heidelberger Universität stattfinden soll. Da werden
wir kaum über die politischen Albernheiten zu reden haben,
sondern ich hoffe, daß es eine philosophische Auseinander-
setzung wird. Aber auch eine solche wird eine schwierige Sa-
che. Erstens ist mein Französisch nicht gut genug, um einen
Schriftsteller so hohen Grades immer genau verstehen zu kön-
nen (und meine Ohren auch nicht). Dazu kommt aber, daß Derri-
da in Wahrheit überhaupt kein Verhältnis zur deutschen Kultur
hat, auch von mir wohl nie wirklich Kenntnis genommen hat,
sondern immer nur an Ricoeur oder Heidegger denkt, den er
'links zu überholen' sucht.

- 2 -

Nun immerhin, das wird einen philosophischen Gehalt haben
hoffe ich. Falls nicht die akademische Öffentlichkeit, die
dabei unvermeidlich ist, die Sache umfunktioniert. Ich kenne
in dieser Sache die Heidelberger Stimmung nicht. Aber da
Dummheit die Welt regiert, muß man skeptisch sein.

Es wird immer nur mit großem Widerstreben sein, daß ich mich
zu einer öffentlichen Stellungnahme bereit finde. Die fran-
zösische Veröffentlichung ist sehr verkürzt wiedergegeben,
wie man leicht feststellen kann. Doch ist jetzt sowohl eine
französische wie eine italienische Buchveröffentlichung über
den ganzen Fall zu erwarten, in der wenigstens ein ungekürzter
Abdruck meiner Stellungnahme zu lesen sein wird. Aber natür-
lich beherrschen die französischen Autoren das Feld. Immerhin
habe ich mir meinen Brief an Sie noch einmal vorgeholt, um
über Ihre Anregung nachzudenken, meine Stellungnahme noch zu
erweitern. Vielleicht bietet sich ein zwingender Anlaß.
Ich möchte aber doch um Verständnis bitten, wie schwierig das
Ganze für mich ist. Ich habe zwar mit Heidegger ein Vertrauens-
verhältnis gehabt, das kein Thema bewußt vermied. Es war aber
umgekehrt nicht meine Gewohnheit, in den Gesprächen mit Hei-
degger meinerseits Fragen zu stellen. So weiß ich über gar
nichts Bescheid, was Sie oder etwa die Familie aus privatem
Umgang wissen. Es würde mir sehr viel daran liegen, bevor ich
genötigt bin, mich etwa öffentlich zu dem "Fall" zu äußern,
einmal zwanglose Gespräche über die Sachen zu führen. Ich
bin ja froh, wenn man mir meinen guten Willen nicht in Ver-
dacht zieht, vermute aber, daß doch Vieles, gerade auch bei
Nahestehenden, Anstoß erregt, was ich geschrieben habe.
Nun, meine italienischen Stellungnahmen betreffen natürlich
auch nicht den "Fall", sondern die Philosophie Heideggers
und sind auch durch ihre Adresse mitbestimmt. Im ganzen würde
ich aber an Ihrer Stelle und ebenso als Angehöriger der Fa-
milie recht zuversichtlich sein, daß die ganze Affäre für die
philosophische Würdigung und Wirkung eines großen Denkers
ohne Schaden bleibt. Schließlich ist ein Mann wie Heidegger
nicht auf den Beifall von Dummköpfen oder der sogenannten Massen
angewiesen.

*Danke für die Jahresgabe, die meine nächste Lektüre
sein wird.*

Ihr HGGadamer

传真:*Letter No.* 2: Gadamer to von Herrmann
(Heidelberg, January 27, 1988), ff. 1-2
(personal collection of F.-W. von Herrmann)

4.3　伽达默尔写给冯·海尔曼的第三封
信件(海德堡,1988 年 4 月 11 日)

[1]尊敬的冯·海尔曼先生:

非常感谢您的来信。您带来的好消息令我松了一口气。去年秋季令人难以应付的病况使我只能将自己应尽的义务推迟到今年。同时,我还得面对自己业已削弱的工作能力。不过,我还是希望能够解决我们共同关心的全部问题。我十分乐意为年鉴献上①一个前言;对此,我充满信心,因为现在离夏初还有一段时间。

今天,我写信的主要原因是那本关于胡塞尔的书。对于这本书中完成的工作,我同样感到印象深刻。不过,请允许我对奥托的文稿谈谈自己的观点。这差不多是我读到的第一篇文章,其理由是,在有了波鸿的糟糕经历之后,我担心会遭遇更糟的情况。不得不向您承认,对于这篇文章,我既愉快又失望。尽管如此,就我掌握的情况来看,奥托在书中对法里亚斯的批判依然是极为出色的。难以否认的是,在这两种情况下,可以感受到一种耿耿于怀的怨恨。对我来说,情况再清楚不

①　anschließen; Gad2] anschließen Gad.

过了。奥托属于那种受制于地方性的天主教徒，在对天主教经典进行研究时，他偶然触及海德格尔而感到受到挑战。实际上，他不无道理地看到，当时，海德格尔自己其实已经表现出对于滥用天主教教会统治的帝国主义①的痛恨。在我们于海德堡和德里达等人进行讨论时，在一个较小的圈子里，有人提出了一个有趣的问题：假如海德格尔当时不是在弗莱堡，而是在马堡的话，他是否还会参与那场发生在 1933 年的政治冒险②？这个问题也包含着某种真实的因素。

在此，我无意向您隐瞒自己的感受。在波鸿时，奥托先生给我的感觉与其说是带有恶意，倒不如说是盲目和方法上的愚蠢。对于像校长讲话的附录这样的辩护性文字，人们怎么能够用这样一种方式加以批判，认为它含有长篇大论的罪证或可证明其有罪的内容③？我曾当面向奥托④先生指明：这是一种解释学上的失误。不过，远比这点

① imperialistischen Gad2] imperialistischen Gad.

② Abenteuer] Aben teuer Gad · Aben-teuer Gad2.

③ belastend Gehaltenem Gad2] Belastet gehaltenem Gad.

④ 生于 1931 年的雨果·奥托是弗莱堡大学经济史荣休教授。由他出版的一部关于海德格尔的传记的标题是：*Martin Heidegger. Unterwegs zu seiner Biographie*，Campus，Frankfurt a. M. /New York 1988 (1992)。

更为糟糕的是在波鸿的年轻参与者的伪善和幼稚。眼下，这也是法里亚斯那件事最让我忧虑的地方。如此伪善的一代——他们在法国和在我们这里一样简直是受人①吹捧的——怎么能够忍受有朝一日将向他们到来的各种压力十足的状况呢？

　　就奥托先生的文章而言，我也想请求您能够从我的视角出发检视您自己的印象。在读过您的来信后，我也曾尝试从您的角度出发重②读奥托的文章。但我做得并不成功，除了感到③，您就与胡塞尔的矛盾所写的那简短的一页是恰如其分的。无论如何，假如有人抱有某种敌意，他就不会引用写给芒克④的信件。此外，我还希望您能注意到，他是以何种方式对海德格尔缺席胡塞尔的葬礼⑤这件事未置一词的。在我看来，他在对相关部门的档案进行说明时，绝没有引发此等印象的企图：这些都是海德格尔的错。相反，我倒是感觉，您对某些没有直接证据的诽谤行为的猜测过

---

① wird，Gad2］ird Gad Augen nochmals2］Augen Gad.

② Augen nochmals2］Augen Gad.

③ fand corr ed］fan d Gad.

④ 迪特里希·芒克（1884—1939），哲学家和数学史家，自1927年为马堡大学教授，曾经研究过莱布尼兹。

⑤ Beerdigung von corr ed］Beerdigungvon Gad.

于敏感了。如此,您的结论会让毫无倾向的读者感觉难以理解。其实,我自己也是非常敏感的,而且也早已对更为糟糕①的东西——那些针对海德格尔的恶意中伤——习以为常了。总而言之,奥托先生似乎还是一位相当正直的人士,只是偶尔让自己科学上的正直稍稍染上了其他色彩。而且,看起来,在他那里事态也已经逐渐平息,而我自己也尽可能地缓解紧张气氛而使之不致加剧。请你将这封信件也理解为对献身此种目标所作的一次努力。

　　致以最为诚挚的问候!

　　汉斯-格奥尔格·伽达默尔

---

① Schlimmeres Gad2] schlimmeres Gad.

PHILOSOPHISCHES SEMINAR DER UNIVERSITÄT · MARSILIUSPLATZ 1 · 6900 HEIDELBERG 1

Prof. Dr. Hans-Georg Gadamer   11. April 1988

Sehr geehrter Herr von Herrmann,

vielen Dank für Ihr Schreiben mit den guten Nachrichten,
die mich etwas aufatmen lassen. Meine Erkrankung im vorigen
Herbst hatte doch die unangenehme Folge, daß ich verschiedene
Verpflichtungen auf dieses Jahr verschieben mußte und dabei
auf meine geschwächte Arbeitskraft stoße. Doch ich hoffe
schon, alles uns betreffende leisten zu können. Sehr gern
würde ich das Geleitwort an die Jahresgabe anschließen,
da es bis zum Beginn des Sommers Zeit hat, bin ich zuversicht-
lich.

Heute schreibe ich vor allem wegen des Husserl-Bandes. Auch
ich bin sehr beeindruckt von der in diesem Band geleisteten
Arbeit. Aber erlauben Sie mir ein Wort zu dem Beitrag von Ott.
Ich hatte den Beitrag beinahe als ersten gelesen, weil ich
nach der Erfahrung in Bochum Schlimmes befürchtete. Ich muß
Ihnen gestehen, ich war angenehm enttäuscht. Auch seine Kritik
an dem Buch von Farias, die mir in die Hände kam, schien mir
ganz vorzüglich. In beiden Fällen bestreite ich nicht, daß
ein gewisses Hintergrundressentiment zu spüren ist. Die Sache
ist mir nur zu klar. Ott gehört zu den regional gebundenen
Katholiken, der an Heidegger ganz zufällig durch seine Archiv-
studien geraten ist und sich da herausgefordert fühlte. Er
hat es damit wirklich nicht Unrecht, daß Heidegger den imperi-
alistischen Mißbrauch des katholischen Kirchenregiments damals
in Freiburg seinerseits wirklich gehaßt hat. Bei unserer
Heidelberger Diskussion mit Derrida usw. wurde in kleinerem
Kreise die interessante Frage gestellt, ob sich Heidegger
wohl überhaupt in das politische Abenteuer von 1933 einge-
lassen hätte, wenn er damals nicht in Freiburg, sondern noch
in Marburg geblieben wäre. Auch an dieser Frage ist etwas
Wahres.
Nun, ich möchte einfach meinen Eindruck Ihnen nicht vorent-
halten. Herr Ott in Bochum hat mich weniger durch Gehässigkeit

- 2 -

gereizt als durch Blindheit und methodische Torheit. Wie
kann man eine Verteidigungsschrift, wie sie der Anhang zu
der Rektoratsrede ist, dadurch kritisieren wollen, daß sie
Auslassungen von Belastendem oder für Belastend gehaltenem
enthält. Das ist ein hermeneutischer Mißgriff des Herrn Ott,
den ich ihm auch deutlich gesagt habe. Weit schlimmer war
aber das naive Pharisäertum der jüngeren Teilnehmer in Bochum.
Das ist auch jetzt mein ganzer Kummer bei der Farias-Affäre.
Wie soll eine solche pharisäische Generation, die in Frank-
reich wie bei uns geradezu gestreichelt wird, die Lagen von
Druck aushalten und bestehen können, die eines Tages auf sie
zukommen werden.

Was nun den Beitrag von Herrn Ott betrifft, so möchte ich
Sie doch einmal bitten, Ihren eigenen Eindruck von meinem
eigenen her zu überprüfen. Ich habe nach Ihrem Brief den
Ottschen Beitrag mit Ihren Augen nochmals lesen gesucht. Es ist
mir nicht gelungen. Ich fand die kurze Seite über den Kon-
flikt mit Husserl maßvoll. Der Brief an Mahnke ist auf alle
Fälle ein Dokument, das man nicht zitieren würde, wenn man
gehässig gesinnt wäre. Ferner bitte ich Sie zu beachten, mit
welchem Takt er das Fehlen Heideggers bei der Beerdigungvon
Husserl unausgesprochen gelassen hat. In meinen Augen hat
er auch bei den weiteren Angaben über die Verwaltungsakte
durchaus nicht den Eindruck zu erwecken gesucht, als ob
dieselben auf das Schuldkonto von Heidegger gingen. Ich habe
da doch den Eindruck, daß Sie mit einer gewissen Überempfind-
lichkeit indirekte Belastungen verleumderischer Art vermuten,
die ein unbefangener Leser so nicht verstehen kann. Schließ-
lich bin ich doch selbst sehr sensibilisiert, und bin so viel
Schlimmeres gewohnt, wenn es sich um üble Nachrede gegen
Heidegger handelt, daß Herr Ott alles in allem als ein redlicher
Mann erscheint, der nur manchmal seine wissenschaftliche Red-
lichkeit mit leichten Einfärbungen mischt. Auf alle Fälle
scheint mir das aber bei ihm im Abklingen zu sein, und ich
bemühe mich meinerseits, alle Verschärfungen von Spannungen
zu mildern. Bitte verstehen Sie auch diesen Brief als einen
Beitrag zu diesem Ziele.

Mit den besten Grüßen!
HGGadamer

传真:*Letter No.* 3: Gadamer to von Herrmann
(Heidelberg, April 11, 1988), ff. 1-2
(personal collection of F. -W. von Herrmann)

参考书目

Derrida, J. , Gadamer, H. -G. , Lacoue-Labarthe, Ph.
(eds.) (2014), *La conférence de Heidelberg* (1988): *Heidegger, portée philosophique et politicale de sa pensée*. Paris:
Imec.

Di Cesare, D. (2015). *Heidegger & Sons. Eredità e futuro di un filosofo*. Turin: Bollati Boringhieri.

Fédier, F. (1988). *Heidegger: Anatomie d'un scandale*. Paris: Laffont.

Fédier, F. (1995). *Regarder voir*. Paris: Les Belles Lettres.

Gadamer, H. -G. (1994). *Heidegger's Ways* (trans. :
Stanley J. W.). Albany: State University of New York Press.

Heidegger, M. (1976). *Wegmarken*, in *Gesamtausgabe*,
Bd. 9, Abt. 1: *Veröffentlichte Schriften* 1910—1976, hrsg. v.
F. -W. v. Herrmann. Frankfurt am Main: Vittorio Klostermann. English Edition: Heidegger, M. (1998). *Pathmarks*
(edited by McNeill W.). New York: Cambridge University
Press.

Heidegger, M. (1983). *Vom Geheimnis des Glockenturms*, in *Aus der Erfahrung des Denkens*, in *Gesamtausgabe*,
Bd. 13, Abt. 1: *Veröffentliche Schriften* 1910—1976, hrsg. v.
H. Heidegger. Frankfurt am Main: Vittorio Klostermann.

Heidegger, M. (1989). *Beiträge zur Philosophie* (*Vom
Ereignis*), in *Gesamtausgabe*, Bd. 65, hrsg. v. F. -W. von
Herrmann. Frankfurt am Main: Vittorio Klostermann. English edition: Heidegger, M. (1999). *Contributions to Philosophy*: (*From Enowning*) (trans. : Emad P. and Maly K.).

Bloomington: Indiana University Press.

Heidegger, M. (1995). *Écrits politiques* 1933—1996, prés. , tr. et notes par F. Fédier. Paris: Gallimard.

Heidegger, M. (2003²). *Holzwege*, in *Gesamtausgabe*, Bd. 5, Abt. 1: *Veröffentlichte Schriften* 1910—1976, hrsg. v. F. -W. v. Herrmann. Frankfurt am Main: Vittorio Klostermann. English Edition: Heidegger, M. (2002). *Off the Beaten Track* (trans. : Young J. and Haynes K.). New York: Cambridge University Press.

Herrmann, F. -W. von (1964). *Die Selbstinterpretation Martin Heideggers*. Meisenheim am Glan: Anton Hain.

Herrmann, F. -W. von (1972). *Zeitlichkeit des Daseins und Zeit des Seins. Grundsätzliches zur Interpretation von Heideggers Zeit-Analysen*, in *Philosophische Perspektiven. Ein Jahrbuch VI*, (eds. Berlinger R. and Fink E.). Frankfurt am Main: Vittorio Klostermann, pp. 198—210.

Ott, H. (1988). *Martin Heidegger. Unterwegs zu seiner Biographie*. Frankfurt am Main: Campus. English edition: Ott, H. (1993). *Martin Heidegger: A Political Life* (trans. : Blunden A.). New York: Basic Books.

Stein, E. (1950, 1962², 1986³). *Endliches und ewiges Sein. Versuch eines Aufstiegs zum Sinn des Seins*, ed. L. Gelber and R. Leuven (Hrsg.), ESW (II). Louvain/Freiburg/Basel/Wien: Herder.

Stein, E. (2005). *Potenz und Akt. Studien zu einer Philosophie des Seins*, Eingeführt und bearbeitet von H. R. Sepp, ESGA (10). Freiburg/Basel/Wien: Herder.

Stein, E. (2005²). *Selbstbildnis in Briefen III. Briefe an Roman Ingarden*, Einleitung von H. -B. Gerl-Falkovitz, Bearbeitung und Anmerkungen M. A. Neyer, Fußnoten mitbearbeitet von E. Avé-Lallemant, ESGA (4). Freiburg/Basel/Wien:

Herder. English edition: Stein, E. (2014). *Self-Portrait in Letters. Letters to Roman Ingarden* (*The Collected Works of Edith Stein*, 12) (trans.: H. C. Hunt). Washington, DC: ICS Publications.

Stein, E. (2006). *Endliches und ewiges Sein. Versuch eines Aufstiegs zum Sinn des Seins*. Anhang: Martin Heideggers Existenzphilosophie—Die Seelenburg, Eingeführt und bearbeitet von A. U. Müller, ESGA (11—12). Freiburg/Basel/Wien: Herder.

Stein, E. (2006²). *Selbstbildnis in Briefen. II. Zweiter Teil*: 1933—1942, Einleitung von H.-B. Gerl-Falkovitz, Bearbeitung und Anmerkungen M. A. Neyer, 2. Auflage durchgesehen und überarbeitet von H.-B. Gerl-Falkovitz, ESGA (3). Freiburg/Basel/Wien: Herder.

Trawny, P. (2015³). *Heidegger und der Mythos der jüdischen Weltverschörung*. Frankfurt am Main: Klostermann. English edition: Trawny, P. (2015). *Heidegger and the Myth of a Jewish World Conspiracy* (trans. Mitchell A. J.). Chicago: University Press.

Tugendhat, E. (1970). *Der Wahrheitsbegriff bei Husserl und Heidegger*. Berlin: de Gruyter.

Vongehr, Th. (2008). «Der liebe Meister». *Edith Stein über Edmund und Malvine Husserl*, in *Polis und Kosmos. Perspektiven einer Philosophie des Politischen und einer philosophischen Kosmologie. Eberhard Avé-Lallement zum 80. Geburtstag*, (eds. Gottstein D. and Sepp H. R.). Würzburg: Königshausen & Neumann, pp. 272—295.

Welte, B. (1977). *Gedenkschrift der Stadt Meßkirch an ihren Sohn und Ehrenbürger Professor Martin Heidegger*. Meßkirch: H. Schönebeck.

后 记

对"存在历史上的"或是"形而上学上的"反犹主义的考察

"黑皮书"中的"犹太问题"

——在"形而上学批评"的光照下

莱昂纳多·墨西拿

1. 引言

关于任何"问题"的哲学论争都具有一种内在的困难,而且,在人们将这些问题与相应主题的本质特征相对照时,这种困难就显得尤为尖锐。造成这种困难的原因是,对相关问题的哲学性的入手方式永远也不可能占有一个起始之点来作为出发点:对哲学来说相宜的是,它必须将第一步从"预设"中解放出来。

哲学的这种固有特点在其起源时就已经出现,并以这样那样的方式在接下来的历史过程中的各个时代被辨认出来。(我们这里提到的多样"方式"源自不同思想家——例如,人们只需想想,黑格尔和海德格尔各自哲学的基本概念的多样性。)

　　另一方面，要理解一部真正的哲学作品，我们也会面对某种困难，也即在其涉及其他思想领域甚至日常生活时。这种困难与前述困难有所不同，其产生的原因是，人们总是太过轻易地忘记，"通常的知性"本来就无能于解析哲学性的概念方式。用同样的概念对某种东西加以命名，这会造成某种"种类上的短路"，以致产生这样一种假象：哲学概念涉及的也是同样的东西。

　　这种情况又基于一种挥之不去的误解，它在哲学家与非-哲学家的对话中几乎是不可避免的。例如，海德格尔就曾以下面这段文字来显明这种误解：

　　　　不过，在哲学思考得以道出的时候，它就会遭到误解，[……]这种通俗知性必定会陷入其中的误解乃是本质性的合乎实事的误解，因为它将一切向其道出的哲学思考都当作某种现成在手的东西加以探讨，也就是说，在看似重要之处，通常的知性会将哲学思考放在自己日常行为的层面，而不能够理解、思考以下这点：从根本上说，哲学论及的东西只有基于并源自其对人之此在的转变才会开启。然而，由于生来迟钝，通常的知性总是抵制这种任何哲学思考步骤都会要求的人之转变[……]。①

正如海德格尔进一步阐述的那样,通俗知性的"天生迟钝"总是"束缚着我们每个人,也即那种在阅读哲学书籍或是就此写作或论辩时试图从事哲学思考的人"。② 为了预防任何可能的误解,海德格尔继续写道,我们必须看到造成误解的原因,它"既不是因为读者缺乏敏锐的智慧,也不是因为他们不乐意于接受已经阐明的东西,[……]同样不是因为相关阐述不够清晰透彻,而是因为通俗知性的天生迟钝,而这点是我们每个人都难以摆脱的[……]"。③

在此,我们还不准备展开阐述如下问题:如何像海德格尔所要求的那样,实现对人生来就有的思考模式的转变,而这种转变又会以何种方式确定两个不同层面之间的距离。其中,一个层面是通俗知性看待事物的方式,这是其"看似重要"的

---

① M. Heidegger, *Die Grundbegriffe der Metaphysik. Welt—Endlichkeit—Einsamkeit*, Gesamtausgabe Bd. 29/30, hrsg. v. F.-W. von Herrmann, Klostermann, Frankfurt a. M. 1983, § 70, S. 422—423.

② 同上,S. 426。

③ 同上,S. 426。

"日常行为的层面",而另一个层面则是在"哲学性的认识"中从自身而来显示自身的实事。现在,我们只需回忆一下海德格尔就"形式显示"——作为"哲学概念的基本特征"——进行的考察,以及不将这些概念"当作某种现成之物"——而是看作对于有待实现的"人之此在的转变"的指引——的必要性。

　　基于以上论述,我认为有必要指明一种有可能发生的根本性误解。一旦人们关注某个哲学家的思想,尤其是,如果他的思想内涵还涉及到每个人及其对于"人之存在"的最深信念,这种误解就会潜伏在暗处蠢蠢欲动。

　　有几位颇具影响力的专家就海德格尔的"黑皮书"撰写了自己的著作。在对其进行阅读时,我们感到似乎有这样的一种"误读"在起作用:正如海德格尔预料到的那样,只要哲学专家之间发生某种"交流",就会有一种"误读"在暗处伺机而动。

　　从1931开始的四十年来,"黑皮书"的撰写一直伴随着海德格尔在哲学方面的学术活动。正如众所周知的那样,这些笔记本的前四卷在海德格尔全集框架中的出版引发了一场国际范围内的广泛争论。

　　不过,我有言在先的是,这次争论在很大程度上先行于上述几卷的出版,而且也是借助于在各种日报中公开的少数记录在笔记本中的文字。从中,公众感觉到:有一种可鄙的"反犹主义"确凿无疑地存在于这些笔记本的"深思"中,而且还是这些文本的中心主题。

哪怕我们假设,在笔记本中真的存在某种反犹主义,变得越发清楚的依然是,这种假设的"反犹主义"绝不构成"黑皮书"的"核心",因为,那些遭到责难的段落仅仅构成海德格尔的《深思》与《评注》的极少部分内容,即使我们也算上那些"间接"涉及犹太人的文字。就此而言,为了恰切地对之进行把握,我们始终有必要提出以下问题:是否反犹主义确实和海德格尔的哲学思想具有某种关联,是否反犹主义构成了海德格尔相关概念的基础,以致对海德格尔的文本造成了足以将其完全排除出哲学史的严重"玷污"。

是否应该将某种所谓的"反犹主义"归于海德格尔? 也就是说,这种做法是否有足够的根据? 这样的问题自然不是什么新鲜的东西。只是,随着"黑皮书"的出版,处于严格意义上的学术界以外的广大公众也接触到了这个问题。于是,"黑皮书"就成了某种诱因或托词,以便将所谓的海德格尔身上的"反犹主义"弄成首要的主题,并且提出这样一个问题：可以归在这位来自梅斯基希的思想家身上的"反犹主义"，对他产生的影响是否比至今人们认为的更为广泛？

　　因此，正如前面所说的那样，关键在于，当人们将某种"反犹主义"归于海德格尔时，这种归咎所向之追溯的言论是否涉及作为"思想家"的海德格尔？又或许，这些言论只和作为"个人"的海德格尔有关？此外，我们还需要加以澄清的是，是否海德格尔的哲学思想本身真的已为一种来源可疑的反犹主义所渗透呢？

2. 某些依据所谓"反犹主义"对海德格尔思想所作的解读——在"黑皮书"出版之前

　　在伊曼纽尔·费伊［Emmanuel Faye］的那本名声在外却也饱受争议的书——《海德格尔：将民族社会主义引入哲学》①中，我们可以看到其收集的海德格尔在 1929 至 1934 年间的表态：无论是直接的还是间接的，它们都被视为带有某种反犹

──────────

① E. Faye, *Heidegger. L'introduction du nazisme dans la philosophie. Autour des séminaires inédits de 1933—1935*, Albin Michel, Paris 2005；德文译本：*Heidegger. Die Einführung des Nationalsozialismus in die Philosophie*, Matthes&Seitz, Berlin 2014。

主义色彩。

　　为了开门见山地表明自己的立场,我并不打算对大量相关海德格尔文献的众多文字(尤其是那些信件和公开讲话)逐一进行探究——据说,从这些资料中可以确证所谓的海德格尔的"反犹主义";相反,我只想从某些基本性的角度探讨如下问题:在海德格尔的哲学思想和某种反犹主义立场之间究竟是否具有某种联系。

　　对于这个问题,我们可以从费伊的那本书出发。在此,我们能够凸显出来的是一种不一致:在费伊基于某些材料想要证实的解读,以及这种解读的实际情况之间,存在着一种明显的反差。

　　书的作者向我们报告了一段摘自海德格尔下面这封信件的文字——在 1929 年 10 月 2 日,这位德国哲学家在写给枢密顾问维克托·斯沃尔[Viktor Schwœrer]的信中论及一种亟待进行的沉思:"我们需要面对的抉择在于,是重新赋予我们的德意志精神生命以真正根植性的力量及其培育者,还是把它彻底放逐到日益泛滥的或广义或狭义的犹太化中。"①

---

①　同上,S. 60。在相应的脚注中注明了信件出处的原文及法译;参见 Ulrich Sieg, » Die Verjudung des deutschen Geistes«, *Die Zeit*, Nr. 52, 22. Dezember 1989, S. 50。

我们首先需要注意到的是,作者用来翻译"犹太化"[Verjudung]的意大利词语是 giudaizzazzione,而这个词仅仅在贬义的层面相应于海德格尔本人的用词。当然,这层贬义和费伊进一步的说明是一致的。同时,作者用 provenienti dal territorio("本地或土著的")来翻译"根植性的"[Bodenständige],于是完全丢掉了该词中包含的"扎根于地基"这层含义,而德语原文却清楚地表明了这层含义。

无论如何,海德格尔谈到的"日益泛滥的犹太化",在狭义上指的是犹太教授和学生在大学和学术圈子里日益增长的数量[1];而在广义上——费伊继续写道——"犹太化"这一说法则表明了"海德格尔直至最后都对之感到厌恶的那些东西:自由主义、民主制、'自我的时间'[Zeit des Ich]以及主观主义[2]"。

现在,如果将费伊对所谓广义和狭义"犹太

―――――――

① 在这方面,吕迪格·萨弗兰斯基[Rüdiger Safranski]提到了这些年由塞巴斯蒂安·哈夫纳[Sebastian Haffner]创造的一个在学术界散布很广的说法:"竞争性的反犹主义"[Konkurrenzantisemitismus](参见 R. Safranski, *Ein Meister aus Deutschland. Heidegger und seine Zeit*, Carl Hanser Verlag, München Wien 1994, S. 299)。

② E. Faye, ebd. S. 61.

化"的说明从那些径直把反犹主义归于海德格尔①的阐释中剥离出来,那么,我们就会发现值得一提的是:作者也许事与愿违地为澄清海德格尔立场的真实意义作出了贡献。我想说的是,费伊把握到的广义"犹太化"恰恰可以显明如下这点:对于海德格尔的文本,除了他对于精神和政治上的新时代——作为"主体性形而上学"——的批判以外,谁也无法任意添加其他东西。稍后,我们还将在本文中回到这个问题。

除此之外,我们还应该恰切地理解海德格尔对于新时代世界的批判,而不是采取那种太过随便的简化态度,以致海德格尔的立场可以被极其简单地描绘为"反……":反-新时代、反-人道主义、反-民主乃至反-犹以及诸如此类②。

在这方面,我们可以参考海德格尔对于政治性的民主体制采取的立场,以便更为清晰地理解

---

① 认为海德格尔完全认同纳粹及反犹,这样的论题总是能在费耶的书中找到。对此,我们也许需要进行专门的研究。

② 也许可以参考海德格尔自己对所有以"反……"为名进行的斗争的考察:"所有的'反……'都是在它们加以反对的东西的意义上进行思考。"(M. Heidegger, *Parmenides*, in: *Gesamtausgabe*, Bd. 54, hrsg. von M. S. Frings, Klostermann, Frankfurt a. M. 1982, S. 77)

其批判意义。在著名的《明镜》谈话中——按照海德格尔的意愿在其 1976 年去世后不久才公之于众,尽管是发生在十年前——海德格尔作出如下断言:

> [……]席卷全球的新时代技术,其足以决定历史进程的巨大力量是很难得到太高的评价的。对我来说,如今有一个十分重要的问题:是否可能为眼前的技术性时代提供一种政治体制? 如果可能的话,这种政治体制又该具备何种特征? 对此,我没有答案。但是,民主制并不令我信服。①

正如海德格尔在不久之后更为确切地加以阐明的那样,这个和民主制有关的问题——对此他也没有答案——是要追问,是否民主制可以提供一条"适合技术"的道路。不过,与其将它看作一个政治问题,倒不如说它属于伦理学。② 这样的考究与海德格尔就多面向的新时代留给我们的思

① M. Heidegger, »Spiegel-Gespräch mit Martin Heidegger (23. September 1966), in: *Gesamtausgabe*, Bd. 16, *Reden und andere Zeugnisse eines Lebensweges*, hrsg. v. H. Heidegger, Klostermann, Frankfurt a. M. 2000, S. 668.
② 同上,S. 669。

考相应:其着眼点是某种人类无法把控的现实也即技术——它是"人类本身所无法驾驭的",纵使人类幻想自己具有掌控一切的力量,却还是"遭到摆置、索取和挑战"。①

　　就"犹太问题"而言,和诸多海德格尔批评家相比,广大公众或许不是那么熟悉在达拉斯大学执教的美国学者大卫·帕特森[David Patterson]。在其1999年发布的一篇论文②中,他对海德格尔——相当程度上也包括整个西方哲学,尤其是德国哲学(康德、黑格尔和尼采)——作了严厉的批评。③

　　在这位论者看来,从根本上说,推动着这些哲学的是它们在某种思想那里的"完成":该思想将亚伯拉罕及其上帝从人的生命中剔除,并在很大

---

① 同上,S. 672.

② 参见 D. Patterson, *Nazis, Philosophers, and the Response to the Scandal of Heidegger*, in: J. K. Roth (Hrsg.), *Ethics after the Holocaust. Perspectives, Critiques and Responses*, Paragon House, St Paul Minn. 1999, S. 148—171。

③ 帕特森思想的主要出处是埃米尔·L. 法肯海姆的书:*Encounters between Judaism and Modern Philosophy. A Preface to Future Jewish Thought*, Basic Books, New York 1972. 对于"最后的德意志-犹太哲学家"的思想,帕特森写有以下这篇文章:*Emil L. Fackenheim. A Jewish Philosopher's Response to the Holocaust*, Syracuse University Press, Syracuse NY 2008。

程度上是针对犹太人的大屠杀的元凶之一：

> 在历史上，西方思想的一个重要思考方
> 向是将亚伯拉罕及其上帝从人的生命中剔除
> 的斗争。在这个意义上，与其说大屠杀有悖
> 于西方文化，倒不如说它部分地源自其中，若
> 这种文化由欧洲哲学所塑造而成的话。这一
> 事实并未导致哲学的瓦解，而是部分地导致
> 哲学的完成。而在这种完成的顶峰站立着的
> 即是纳粹分子马丁·海德格尔。①

在帕特森看来，对犹太人和犹太教的攻击是好些个哲学家的"共谋"，而非仅仅出自海德格尔。人们要明白这一点，只需从某个角度看看康德、黑格尔和尼采的哲学学说②，更不用提以下事实：在1940年差不多有一半的德国哲学家加入了德国纳粹党。这些人后来分裂为不同的群体，却都致力于获得纳粹运动中的主导权。③

因此，在帕特森眼里，海德格尔是个容易看透的人物：他从如下背景中突显出来，即列维纳斯在

---

①　D. Patterson, *Nazis*, *Philosophers*..., S. 151。
②　同上，S. 157—159。
③　同上，S. 156。

Totalité et infini [《总体与无限》]中的相关阐述，
特别是基于《存在与时间》中提及的"存在论"优先
于伦理学这点。① 在列维纳斯的这部著作中，有
一段文字尤为强化了帕特森的论点：

> 要求存在优先于存在者，这就意味着在
> 本质上采取了如下哲学立场：伦理学上对于
> 某人的关系，也即对于某种存在者的关系，应
> 该隶属于某种对存在者之存在的关系。后者
> 是一种非人的存在，它攫取了对（受制于认识
> 关系的）存在者的占有和统治，并迫使正义屈
> 服于自由[……]。作为存在论显发出来的与
> 存在的关系就在于让存在者变得无效，从而
> 对其进行把握和认识。②

按照列维纳斯的观点，这种立场会带来非常严
重的后果，也即"将与他人的关系隶属于与一般性的
存在的关系"，隶属于"帝国主义统治和暴政"③。对
于这种关于《存在与时间》及其效应的解释学，帕

---

① 　同上，S. 159—160。
② 　E. Levinas, *Totalité et infini. Essai sur l'extériorité* (1961),
　　Neuauflage: Le Livre de poche, Paris 2012, S. 36.
③ 　同上，S. 38。

特森完全认同。

在帕特森看来——就像列维纳斯所说的那样——依于"希腊-基督教认为他者即是存在的成见",存在的优先地位会让海德格尔的哲学变成一种——这是利奥塔曾经做过的一个评论——思想方式,它不同于另外一种,即认为"他者才是法令"①的思想方式(正如犹太思想那样)。

海德格尔思想之基本结构的固有表现就是那些他接二连三地就"民众"、"元首"和"斗争"②道出的东西,而且,这些言论阻碍了海德格尔针对民族社会主义的道德沦丧采取批判性的立场。③

　　　　自然,如果海德格尔总归觉得人的本质与善良在于存在理解,而非在于对与我们共同生活的人的操持,而且,如果令他感兴趣的是自由而不是正义——对他来说,关键在于"什么存在"而不是"什么是正义的"——那么,他对于任何一种意识形态的批判都会基于存在论而非伦理学。④

---

① D. Patterson, *Nazis*, *Philosophers…*, S. 160; J.-F. Lyotard, *Heidegger et »les juifs«*, Galilée, Paris 1988.
② 参见同一篇文章。
③ 同上。
④ 同上,S. 161—162。

　　我想从两个角度谈谈上面这位美国学者对于海德格尔的评价：1）由此，我们首先可以想到，对海德格尔身上某种反犹主义的争执并非在"黑皮书"出版后才被引发出来①；2）由此我们也可以看到，相关人士只是将前面提到的问题置入所谓的海德格尔"哲学思想"的框架，并由此出发去寻找解读和通达海德格尔的正确方法，尽管这是非常不够的。

　　可是，当人们用这种方式把自己捆绑在对海德格尔哲学基本概念——此在、原在、自由、运数和命运，等等——的错误理解上时，他们就总是会随便地归罪于海德格尔，说他忘记了道德以及宗教的神圣，并且进一步把这个罪名加诸多得无法

────────────

①　在此，我们只能向读者指出某些后来进行的讨论：T. Sheehan, *Everyone has to Tell the Truth. Heidegger and the Jews*, in: »Continuum« 1 (1990), S. 30—44; J. D. Caputo, *Heidegger's Scandal. Thinking and the Essence of the Victim*, in: T. Rockmore—J. Margolis (Hrsg.), *The Heidegger Case. On Philosophy and Politics*, Temple University Press, Philadelphia 1992, S. 265—281; A. Bursztein, *Emil Fackenheim on Heidegger and the Holocaust*, in: »Iyyun. The Jerusalem Philosophical Quarterly« 53 (2004), S. 325—336; S. Hammerschlag, *Troping the Jew. Jean François Lyotard's Heidegger and „the jews"*, in: »Jewish Studies Quarterly« 12 (2005), S. 371—398。

计数的其他哲学家的头上。

对于这个所谓的海德格尔思想在伦理学上的弱点,汤姆·洛克莫尔[Tom Rockmore]提出的解决方案是回到康德哲学意义上的启蒙。对此,帕特森认为这是不够的因而予以拒斥。对于被其视为海德格尔哲学所有弊端之根源的存在论的优先性,帕特森通过以下文字为我们指出了据说可以对之加以克服的东西:

> 康德的启蒙哲学不能被看作解决海德格尔问题的答案,因为康德[……]也会把我们引向海德格尔。更有可能显明海德格尔之不足的是那种犹太人的形而上学:它以相对自我之自律而言的他人的神圣性站在纳粹的反面,并用上帝之指令的约束反抗理性准则的普遍有效性,同时还用正义反抗自由。①

在最后的分析中,帕特森告诉我们,随着对人当中的上帝形象的忽略,以及有限者在无限者那里的缺席——在他看来,哲学在很大程度上对此

---

① D. Patterson, *Nazis*, *Philosophers*, *and the Response to the Scandal of Heidegger*, S. 164.

负有责任——任何一种伦理学都遭到了灭绝,这就为那些最为可鄙的行径扫清了道路,并在对犹太人的大屠杀中达到了它们的顶点。[1]

可问题在于,无论令帕特森斥责海德格尔——以及德国哲学的那些主要代表性人物——的理由是多么的高尚和富有人性,他还是不知不觉地在宗教维度和哲学维度之间竖起了一堵高墙。所有这一切都不是十分有益于把握纯粹的"概念性因素"以及复杂的历史进程。[2]

3. 彼得·特拉夫尼的论题:存在历史上的反犹主义

让我们继续前面的探讨,以便对如下这类研

---

[1]　同上,S. 152—153:"对于人当中的上帝形象的袭击由哲学家们构建出来,并由纳粹分子付诸实施。这种先概念后现实的袭击是对神性和人性的袭击,并且最终波及上帝选定的民众,他们被选定为上帝选定每个人的见证者。"

[2]　这里指的是帕特森新近出版的一本书。在该书中,他讨论了反犹主义的"形而上学根源":反犹主义的粉墨登场与"你们会变得像上帝一样"对人的诱惑有关(参见同作者的 *Antisemitism and Its Metaphysical Origins*,Cambridge University Press,New York 2015)。在这本书中,他以民族社会主义为语境回归到了现代哲学思想(S. 107—134)和海德格尔(S. 135—146)。

究作出回应：它们根据对海德格尔哲学思想的一次重新考察判定其存在反犹主义，其追溯的起点是"黑皮书"中与犹太人有关的表述。

我们认为，对这些问题的探讨可以从现在已经公开的四卷笔记本的编者彼得·特拉夫尼的表态出发。他在其编撰工作之外书写了一个短评，并附加了一系列用以澄清和辩护其主题——"存在历史上的反犹主义"——的论文和书稿。让我们从下面这段文字开始：

我们提出"存在历史上的反犹主义"的概念，并不是要表明某种精工细作或诡诈机巧的反犹主义。从根本上说，海德格尔并未采取某种与已知形式不同的反犹主义。只不过，他对其进行了哲学性的也即存在历史性的阐释。①

在涉及海德格尔的"存在历史性"思想时，特

---

① P. Trawny, *Heidegger und der Mythos der jüdischen Weltverschwörung*, Klostermann 2014，S. 31. 这位论者的立场进一步展开于 *Heidegger e l'ebraismo mondiale entfaltet*, in: A. Fabris (Hrsg.), *Metafisica e antisemitismo. I Quaderni neri di Heidegger tra filosofia e politica*, ETS, Pisa 2015，S. 9—37。

拉夫尼引证的是海德格尔对存在历史的"叙事"：它展开于古希腊思想家处的"第一开端"和海德格尔指望德国人加以实施的"又一开端"。

其中的"又一起源"被认为与始自希腊人——也即处于"第一开端"的民众——的"形而上学思想"之历史的"完成"有关。在海德格尔眼里，奠基于对存在者整体之思考的形而上学并未思考作为其视野的存在。同时，因为未曾向其"源泉"回溯，形而上学也没有对逻辑学作出根本性的思考。在历经各种阶段——"古罗马"思想、"基督教"思想和"主体性"的新时代形而上学——之后，形而上学化身为新时代的各种国家（这既是指民主-自由制的合众国，也包括布尔什维-共产主义的苏维埃联盟）。此外，新时代的形而上学还体现在那种技术性的装置中。在我们这个时代，技术对整个星球的均质同构可以归并掉全部"差异"，无论这些"差异"在自然或文化上是多么的巨大。①

在这样的语境中，特拉夫尼对"存在历史上的

---

① 对"新时代"与它的"哲学"根基之间的关系的分析，尤其是着眼于"主体性形而上学"的最初形态，我们可以参照以下研究：L. Messinese, *Heidegger e la filosofia dell'epoca moderna. L'»inizio « della soggettività：Descartes*, Lateran University Press, Cittàdel Vaticano 2004 (2)。

反犹主义"的谈论针对的是海德格尔就犹太人采
取的负面立场:在叙述"存在之历史"时,海德格尔
心里想的其实是他那个时代广泛流传的反犹性陈
词滥调和古怪观点。

就此而言,特拉夫尼补充道,"犹太人[……]
作为存在历史性叙事的演员而登场",而且,他们
扮演的角色也和哲学的其他时代、欧洲-非欧洲民
众以及各个国家大同小异,也即都被海德格尔赋
予了某种从"第一开端"堕落下来的位置。

特拉夫尼从"黑皮书"中得出了三种类别的
"存在历史上的反犹主义"。通过这种区分,特拉
夫尼推进着他的"阐释"

在第一种类别中,犹太人显现为那种"为'谋
制'所控制的、无世界的计算性主体"①。特拉夫
尼对海德格尔的推论进行了如下重构:"犹太性的
无世界性"基于其"计算、转嫁和搅混的熟稔技
巧",这也是"庞然大物"的一种深藏不露的形态,
也即"'谋制'和对世界的总体性的合理化和技术
化的一种形式"②。从此种类别出发,海德格尔论

---

① 同上,S. 39。
② 同上,S. 33—35。唐娜泰拉·迪·切萨雷——我们将在
　下一部分考察她的论题——突出强调,海德格尔将无世界
　性与犹太人相联系。基于海德格尔在1929—　(转下页注)

及"无世界性"在犹太人那里的固有形式,从而将一种"陈腐不堪的反犹责难"转变为了其"存在历史"框架中的一个"思想形态"①。

第二种类别的引入和海德格尔论及"种族"的那段涉犹文字有关。特拉夫尼对此评论道,"海德格尔与'种族主义思想'的距离[……]"与他"将诸环节中的一个环节('被抛')绝对化了"有关,而"不是因为他认为种族属于此在②。因此,"黑皮书"中和这个问题有关的"评注"说的也可以是,"犹太人和民族社会主义分子之间的敌意"源自"一种存在历史上的竞争",而且正是建立在种族的基础上。③

(接上页注)1930 冬季学期提出的对"无世界性"的石头、"世界贫乏"的动物和"世界构成"的人(参见 M. Heidegger, *Die Grundbegriffe der Metaphysik*)的阐述,她甚至说:"犹太人[在海德格尔眼里]等于就是石头——无世界性。"(D. Di Cesare, *Heidegger e gli ebrei. I »Quaderni neri«*, Bollati Boringhieri, Turin 2014, S. 207)不过,为了澄清这个问题,我们需要重新认真思考的是,对海德格尔来说,人在自身中发生"此在之转变"时才是"世界构成"的,而且还是"基于世界的某种决定性作用"(同上,S. 514)。因此,海德格尔从未认为"无世界性"仅仅和犹太人有关,相反,这是一种有待在"本有"中克服掉的状态,而且每个人都需要为之作出准备(同上)。

① 同上,S. 35。
② 同上,S. 40。
③ 同上,S. 44。

　　最后,特拉夫尼将海德格尔笔记本中关于"世界犹太教"的论述定性为第三种类别的反犹主义。在特拉夫尼眼里,这位哲学家认为"世界犹太教"具有"所有他通过自己的哲学试图拯救之物"的对立面的基本元素,并且将其对于现代性的批判统统都算在其名下,以至于犹太人成了"海德格尔思想不折不扣的对手"。① 在散布全球的犹太人身上,海德格尔看到了"对德国人之'根植性'的敌意"。②

　　在上文中,我分三段简要复述了特拉夫尼对所谓的海德格尔的"反犹主义"的分类。不过,在我看来,所有这些被安在海德格尔头上的"反犹主义"——按照前面得到审查的引文,它们是在那些关乎犹太人的关键文字中出现的——最终都可以由海德格尔在其他方向上进行的批判加以解释:在这个意义上,可以与反-犹主义划等号的包括反-美主义、反-布尔什维主义乃至稍迟出现的反-民族社会主义,它们都在海德格尔那些年的思考中被付诸语言。也许,海德格尔对于犹太人的这种反-向立场和他

---

① 同上,S. 53—54。
② 同上,S. 54。

的哲学思想是有某种关联，但这却仅仅是因为，犹太人和其他海德格尔的批判标的一样，都以公正或不甚公正的方式被赋予了消极的特征。到目前为止，对所谓"存在历史上的反犹主义"的谈论看起来只是一种对海德格尔身上的反犹主义的戏剧化渲染。

当然，特拉夫尼提出的论题明显偏离了上面显示出来的基线。他作出的断言如下："在海德格尔身上存在着一种存在历史上的反犹主义。看起来，他的思想遭到反犹主义污染的地方不在少数了。"①特拉夫尼认为这是一种"独具特色的反犹主义"②。

特拉夫尼谈论海德格尔的这种口吻听起来已经不像是对存在历史性思想框架中某种"犹太地形图"的影射，而是像要将某种反犹主义意涵栽赃在海德格尔的思想本身头上。这样，他就和前面审查过的其他几种解读模式合流了。

特拉夫尼对"海德格尔思想遭到反犹主义污染"③的指控——如果我们对其真实意图加以更

---

① 同上，S. 98。
② 同上，S. 99。
③ 同上，S. 114。

为切近的考察——其实并不足以触及存在历史性
思想的核心,而只是有损于该思想的一个极为微
弱的诉求,与之相伴随的是如下这个迅即消失的
信念:"又一开端"已然在德意志民众那里取得了
历史性的飞跃。

我们应该注意到的是,特拉夫尼在这段文
字中提出了如下论题:海德格尔的反犹主义源
自其对于德意志民众的历史性使命的确信①。
同时,特拉夫尼并未对存在历史性思想本身遭
受"反犹主义污染"这点给予应有的充分论证和
注意。在这种情况下,我们很难想象反犹主义
是海德格尔的哲学思想的重要"因素"。于是,
特拉夫尼论题在这方面的实际说服力也大大缩
水了。

已经得以表明的是,我在此将海德格尔
的反犹主义视为某种存在历史上的摩尼教的
结果。在30年代末完全爆发出来后,这种教
义把海德格尔的思想推入一种非此即彼的状
态中,以致犹太人遭到了伤害。在海德格尔
对西方的德意志救赎——对"存在之净化"的

_____

① 同上。

渴求——的叙事陷入危机时,他开始走向犹
太人的对立面。海德格尔文本遭受污染的幅
度与存在历史上的摩尼教的范围相重合。如
果"存有"和"存在者"的两者择一关系——反
映在"谋制"与又一"开端"的两者择一中——
不复存在,那么,我们就不可能再假设一种不
怀好意的"世界犹太教"。也就是说,在我们
谈到存在历史上的反犹主义时,并没有认为
存在历史性思想作为思想本身就是反犹主义
的意思。①

　　我们需要对这段引文稍作说明:在此,特拉夫
尼认为"海德格尔文本遭受污染的幅度"和存在历
史上的摩尼教是一致的。就此而言,特拉夫尼已
经承认,他对于——在所谓的最后一个"类别"中
的——存在历史上的反犹主义的强调其实并不公
正,更不用说是下述叙事涉及的东西——即"在这
种哲学中的德意志拯救西方的叙事最终将引起的
东西"②。

　　问题还不仅在于此。从总体上说,像"存在历

---

① 　同上,S. 114—115。
② 　同上,S. 117。

史上的反犹主义"这样的论题——就像我们看到
的那样——几乎很难道出比如下说法更多的实际
内涵：如果我们苟同于特拉夫尼创制的标签，恐怕
就会出现"存在历史上的反美主义""存在历史上
的反布尔什维主义"等等名称。

　　最后，即使我们按照特拉夫尼的论题进行阐
释，关于海德格尔思想中的哲学上的反犹主义的
问题也没什么好"大肆渲染"的，就像对于"黑皮
书"最初所报道的那样。这不是说，海德格尔认为
犹太人本身在存在历史上具有消极作用，倒不如
说，海德格尔只是将犹太人和其他政治和文化族
群同等看待而已。

　　和在其他地方一样，海德格尔对于犹太教的
批判性评价都需要以解释学的方式回溯到"存在
论差异"，同样也要回溯到"存在历史性思想"得以
产生的对形而上学的批判。可是，在这方面，和其
他相关范例相比，犹太人当然并未对"存在之离脱
根基"起到更坏的作用。

　　这也同时告诉我们，只有掌握那种解释学上
独一无二的枢机才能够理解——如果我们愿意的
话——何以海德格尔将如下种种付诸批判："存在
之历史"的不同阶段或环节、"形而上学之诸时
代"、以多种方式包含在"存在遗忘"之中的"存在

者"的优先地位。①

4. 唐娜泰拉·迪·切萨雷提出的"形而上学上的反犹主义"的论题

　　在哲学方面处理海德格尔的犹太问题的另一种办法是唐娜泰拉·迪·切萨雷注意到的。这位论者对该主题的相关著作是前面已经引用过的 *Heidegger e gli ebrei* [《海德格尔与犹太人》]。此外，她还在意大利和国家新闻界发表了一定数量的、在起先或后来对媒介产生影响的文章。② 切萨雷的主要论题是，海德格尔身上的反

---

①　Alfredo Roche de la Torre 的论文就是沿着这个思路进行研究的，他在 2014 年 7 月 1 日 Pisa 大学的哲学研究班上就"黑皮书"表示："这位来自梅斯基希的哲学家的反犹主义只是出自他对形而上学所作反思的某种表达，这里涉及的尤其是导致计算性的空洞理性的现代形而上学。在这个意义上，民主制，共产主义，民族主义，以及——多数人也许很少听闻的——犹太教都同样表现为计算-规划理性的展开，也即都是那种在海德格尔的'政治眼光'中大同小异的现象。"(A. Roche de la Torre, *I Quaderni neri nel contesto della questione politica in Heidegger*, in: A. Fabris [Hrsg.], Metafisica e antisemitismo, S. 98)

②　参见 C. Gualdana, *Zur medienwirksamen Instrumentalisierung der Schwarzen Hefte von Martin Heidegger in Italien. Mit einigen Notizen aus einem unveröffentlichten Gespräch mit Friedrich-Wilhelm von Herrmann versehen*, S. 281ff.

犹主义不是由基于"生物学教条"的种族主义动因启动的,因此他的说辞不同于民族社会主义理论家的常见论调;相反,此种反犹主义倒是具有一种特别的"哲学"特征①。按照这位论者的说法,我们总能在这里看到一种从海德格尔的哲学生发出来的反犹主义,因而她给其贴上了"形而上学"的标签。接下来,让我们争取更好地理解这个论题。

针对这种独特的反犹主义,切萨雷提出了"形而上学"一词的多义性,以便更清晰地阐述她的论题。

首先,她指出了海德格尔编制某种"犹太人的形而上学"的特定手法。这是要告诉人们,尽管对形而上学实施了批判,海德格尔依然继承了形而上学对于犹太人的提问方式。在她看来,这位哲学家对于范畴的考量,其《深思》中的界划性判词,"在整体上都可以被看作对于那个古老问题 ti ésti(什么存在着?)的回答"②。

就像柏拉图的《泰阿泰德》充分表明的那样,这是一种典型的形而上学立场,而在海德格尔的

---

① 参见 D. Di Cesare, *Heidegger e gli ebrei*, S. 6。

② 同上,S. 207。

时代,维特根斯坦已经对其提出了质疑:他批判这是一种信仰,"存在着某种超出所有差异之外的东西,那种同一性的本质"①;这即是"形而上学"的真正"源泉",却将哲学家引入了"无边的黑暗"②中。按照切萨雷的说法,海德格尔恰恰也是这种情况:尽管他批判了"定义、同一性以及本质概念这类东西",却还是依照传统形而上学的提问方式提出了与犹太人有关的问题。这时,他忙于"对犹太人作出规定和识别"③。

　　"犹太人的形而上学"这一措辞也有另一层含义,也即在主词属格的意义上。这时,"犹太人的形而上学"就成了"形而上学的犹太人"④:这是一种"抽象的形象",也即"某种'理念'上的犹太人,某种原型,或者说观念性的犹太人"⑤。切萨雷认为,在海德格尔那里,"活生生的犹太人被还原为了"⑥此种形态的原型。

　　对于"犹太人的形而上学",还可以从另一个

----

① L. Wittgenstein, *Das Blaue Buch. Eine philosophische Untersuchung* (*Das Braune Buch*), Suhrkamp, Frankfurt a. M. 1980.

② 同上。

③ D. Di Cesare, *Heidegger e gli ebrei*, S. 208.

④ 同上,S. 209。

⑤ 同上。

⑥ 同上。

角度加以论述,也即"海德格尔通常对其加以驳斥
的极其古老的形而上学二元论"①。在这种二元
论中,犹太人总是代表着消极的一端,因此是需要
排除掉的对立面。②

于是,第一个回路就闭合了:"犹太人的形而
上学产生了一种形而上学的犹太人,即取决于那
种古老对立程式的犹太人观念,这种观念对犹太
人加以排斥,将其逐入虚假的幻影中,也即那种无
灵魂的抽象,幽灵般的不可见状态,以致逐步变为
一种虚无。"③

这样一种"哲学"处理手法是相关"政治实践"
和"法律""运用"的基石。而与此相对,哲学家不
能找借口置身事外,说自己并非国家法律的倡导
者④。因此,切萨雷就径直作出了如下推断:"犹
太人遭受放逐,并被判定为虚无的妄人,这是哲学
家的决定。"⑤

从这句话中可以得出的是"形而上学上的反
犹主义"这一复杂论题的确切含义,它被该论者记

---

① 同上,S. 209—210。这位论者摆出了一种关于这类二元
　　论的全面清单。
② 同上,S. 210。
③ 同上。
④ 同上。
⑤ 同上,S. 211。

在海德格尔头上。"现实中的犹太人"被如下三种抽象公式所替代：1. 犹太人本身（＝犹太人）；2. 犹太人的 quidditas 也即"何物性"[Washeit]（＝具有犹太性者）；3. 为其"历史"所掏空的犹太教（＝犹太教）。

唐娜泰拉·迪·切萨雷认为，与其像"黑皮书"的编者彼得·特拉夫尼那样谈论一种"存在历史上的反犹主义"——她已经对该论题进行了审查——倒不如论述一种"形而上学上的反犹主义"。对此，她给出了三个理由：首先，因其散发出的"深奥语调"和"神秘气息"，"存在历史"一词弱化了海德格尔对犹太人进行"歧视"的"野蛮性"。其次，具有本质性的是，引证海德格尔的"存在历史"会导致人们以为其反犹立场仅限于此，事实却是，他的反犹主义远远跨越了这些界限。最后，"存在历史"虽然是犹太人形象出现于其中的图景，但也是海德格尔的《深思》将犹太人排除出此种历史的根据，因为海德格尔在对犹太人进行"规定"时从未离开过形而上学这一地基。①

---

① 在她这本书的第二章，这位论者提供了一份对"哲学与犹太仇恨"的历史学概览。在随后的阐述中，她将对海德格尔的研究分为两个部分，也即"存在问题与犹太问题的关联"（同上，S. 83—220）以及海德格尔对犹太问题的"兴趣"（同上，S221—279）。

　　对"形而上学上的反犹主义"这一论题的强调使得切萨雷可以对海德格尔的相关立场与其他——不止是过去的——哲学或宗教思想家的立场加以对比。[①] 在此,我们不准备复述其全部分析过程,因为这会使得我们偏离真正的主题。相反,我们下面的阐述将只限于对她的主要论题进行一些批判性的考察。

　　人们也许会对如下的论题——它是如此的古怪——提出反驳:在对形而上学进行了尖锐的批判后,海德格尔在其历史的现实性中——在研究犹太问题时——无论如何都恰恰忘记了这种批判。不过,这不是我在本文中对唐娜泰拉·迪·切萨雷所要提出的异议。

　　我对这位论者的质疑与另外一些东西有关,它可以表述为一个疑问句:我们是否能够确定,海德格尔对犹太人的阐述就是对其"形而上学本质"的——某种负面的——表达呢? 诚然,海德格尔是对犹太人进行了某种"规定",而且,人们可以引证海德格尔对犹太人作出的种种陈述和界定。但是,海德格尔在此是要对犹太人的形而上学本质

———————

① Walter Gerhart (Pseud. von W. Gurian), *Um des Reiches Zukunft. Nationale Wiedergeburt oder politische Reaktion?*, Herder, Freiburg im Breisgau 1932.

作出断言——而不是暂时接受了在那个年代广泛流传的陈词滥调——切萨雷所提供的论证恰恰没能显明这一点。

至少在我看来，唐娜泰拉·迪·切萨雷的做法其实是将某种"形而上学的本质"构架加诸海德格尔的相关见解。这种做法也参照了瓦尔德马·古里安［Waldemar Gurian］在其 1932 年的著作《为了帝国的未来》中提出的某些考察①，同样是在这本书中，切萨雷摘取了"形而上学上的反犹主义"这一表述。事实上，格里安看到的是他那个时代在纳粹中十分流行的反犹主义，也即从"整个生命的意义"②出发对犹太人的拒斥：只是在这个笼统的意义上，他将这种反犹主义称为"形而上学上的"。

唐娜泰拉·迪·切萨雷所作考察的原创之处在于，她为"形而上学上的反犹主义"这一措辞赋予了一种意义，这种意义突破了"形而上学"这个

---

① 按照 Gurian 的说法，唐娜泰拉·迪·切萨雷还提到了一个用来证明"形而上学上的反犹主义"这一说法的论据："这里可以看到的是一种将犹太人视为形象、表象或现象的手法——正如 Gurian 所提示的那样——而本质则是超出其外、有待寻求的后—（meta），也即通过那种在海德格尔眼里属于形而上学的方法。"（同上，S. 213）

② 同上，S. 213。

词的消极含义,也就是说,她不像新时代哲学家和海德格尔那样主要是从消极的角度看待"形而上学"(这点是众所周知的)。然而,我们却看到,至少她对这个论题的证明过程是成问题的。

然而,切萨雷却认为该论题具有充分的根据,因此形而上学的犹太人形象就被算作了海德格尔自己的创造。于是,她又在接下来的进一步分析中加深了对这个论题的构造,并想以此表明形而上学的"等级对抗"具有登峰造极的"神学"来源,而海德格尔在对犹太人定性时却回溯到了这种等级对抗中,尽管他原则上是不赞成如此处理的。她想借此确认的是,在形而上学上的反犹主义中还没有发现"基督教的反犹太教主义"遗产的作用,而这种基督教的"反犹主义"其实是在既未得到赞同也未遭到拒绝的情况下给整个西方的形而上学打上了烙印,并且——按照她的观点——"在某种被信以为真的政教分离的世俗化中依然是有效的"。①

无论如何——现在让我们返回到海德格尔——这位论者将海德格尔看作一位被这种"罪责"玷污的哲学家,尽管这种"罪责"——也即"形

———————
① 同上。

而上学罪责"——被他算在西方历史的名下。于是，海德格尔就犯下了一种"哲学"错误，而这种错误正是海德格尔在他对形而上学的质疑中认为别人所犯下的那种错误。[1]

这又让她"合乎逻辑地"推出，海德格尔就犹太人发表的言论让他的哲学走向了失败。[2]

切萨雷的论题确实看上去很有道理，但我却认为它明显含有"戏剧化渲染"的成分，而正如我们前面看到的那样，特拉夫尼的论题就是这种情况。然而，"哲学性的"概念方式提出的要求——我们在本文开头处就回忆了海德格尔在这方面的有益教导——却是，一切属于某种哲学探讨的东西都不能被当作某种"现成在手的东西"，而是应该被回溯到构成其本源者。即使人们想要理解的是海德格尔对犹太问题的哲学思考，也应该坚持这个原则，否则就会始终存在得出错误结论的危险。

最后，我想提出我自己的论题——它在这篇文章中可能只是略微得到了暗示——海德格尔是在其"形而上学批判"的语境中对犹太问题加以思

---

① 同上。
② 同上。

考的,而这也就涉及那个唯一的、他终身都对其深入思考的基本问题:在哲学性的思想以及人的日常生活中,存有如何本现?

参考书目

Derrida, J., Gadamer, H. -G., Lacoue-Labarthe, Ph. (eds.) (2014), *La conférence de Heidelberg* (1988): *Heidegger, portée philosophique et politicale de sa pensée*. Paris: Imec.

Di Cesare, D. (2015). *Heidegger & Sons. Ereditàe futuro di un filosofo*. Turin: Bollati Boringhieri.

Fédier, F. (1988). *Heidegger: Anatomie d'un scandale*. Paris: Laffont.

Fédier, F. (1995). *Regarder voir*. Paris: Les Belles Lettres.

Gadamer, H. -G. (1994). *Heidegger's Ways* (trans.: Stanley J. W.). Albany: State University of New York Press.

Heidegger, M. (1976). *Wegmarken*, in *Gesamtausgabe*, Bd. 9, Abt. 1: *Veröffentlichte Schriften* 1910—1976, hrsg. v. F. -W. v. Herrmann. Frankfurt am Main: Vittorio Klostermann. English Edition: Heidegger, M. (1998). *Pathmarks* (edited by McNeill W.). New York: Cambridge University Press.

Heidegger, M. (1983). *Vom Geheimnis des Glockenturms*, in *Aus der Erfahrung des Denkens*, in *Gesamtausgabe*, Bd. 13, Abt. 1: *Veröffentliche Schriften* 1910—1976, hrsg. v. H. Heidegger. Frankfurt am Main: Vittorio Klostermann.

Heidegger, M. (1989). *Beiträge zur Philosophie (Vom*

Ereignis), in *Gesamtausgabe*, Bd. 65, hrsg. v. F.-W. von Herrmann. Frankfurt am Main: Vittorio Klostermann. English edition: Heidegger, M. (1999). *Contributions to Philosophy*: (*From Enowning*) (trans.: Emad P. and Maly K.). Bloomington: Indiana University Press.

Heidegger, M. (1995). *Écrits politiques* 1933—1996, prés., tr. et notes par F. Fédier. Paris: Gallimard.

Heidegger, M. (2003²). *Holzwege*, in *Gesamtausgabe*, Bd. 5, Abt. 1: *Veröffentlichte Schriften* 1910—1976, hrsg. v. F.-W. v. Herrmann. Frankfurt am Main: Vittorio Klostermann. English Edition: Heidegger, M. (2002). *Off the Beaten Track* (trans.: Young J. and Haynes K.). New York: Cambridge University Press.

Herrmann, F.-W. von (1964). *Die Selbstinterpretation Martin Heideggers*. Meisenheim am Glan: Anton Hain.

Herrmann, F.-W. von (1972). *Zeitlichkeit des Daseins und Zeit des Seins. Grundsätzliches zur Interpretation von Heideggers Zeit-Analysen*, in *Philosophische Perspektiven. Ein Jahrbuch VI*, (eds. Berlinger R. and Fink E.). Frankfurt am Main: Vittorio Klostermann, pp. 198—210.

Ott, H. (1988). *Martin Heidegger. Unterwegs zu seiner Biographie*. Frankfurt am Main: Campus. English edition: Ott, H. (1993). *Martin Heidegger*: *A Political Life* (trans.: Blunden A.). New York: Basic Books.

Stein, E. (1950, 1962², 1986³). *Endliches und ewiges Sein. Versuch eines Aufstiegs zum Sinn des Seins*, ed. L. Gelber and R. Leuven (Hrsg.), ESW (II). Louvain/Freiburg/Basel/Wien: Herder.

Stein, E. (2005). *Potenz und Akt. Studien zu einer Philosophie des Seins*, Eingeführt und bearbeitet von H. R. Sepp, ESGA (10). Freiburg/Basel/Wien: Herder.

Stein, E. (2005²). *Selbstbildnis in Briefen III. Briefe an Roman Ingarden*, Einleitung von H. -B. Gerl-Falkovitz, Bearbeitung und Anmerkungen M. A. Neyer, Fußnoten mitbearbeitet von E. Avé-Lallemant, ESGA (4). Freiburg/Basel/Wien: Herder. English edition: Stein, E. (2014). *Self-Portrait in Letters. Letters to Roman Ingarden (The Collected Works of Edith Stein*, 12) (trans. : H. C. Hunt). Washington, DC: ICS Publications.

Stein, E. (2006). *Endliches und ewiges Sein. Versuch eines Aufstiegs zum Sinn des Seins*. Anhang: Martin Heideggers Existenzphilosophie—Die Seelenburg, Eingeführt und bearbeitet von A. U. Müller, ESGA (11—12). Freiburg/Basel/Wien: Herder.

Stein, E. (2006²). *Selbstbildnis in Briefen. II. Zweiter Teil*: 1933—1942, Einleitung von H. -B. Gerl-Falkovitz, Bearbeitung und Anmerkungen M. A. Neyer, 2. Auflage durchgesehen und überarbeitet von H. -B. Gerl-Falkovitz, ESGA (3). Freiburg/Basel/Wien: Herder.

Trawny, P. (2015³). *Heidegger und der Mythos der jüdischen Weltverschörung*. Frankfurt am Main: Klostermann. English edition: Trawny, P. (2015). *Heidegger and the Myth of a Jewish World Conspiracy* (trans. Mitchell A. J.). Chicago: University Press.

Tugendhat, E. (1970). *Der Wahrheitsbegriff bei Husserl und Heidegger*. Berlin: de Gruyter.

Vongehr, Th. (2008). «Der liebe Meister». *Edith Stein über Edmund und Malvine Husserl*, in *Polis und Kosmos. Perspektiven einer Philosophie des Politischen und einer philosophischen Kosmologie. Eberhard Avé-Lallement zum 80. Geburtstag*, (eds. Gottstein D. and Sepp H. R.). Würzburg: Königshausen & Neumann, pp. 272—295.

Welte, B. (1977). *Gedenkschrift der Stadt Meßkirch an ihren Sohn und Ehrenbürger Professor Martin Heidegger*. Meßkirch: H. Schönebeck.

刊后语 马丁·海德格尔不是反犹主义者

赫尔曼·海德格尔

对我父亲马丁·海德格尔的报道搞错了,他不是个反犹主义者。

马丁·海德格尔的所谓"反犹主义"足可通过以下事实得以驳斥:

1. 埃尔弗里德·海德格尔最好的闺蜜、半犹太血统的伊丽莎白·布洛赫曼也成了马丁·海德格尔的朋友和情侣。她一直到海德格尔夫妇去世时都是他们的朋友。在于 1933 年流亡英国时,通过海德格尔的协调,伊丽莎白·布洛赫曼在英格兰获得了一个工作岗位。

2. 作为一个犹太人,埃德蒙特·胡塞尔从 1919 到 1933 年都是马丁·海德格尔父亲般的朋友,后者将《存在与时间》一书献给了前者。在多次从马堡前往托特瑙堡的途中,海德格尔一家都住在胡塞尔于弗莱堡洛雷托大街的寓所。终止双方友谊的决定是胡塞尔夫妇在 1933 年 5 月作出的,因为当他们发现,马丁·海德格尔并未继续搞胡塞尔的现象学,而是走上了自己的思想道路。作为新任校长,马丁·海德格尔首先采取的措施是,借助巴登州政府 1933 年 4 月 28 日的公告,取消了其前任索尔教授对哲学系四位犹太讲师的停职处理。通过海德格尔校长的帮助,埃德蒙特·胡塞尔在 1933 年夏季学期依然被官方通知可以继续授课。

3. 有半个犹太人血统的维尔纳·布罗克曾是海德格尔的助理,直至他在 1933 年 9 月通过后者的支持在英格兰获得了职位。在海德格尔担任校长一职期间,犹太血统的教授和门诊主任唐豪瑟都未被驱逐出大学。

4. 马丁·海德格尔禁止了民族社会主义者谋划的焚书运动。胡塞尔的书在哲学研究班里分毫未损。

5. 海德格尔和犹太人西拉西夫妇的密切友谊从 1919 年一直延续到威尔海姆·西拉西去世时的 1966 年,并由莉莉·西拉西一直延续到其生命的最后时刻。

6. 犹太学生卡尔·洛维特曾时常在马堡照顾海德格尔的小孩。在战后和海德格尔初次重逢时,洛维特拥抱了他的老师,其后一直和海德格尔保持亲密的联系。

7. 作为海德格尔马堡时期的犹太学生和情人，汉娜·阿伦特从 1950 年开始恢复了和海德格尔的亲密友谊。在于 1975 年 12 月去世前，阿伦特曾在 1975 年 8 月最后一次拜访海德格尔夫妇。

8."黑皮书"中的评注只是捎带涉及了犹太教，而且也是基于对新时代人性的批判。这种批判同样涉及罗马天主教、崇美主义和布尔什维主义，以及技术、科学和大学。而且，这种对新时代人性的批判尤其没有放过民族社会主义。希望有兴趣的读者从海德格尔的文本中自行评判相关问题，不要被诽谤、标语或是妖魔化的概念所误导。

参考文献

原　著

汉娜·阿伦特和卡尔·雅思贝尔斯(Hannah Arendt and Karl Jaspers)

Arendt, H. and Jaspers, K. (1985). *Correspondence* 1926—
1969 (trans: Kimber R. and R.), eds. Kohler L. , Saner
H. New York: Piper.

黑德维希·康拉德-马悌优斯(Hedwig Conrad-Martius)

Conrad-Martius, H. (1957). *Phänomenologie und Spekula-
tion*, in *Rencontre-Encounter-Begegnung. Festschrift
für F. J. J. Buytendijk*, ed. M. J. Langeveld. Utrecht-
Antwerpen, pp. 116—128. English edition: Conrad-
Martius H. (1959). *Phenomenology and Speculation*.
Philosophy Today, 3, pp. 43—51.

Conrad-Martius, H. (1963—1965). *Die transzendentale und
die ontologische Phänomenologie*, in *Schriften zur
Philosophie. Gesammelte kleinere Schriften*, hrsg. v. E.
Avé-Lallemant, Bd. iii. München: Kösel, pp. 385—402.

汉斯-格奥尔格·伽达默尔(Hans-Georg Gadamer)

Gadamer, H. -G. (1994). *Heidegger's Ways* (trans. : Stanley J. W.). Albany: State University of New York Press.

格奥尔格·威尔海姆·弗里德里希·黑格尔(Georg Wilhelm Friedrich Hegel)

Hegel, G. W. F. (1952). *Phänomenologie des Geistes*. Hamburg: Felix Meiner.

马丁·海德格尔(Martin Heidegger)

Heidegger, M. (1944). *Die Stege des Anfangs* (1944), in *Gesamtausgabe*, Bd. 72, hrsg. v. F. -W. von Herrmann. Frankfurt am Main: Vittorio Klostermann (In preparation).

Heidegger, M. (1975). *Die Grundprobleme der Phänomenologie*, in *Gesamtausgabe*, Bd. 24, hrsg. v. F. -W. von Herrmann. Frankfurt am Main: Vittorio Klostermann. English edition: Heidegger, M. (1982). *The Basic Problems of Phenomenology* (trans. Hofstadter A.). Bloomington: Indiana University Press.

Heidegger, M. (1976). *Wegmarken*, in *Gesamtausgabe*, Bd. 9, Abt. 1: *Veröffentlichte Schriften* 1910—1976, hrsg. v. F. -W. von Herrmann. Frankfurt am Main: Vittorio Klostermann. English Edition: Heidegger, M. (1998). *Pathmarks* (edited by McNeill W.). New York: Cambridge University Press.

Heidegger, M. (1982). *Vom Wesen der menschlichen Freiheit. Einleitung in die Philosophie*, in *Gesamtausgabe*, Bd. 31, hrsg. v. H. Tietjen. Frankfurt am Main: Vittorio Klostermann. English edition: Heidegger, M. (2002). *The Essence of Human Freedom: An Introduction to Philosophy* (trans. Sadler T.). London: Bloomsbury/

Continuum.

Heidegger, M. (1983). *Aus der Erfahrung des Denkens*, in *Gesamtausgabe*, Bd. 13, Abt. 1: *Veröffentliche Schriften 1910—1976*, hrsg. v. H. Heidegger. Frankfurt am Main: Vittorio Klostermann.

Heidegger, M. (1988). *Schelling. Vom Wesen der menschlichen Freiheit* (1809), in *Gesamtausgabe*, Bd. 42, hrsg. v. I. Schüßler. Frankfurt am Main: Vittorio Klostermann. English edition: Heidegger, M. (1985). *Schelling's Treatise on the Essence of Human Freedom* (trans. Stambaugh J.). Athens: Ohio University Press.

Heidegger, M. (1988/a). *Ontologie. Hermeneutik der Faktizität*, in *Gesamtausgabe*, Bd. 63, hrsg. v. K. Bröcker-Oltmanns. Frankfurt am Main: Vittorio Klostermann. English edition: Heidegger, M. (1999). *Ontology: The Hermeneutics of Facticity* (trans. van Buren J.). Bloomington: Indiana University Press.

Heidegger, M. (1989). *Beiträge zur Philosophie (Vom Ereignis)*, in *Gesamtausgabe*, Bd. 65, hrsg. v. F.-W. von Herrmann. Frankfurt am Main: Vittorio Klostermann. English edition: Heidegger, M. (1999). *Contributions to Philosophy: (From Enowning)* (trans.: Emad P. and Maly K.). Bloomington: Indiana University Press.

Heidegger, M. (1992). *Die Grundbegriffe der Metaphysik. Welt—Endlichkeit—Einsamkeit*, in *Gesamtausgabe*, Bd. 29/30, hrsg. v. F.-W. von Herrmann. Frankfurt am Main: Vittorio Klostermann. English edition: Heidegger, M. (1995). *The Fundamental Concepts of Metaphysics. World, Finitude, Solitude* (trans. McNeill W. and Walker N.). Bloomington: Indiana UP.

Heidegger, M. (1995). *Écrits politiques 1933—1996*, prés.,

tr. et notes par F. Fédier. Paris: Gallimard.

Heidegger, M. (1995). *Phänomenologie des religiösen Lebens*, *Gesamtausgabe*, Bd. 60, Abt. 2: *Vorlesungen*, hrsg. v. M. Jung und Th. Regehly. Frankfurt am Main: Vittorio Klostermann. English edition: Heidegger, M. (2004). *The Phenomenology of Religious Life* (trans.: Fritsch M. and Gosetti-Ferencei J. A.). Bloomington: Indiana University Press.

Heidegger, M. (1997). *Besinnung*, in *Gesamtausgabe*, Bd. 66, Abt. 3: *Unveröffentlichte Abhandlungen. Vorträge—Gedachtes*, hrsg. v. F.-W. von Herrmann. Frankfurt am Main: Vittorio Klostermann. English edition: Heidegger, M. (2006). *Mindfulness* (trans.: Emad P. and Kalary Th.). London: Bloomsbury/Continuum.

Heidegger, M. (1998). *Die Geschichte des Seyns*, in *Gesamtausgabe*, Bd. 69, hrsg. v. P. Trawny. Frankfurt am Main: Vittorio Klostermann. English Edition: Heidegger, M. (2015). *History of Beyng* (trans.: Powell J. and McNeill W.). Bloomington: Indiana University Press.

Heidegger, M. (1999). *Metaphysik und Nihilismus*, in *Gesamtausgabe*, Bd. 67, Abt. 3: *Unveröffentliche Abhandlungen*, hrsg. v. H.-J. Friedrich. Frankfurt am Main: Vittorio Klostermann.

Heidegger, M. (2000). *Die Selbstbehauptung der deutschen Universität*, in *Reden und andere Zeugnisse eines Lebensweges*, *Gesamtausgabe*, Bd. 16, Abt. 1: *Veröffentlichte Schriften* 1910—1976, hrsg. v. H. Heidegger. Frankfurt am Main: Klostermann, § 51, pp. 107—117. English edition: Heidegger, M. (1985). *The Self-Assertion of the German University* (trans.: Harries K.). *Review of Metaphys-*

ics, 38, pp. 470—480.

Heidegger, M. (2000/a). *Bemerkungen zu einigen Verleum-dungen, die immer wieder kolportiert werden* (1950), in *Reden und andere Zeugnisse eines Lebensweges*, *Gesamtausgabe*, Bd. 16, Abt. 1: *Veröffentlichte Schriften 1910—1976*, hrsg. v. H. Heidegger. Frankfurt am Main: Klostermann, pp. 468—469.

Heidegger M. (2001). *Vom Wesen der Wahrheit*, in *Sein und Wahrheit*, *Gesamtausgabe*, Bd. 36/37, hrsg. v. H. Tietjen, Frankfurt am Main: Klostermann, pp. 81—264. English edition: Heidegger, M. (2010). *On the Essence of Truth* in *Being and Truth* (trans: Fried G. and Polt R.). Bloomington: Indiana University Press. pp. 67—174.

Heidegger, M. (2003^2). *Holzwege*, in *Gesamtausgabe*, Bd. 5, Abt. 1: *Veröffentlichte Schriften 1910—1976*, hrsg. v. F. -W. von Herrmann. Frankfurt am Main: Vittorio Klostermann. English Edition: Heidegger, M. (2002). *Off the Beaten Track* (trans. : Young J. and Haynes K.). New York: Cambridge University Press.

Heidegger, M. (2005). *Über den Anfang*, in *Gesamtausgabe*, Bd. 70, hrsg. v. P. -L. Coriando. Frankfurt am Main: Vittorio Klostermann.

Heidegger, M. (2005/a). *«Mein liebes Seelchen!». Briefe Martin Heideggers an seine Frau Elfride 1915—1970*, hrsg. v. G. Heidegger. München: Deutsche Verlags-Anstalt. English edition: Heidegger, M. (2008). *Martin Heidegger. Letters to His Wife*. 1915—1970 (trans. Glasgow R. D. V.). Cambridge, UK: Polity Press.

Heidegger, M. (2009). *Das Ereignis*, in *Gesamtausgabe*, Bd. 71, hrsg. v. F. -W. von Herrmann. Frankfurt am Main: Vittorio Klostermann. English edition: Heidegger, M.

(2013). *The Event* (trans. Rojcewicz R.). Bloomington: Indiana University Press.

Heidegger, M. (2014). *Überlegungen ii–vi* (*Schwarze Hefte* 1931—1938), in *Gesamtausgabe*, Bd. 94, Abt. 4: *Hinweise und Aufzeichnungen*, hrsg. v. P. Trawny. Frankfurt am Main: Vittorio Klostermann. English edition: Heidegger, M. (2016). *Ponderings II—VI* (*Black Notebooks 1931—1938*) (trans. Rojcewicz R.). Bloomington: Indiana University Press.

Heidegger, M. (2014/a). *Überlegungen vii—xi* (*Schwarze Hefte* 1938/39), in *Gesamtausgabe*, Bd. 95, Abt. 4: *Hinweise und Aufzeichnungen*, hrsg. v. P. Trawny. Frankfurt am Main: Vittorio Klostermann. English edition: Heidegger, M. (2017). *Ponderings VII—XI* (*Black Notebooks* 1938—1939) (trans. Rojcewicz R.). Bloomington: Indiana University Press.

Heidegger, M. (2014/b). *Überlegungen xii—xv* (*Schwarze Hefte* 1939—1941), in *Gesamtausgabe*, Bd. 96, Abt. 4: *Hinweise und Aufzeichnungen*, hrsg. v. P. Trawny. Frankfurt am Main: Vittorio Klostermann. English edition: Heidegger, M. (2017). *Ponderings XII—XV* (*Schwarze Hefte* 1939—1941) (trans: Rojcewicz R.). Bloomington: Indiana University Press.

Heidegger, M. (2015). *Anmerkungen i—v* (*Schwarze Hefte* 1942—1948), in *Gesamtausgabe*, Bd. 97, Abt. 4: *Hinweise und Aufzeichnungen*, hrsg. v. P. Trawny. Frankfurt am Main: Vittorio Klostermann.

埃德蒙德·胡塞尔(Edmund Husserl)

Husserl, E. (1968). *Briefe an Roman Ingarden. Mit Erläuterungen und Erinnerungen an Husserl* («Pha-

enomenologica», 25）, hrsg. v. R. Ingarden. Den Haag：
Nijhoff.

汉斯·约纳斯（Hans Jonas）

Jonas, H. (1970). *Wandlungen und Bestand. Vom Grunde der Verstehbarkeit des Geschichtlichen*. In Klostermann V. (ed.), *Durchblicke. Martin Heidegger zum 80. Geburtstag*. Frankfurt am Main：Vittorio Klostermann.

埃迪特·施泰因（Edith Stein）

Stein, E. (1950, 1962², 1986³). *Endliches und ewiges Sein. Versuch eines Aufstiegs zum Sinn des Seins*, ed. L. Gelber and R. Leuven (Hrsg.), ESW (Ⅱ). Louvain/Freiburg/Basel/Wien：Herder.

Stein, E. (2005). *Potenz und Akt. Studien zu einer Philosophie des Seins*, Eingeführt und bearbeitet von H. R. Sepp, ESGA (10). Freiburg/Basel/Wien：Herder.

Stein, E. (2005²). *Selbstbildnis in Briefen III. Briefe an Roman Ingarden*, Einleitung von H. -B. Gerl-Falkovitz, Bearbeitung und Anmerkungen M. A. Neyer, Fußnoten mitbearbeitet von E. Avé-Lallemant, ESGA (4). Freiburg/Basel/Wien：Herder. English edition：Stein, E. (2014). *Self-Portrait in Letters. Letters to Roman Ingarden* (*The Collected Works of Edith Stein*, 12) (trans.：H. C. Hunt). Washington, DC：ICS Publications.

Stein, E. (2006). *Endliches und ewiges Sein. Versuch eines Aufstiegs zum Sinn des Seins*. Anhang：Martin Heideggers Existenzphilosophie—Die Seelenburg, Eingeführt und bearbeitet von A. U. Müller, ESGA (11—12). Freiburg/Basel/Wien：Herder.

Stein, E. (2006^2). *Selbstbildnis in Briefen. II. Zweiter Teil*: 1933—1942, Einleitung von H. -B. Gerl-Falkovitz, Bearbeitung und Anmerkungen M. A. Neyer, 2. Auflage durchgesehen und überarbeitet von H. -B. Gerl-Falkovitz, ESGA (3). Freiburg/Basel/Wien: Herder.

研究作品

Alfieri, F. (2015). *Il serrato confronto con la fenomenologia husserliana in* Potenza e atto *di Edith Stein. Al limite della fenomenologia tradizionale*, in *Edmund Husserl e Edith Stein. Due filosofi in dialogo* («Filosofia», 62), eds. A. Ales Bello and F. Alfieri. Brescia: Morcelliana, pp. 41—99.

Di Cesare, D. (2014). *Heidegger e gli ebrei. I «Quaderni neri»*. Turin: Bollati Boringhieri. English edition: Di Cesare, D. (2018). *Heidegger and the Jews. The* Black Notebooks (trans: Baca M.). Cambridge: Polity Press.

Di Cesare, D. (2015). *Heidegger & Sons. Ereditàe futuro di un filosofo*, Turin: Bollati Boringhieri.

Fédier, F. (1988). *Heidegger: Anatomie d'un scandale*. Paris: Laffont.

Fédier, F. (1995). *Regarder voir*. Paris: Les Belles Lettres.

Herrmann, F. -W. von (1964). *Die Selbstinterpretation Martin Heideggers*. Meisenheim am Glan: Anton Hain.

Herrmann, F. -W. von (1972). *Zeitlichkeit des Daseins und Zeit des Seins. Grundsätzliches zur Interpretation von Heideggers Zeit-Analysen*, in *Philosophische Perspektiven. Ein Jahrbuch VI*, (eds. Berlinger R. and Fink E.). Frankfurt am Main: Vittorio Klostermann, pp.

198—210.

Herrmann, F. -W. von and Alfieri, F. (2018). *Martin Heidegger. La vérité sur ses* Cahiers noirs (trans. from the Italian and German by P. David). Paris: Gallimard.

Kern, I. (1973). *Einleitung des Herausgebers*, in E. Husserl, *Zur Phänomenologie der Intersubjektivität. Texte aus dem Nachlaß. Dritter Teil*, *Gesammelte Werke*, Bd. XV, ed. I. Kern. Den Haag: Nijhoff, pp. xv—lxx.

Ott, H. (1988). *Martin Heidegger. Unterwegs zu seiner Biographie*. Frankfurt am Main: Campus. English edition: Ott, H. (1993). *Martin Heidegger: A Political Life* (trans. : Blunden A.). New York: Basic Books.

Trawny, P. (1997). *Martin Heideggers Phänomenologie der Welt*. Freiburg and München: Alber-Verlag.

Trawny, P. (2002). *Die Zeit der Dreieinigkeit*, *Untersuchungen zur Trinität bei Hegel und Schelling*. Würzberg: Könighausen und Neumann.

Trawny, P. (2015³). *Heidegger und der Mythos der jüdischen Weltverschörung*. Frankfurt am Main: Klostermann. English edition: Trawny, P. (2015). *Heidegger and the Myth of a Jewish World Conspiracy* (trans. Mitchell A. J.). Chicago: University Press.

Volpi, F. (2011). *La selvaggia chiarezza. Scritti su Heidegger*. Milan: Adelphi.

Tugendhat, E. (1970). *Der Wahrheitsbegriff bei Husserl und Heidegger*. Berlin: de Gruyter.

Vongehr, Th. (2008). «Der liebe Meister». *Edith Stein über Edmund und Malvine Husserl*, in *Polis und Kosmos. Perspektiven einer Philosophie des Politischen und einer philosophischen Kosmologie. Eberhard Avé-Lallement zum* 80. *Geburtstag*, (eds. Gottstein D. and Sepp

H. R.). Würzburg: Königshausen & Neumann, pp. 272—295.

Welte, B. (1977). *Gedenkschrift der Stadt Meßkirch an ihren Sohn und Ehrenbürger Professor Martin Heidegger*. Meßkirch: H. Schönebeck.

人名索引

图书在版编目(CIP)数据

论海德格尔 / (德)冯·海尔曼,(意)弗朗西斯科·
阿费利著;严登庸,车浩驰译.--上海:华东师范大学
出版社,2023
  (快与慢)
  ISBN 978-7-5760-3737-1

  Ⅰ.①论… Ⅱ.①冯…②弗…③严…④车… Ⅲ.
①海德格尔(Heidegger, Martin 1889—1976)-哲学
思想-研究 Ⅳ.①B516.54

  中国国家版本馆 CIP 数据核字(2023)第 065029 号

华东师范大学出版社六点分社

企划人 倪为国

快与慢

论海德格尔

著　　者	(德)冯·海尔曼　(意)弗朗西斯科·阿费利
译　　者	严登庸 车浩驰
责任编辑	王　旭
责任校对	徐海晴
封面设计	姚　荣

出版发行	华东师范大学出版社
社　　址	上海市中山北路 3663 号　邮编　200062
网　　址	www. ecnupress. com. cn
电　　话	021-60821666　行政传真　021-62572105
客服电话	021-62865537
门市(邮购)电话	021-62869887
地　　址	上海市中山北路 3663 号华东师范大学校内先锋路口
网　　店	http://hdsdcbs. tmall. com/

印　刷　者	上海盛隆印务有限公司
开　　本	787×1092　1/32
印　　张	18.25
字　　数	230 千字
版　　次	2023 年 5 月第 1 版
印　　次	2023 年 5 月第 1 次
书　　号	ISBN 978-7-5760-3737-1
定　　价	88.00 元

出版人	王　焰

(如发现本版图书有印订质量问题,请寄回本社客服中心调换或电话 021-62865537 联系)

Martin Heidegger. Die Wahrheit über die Schwarzen Hefte.
von Friedrich-Wilhelm von Herrmann, Francesco Alfieri
Copyright © Friedrich-Wilhelm von Herrmann, Francesco Alfieri (Morcelli-
ana, 2016)
Simplified Chinese Translation Copyright © 2023 by East China Normal
University Press Ltd.
ALL RIGHTS RESERVED.
上海市版权局著作权合同登记 图字:09－2022－0920